谨以此书献给改革开放40周年

中国新经济风云榜
给你最想要的
时代悦读

从马云到阿里帝国

改变世界的中国超级英雄志

Ma Yun and the Alibaba Empire

魏 昕 ◎ 著

文化艺术出版社
Culture and Art Publishing House

图书在版编目（CIP）数据

从马云到阿里帝国 / 魏昕著. — 北京：文化艺术出版社，2018.12

ISBN 978-7-5039-6611-8

Ⅰ.①从… Ⅱ.①魏… Ⅲ.①马云—生平事迹 Ⅳ.①K825.38

中国版本图书馆CIP数据核字（2018）第273702号

从马云到阿里帝国

著　　者	魏　昕
策划编辑	文壹刀
责任编辑	左灿丽
书籍设计	麦莫瑞文化
出版发行	文化藝術出版社
地　　址	北京市东城区东四八条52号　（100700）
网　　址	www.caaph.com
电子邮箱	s@caaph.com
电　　话	（010）84057666（总编室）　84057667（办公室） （010）84057696—84057699（发行部）
传　　真	（010）84057660（总编室）　84057670（办公室） （010）84057690（发行部）
经　　销	新华书店
印　　刷	国英印务有限公司
版　　次	2019年6月第1版
印　　次	2019年6月第1次印刷
印　　张	26
字　　数	390千字
开　　本	787毫米×1092毫米　1/16
书　　号	ISBN 978-7-5039-6611-8
定　　价	58.00元

版权所有，侵权必究。如有印装错误，随时调换。

梦想这样照进现实
（推荐序）

昨天，2018年11月11日24时，当2135亿元的数字定格在"双11"现场新闻中心大屏上的时候，中国电商蝴蝶的翅膀再次扇动了各大洲的飓风，引发全球共振。

创造这一世界级景观的，仍是马云和阿里巴巴！

还是在十几年前，当马云以"外星人"的名号公开宣称，阿里巴巴要全力而为"B2B"的时候，我跟许多人一样，并没有给予太多关注。那时候的舆论和媒体，更多地将注意力放在了寒风阵阵的互联网上。

直到2007年，阿里巴巴"B2B"成功上市香港，继而创造多个互联网业界的奇迹，马云和他领导的阿里巴巴一夜之间，挤爆了公众眼球。紧接着，马云"金句王"的美名开始在全球业界流传。

于是，跟许多人一样，我想不关注马云也难了。

我开始阅读关于马云的文章和书籍，并于几年前亲手编辑出版了魏昕潜心著就的《马云的真实世界》一书。正是编辑出版此书的过程，让我真正全面近距离地感知了马云，还有他一手缔造、开创中国公司传奇的阿里巴巴。

如今，适逢我国改革开放40周年，中华人民共和国成立70周年之际，又欣闻《从马云到阿里帝国》即将出版，得著作者魏昕真诚信任，我第一时间阅读了此书，更增添了一份厚重的时代心境。

此部《从马云到阿里帝国》新作，以中国40年的改革开放为时代背景，贯穿了马云或悲或喜的人生桥段，着力于阿里巴巴独特的创业智慧和成长路线图，完整还原了一部20年历程的商业传奇，科学解构了中国经济全面崛起的某种必然。

全书以30余万字的篇幅，融合了最翔实、最鲜活的一手资料，做到了内容完整厚重；而著作者将传记文学与财经解析精巧融合的写作手法，更为广大读

者描绘出了教科书般的商业智慧图谱,读来不忍掩卷。

诚如书中展现出来的那种宏观视角,我们国家正奋进在全面复兴的新时代新征程上,各类精英竞相涌现,他们为梦想挥洒着汗水,为时代奉献着智慧,马云和阿里巴巴既汇聚了时代精英的特性,又被时代选择成为面向世界的中国符号。

又诚如,书中还原的完整细节:"从西湖边跟随外国人练习英语开始,从火车站捡到一部《人生》的小说开始,从被老师讽刺'你要是能考上大学,我的名字倒过来写'开始……"简直就活生生地发生在身边,震撼着阅读者的心灵。

或如此,国际上才有这样的共识:马云和他领导的阿里巴巴,已经且仍在真切地改变着时代创业者,数以千万计的国际企业,亿万计的地球人。抑或如此,联合国、世界贸易组织等多个权威机构,才盛誉马云为"有世界性影响的中国企业思想家",并史无前例地将数个国际职位集于他一身。

合起书稿,感慨之余,我也有了与作者一样的初心:本书将不负读者,不负这个激情洋溢的时代!

因为,"我们在做一件前无古人的事。如果我们能成功,80%的中国年轻人都能成功"。这话是马云说的,也是作者在《从马云到阿里帝国》一书中用心诠释的。

是为序!

人民日报出版社国际交流中心主任　袁兆英

2018年11月12日

目 录

引 子　001

一　"郭鑫年"是谁　001
二　爆网公开信　002
三　"102 年"的承诺　003
四　"改革先锋"人　004

第 1 辑

美丽江南差等生　001

小时候，他不仅长相奇特，还被认为是个傻孩子。他经常打架，却没有一次是为了自己，全是为了朋友，所以父亲的拳脚便是家常便饭。

"我从小是一个傻孩子。大愚若智，其实很笨，脑子这么小，只能一个一个想问题。如果有人连提三个问题，我就消化不了。除了英语，我是个最差的学生……"

一　丑小鸭与"黑五类"　002
二　天使老师与差等生　007
三　二流高校长袖善舞　013

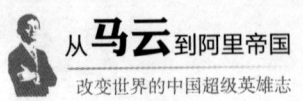

第2辑 不安分的象牙塔 017

2018年9月10日，一年一度的教师节，马云54岁生日之际，他发表了一封公开信：经董事会批准，2019年9月10日，阿里巴巴20周年时，将不再担任阿里集团董事局主席。一时间，尽管各种好奇、各种猜想纷至沓来，国内外大批人士不再淡定，但惊奇的人们还是注意到，马云早已把微博昵称改为"乡村教师代言人"了。

时光就此倒回去30年，24岁的马云还真成了大学老师。虽然在他的意识里，年纪太轻当老师不好，没有生活经验……

一 校园里有份约定　　018
二 眼神里都是信任　　023
三 惊魂大片美利坚　　031

第3辑 骗子·疯子·梦之队 039

犹如神奇的火种，一旦种下，便生生不息。他披着一条毯子，缩在沙发上，略有些紧张。身边坐着20多位朋友，有他的学生，也有一些从事外贸的人。两个小时，他张牙舞爪地宣讲自己在西雅图体验到的那个叫"Internet"的东西，他讲得一知半解，他的朋友们更听得稀里糊涂。最后那句话倒是惊吓了所有人："我想辞职做Internet……"

一 跨越大洋的火种　　040
二 "第一喉舌"制高点　　048
三 互联网的梦之队　　057
四 两个疯子的邂逅　　067

目 录

第4辑

互联网丐帮阿里梦　075

北京铩羽而归，周围人眼中的马云，犹如"山顶跌到了山谷"。然而，"互联网疯子"的头衔，也不是凭空就来的。马云牢记着北京酒后的豪言——要做一家中国人创办的全世界最好的公司。

"我们开始创业了。请大家把自己口袋里的钱放在桌子上……我们是愿赌服输，输了，钱都是自己的；如果不成功，大不了重新来过……"

一　说梦的网络疯子　　076
二　阿里巴巴与四十大盗　087
三　谁能舞动投资者　　095

第5辑

不要死在明天晚上　107

2000年7月，美国《福布斯》杂志全球版提前面市。经常占据封面的跨国公司巨头们消失了，取而代之的是一张中国人的笑脸。

此人五官看起来虽然有些奇怪，却充满着特别的活力。与这张笑脸一起惊艳国际舆论的，还有他的金句：今天很残酷，明天更残酷，后天很美好，但绝大多数人都死在明天晚上，只有真正的英雄才能见到后天的太阳……

一　小虾米的"B2B"　　108
二　互联网的冰与火　　116
三　大寒过后还是春　　125

第 6 辑

最富有的世界宝藏　143

2001 年 11 月 20 日，世界贸易史上一个值得纪念的日子。这一天，历经 15 年漫长的谈判交锋，中国正式加入 WTO，全球贸易体系掀开了历史性的新篇章。一个月后，阿里巴巴则迎来了成长史上里程碑的日子——全球首个拥有百万会员、赚钱的 B2B 网站！

马云豪情万丈："我深信不疑，我们的模式会赚钱的。亚马逊是世界上最长的河，8848 是世界上最高的山，阿里巴巴是世界上最富有的宝藏……"

一　阿里事业没人做过　　144
二　马云阿里口出狂言　　156
三　一个新的世纪产业　　172

第 7 辑

马云的"鞭炮与炸弹"　187

"扔鞭炮是为了吸引别人的注意，迷惑敌人；扔炸弹才是我真正的目的。不过，我可不会告诉你什么时候扔鞭炮，什么时候扔炸弹！"马云说这话时，"中国供应商"正加速推动阿里巴巴日新月异，"淘宝网"则像阿里巴巴独设的 24 小时全球展销会。

尽管如此，此时的阿里巴巴也仅仅验证了马云整个电商体系的前半部分。所以，"外星人"马云，又开始了他擅长的"鞭炮与炸弹"策略……

一　撼动互联网的赌局　　188
二　将战斗进行到底　　196
三　多宝布局的大阿里　　208

目 录

第8辑

跨越太平洋的情恋　223

太平洋是地球上最宽广的大洋,却没能隔挡两岸互联网英雄的牵手。2005年8月,北美"互联网第一人"杨致远,向"中国互联网教父"马云伸出了双手,一个震动世界的互联网大事件发生了——称霸世界的美国Yahoo!(雅虎),终于在中国阿里巴巴面前放下了身段。

众人不约而同询问"今后怎么向美国报告"时,马云的回答很是出人意料:"杨致远应该向我报告,我是董事长,他是董事,我是他老板,他不是我老板。阿里巴巴并不是雅虎的中国分公司……"

一　放下身段的美国巨头　**224**
二　阿里巴巴与中国雅虎　**232**
三　世纪联姻谁说了算　**241**

第9辑

"风清扬"决战本命年　257

中国人常将本命年与"不顺"连在一起,甚至还有"坎儿年"之说。2011年是中国农历兔年,也是"风清扬"马云创建阿里巴巴第12个年份,即俗称的本命之年。这一年,马云果然有种"坎儿年"的迷惑——"我其实已经有预感,12年是一个本命年。本命年麻烦多,但我没想到会有这么多,从来没想过会这么痛,这么苦……"

一　大阿里惊现"欺诈门"　**258**
二　"自揭家丑"转危为机　**267**
三　我心很软,提刀很快　**276**

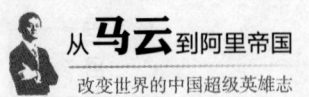

第10辑

打开的"雅+巴"死结　285

"马云,这个本世纪以来常操一口流利英文活跃于国际场合的中国企业风云人物,会偷天换日,把明明属于中外合资企业阿里巴巴集团的核心资产'支付宝',悄然转入自己控制的私人企业名下。"

2011年6月,阿里巴巴"欺诈门"风浪尚未完全平息,《马云为什么错了》一文犹如出其不意的重磅炸弹,紧跟着轰然出膛。人们发现,阿里巴巴的"本命年"之劫,还在路上……

一　"支付宝"膘肥体壮　286
二　做情人 or 做敌人　295
三　大阿里剑指美利坚　303
四　跪地告别"CEO"　310

第11辑

"敢死者"与数字帝国　319

"如果有一款产品能发挥推动历史的作用,即便它的生命周期再短暂,也必将非常光荣。即便'余额宝'的使命真的终止了,它已经发挥了很好的作用。"2014年3月,得意心中无敌的马云,在舆论萧瑟中被迫发出了壮士般的感言。

然而,一个新兴的网商帝国正不可抑制地生长,一个最有分量的时代英雄开始兑现……

一　教父的生态互联网　320
二　阿里巴巴帝国之相　332
三　创新者"虽死犹荣"　345
四　华尔街呼唤中国阿里　359

附录

马云内部经典讲话 375
- 一 10年前的诺言 376
- 二 为理想而生存 378
- 三 新时代属于年轻人 380
- 四 教师节快乐 384

马云与阿里巴巴大事记 387

主要参考文献 392

后　　记 394

引　子

"上帝有两个苹果。一个砸到了牛顿头上,他立刻想到了万有引力;另一个砸到了乔布斯头上,他立刻决定研发苹果电脑。我这个创意,值得用一辈子去奋斗……我要做上帝手中第三个苹果。"

这话是郭鑫年说的,说得轻狂惊人,说得掷地有声。

郭鑫年又是谁呢?

一　"郭鑫年"是谁

郭鑫年并不是个具体的人,他只是《创业时代》的剧中人,一个2018年10月被亿万国人热议的"另类人"。

然而,郭鑫年却又是当下我们生活中实实在在的人。他们喜欢标新立异,他们痴迷新科技,他们在新经济的广阔天地里驰骋得意。他们是——马云、马化腾、李彦宏、张朝阳……

同是2018年10月,南非首届投资大会,独立媒体集团(Independent Media's Group)外籍媒体人沙农·伊布拉欣专访了马云。

在《愿我们都像马云一样谦卑》一文中,伊布拉欣对马云的崇拜不加掩饰:"非比寻常的专访,我得以了解马云成功的秘诀,对生命真谛的理解,一个真正的励志典范!但这并不因为他是全球十大富豪之一,也不是因为他创立了阿里巴巴这个令全球为之瞩目的电商集团,而是因为马云的个人本色……我从来没有遇到过像他一样的人,明明全世界数他最有理由骄傲和自负,而他却保持着十分谦卑的作风。"

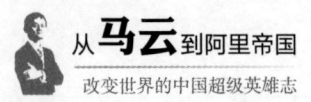

二　爆网公开信

将时间倒退一个月，2018年9月10日，恰逢一年一度的中国教师节。

一封名为《教师节快乐》的公开信，被世界媒体和舆论疯传：

"今天是阿里巴巴19周年。我怀着激动的心情向大家宣布：经董事会批准，一年后的今天，也就是2019年9月10日，阿里巴巴20周年，我将不再担任阿里巴巴集团董事局主席，现任阿里巴巴集团CEO张勇（逍遥子）将接任董事局主席一职。我从今日起会全面配合张勇，为我们的组织过渡做好准备。在2019年9月10日之后，我将继续担任阿里巴巴集团董事会成员，直至2020年阿里巴巴年度股东大会。"

发表这封公开信的，正是马云。而当日的互联网上，也多了一个最热的词——全网爆炸。

"没有马云的阿里还是阿里吗？"

"没有马云的支付宝，还是那个造福百姓的支付宝吗？"

…………

一位粉丝数以百万计的大V，写出了这样的文字：所有人都为这一消息陷入了沉默和沮丧，甚至流下了泪水。都认为，这个百姓心目中的英雄将要挥别战场了！

至于国际舆论的反应，更是出乎马云和阿里巴巴人的预料。

早在公开信发表前三日，以嗅觉敏锐见长的《纽约时报》，便在《Alibaba's Jack Ma, China's Richest Man, to Retire from Company He Co-Founded》的报道中称，"马云将从阿里巴巴这家中国电子商务巨头辞职，继而追求教育慈善事业"。

就是这个率先披露马云计划辞职的消息，迅即在国际商界引发轩然大波，并导致阿里巴巴股票应声下跌。马云也不得不第一时间亲自辟谣，及时否认了马上退休的传言。

两日后，当马云正式发出《教师节快乐》这封公开信后，全球各大主流媒体继续于第一时间在头版头条予以焦点关注。

《南华早报》头条为"马云将在12月内将大权移交给阿里巴巴CEO"；

《华尔街日报》亚洲版头条标题为"马云一年后卸任，阿里CEO张勇接任董事长"；

英国广播电台（BBC）中文网头条标题为"马云宣布传承计划：我将永远属于阿里";

彭博社头条标题为"马云或将阿里巴巴的帝国交给 CEO 张勇";

美国有线电视新闻网（CNN）在网站头版以"马云辞去阿里巴巴工作"为题，详细报道了相关内容；

法新社头条则为"马云将在一年后卸任阿里巴巴 CEO";

……

国际社会众多精英人士，也都在第一时间对马云的公开信表示了关注。如素有国际强人之称的俄罗斯总统普京，就在公开信发出后第二天当面询问马云："你这么年轻，为什么要退休？"

国际社会为什么会如此关注一个年轻男人的退休？其关注程度甚至超过了众多国家政府首脑的更迭？

三 "102 年"的承诺

积土成山，风雨兴焉；积水成渊，蛟龙生焉。事务的最终结果，总是由内部渐变而来的。

笔者的脑子里，不由得浮现出这样的画面：

10 月的杭州，美丽而多情。现代感十足的阿里巴巴总部，不时有慕名而来的来访者。展览室的墙上，挂满了各式合影。虽然风格不一，核心主角却都是马云。站在马云身边的，则是我们能想到的众多国家的元首或政府首脑。

惊叹和震撼之余，我们便能够懂得，国际媒体人伊布拉欣为什么要写下如是文字：

"马云是受到世界领袖和各地 CEO、总裁追逐的人，他在任何人眼中都是一个传奇人物。马云的故事如此感人，并成为人类精神的典范，这是因为马云是靠白手起家的。"

这些当然不是全部。

就像马云在《教师节快乐》公开信里明志的那样，即使选择退休，他依然不改"风清扬"般的情怀——"矢志建立一家让中国和世界骄傲的公司，让公司能够持久发展 102 年……"

让中国和世界骄傲，马云和阿里巴巴已经做到了。即便在联合国，也流

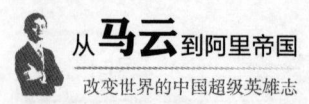

行着这样的说法——今天的阿里巴巴，无论是人才的质量和数量，都堪称世界一流。

那么，"持久发展102年"呢？

我们只需要把视线投向不久前的2018年11月11日，阿里巴巴全球购物狂欢节：

0时2分5秒：总成交额破100亿元，用时大大少于2017年的3分1秒；

0时26分3秒：500亿元被突破，用时同样快于2017年的40分12秒；

15时49分39秒：天猫成交额超过1682亿元，超出2017年天猫双11全天交易总额；

22时28分37秒：2000亿元被突破；

2018年11月12日00：00：00：阿里巴巴向全球宣布，该公司2018年11月11日成交总额高达2135亿元人民币，约合308亿美元。

阿里巴巴集团首席执行官张勇表示："今天我们见证了中国消费经济的实力和崛起……放眼未来，阿里巴巴将继续引领人们朝着未来的数字化经济与生活方式前进。"

就连阿里巴巴的国际对手们，也不得不承认，阿里巴巴不再是一家互联网公司。它正在演变成一个横跨营销、销售、娱乐、金融、物流、供应链、云计算等多领域的综合性数字经济巨人，搭建起了能量相当于传统商业100倍的"全球性商业操作系统"。

很多人都清晰地记得，马云那个瞬间的微笑，笑得比任何人都欣慰。

马云确认，跨入20年历程的阿里巴巴，已经实现了由依靠个人特质，向依靠组织机制、依靠人才文化的企业制度升级。在它激情涌动的血液里，不再仅仅是业务、规模和成绩，更多的将是使命和愿景。

这个愿景，马云也没有隐瞒。

他在自己的退休宣言中明示："世界那么大，趁我还年轻，很多事想试试，万一实现了呢？！我可以向大家承诺的是，阿里从来不只属于马云，但马云会永远属于阿里。"

四 "改革先锋"人

2018年12月18日上午，雄伟庄严的人民大会堂内座无虚席。

引 子

主席台上方悬挂着"庆祝改革开放40周年大会"会幅，后幕正中是中华人民共和国国徽和"1978—2018"字标，两侧分列十面红旗。这是一场纪念我国改革开放40周年的隆重盛会。

上午10时，大会正式开始。党和国家领导人习近平、李克强、栗战书、汪洋、王沪宁、赵乐际、韩正、王岐山等出席大会。

雄壮的国歌唱后，中央政治局常委、中央全面深化改革领导小组办公室主任王沪宁宣读了《中共中央国务院关于表彰改革开放杰出贡献人员的决定》。随后，在《春天的故事》乐曲声中，习近平等为获得改革先锋称号、中国改革友谊奖章人员代表一一颁奖。

记忆中，《春天的故事》也一直陪伴着笔者，从青年学生时代走入四十不惑。即使就在今日，只要耳边响起这首歌的旋律，很多人都能随声附和。

"1979年，那是一个春天。有一位老人在中国的南海边画了一个圈。神话般地崛起座座城，奇迹般地聚起座座金山。春雷啊唤醒了长城内外，春晖啊暖透了大江两岸。啊，中国，中国……"

这样情真意切的歌词，激昂、奋进的旋律，饱含着中国人渴望改革、拥抱开放、用音乐感恩伟大时代的动人故事。

只是，这一刻能够走上人民大会堂领奖台的"改革先锋人物"，总共有100位。马云即为其中之一。100个人，相对14亿人口基数的国家而言，意味着千万分之一。放之于这个激情逐梦的时代，更透着非同一般的历史内涵。

2017年9月，国家主席习近平出席金砖国家工商论坛开幕式时，发表主旨演讲。

习近平特别强调，在中国共产党领导下，中国人民凭着一股逢山开路、遇水架桥的闯劲，凭着一股滴水穿石的韧劲，成功走出了一条中国特色社会主义道路。我们遇到过困难，我们遇到过挑战，但我们不懈奋斗、与时俱进，用勤劳、勇敢、智慧书写着当代中国发展进步的故事。

正是在那次演讲中，国家主席习近平表示，2018年正是中国改革开放40周年，要隆重纪念。

2018年11月13日，"伟大的变革——庆祝改革开放40周年大型展览"在国家博物馆开幕。当年12月2日起，《我们一起走过——致敬改革开放40周年》在央视综合频道播出。12月14日，庆祝改革开放40周年文艺晚会《我们的四十年》在北京人民大会堂举行。

12月18日，因为改革开放40周年举行最高规格的"先锋人物"表彰，更是首次。

中央庆祝改革开放40周年表彰工作领导小组办公室负责人这样解释，100名改革先锋，都为推动改革开放做出了杰出贡献，发挥了突出的示范引领作用，是人民群众的优秀代表。概括来说，他们都符合四个特点。

一是政治素质较高。表彰人员拥护中国共产党的领导，拥护社会主义制度，拥护改革开放基本国策。其中，担任过"两代表一委员"的人数近60%。

二是具有鲜明的导向性。每名人选背后，都有一段中国波澜壮阔的历史进程，彰显了改革开放鲜明特征，具有较强的时代性、先进性、示范性。

三是具有广泛的代表性。各省（区、市）、港澳台和改革开放主要领域均有人选，涵盖改革发展稳定、治党治国治军、内政外交国防各个方面。既有领导干部，又有基层一线人员；既有理论工作者，也有实干奋斗者。

四是荣誉基础较好。受过省部级以上表彰奖励的占近90%，其中国家级表彰奖励和军队功勋荣誉获得者占近60%。

而相关称号和奖章更是别有深意。

"先锋"是改革开放杰出贡献表彰对象勇立时代潮头、敢为人先，奋力推进改革开放事业的标志特征，使用"改革先锋"名称主题鲜明、寓意深刻、易于传颂。

"改革先锋奖章"则以"春华秋实"为设计主题。

"累累硕果"象征了改革开放40年的丰硕成果；"迎风飘扬"的旗帜诠释了获奖者砥砺奋进、披荆斩棘、阔步前行的先锋精神；"丰碑"象征改革开放40年来所取得的辉煌成就；编织的"中国结"寓意全国人民携手并肩，众志成城，共同编织"中国梦"。

…………

又一次不由自主，回想起了那一年的那一月，有那么一天，北京惠新西街经贸大学校内，那个人头攒动的演讲现场，"风清扬"马云正在嘚瑟：

"人生最大的自由，不是想干啥就干啥，而是想不干啥就不干啥！奥巴马约您下午去白宫喝茶谈心，您说：'哟！下午约了几个朋友去钓鱼，木有空。'这才是自由！"

这样的嘚瑟，惹得多少人羡慕、嫉妒，或是有恨，还真不知道。唯一可以完整还原的，便是马云和阿里巴巴非同一般的过往……

第1辑

美丽江南差等生

小时候,他不仅长相奇特,还被认为是个傻孩子。他经常打架,却没有一次是为了自己,全是为了朋友,所以父亲的拳脚便是家常便饭。

"我从小是一个傻孩子。大愚若智,其实很笨,脑子这么小,只能一个一个想问题。如果有人连提三个问题,我就消化不了。除了英语,我是个最差的学生……"

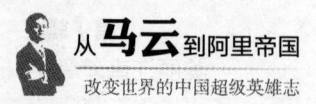

一 丑小鸭与"黑五类"

"黑五类"是地道的中国本土词汇,浸透着那个特殊时代的特别灰色。而在西方主流媒体和舆论场,本书的主人公还有着"丑小鸭"的别名。因为,成名前的马云,不仅有着一张极为独特的外星人面孔,更有着一份平庸得不能再平庸的简历。

1. 令人头疼的毛病孩子

2018年12月30日,被喻为年度最后一场的瑞雪降临西湖。下午2点后,雪势逐渐加大,在西湖断桥处,追雪的游客却依然纷至沓来。

稍作上溯,因此处断桥而写下诗词名篇的古辈先贤亦不在少数。如"望湖亭外半青山,跨水修梁影亦寒。待伴痕边分草绿,鹤惊碎玉啄栏干",即为有名的《断桥残雪》。更有大诗人白居易留下的名句——"未能抛得杭州去,一半勾留是此湖。"若是再加上经久流传的《白蛇传》,便是一幅完美的天堂美景,浪漫千年的人间爱情。

放眼海外,如下说法同样盛行:"到中国大陆不到西湖,等于没到过中国。"

如此等等,尽显的便是江南风景美,杭州天堂情。于是乎,上有天堂,下即有苏杭。

1964年9月10日,一个不起眼的男孩就出生在风情无限的杭州西子湖畔。这个男孩长着小脑袋,一双眼睛显得更小。不过,父母的激动之情同样难以言表,还给他取了个颇有些淑女味道的名字——马云。

名字虽然透着淑女,但父母没有料到,刚生下来的小马云,似乎就不像自己期望的那般安静、乖巧。相反,小马云早早就显露出了令很多父母都头疼的"毛病":叛逆、倔强、逞强、顽皮、淘气……

马云兄妹三人,家境普通,父母都曾从事过与苏州评弹曲艺有关的工作。或许得益于此,马云自小能见到许多来杭州游玩的演员,并跟随他们往来于众多茶馆。时间不长,小马云不仅学会了苏州话,还对表演有了一定的心得体会,内心里渐渐生起了一份舞台之梦。

成年之后，马云常对这段经历引以为豪："现在我讲故事的水平比很多人好，有茶馆的功劳。"而这份自豪，更成为马云后来开拓性创业的神来之气。

然而，小马云当年心中的舞台梦想，在注重出身的年代显然是无法实现的。因为，马云的家庭背景还有一个特殊性——爷爷是国民党保长。正是这一背景，使得马云在那个特殊的年代多了一种特殊的身份——"黑五类子女"[①]。

于是，少年时候的马云，似乎只能像人们常说的那样——要么试着学说，要么只能学着听。

只是，既不喜欢玩弄嘴皮子，也不喜欢做个听话孩子的小马云，与其他同龄男孩子的叛逆还有所不同，他从骨子里多出了一种侠气。

马云的这种侠气据说与其幼年即酷爱武侠小说密不可分，尤其是金庸大师的武侠作品。书中讲述的很多行侠仗义、为朋友两肋插刀的故事，无不深深地吸引着幼年的马云，尤其是小说中的大侠形象，更是让马云极为崇拜。如是，尽管年龄幼小，马云却是经常做起"侠士"之梦，进而由心生出某种侠气。

马云的这种侠气在赢得了小朋友们的恭维之时，却也给自己赢得了"差等生"的名分，在老师和家长的眼里甚至已经"没有希望"。这是因为，胸怀侠气的马云出于朋友之义气，不仅越来越叛逆，打架也越来越多，因此在学校受到的处分也更加频繁，甚至被迫几次转学。

其实，马云虽然身材瘦弱，但倔强的个性使得他在别人眼里却是个"骁勇善战"的侠士。据说，幼年的马云即便遇到了身材高大的人来打架，也从不退缩，哪怕是输了也不埋怨，更不会向家人告状。正因为这一个性，原本身材就不占优势的马云，自小就吃了不少苦头。

有一次，一个身材要比马云高大许多的年轻人又跟马云打了起来。围观的人原本以为矮小的马云肯定会不战而退，不曾想马云却越打越勇，气势还一度镇住了对方。虽然还是以失败告终，但许多研究阿里巴巴发展之路的人都认为，此时的马云已经显露出了日后创业极为宝贵的不怕输个性。

功成名就之后，每当回忆起儿时的上述情景，马云都会用这样一句话来总结："我小时候很瘦小，但是很会打架。"对于自己这段童年历史的回忆，马云

[①] "黑五类子女"是"文化大革命"期间的特有产物，用来指地、富、反、坏、右（即地主、富农、反革命分子、坏分子、右派分子）的子女，后来还加上资本家和黑帮的子女，一度扩展为"黑七类"。在"文化大革命"时期，"黑五类"人员在入团入党、毕业分配、招工、参军、提干等方面都会受到歧视，有时甚至会被剥夺上述权利。

还总是不忘加上一句"常打架,但绝不是爱打架"的自我评定。

如今,许多评论马云的文字在谈到马云幼年成长经历时,都喜欢引用中国自古就有的一句俚语——"三岁看大,七岁看老。"正是自小养成的上述性格,不仅让马云具有了独特的人缘天分,更注定了他在成年之后不甘于平庸的人生活法。

2. 考"1分"的英语少年

"男人的胸怀是冤枉撑大的,受的冤枉越多,胸怀越大。"这话是马云说的。如今,这句话已作为马云的经典语录之一传播开来。有评论认为,马云的这句话不仅蕴含着愤怒、委屈,也透着自我解嘲和宽容。

见过马云的人都会有着这样的感觉:除了身材稍显瘦弱外,西子湖水土的滋养使得马云多出了一份机灵。只是,在老师和周围人眼里已没有什么希望的小马云,当年的机灵却无法很好地表现在他的学业上。

或许是"黑五类"的家庭出身,小时候的马云时常会被邻家孩子欺负。当马云被欺负得忍无可忍时,骨子里的侠气便总会让他惹上一些事情,有时还能把警察招到家里来。

如此境遇不仅使得马云较早地表现出叛逆,还多出了一份特有的敏感。好在少时的马云也有着忍气吞声的胸襟,若不是被欺侮太甚,或是因侠义之气帮朋友出头,马云并不爱惹是生非,更不想让家人多些失望。

有一次,马云又和人打了起来。当警察来到家里后,他的很多同学也都趴在窗户上看着热闹。而警察大声呵斥马云的一句话,则让他至今难忘——"只许你老老实实,不许你乱说乱动。"

如今,这句话在关于马云经历的描述中已成为经典。更为巧合的,那一年马云的语文课本里竟然也有着这样的一句话。

据说,后来当老师在课堂上念到这句话的时候,有同学就扭过头去看马云,马云则气不过地随手把课本扔了过去。被扔的同学也不示弱,回手把整个书包都掷向了马云。马云一时间躲闪不及,额头被书包里的铁文具盒碰撞,顿时血流如注。

如此状态,显然极不利于马云的课业学习,其成绩也就可想而知,尤其是他的数学一科。

对此,一些文字作品中就有着这样的描述:从小学开始,各门功课中最让马云感到头疼的,非数学莫属。那可不是一般的头疼,简直糟糕得一塌糊涂。

很快，要升高中的时候，马云似乎也颇有自知之明，他准备考个二流高中。然而，就连这个退而求其次的愿望，马云也连着考了两次。最大原因，还是他那糟糕得一塌糊涂的数学课，死死地拖着后腿。

与他的数学课业相比，马云却有着令其他同学无不羡慕的英语学习能力，以至于不少人在当时都认为马云有着独特的英语学习天赋。而马云自己则在后来总结说，"爸爸骂我，我就用英语还口，他听不懂，挺过瘾，就学上了，越学越带劲。"

那么，小小的马云又是怎样能够用英语顶撞父亲的呢？

马云刚进入初中的时候，适逢中国改革开放全面展开。作为中国独一无二的风景文化名城——杭州，被国家列为第一批对外开放城市，很快就迎来了数目众多的国际游客。这些旅客中，讲英语的又占了大多数。

那时候的马云虽然只有12岁，但只要一有机会，他就跑到西湖边上，专找讲英语的外国游客，不管自己能不能听懂，愣是以不可思议的缠绕之功，跟着人家讲习英语。

刚开始时，外国游客出于礼貌，还多少应和马云几句。然而，马云说出的英语实在蹩脚到家，很多游客也懒得搭理他了。但是，小小年纪的马云，早早地表现出了非同常人的忍耐和执着，他依旧坚持着。

功夫从不会亏待有心人。随着时间的延续，马云的英语能力在悄然间增强，拒绝跟他对话的外国游客也几乎没有了。一年之后，小马云竟然真的能够操起一口流利的英语了。

据说，小小年纪的马云之所以愿意苦练英语，最根本的动力来自藏在他心中的一位"天使老师"。而这位被隐藏的"天使老师"，竟也无意之间成为马云日后创业的一大利器。这自然是后话。

当马云13岁的时候，他的独特举动再一次出乎了周围所有人的意料，并吸引了越来越多同龄人羡慕的眼光。因为此时的马云，不仅可以用英语跟外国人顺畅交流，更是骑着自行车当起了外国人的导游。那个时候，人们只要在杭州城里看到一位瘦弱的小男孩骑着自行车，他的身边或多或少地跟着一些外国人，就几乎可以肯定他是马云。

然而，风光归风光，当高考来临的时候，马云课业上的短板又让他在周围人眼中显现出了没有希望的命运。

1982年，是马云第一次高考之年。让周围人始料不及的，是马云看似无知的倔强。在填写报考志愿时，明知不可能，马云竟无比自豪地写下了四个大

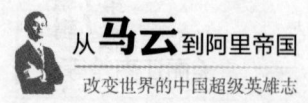

字——北京大学。这在当时许多人看来,除了非常阿 Q,马云的叛逆简直达到了极致。

开考的那一天,在父母的期望、老师们的怀疑目光下,马云走进了庄严的考场。而考试的结果,竟真的再一次让周围的人们大跌眼镜,马云不仅落了榜,更是考出了"1 分"的数学成绩。

多年之后,功成名就的马云曾就此解释:"1982 年我第一次高考,我是考外语科,不计数学科成绩。所以进了数学考场后,我们就 AB 瞎填。15 分钟到了,我们就走了,所以我考了 1 分。"

3. 冥冥间《人生》之悟

落榜后的马云,似乎少了许多倔强和叛逆的色彩,他变得垂头丧气,觉得自己根本不是上大学的料,一度还认为自己没那个好命。怎么办呢?他不想当个闲人,最起码应该自食其力。

无奈之下,马云准备去做个临时工,多少挣些钱,以贴补家用。不久,在一位表弟的陪同下,他先去西湖边一家宾馆应聘,想做个端盘子、洗碗的服务生。让马云完全没想到的,就是这样一个岗位,他也没能争取下来。陪他一起去应聘的表弟被顺利录用,而马云自己遭到了无情的拒绝。至于理由,简单得不能再简单,马云输在了长相上:表弟又高又帅,马云又矮又瘦。

倔强的马云无语了,他时不时地会暗自叹息:长得不好,难道也是我的错?到底该怎么办呢?

受到多重打击的马云万般无奈,只好再度退而求其次,希望可以谋求到那些不要求长相好看的岗位。终于,通过父亲的努力,马云获得了为一些杂志社打零工的机会。于是,当年杭州城里带着外国人游玩的英语少年,在成人之际转身成为一个 18 岁的打工少年。

在此期间,马云可谓是尝到了人生的苦辣酸甜和世俗冷暖。然而,当命运之神关上了你的一扇窗时,也必然会为你打开一扇门。

很偶然的一天,打零工的马云在火车站捡到了一本书。他拿起来一看,是当时甚为流行的小说——《人生》。这是我国已故著名作家路遥的成名作,曾影响了一代人。小说中的主人公高加林,是一个很有才华的农村知识青年,对理想有着执着的追求。然而,在追求自己理想的过程中,每靠近一步就会有一种阻力横在他的面前,使他得不到真正施展自己才华的机会,甚至不得不面对一次次重回原点的窘境。

笔者当年还在小学就读，虽然不谙世事，也没有钱去买这部小说阅读，却会在每天的中午惦记着能从收音机里听到这部小说的连播。

当命运无意之间把《人生》呈现在马云的面前时，冥冥之中他似乎获得了一份指引。书中的一段话更是触动着他："人生的道路虽然漫长，但紧要处常常只有几步，特别是当人年轻的时候。没有一个人的生活道路是笔直的，没有岔道的。有些岔道口，譬如政治上的岔道口、事业上的岔道口、个人生活上的岔道口，你走错一步，可以影响人生的一个时期，也可以影响一生。"

尤其是书中描写的高加林不愿屈服、同样倔强的个性，让马云仿佛看到了自己的影子。渐渐地，马云明白了一个深刻的人生哲理：人生之路，不仅是漫长的，更是充满坎坷和曲折的，若要有所成就，必将经历一番磨炼。于是，就在一刻之间，马云下定决心：再一次参加高考。

19岁那年，重新备战的马云显得信心十足，他再次走进了高考的考场。然而，当成绩公布的时候，马云的父母不得不无奈地摇摇头，他们似乎真的没有理由再对这个"不争气的孩子"抱有任何希望，"没治了，没一点希望了"。因为，这一次高考中马云的数学也仅仅提高到19分。

如此情景之下，就连父母也劝马云："你就彻底死了这条心，安安稳稳做个临时工，学点手艺吧！"

回忆当年的情景，马云曾自嘲地说："我从小是一个傻孩子，大愚若智，其实很笨，脑子这么小，只能一个一个想问题，如果有人连提三个问题，我就消化不了。"

不过，尽管父母放弃了希望，但已经醒悟了的马云不再甘心。他不仅没有被第二次高考的失利击退，反而多了一份越战越勇的志气。

马云要第三次奋战高考。

二　天使老师与差等生

曾有作品中有这样一段文字：在遭受冷嘲热讽的屈辱岁月，是那个女老师的一番激励，让这个数学能创纪录般地考出1分的"差生"，摇身一变成为人尽皆知的英语"神童"；在那个青涩的童真年代，是《人生》的启迪激发了少年马云的坚韧斗志，驱动着他在没有硝烟的考场上屡战屡败，屡败屡战。

马云虽然不是神童，却真的越来越有斗志。

1. 春风般的天使老师

如果说小马云的大部分功课与"甲A"无缘人所皆知,那么,他独特的英语学习天分则要为众人所惊羡了。这其中,有必要先揭晓一下上文提到过的那位"天使老师"。

那是马云13岁的时候,正读初中。一天,有位女老师来到了他们班,担任马云地理课任老师。用马云后来的话说,这位女老师不仅长得美若天仙,学生们看得赏心悦目,而且课讲得生动有趣,学生们听得也如沐春风。

赏心悦目的女老师和如沐春风般的授课氛围,彻底镇住了同学们,也让少年马云眼前一亮。如此这般心境,让讲台上的女老师在懵懂少年们的心中,已然不再是简单的园丁,似乎化身成为完美天使。

不久,这位天使老师给马云和同学们上了一堂特殊课,她讲述了自己亲身经历的一件事。

有一天,天使老师正在西湖边上沉浸于风景之中,几个外国游客走了过来,原来他们想跟女老师问路。了解杭州地理的天使老师,便热心地利用自己掌握的英语详细地向外国游客做起了讲解,直至那几个外国游客彻底听明白了。得到天使老师帮助的外国友人非常高兴,他们不仅十分感谢天使老师的热情,更是连声称赞她的英语水平。

讲完这些,天使老师不忘给自己的学生们打气:"同学们,你们一定要学好地理,不然人家问咱们的时候,要是答不上来,多给中国人丢脸呐!"

榜样的力量是巨大的。原本是为了调节课堂气氛的一个小故事,在天使老师的现身说法之下,硬是让尚在天真少年之际的学生们心生无限激励。其中,少年的马云更是心生了少有的沉思,他在心中暗想:学不好地理课会给中国人丢脸,若学好了地理却又不会说英语,还是不能帮助那些需要帮助的外国人,岂不一样在丢中国人的脸?

天使老师地理课结束之后,马云似乎茅塞顿开,他决定发愤图强,苦学英语。

放学回到家,马云便开始了行动,他从自己的小"金库"里取出了6毛钱。可别小看了这6毛钱,在当年那个时候却能买个袖珍型的喇叭呢!原来,马云要借此苦练英语,并暗自确立了一个在外人看来无法完成的伟大目标——成为"杭州英语第一人"!

其时,适逢中国全面打开国门之际,泱泱文明古国随即便引来了五湖四海、各种肤色的游客。而素有"人间天堂"之名的杭州,更成为外国游客来华后必去之地。

而自从买来小喇叭之后,听英文广播就成了小马云每天必做的功课。至于那位天使老师常去的西湖侧畔,竟也成了马云的钟情之地。

于是,便有了前文讲述的那一幕:美丽的西子湖边,每当遇到外国游客,一个瘦小的男孩就会主动凑上前去,用自己能开口说出的英语和他们对上几句。这个小孩子便是马云。

在刚刚开放的杭州,香格里拉饭店是许多外国游客的住地。据说,每天清晨5点左右,这家饭店的门口就会站着一个十二三岁的小男孩。别以为他是来看外国人热闹的,他是要等着外国游客出来免费给他们当导游,唯一的目的就是练习自己的英语能力。

这个小男孩同样是马云。

十二三岁的人虽然依旧有着天真,但很多孩子或多或少地有了羞怯的意识,更不用说是要用自己并不具备的语言黏着外国人对话了。显然,小马云当时克服了怎样的自我心理障碍,凭着孜孜不倦的"厚脸皮"精神,才走出了其他同龄孩子无法想象的一步。

日复一日,年复一年。短短两年过后,昔日周围人眼里已无希望的"差等生"马云,竟然摇身一变,成了老师和同学们公认的英语奇才。因为,此时的马云已经不再是个靠"厚脸皮"主动搭讪外国游客的英语爱好者了,他已转身成为杭州城中一道独特的风景——骑着自行车的小导游。

多年之后,功成名就的马云在回忆这一幕时总结认为:自己当年的一大优点就是初生牛犊不怕虎,只要给我机会说英语,别人怎么看我都不重要!

马云这句话,似乎也揭开了所有学习外语的中国人一大心结——因怕出丑而不愿开口。

2. 英语少年结交西洋友

美丽的杭州城历史悠久,历史上还曾用名"临安""钱塘""武林"等。自秦朝设县治以来,已有2200多年的历史,是中国五代时期吴越国和南宋的都城,为中国七大古都之一,自古即享有"人间天堂"的美誉。

如此天堂之地,自然也是中外游人神往之地,更是开放中国的一大名片。

为了在尽可能短的时间内收获地道的英语口语,瘦小的马云就在杭州城里免费当着独特的小导游。而被马云导游的老外们,大多时候就坐在他那辆破旧

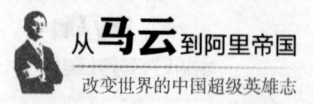

的自行车后座上,耳边听着孩子稚气的英语介绍,惊讶之中领略着一路的湖光山色和风土人情。

常常带着外国游客满杭州城跑动,马云一度竟被视为欧美归来的小华侨。一来二去,很多老外便成了马云的老主顾,小小的马云也凭借着自己的执着,不仅练就了一口地道的英语口语,还结识了许多友好的外国游人。这其中,有的还成为马云日后开创事业的智慧之友。

1979年的一天,已经15岁的马云又站在了杭州香格里拉大酒店的门口,他在继续寻找着属于自己的独特"游客"。

这一次,马云遇到了来自澳大利亚的一个家庭——夫妇两人和两个孩子。这对夫妇非常喜欢骑着自行车带着他们游玩杭州城的马云。在他们看来,少年马云不仅有韧劲、很刻苦,而且有着极为乐观的精神。最终,马云陪着他们玩了三天,并结成了忘年之交。自那以后,马云和这对夫妇一直保持着通信往来,"几乎每个礼拜通一次信"。

五年后的1985年暑期,这对澳大利亚夫妇还极力邀请马云去了澳大利亚度假,他一住就是31天。

在马云当导游的几年间,类似如澳大利亚夫妇的事情还有多起。如马云曾给导游过的一位外国朋友在获悉阿里巴巴收购雅虎中国时,愣是跑到了北京来寻找马云;而另一位因导游结识的澳大利亚朋友去世时,马云还亲身赶到了澳大利亚;还有一次当导游,让小马云拥有了自己的英文名字。

那是在给一位外国老太太当导游的时候,小马云的耐心和热情深深地打动了她。看着马云小脸虽然瘦削,一对眼睛却圆而有神,天庭更是饱满,老太太便问可不可以给他取个英文名字。

少年马云一听,竟然闪动着圆亮的眼睛,脸上流淌着笑意同意了。

接着,这位外国老太太慈祥地说:"如果你不嫌弃的话,我想把我丈夫的名字送给你,他叫杰克。"

自此,杭州城里免费为外国人当导游的风景男孩——马云,便有了一个响亮又简单的英文名字——Jack Ma,并一直陪伴着他开拓创业,游说世界各地。就连几年前美国前任总统克林顿与马云会面时,也如此称呼:"杰克,你到纽约一定要找我!"

或许在一些人看来,小马云免费导游还如此尽心大可不必。然而,正像马云自己后来说的那样:"在和这些外国人互动的过程中,我发现外国人的想法和我受到的教育有很大不同,让我了解到外面还有另一个完全不同的世界。"

显然，免费当外国人的导游，马云收获的绝不仅仅是地道的口语能力。更为外人不能体会的，也只有马云自己能够品味究竟了。仅从马云后来的回忆说法中看，正是小时候的几年导游，马云在世界观和人生观的成长上可谓已经受益匪浅。

多年之后的一天，马云曾面对如下提问：十二三岁时天天5点跑去等老外学英语，为什么有那么大的劲头呢？

据说马云当时"狠狠地想了想"，也没有给出答案，只是很性情地说，"也不知道为什么这么喜欢英语"。

3．三次高考的本科生

如上文所述，英语的意外收获在为小马云赢来众多羡慕眼光之时，却还是无法改变他当年的学业境况，进而导致他二度高考还是败下阵来。而连续的高考失败和现实生活中的失意，也一度影响了马云的志气。

人生诸事多不如意，只怕有心人的坚持。

在那个青涩而世情纯洁的年代，适逢电视剧《排球女将》风靡中国。这是根据日本著名漫画改编的青春偶像连续剧，讲述了一群女中学生为了参加1980年莫斯科奥运会排球比赛而努力打拼的励志故事。

全剧由寺山惠美子执导，由荒木由美子、南条丰等主演。在剧中，小鹿纯子自幼与父亲相依为命，但她活泼开朗，最大的心愿就是成为一名出色的排球选手，实现自己母亲的理想——参加奥运会。

为了这份理想，小鹿纯子阔别家乡来到东京，加入了白富士学校排球队。经过严格训练，小鹿纯子的运动天赋逐渐显露，作为队里的主力参加全日排球联赛。不曾料到，一次比赛中，小鹿纯子不幸扭伤脚部跟腱，伤势严重。就是在调养期间，不服输的小鹿纯子却掌握了大力扣杀的秘籍，并被选入国家队。

进入国家队后，小鹿纯子又陷入了困惑。因为队里不仅高手如云，竞争也异常激烈。不久，教练下令禁止小鹿纯子练习扣杀技术，苦恼的她希望得到好友由加的帮助，却遭到拒绝。心怀理想的小鹿纯子没有屈服，她加紧练习，用心品味，竟又掌握了一种无人能敌的撒手锏——幻影旋风。

然而，就在通过国家队考核，梦想即将成真之际，最亲密的好友由加却因病去世。陷入悲痛之中的小鹿纯子，一时徘徊迷茫。关键时刻，母亲、自己和好友的奥运梦想，再次激励起了小鹿纯子，她毅然站立了起来，拼搏向前……

此剧中，小鹿纯子阳光甜美的形象，浑身散发出来的永不言败的拼搏精神，

激励了改革开放伊始的整整一代中国人。这其中，便有同样处于苦闷中的马云。

正是永不放弃的小鹿纯子，还有《人生》之悟的激励，二度高考失利的马云停止了泄气，跳出了苦闷，他要立志再战，第三次参加高考。

然而，这一次，就连马云的父母也不支持他了。

由于无法说服父母让自己继续复读，正规学校的高三年级马云也就无法进入。无奈之下，马云只得一边打工，一边自己复习。白天，马云依然打工，踩着三轮车为杂志社运送杂志；到了晚上，马云仍坚持到夜校复习高三的功课。而在礼拜天的时候，为了找一个好点又不用花钱的学习环境，同时也是为了鼓励自己，马云便早早起床，赶到离家一个多小时路程的浙江大学图书馆去占位置，以便于复习功课。

1984年，也就是马云20岁那年的夏天，他第三次步入了高考考场。

就在进入考场前的一天，一位余姓数学老师对马云说："你的数学真是一塌糊涂，如果你能考及格，我的'余'倒着写！"

终于到了考数学的那一天。一大早，马云就一直背着10个基本的数学公式，而在考试时，他就用这10个公式一个一个地套用。等考完了出来，马云便和同学们对着数学题的答案。这一次，马云似乎多了些自信。

果然，第三次高考成绩发布的时候，马云一直惨不忍睹的数学成绩出乎所有人的意料，不仅有了明显改观，更是达到了他之前想也不敢想的79分。

这一次高考数学成绩，多少舒缓了马云在考前因余姓老师那一句话而积累的怨气。不过，到发榜的时候，马云的综合成绩只能读专科，因为他离本科线还是差了5分。

似乎总是在不经意间，幸运之神偏爱并眷顾着勤奋有心人。最终，马云还是顺利地读上了本科。

原来，这一年的杭州师范大学外语系本科没有招满人，马云硬是候补上了本科。难怪马云后来自嘲，自己之所以能顺利进入大学，主要还是靠了运气。"当时的成绩只能选择杭州师范，因为那时师范没人念嘛！"马云如此诙谐地回忆。

若干年后，已创立起庞大商业帝国的马云，在回忆起自己的高考生涯经历时，依然有着"高考是如何难"的感慨。而在他的精神世界里，年少之时的三次高考路，已然成为自己生命旅程中极为独特又宝贵的人生财富。

三　二流高校长袖善舞

一度没有希望的差等生,终于进入了大学殿堂。此后,马云似乎找到了可以让自己长袖善舞的地方。他很喜欢读史,特别是那些创造了传奇伟业的先辈人生,深刻地影响着马云的思想和内心。用同道创业者的话说,马云"很爱武侠的境界,在现实中渴望创造纯真、完美的世界"。

1. 差等生到优秀的蜕变

前几年在央视的一次节目中,已经成功的马云面对众多力图创业者说,小说《人生》中那个高加林积极向上、不轻言弃的拼劲,深深地打动了自己,并坚定了马云当年要上大学的愿望。

与此同时,马云也不忘强调,从概率上讲,如果一个人考上了大学,且认认真真地学习四年,那么这个人成功的概率就会远远大于那些没有上过大学的人。如今来看,当年进入大学之后的马云变化,也就不令人意外了。

历经三次高考才进入杭州师大后,马云似乎完全变了个人。得益于从小就在西子湖畔苦修英文,陪外国人做导游的实践底子,大学生马云的英语课业不仅显得驾轻就熟、成绩优秀,而且他的整个学习状态也完全不同于他的中学样子。

据说,进入大学之后,操着一口地道英语的马云在外语系如鱼得水。而在很多人看来,马云几乎不用怎么努力,就可以稳得年级前5名。如此轻松的学习状态,倒给了马云意外的"清闲"时间。

显然,马云是闲不住的。当学习的压力小了以后,更多的空闲时间被马云用在了人际交往上。特别是导游的几年历练,给了马云参与学校活动和各种学生社团的足够底气。很快,马云变成了一个喜欢说话、且滔滔不绝的人。他昔日爱打架的劲头,似乎没有了用武之地,更多的精力被他放在了学生会的活动上。

如此转变之后,马云自己也发现,一个有理的舌头很多时候比有力的拳头管用多了。就这样,大学的四年里,马云愣是将自己少年时期练就的"不言放弃,厚脸皮,侠义之心"发挥到了极致,曾经的"差等生"形象不仅渐渐淡出了人们的视野,在周围人的眼里马云还开始了人生的彻底蜕变。

其实,进入大学学习不久,马云就凭借往日"路见不平、拔刀相助"的习

性,以自己的侠义气魄在学生会中名气大涨。据说,连邻近的几所学校里的活跃学生,也都对马云印象深刻。

忙于在学生会出尽风头之时,学业上的轻松并没有改变马云的英语学习习惯,他仍然坚持着自己独特的英语学习方式。由于在学校里一时找不到顺畅交流的"对手",马云便在有空的时候,像以前一样经常跑到宾馆门口寻找老外,继续着自己的英语学习。

1985年,马云被一对澳大利亚夫妇邀请去度假,这在前文已经提到。回来之后,马云随即开始了自己大学二年级的学习生活。而进入大学之后的变与不变,很快就为马云赢得了良好口碑。他携着令人羡慕的语言优势和越来越娴熟的交际艺术,被同学们推到了大学生活的最前台——校学生会主席!

至此,一个从小就被人视为没有希望的少年,已然步入了天之骄子的正途。

2.用户满意度极高的"主席"

有人说,从未当过班干部的马云,能在进入大学不久就当上学生会主席,得益于幸运之神的眷顾。然而,多年之后再看当年的马云大学生活,几乎所有人都能读懂如下的一条轨迹:正是大学生活的熏染,使得原本透着灵气的马云在最短的时间内懂得了人生契机的重要意义;而主动寻求人生历程的积极转变,也使得命运之神更多地眷顾起马云来。

说起马云的学生会主席,有着如下的机巧过程。

在大学二年级的一天,系团总支书记找到马云,希望他能够担任系学生会副主席。那个时候,马云连班长都还没当过。以至于多年后,他自己也曾开玩笑地说,当年团书记之所以来找他,或许是因为自己的年龄显得大些。

巧事还在后面。

又过了一个星期,马云再次得到通知,由于原来的学生会主席人选已放弃,他又被推选为正主席的人选了。如此短的时间内,由一个普通学生摇身变为学生会主席,不仅是马云自己,估计很多看客都会认为是一种运气。

尽管被自己说成是运气,但成为学生会主席后的马云,对学生会的工作热情倍增。而他自己也明白,要想把学生会主席的职务长期当下去,仅凭自己擅长的舌头功夫还是不够的,马云开始充分发挥自己内心里潜藏的创新劲儿。

马云当年的一位同学回忆说,大学时代的马云还没有真正着手创业,但他的创新精神已经在校园里成为一道风向标。

当上校学生会主席之后,马云所能运用的全部活动经费一年还不到200元。

就是这不到 200 元的活动经费，在马云极尽创新精神的运作下，竟也使学生会的工作内容异常丰富，各类活动层出不穷。

那时的马云，带领学生会人员，一切事情均从同学们的实际需要出发，很少去考虑别人会怎么看。

还是在大二的那一年，刚担任学生会主席不久的马云观察到，大学生们都有很强的表达欲望，只是缺少一个像样的展示平台。于是，经过一番琢磨和统筹，马云主持的学生会决定举办校园"十佳歌手大赛"。

正是在马云的积极协调下，学生会的同学们硬是从外校，甚至工厂搬来了音响、话筒、照明灯，等等，一场建校史上最红火的歌手大赛，便轰轰烈烈地上演了。

马云的这些努力和热心，学校管理班子看在眼里，众多同学更是记在了心里。

"马云的可贵之处在于，他想得出来不稀奇，他还做出来，并且带领同学们一起做出来。"当年的一位同学就曾这样回忆。

即使是到了今天，参与过那场歌手大赛的人，在回忆起当年的场景时，也依然会忍不住给马云一个"淘宝体"的好评——"他是用户满意度极高的一届主席。"

至于马云自己，也收获了一个 20 世纪 80 年代大学生所能获得的在校荣誉。他后来曾有感言："其实是一个很平凡的学生，但你后来为什么会越做越好，因为你抓住了一个机会，你真正地去服务别人，帮助别人，然后越做越好。"

这番感慨，也的确有着相应的故事。

3．二流高校锻造出奇迹

马云曾有过总结：一个人一定要有理想考上大学，一定要有理想在大学里待四年；在大学一个人最需要学习的其实不是知识，而是学习的能力。

至于自己的大学四年，作为学生会主席的马云，他认为自己学到了那种最重要的能力。这种能力，细微之处即能很好地体现出来。

马云的学生会主席表现，除了工作上屡有创新手法，还有着被人传道的一股柔情。

有一次，系里有个同学因犯了一个小错误被取消了研究生考试的资格。在周围的人看来，这个同学的专业成绩相当不错，如果不能参加研究生考试，就意味着有可能被分到农村的家乡去教书，专业发展的机会将变得渺茫。或许正

因为存在这些背景,被取消考试资格的那位同学极为苦恼。

就在同学们万般惋惜、那位同学自己也无计可施之时,马云的侠义情结又一次闪现了出来。他愣是凭着自己的火热心肠,找到了班主任老师,进而找到了系领导,甚至找到了院领导,最终为那位同学争回了机会。而马云的一番热心终究没有白费,重获考试资格的那位同学也顺利通过了研究生考试。

若干年之后的一天,人在深圳的马云被意外造访。来人一见面便紧握马云的手,"我听朋友说你到了深圳,所以专门从广州来看你"。一番寒暄后马云才发现,这位不速之客正是当年自己热心帮助重获考研资格的那位同学,此时已然身居某著名外资公司高管。

后来,在面对媒体的上述往事提问时,马云依然不无得意地表示:一颗善良宽容的心总能交上一大把真诚的朋友。

马云的得意显然不是自我陶醉。

即便是在后来突遭2011"劫年"、舆论一片喊杀之际,马云依然能够随时听到这样的问候——"现在怎么样?没什么大不了的,有事我们给你扛着!"

而马云当年的一位同窗就此披露,马云的创业故事被人传的比较多,其实早在读大学时,"马云身上的领袖气质已经凸显。"而这一评价的确在马云大学的后半程里表现了出来。

由于自己的用心和执着,尤其是校学生会主席任上的非凡表现,马云在大学的后半程里为自己赢得了人生中又一个重要荣誉——杭州市学联主席,进而创造出了杭州市高校史上的一个奇迹。

1986年,杭州市恢复了学联,需要一个学联主席。当时身为杭州市最大学校学生会主席的马云,"像挂职一样的就挂上去了"。就这样,在大学四年里,马云当了三年校学生会主席,两年杭州市学联主席。

从差等生到校学生会主席,从校学生会主席再到市学联主席,大学生的马云用自己的两次人生突破,演绎出了后来舆论盛传的"一个二流高校的学生创造的奇迹"。

功成名就之后,当今天的人们在评论或分析马云创造的辉煌时,总也离不开他的大学生活。

很显然,在很多人的眼里,正是大学生活激发出了马云善于运营和协调事务的个性能力,并为他日后畅谈国际讲台、锻造阿里帝国,奠定了某种可能。

第 2 辑
不安分的象牙塔

2018年9月10日，一年一度的教师节，马云54岁生日之际，他发表了一封公开信：经董事会批准，2019年9月10日，阿里巴巴20周年时，将不再担任阿里集团董事局主席。一时间，尽管各种好奇、各种猜想纷至沓来，国内外大批人士不再淡定，但惊奇的人们还是注意到，马云早已把微博昵称改为"乡村教师代言人"了。

时光就此倒回去30年，24岁的马云还真成了大学老师。虽然在他的意识里，年纪太轻当老师不好，没有生活经验……

一 校园里有份约定

那一年,毕业生有500人,马云是唯一被分到高校任教的。尽管年纪轻轻就拥有外人眼中的"名师"光环,但骨子里的不安分,让马云并不甘心就守着三尺讲台。在他的意识里,总惦记着所谓的社会实践,有种躁动无法抑制。

1. 做5年教师的承诺

时光静悄悄,如流水在指缝间流过,四年的大学生活很快就要结束了。经过四年的修炼,"双主席"身份的锻造,此时的马云已经脱胎换骨,蜕变成了一个名副其实的品学兼优、德才兼备的好学生。

与此同时,马云的英语优势更加突出。不过,与即将毕业的同学们一样,马云也面临着毕业后出路在哪里的问题。

机会总是留给时刻有准备的人。

1988年夏,24岁的马云以优秀毕业生身份,从杭州师范学院外语系顺利毕业。当所有人都在因为去哪里而徘徊犹豫时,幸运之神再次慷慨地眷顾了马云。

一份通知送到了马云手上:拟分配到杭州电子工业学院任教。

杭州电子工业学院,在当时是以理工科为主要特色的大学,并不缺电子、控制、机械等专业的优秀教师,但在商务、贸易、外语等学科上师资贫乏。这恰好是马云的特长,何况马云"杭州英语最好"的口碑已名声在外。

还得说,最了解学生的,还是他的直接老师。

或许是校园生活和学习中表现出来的活跃心思,接到通知后的马云,被学院领导亲自谈话。

原来,学院正是担心马云在教师的职位上可能做不长久,所以需要提前诚恳强调一下:这是学校首次有学生被分配到大学教书,马云一定要做满5年,否则学校以后的毕业生就别想再去任教了。

相关资料披露,当年与马云一起毕业的学生有500余名,只有马云进了大学任教,其余的全都分进了中学或小学。马云也因此成为众人眼里的幸运儿,被同学们羡慕不已。

用心良苦的学院领导和老师,为了确定马云至少可以任教5年,不惜跟马云打起了赌:"你能不能做5年的英语老师?"

英雄亦有柔情时。

马云答应了,承诺5年内不从学校出来。尽管说这句话时,马云身边已有不少同学和朋友,或经商,或出国。

就这样,马云开创了一个先例:由刚出师范校门的年轻毕业生,直接升级成为杭州电子工业学院(现更名为杭州电子科技大学)一名英语讲师。

自此,在杭州的一座象牙塔里,马云开始了潜心修炼。

多年之后,马云曾回忆说,当时他很不喜欢当老师,但这是自己的第一份工作,虽然每月的工资也有110元。

而功成名就后,马云却又痴迷起老师的职业,甚至不惜为此提前退休。以至于众多马迷们都感叹——看不懂有钱人生活的丰富多彩,就像看不懂马云对老师职业的热爱。

这些自然也是后话。

2. 陶醉的外星人课堂

能留在省会一级的城市任教,拿着一份稳定的薪水,在大部分被分配到地方中学教书的同学们眼里,马云相当令人羡慕。

而马云心里比谁都明白,他与自己的老领导更有着"五年之约"。

开始工作后的马云,心态是积极快乐的。虽然每月只拿着百元左右的工资,但他没觉得有什么委屈。好精神状态一旦确立起来,走上教师岗位的马云,独特的个人魅力又自然表现了出来。

马云在电子工业学院所教的是英语课。坚实的英语功底让他很是得心应手,课堂不仅热烈精彩,在学生会期间练就的独特魅力,更是无可奈何地折服了所有学生。于是,马云的课堂给了他撬动自己未来人生的无形"撬棍",而电子工业学院则成了马云人生的一大支点。

到马云正式离开教师讲台的时候,他已经在这所学校工作了6年半,完美地兑现了他对自己大学老领导的那个约定。

6年多的时间里,马云送走了几届学生。每当马云走进教室,站在讲台上,

面对一张张求知的面孔时,"看到的都是一双双犹如盯着外星人般的眼睛。"因为,学生们眼前的马云不仅有着拿破仑般的身材和酷似外星智者般的长相,更有着与他们自己相仿的年龄,尤其是马云一张口就能让人陶醉的授课模式!

马云的教学方式很特别,上课基本不用教材。他全英语式的授课方式,让学生们非常受用,而他创造出来的课堂互动气氛,也让所有的师生都能真正投入进去。

在自己的英语课堂上,马云充分表演着英语天赋和与人交际的才能。他不搞一言堂式的死板教学,而是让学生都能跟着一起互动起来,在全英语式的教学模式中不仅收获着知识,还拥有着欢声笑语。

据一些曾听过马云课的人回忆,马云经常会坐到桌子上讲。用马云自己的话说,"我跟学生年龄差不多,我觉得教学生,不要教语法,不要教单词,连续5年我班上的学生在我们学校成绩最好。前10名一般都在我们班上,直到第6年我被邀请到美国参加一次翻译。"

当然,也有一些不理解的学生,这主要是非外语专业的学生。但时间不长,这些曾经不理解马云教学模式的学生们,也都迷恋上了马云的课堂了。

马云在课堂上还有一个特点,经常会给学生们讲一些课堂之外的东西。用一些人后来的话说,由于他讲得栩栩如生,以至于学校有很多学生为了听他的演讲而逃课。

据说,随着逃课现象的不断增多,当年的马云无意中"伤害"了一些同事的自尊,多少引来了一些同事的意见,甚至出现了有人私下里调课,以避开与马云在同一时间上课的现象。

"你那边门庭若市、熙熙攘攘,我们这里是茕茕孑立、形影相吊。"那些被"伤害"了自尊的同事们曾如此跟马云诉苦。

而一位后来成为马云创业伙伴的同学也回忆说:"当时马老师讲课从来不按书本,而是海阔天空地跟大家侃一些海外奇闻。而且当时同学们在大一时就开始报考英语四级,完全就是为了马老师而考的,因为大家觉得考不过就没脸见他了……"

于是,马云成了组里课时最多的老师。

后来偶然的一次,当有人拿"疯狂英语"创始人李阳与当年的马云相比时,马云如此回应:"我研究过李阳的疯狂英语,要是我加入进来,风头会盖过他,我的秘籍是真能叫人脱口讲英语。"

马云不掩饰自己的得意。的确，如今的马云，早就能够随时随地轻松演讲于世界各地，不仅内容精彩，"水平丝毫不差于国内演讲"。

"这两下子主要是当年教书的时候练出来的，现在上台从来不备草稿，一开口收都收不住。"马云有些嘚瑟地说。

当然，人性各有长短，马云的学生里自然也有着"差生"。对待他们，马云又会是什么样的呢？

"全无轻视之举""格外照顾"是马云对待所谓差生共有的评价。这里不妨借用一些评论的文字表述："因为他很清楚地记得，当年读小学、中学时，就被他的大多数老师当作一个无可救药的'差生'。那种被歧视的滋味是不堪回首的。"或许是真的有过类似的心灵感触，马云一视同仁地对待所有学生自是真情流露。

相比之下，如今不时被曝光的各种侵害学生身心健康的为人师者，理当自惭形秽，或隐身遁形的好。

如2012年5月，北京某中学的一位老师就以一副丑态惊呆了舆论和国人。在面对所谓的"捣乱学生"时，这位老师不仅抛弃了师者应有的身份，甚至高调发出了"你家无权无钱无户口，可以随时滚蛋"的恶言。如此为师，倒真的应验了马云那句话——没有弱智的学生，只有无能的老师！

事实上，曾为师者的马云，付出的良苦用心自会得到回报。除了前文中提到的与人相交的心得修炼外，那些被其他老师视为"差生"的学生，也几乎都能用满口英语向马云交出答卷。

3. 用心收获"罗汉基因"

有心的园丁自然收获满园。

马云以独特的教学模式、硬实的教学业绩，被推上了杭院优秀青年教师的荣誉宝座，进而升任外办主任（副处级干部）。然而，马云还是没能安静下来，他找了不少兼职，并利用课余时间继续为观光的外国游客担任导游。

20世纪90年代，西湖边诞生了一个有名的"英语角"，发起者正是马云。据说，当年慕名而来的除了很多学生，还有各类在职人员。这期间，就产生了不少阿里早期的打拼者。如当时望湖宾馆的一位大堂副经理，便是崇拜马云的学问，进而成为马云的学生。若干年之后，这位当年的学生也加入了阿里巴巴，还成为马云的得力助手。

如果说马云英语的得心应手，显然得益于他少年时就开始的"西湖边锤炼"，那么他在国际贸易领域的专长，则更多是在高校任教之后自我修炼而来的。

高校任教不久的马云，还到过杭州一家夜校兼职教外语。由于讲课异常精彩，同样诱惑了各路学子，也让他结识了一批从事外贸的经营者，这为马云日后创业所需的专业知识和人脉加了很多分。

人的魅力一旦成为口碑，其外形的评分也就真的无关紧要了。

随着个人魅力在校内校外的传播，有一天人们突然发现，马云的身边不经意地聚起了一些人，他们几乎是"死心踏地"的样子。也就是从这个时候开始，坊间久久相传的阿里创业"十八罗汉"开始出现。

据披露，在后来的阿里巴巴创业元老"十八罗汉"核心成员中，竟然有一大半是马云的学生，"这在全世界的创业案例中也是极其罕见的"。

这其中，有马云的同事，有在夜校认识的生意人，更有崇拜马老师的学生。正是这些坚定的"罗汉"，跟随着马云后来征战北京，撤守杭州，不管面对的是旭阳高歌，还是冷雨低吟，他们没有怀疑过，更没有相背相离。

如昔日的同事、现任阿里巴巴副总裁的彭蕾，昔日的学生周悦红、韩敏、戴珊、蒋芳等，都因为脑子里老早就装下的钦佩和崇拜，没有周密地思考便跟着马云闯荡商海。

另有一位叫周宝宝的，更是从学生时代就崇拜起了马云，最后也脑子一热追随马云创业，直至今天依然可以笑谈着当年关于马儿的往事。

当阿里巴巴成长为全球最主要的互联网企业之一后，管理学家们一致认为，正是在杭州电子工业学院做老师的那几年，马云奠定了阿里巴巴创业路上最核心、最忠诚的一支团队。这些伙伴和记忆，也就成了马云一生中最宝贵的积累和财富。

马云对此给出了富有马氏特色的回应："我最大的感受，就是这段时间老师的眼神里面跟同学的眼神里面都是信任。"

马云的这种感慨，也是6年的教师生涯让他懂得了，怎么样让自己沉静下来，怎么样跟同学良性沟通，怎么样有效地向学生传授知识，怎么样与人建立信任。

后来，当马云眼神里都带着信任打造阿里巴巴的时候，他甚至都有些不习惯下属叫他"马总"，赶紧进行纠正——"别叫我马总，叫马云！"

最终，马云把这种人际间的真诚和信任也植入了阿里巴巴。所以，当你听到马云的员工直呼"马云"之名时，也就用不着大惊小怪了。"我跟同事之间也是这样一种关系，不像老总与下属的关系。"

若干年后的一天，当马云回到自己的母校——杭州师范学院，面对曾经熟悉的老师和不熟悉的师弟师妹时，依然动情地说：

"很多人认为创业就是为了赚钱，可是我创建阿里巴巴却不仅仅是为了赚钱，而是为了让自己以后有更多的经验教给学生。在大学教书的过程中我得到了很多东西，我爱教书。但是我想到中国经济的高速发展，在20年以后，我马云是否还能继续站在讲台上教书？因为大学生的学习不光是学书本的知识，还有社会实践。不论我创业成功与否，将来我再回到讲台的时候，至少我会比大学里其他老师多了一些经验。"

而在中央电视台的演播大厅里，马云亦曾无比自豪地面对亿万观众，底气十足地说：天下没人能挖走我的团队！

当然，这些自是后话。

二　眼神里都是信任

2010年9月，在阿里巴巴第七届网商大会上，马云与eBay总裁兼CEO约翰·多纳霍对话时表示，期望有继任者来接位。多纳霍则非常关注地询问马云"退休后做什么"，马云回应"希望回学校再做老师"。

而当时下，不管是在社会公益还是在阿里巴巴，马云天天都在做老师，也天天梦想着再去做老师。更有评论认为，做"老师"对马云而言是一个再正常不过的想法了。为什么呢？

1."敢为人先"是基因

天性不安分的马云，性格里自会有着"敢为人先"的基因。这种"敢为人先"的个性，在马云工作后便表现了出来。

工作后的马云月薪只有百元左右，与其他教师一样，他似乎没有过多的闲钱。然而，马云毕竟是马云，他不顾周围人惊异的眼光，硬是东借西凑，靠朋友和家人买了一套在当时看来挺大的房子。

马云买房了！

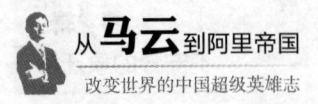
从**马云**到阿里帝国
改变世界的中国超级英雄志

消息一出来，人们除了纷纷惊异马云的举动，还大多认为马云已经拥有了巨大"财富"。几年后，随着教师福利的改善，当同事们都居者有其屋的时候，马云又再次为先，把自己先买的房子卖掉，成为西湖区文华路一套200平方米别墅的拥有者。

这便是如今常被人们提起的阿里巴巴创业基地——湖畔花园。就是在这里，诞生了后来的阿里巴巴，还有沸沸扬扬的"淘宝"，以及阿里人引以为傲的"湖畔精神"。

如今，舆论已经赋予了"湖畔花园"特殊的意义，"湖畔精神"也被视为马云精神的重要源头之一。事实上，"湖畔花园"原本是马云的新家，只是后来的情势发展需要，马云还未来得及住上就不得不拿来当作阿里巴巴的办公地点了。

而所谓的"湖畔精神"，也就是指马云和他的原始创业团队，在这里"艰苦奋斗""与众不同"和"小公司"的打拼精神。

后来，"湖畔花园"便被马云推而广之，阿里巴巴相继成立的很多分公司，也基本上先是开在了居民楼里。而所谓的与众不同，则是马云强调的"真正的创业者一定要另眼看世界"。

马云曾说，"我给人家感觉怪怪的……但与众不同不是我做出来的，而是我的本能。"在马云看来，与众不同是创业者的必备气质，甚至是创业者的本能之一。一个人只有以与众不同的视角看世界，才能发现全新的商业机会。

至于"小公司"精神，说白了就是一种追求速度、灵活、创新的精神。即使后来阿里巴巴部分上市之后，马云仍把阿里巴巴定位为一家小公司。

马云曾在内部强调过："我的定位是，我们是一家高速发展的小公司，但是具有很强的社会影响力。首先要明白我们是小公司，发展速度非常之快，如果将自己定位为跨国公司，定位为非常厉害的公司，我们真的是越走越狭窄。"

当功成名就之后，马云面对媒体谈起当年的购房心得，还是颇有感触。他甚至用他那富有鲜明个性的话语方式总结了自己的买房心得：

如果要投资房产，不会投资那些流行的房型。比如一室一厅、两室一厅。相反，会选择一些比现在流行的面积大一点的房子，比如当时的湖畔花园，那是比三室一厅要大一点的别墅，这样就可以永远站在时代前面。如果有机会，我还会把现在的这套抛掉，去买个更好的。

于是乎，很多评论性的文章在提起马云买房时便写道："精明的马云似乎天生就有种敏锐的商业嗅觉，在当时的中国，几乎没有人会有在房子上'做文章'

的想法,在中国房地产市场的骤然升温之前,马云却独具慧眼地做了一次不动产投资。"

如果联系到后来创办阿里,直至其成为今天全球电商巨头,似乎每一个关键节点都可以看到马云敢为人先、借钱买房的思想影子。而马云对买房的总结——超前地想问题,超前地去做,也透露出了他潜意识里早已种下的、无法抑制的创业立体思维。

自小争做外国人导游,创办英语角,夜校兼职讲课,直至创办经济实体……一幕接着一幕的敢为人先,让周围人货真价实地见证了敢为人先的马云。而不安分的天性,让优秀教师的身份也越来越无法抑制马云内心深处的某种躁动。

2. 系花·爱情·仙妻

忘了哪位哲人说的,成功男人的背后都站着一个智慧的女人。这话在今天的马云身上,似乎也应验了。

这里先不说马云如何成功,也不说他创办的经济实体,很有必要说说一个普通男人收获的爱情故事。

几年前,有那么一天,成功的马云在面对媒体时,曾忍不住动情过。

"这几年来,张瑛几乎没有自己的生活,没有朋友圈子,天天都在公司。"马云深情所指的张瑛,曾是他的同学,也是他在高校时收获的珍贵爱情,直至后来成为他的妻子。

在马云眼里,张瑛不仅聪明伶俐、漂亮可爱,还是个会念魔咒、施展魔法的"仙妻"。不管遇到什么困难,张瑛总能变着法儿地让一切顺利起来。

"她对我的帮助是全方位的,无论事业上还是生活上,都是全力的理解和支持。"

出生于浙江嵊州的张瑛,身材高挑,漂亮端庄,曾被同学们称为"系花"。共同的校园生活,给了她与马云交际并相识的时间与场合,而马云独特的个性与才华,也深深地吸引了她。

其实,在最初的时间里,马云独特的外形并没能吸引张瑛。但是,出色的英语课业,极强的活动组织能力,尤其是成功当选学生会主席后,马云在校园里的口碑,渐渐地改变了张瑛,她开始像其他女生那样,禁不住越来越关注起了马云。

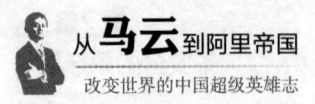

而马云呢？显然是一个敢为人先的男人。

在一个看似成熟的时机，马云鼓起勇气向张瑛表白了："我不帅，但男人的外貌和智商成反比。我相信自己能给你带来不一样的想法。"

就是这句诙谐却充满着男人自信的表白，征服了张瑛这枝"系花"。工作后不久，马云和张瑛步入了婚姻殿堂。因表现出色，马云被任命为外办主任，继而又被评为杭州十大杰出青年教师。

此时的两个人，实现了工作稳定，家庭美满。后来，当不甘于平静过一辈子的马云，寻思着与朋友一起创办翻译社时，张瑛也曾有过担心；而当马云步入而立之年准备真正下海创业时，妻子张瑛给予了他无私的支持。

即便是功成名就之后，回忆起其中的一幕场景，马云依然无尽感慨。

那还是10余年前，马云正式下海准备投身于互联网的时候。由于国内懂互联网的人还很少，马云特意邀请了20多个朋友来家里征求意见。虽然他用尽心思讲了两个多小时，但朋友们依然听得稀里糊涂。最后，被请来的朋友除了一人外，其他人都只送给了马云三个字——"算了吧！"

看着有些失落的丈夫，妻子张瑛对马云说："你去闯一闯，不行还可以掉头。你如果不动手做，就像晚上想了千条路、早上起来走原路，一切都是空谈。"正是妻子的支持，给了马云放手一搏的最后决心。

后来，当马云京城落魄之时，又是妻子张瑛说："不行你就回杭州吧。至少这里还有我。我不会离开你。"

为什么我的双眼常含热泪，只因为我对你的爱真切深沉。

智慧的贤妻不仅给了马云再次站起来的力量，也让这个不安分的男人眼眶久久湿润着。而当带着京城创业伤痛的马云，回到杭州的时候，他感受到了妻子营造出的家的温暖。那时的马云，在心底里暗下决心，一定要用自己的成功去证明妻子的眼光。

随后，认准了互联网时代即将到来的马云，便一门心思地想着法子，他意识里一再地告诫自己：必须要抓住这个千载难逢的时代机遇。

在妻子张瑛"想好了就做，大不了回家有我"的精神鼓励下，马云四处找人筹钱，亲戚、朋友、曾经的同事都借了个遍。终于，马云拿着筹到的50万元准备做电子商务网站了。

然而，当马云对着被拉来一起创业的所有人说"公司很可能失败，但如果成功了，回报将是无法想象的"的时候，团队里依然有人忍不住质疑他的投资方向。此时又是妻子张瑛站了出来。她借着马云的话题说,"虽然我不太懂你们嘴里的'B2B',但我认为电子商务是个有前景的行业,我打算辞职,和你们一起干。"

这一幕马云完全没有料到,可他心里也完全明白,这是张瑛为了稳定人心、支持自己创业,而采取的破釜沉舟之举。看着马云当时吃惊的样子,张瑛坚定地接着说——"我相信你能行。"

接下来,张瑛还为马云他们创办的网站取名为"阿里巴巴"。按她的解释,"阿里巴巴有座宝库,能变出无穷财富,我们的商务网站就是为国内商人提供交易平台,为他们带来财富。"

就连旁观者也似乎明白,正是张瑛破釜沉舟之举,彻底打消了创业同伴们心底里仅存的一点质疑,也鼓舞了马云的创业团队,更给了马云坚定下去的力量。

若干年后,当阿里巴巴终于唱响全球互联网之时,张瑛又急流勇退,用自己的智慧给了阿里巴巴锻造现代企业机制的莫大空间。而当阿里巴巴终成全球电商巨人的今天,马云也就有了十足的理由来赞誉自己的妻子——阿里巴巴的崛起,张瑛立了大功。

马云的赞誉也得到了舆论界的回应:张瑛的宽容和能干,搭配马云的勇敢和内敛,成为阿里巴巴一面无坚不摧的大旗。

这话已经成为业内外用来评价这一对夫妻的代表性语言。

当然,这些也是后话。

3."想到的"与"做到的"

说完马云收获的爱情,就应当接着解构马云的自身了。笔者将马云的"想到"和"做到"是这么归纳的:

"想到",指的是马云在兢兢业业履行教师之责的同时,心里又时常无法安分之想;"做到",则是指马云为人处世的过程中,表露出来的守信与平和的天性。

20世纪90年代初始,新一轮的改革强音开始吹响,中国经济再次加速,中外贸易迅猛发展。尤其是东南沿海的开放城市,更是中国对外经济贸易快速发展的重要支点。这其中,沿海开放之地的杭州便呈现出一片繁华景象。

伴随着这种外向型经济繁荣的,便是外向型人才的稀缺,而像马云这样拥

有英语优势的外向型人才更是如此。再加上浙江一带本就是中国外贸型企业的聚集之地，外贸业务的持续扩大，使得众多企业老板们都希望能有一个得力的专职翻译。

于是，早就拥有"英语天才"美名的马云，自然就成为那些外贸企业老板们经常相邀的对象。然而，大学老师的身份，使得马云只能出任兼职翻译。即使这样，随着时间的继续，马云也渐渐地感觉到一个人根本无法应付过来。

此时的马云，身负有"君子协定"。而"在其位，谋其政"的使命感，虽然让他在教师的职位上成绩斐然，但也正像马云自己说的那样，教师并不是他心底里第一喜欢的工作。

于是，本就不安分的马云，想"折腾"的冲动又有了。而机会不仅会眷顾有准备的人，更需要一个有心的人才能把握。

当马云无法应付兼职翻译的业务量时，他忽然意识到这么一个现象：自己身边的一些同事，尤其是一些退休的老教师，不都在家里闲着没事可干吗？

真可谓灵机一动，计上心来：既然自己一个人根本忙不过来，何不组织身边闲着的人办个翻译社呢？果真如此，既可以减轻自己的负担，也能让那些老师赚点外快补贴家用。

想到此，马云禁不住一阵兴奋，犹如哥伦布发现了新大陆一般，他要认真准备准备了。

马云首先梳理了一下思路，考虑到了三个方面：一是杭州有很多外贸公司，需要大量专职或兼职的外语翻译人才；二是自己的订单太多，实在忙不过来；三是当时杭州还没有一家专业的翻译机构。

接下去，自然就是要做到了，而这正是马云的个性。只不过，马云遇到的首要问题，便是创业资金从哪儿来呢？

尽管在杭州电子工业学院工作了一段时间，但每月百元的工资收入，依然让马云感觉到了囊中羞涩。有了想法就要有所行动的马云，似乎只有借力，寻找合作伙伴一起实施他想到的创业计划了。

步入而立之年的马云，又一次显现出了"敢为人先"的个性。

一番紧张的准备之后，杭州第一家专业翻译机构风风火火地成立了，其名曰——海博翻译社。

成立后的海博翻译社，除了马云和他的创业伙伴外，主要员工就是那些退休的英语老师。马云由于全职教师的身份，平时在学校给学生们上课，只有课余时间才能用心于此。

纵然有着万般激情，创业之路却很少会一帆风顺。古今中外，莫不如此。实践中，大多数创业者都要经历起步阶段的艰难，随时可能出现的困境往往就在创业者不经意之间。

马云的困境在海博翻译社刚开始营业的第一个月就出现了，严重地入不敷出。

据披露，翻译社每个月的房租是2400元，平时的业务是聘请兼职的英语老师来完成。但由于人员有限，社会口碑尚未形成，虽然有马云支撑，翻译社第一个月仅仅收入700元。这一收益与2400元的房租支出相比，已经是杯水车薪的窘境。

如此状况，让马云的朋友和同事替他不安起来。一些好心的人开始劝导马云："你有一份稳定的工作，就不要折腾了……""马云，你真是犯傻了，安安稳稳地当大学老师多好，瞎折腾什么啊？"

当然，其中也不乏讥讽和嘲笑者，诸如"马云不知天高地厚"的声音也不时入耳。更让马云始料不及的，当初一起合作创办翻译社的伙伴，似乎也有些信心不足了，甚至有人开始考虑"关门大吉"。

人生不如意十之八九，关键时刻多坚持一分，或许就是晴天。

"因为是刚开业，况且翻译社是个新事物，人们接受总需要一定的过程。运营的过程需要知名度再扩大，并且取得商家的信任。"马云表现出了自己的信念，他坚定着自己的判断和想法。

当然，坐等困境改善是愚蠢的。马云显然不属于此列。他甚至退一步做出了变通：翻译社自身翻译业务赚来的钱尚不够养活自己时，为了渡过这段最困难的时期，必须要有其他业务进行补充。

其他又是什么业务呢？

4．大学教师与小倒爷

马云所说的其他业务，估计除了马云自己，没有谁能想到——贩卖小商品！

这其中，有工艺品、医疗器械、鲜花、袜子、内衣等等，凡是可以为翻译社赢得利润的东西，马云都选择去尝试。他甚至像杭州城内许许多多的业务员一样，到各个相关的机构推销杂货，因此也遭遇了无数白眼，受尽了从未有过

的委屈。

很快,"有着大学教师身份的马云,当起了一个小商品推销员"的消息不胫而走。面对各种议论和异样眼光的马云,在内心独自品尝着劳累与苦涩的同时,依然坚守着"光明一定会到来"的信念!

就这样,不知不觉中,马云用"倒爷"的方式,依靠卖小商品、推销医药赚来的钱,足足养了海博翻译社三年。而这个曾经一度陷入关门大吉的翻译社,也终于奇迹般地活了下来,并走上了盈利的轨道。

后来,据马云披露,海博翻译社1994年就达到了收支基本平衡,1995年实现了首次赢利。而在实现经营赢利、业务走上正轨之后,马云就几乎没再管理过翻译社,转而放手给那些老师来打理了。

其后的日子里,凭着马云开创的不怕吃亏、不怕吃苦的"傻"劲,海博翻译社不仅活了下来,并成长为杭州城里最大的翻译社。而在时隔十几年后,借用马云的话说海博翻译社已经"赢利很高"。

如今,若是打开海博翻译社的网站,这样的文字依然能透出它开创者的骄傲:

"杭州海博翻译社由马云先生创立,是一家经工商局正式注册成立的专业翻译机构,也是杭州最早成立的专业翻译社。海博翻译社成立之初即成为杭州市公证处指定的翻译社,多年来我们以快捷、准确、保密、周到的服务,深得各公证处的信赖,并被浙江省司法厅确定为翻译合作单位。"

而每当回忆起走过的风雨历程,海博翻译社的人都会洋溢着一份情感:"当开始大家都还没想到这个行业的时候,当大家都还没有看到这个商机的时候,马云首先想到了,他的想法都是具有前瞻性的。那时我们杭州没有翻译社,我们是第一家独立存在的这样一个公司,大家都不看好,而且一开始也不赚钱,但马云坚持下来,没有放弃。"

在海博社的人眼中,马云说的话会让人振奋,没有希望的东西在他看来也充满着生机,他能给身边的人带来特别的生活激情。

后来,马云在面对媒体关于翻译社的访问时,也会掩饰不住自己内心的自豪:"我一直的理念,就是真正想赚钱的人必须把钱看轻,如果你脑子里老是钱的话,一定不可能赚钱的。"

有人说,相对于今天阿里巴巴的大红大紫,创办翻译社时的马云肯定称不上功成名就。即便这样,对以往点点滴滴的总结,正是一个富有时间历史的人给后来者留下的宝贵财富。

而初次下海的经历,则使得马云所说更多了些实践意义:"经营翻译社的过程让我明白成功者至少需要兼备两种品质:一是大胆执着的性格,二是对市场的敏锐嗅觉。"

而在笔者看来,马云那种不轻言放弃的魅力个性,也就理所当然地成为海博翻译社传承的企业精神——永不放弃。

而在西班牙《国家报》记者费德里格·拉蒙比尼的眼里,马云"这只丑小鸭的奋斗是从零开始的。他的简历比留级生比尔·盖茨的还要平庸"。

三 惊魂大片美利坚

6年的教师生涯,给了马云最诚挚的友情,为他日后的创业之路积累了最宝贵的财富;6年的教师生涯,给了马云最纯美的爱情,实现了日后为人称道的"人生伴侣+创业伙伴"的美丽梦想;6年的教师生涯,更给了马云可以享用一生的精神信念——永不放弃。

因为,人生有真谛——只有活下去才会拥有可能,也才会拥有无限希望。

1. 一场复杂的故事

苏轼的《晁错论》中有这样的句子:"古之立大事者,不惟有超世之才,亦必有坚忍不拔之志。"显然,马云并不具有超世之才,却用真实的故事证明了自己坚忍不拔之志。

1995年的时候,马云的海博翻译社虽然实现了赢利,但赚到的钱并不多。然而,凭着自己超强活动能力和坚守诚信的个人魅力,马云还是积累了不少人脉,也拓展了自己的业务范围。于是,除了一般的翻译业务之外,马云开始接到一些"更富挑战性的业务"。

这一年,杭州市政府开始修建杭州通往安徽阜阳的高速公路。其中,有一家美国的投资者跟杭州市政府和市交通局进行了一年的谈判,投资却一直没有到位。

为了尽快推动与美方投资者合作的进展,杭州市相关部门想到了有着"英语天才"之名的马云。在他们看来,马云还是一个比较熟悉国外情况的人。于是,马云受到了邀请,杭州市相关方面希望他能作为特别的翻译,并委托他在

双方间开展协调工作,以推动相关工作的进展。

参与进来之后,随着对双方合作过程了解的深入,马云感到了自己当初接受此项任务的轻率。因为,他感受到了双方间的关系很是复杂,在马云看来"是特别复杂的一个故事"。

这里不妨先简要概述一下马云眼里的"特别复杂的故事":

原来,根据相关规划,杭州至安徽阜阳的高速公路开始修建,相关部门同意所谓的美国投资者参与投资,其回报则是美国投资者获得路费的收取权。不可否认,这种方式在当年的中国公路建设过程中很是普遍,也的确发挥了相当的作用,甚至现在还有不少市政工程继续采用这样的方式进行。

不过,公路修了一年多后,参与建设的上千民工到年底了却没能领到一分钱工资。杭州市相关部门不得不进行密集的协调工作,但美国投资者却以沟通障碍为由拒绝配合。

于是,直至马云上场。

美国投资者给马云的解释,是"香港董事会不同意"资金到位。于是,马云受托来到了香港做协调工作,但他很快就发现了问题,美国投资客在撒谎。

返回杭州后,所谓的美国投资客再次搬出了董事会,只不过这次说的是"美国董事会"。无奈之下,马云受托与美国人再去大洋彼岸,继续协调美国人所说的"美国董事会"。

然而,马云万万没想到,此次美利坚之行,让他真实体验了一回堪比美国好莱坞大片般的经历。

当肩负重托的马云来到美国洛杉矶,他受到了美方看似非常热情的接待。在最初的几天里,马云被安排游山玩水,甚至还被安排住进了一幢别墅里,每天好酒好菜款待着,只是美方绝口不提合同金的事儿。

意料之外的是,马云在此期间利用间隙接触到了网络。这其实是他第二次见到这种神奇的东西了。

那是在1994年,马云还在杭州电子工业学院任教的时候,身居外办主任的他结识了外籍教师Bill(音)。这一年寒假的时候,Bill回美国过圣诞节。回来之后,Bill对马云讲了一个神奇的东西——因特网,而他的女婿就在美国西雅图当时仅有的网络公司工作。按马云后来的回忆,Bill本人对网络也是一窍不通,马云自己更是对电脑一窍不通。然而,俩人还是一个讲得很激动,一个听得很激动。

当马云此次再接触到所谓的网络时，万维网和浏览器的推出，使得网络技术和使用条件已大为改善，美国对网络的使用因而迅速扩展。尽管有了这些改变，再一次接触到互联网的马云，依然没有太过于在意，他很清楚自己此行身负的重托。

然而，接下来发生的事情，让马云彻底看穿了美国投资客的真实面目。

2. 美利坚惊魂30天

马云看穿的美国投资客真面目，用他自己的话说，"所有稀奇古怪的事情都发生了"，"简直就是一部典型的美国式风格的好莱坞大片，特别是后来我到了美国被黑社会追杀，我的箱子现在还在好莱坞呢！"

最初几天，马云被美方接待人员带着游山玩水，可他并没有忘记自己身负的责任。当美方那个大个子见马云对游山玩水不再有什么兴致的时候，便把马云带到了赌城——拉斯维加斯。在他们看来，马云也许能对老虎机的"电子游戏"感兴趣。

马云虽说一向敢为人先，但他还真的没玩过这玩意儿。即使手气不好，他却玩得兴致盎然。而在笔者看来，这或许也是创新者应该具有的一个特性吧！

玩了几把老虎机的"电子游戏"，大个子的美国人又带着马云一起观看起了赌场里各式各样的表演秀。正当马云看得兴致勃勃之际，无意之间，他猛地瞥见了大个子美国人腰间别着一把枪。

瞬间一惊，隐隐约约间，马云感觉到了某种凶险。

拉斯维加斯之行结束，马云小心地进一步调查发现，美国商人的精心安排和布置，完全是一场骗局。巧合的是，杭州市政府也及时展开了对所谓的美国投资公司进行深入调查。

不出所料，马云的判断被验证了。中方的调查结果显示，所谓的美方投资客，其实是美国一家地道的国际诈骗团伙。

眼见骗局无法继续隐瞒，原称美国投资公司的那位董事长，索性向马云摊牌了。"要么跟我们合作，要么去见上帝。"

对方甚至还向马云允诺了丰厚的报酬，希望能引诱马云也加入他们的诈骗组织，联合起来继续进行诈骗活动。

马云拒绝了。

恼怒之下，美国商人凶相毕露。他们把马云软禁了起来，并实行一套严密

的监禁措施。经过几次努力,马云的逃脱计划都失败了,他悬起了一颗心,真的担心起自己凶多吉少了。

人一旦亲临险境,对生命和自由的期待便是一种本能,马云也不例外。

但又与常人有所不同,马云表现出了少有的冷静。他第一时间清醒地意识到,必须先活下来,而后才有其他。

一番思忖过后,马云强迫自己淡定下来。他告诉美国骗子:如果要想继续骗中国方面,还得开发些新的投资项目,如"网络"。所以,自己需要先去西雅图见一位熟悉"网络"的朋友。

难缠的马云似乎也把美国骗子弄累了,他们变得松懈起来,竟出人意料地同意了马云这个想法。

不难想象那一刻马云的心情,他恨不得立刻能坐上飞机返回国内。但是,马云必须继续演戏,他不能表现得太急切。他翻出身上最后的一点钱,给了那个大个子美国人,希望他帮忙订一张机票。

大个子美国人拿着钱去了。

回来后,这个美国人告诉马云:机票已经订好,到了机场售票处,你跟里面的人说,你是来自中国的 Jack Ma,他们就会把机票给你。

一心想着尽快离开的马云毫无戒备,他相信了大个子美国人的话。到了机场售票处,按照大个子美国人的交代,马云对着里面大喊:"我是中国的 Jack Ma,请把票给我。"

马云的举动让售票处里面的人很是惊讶,他们不解地看着这个陌生的中国男人,根本不知道是怎么一回事。

一番追问解释后,马云才明白,那个大个子美国人又一次骗了自己。而此时,马云搜遍了全身,也只找到了 25 美分,根本买不了一张回国的机票了。

马云再一次陷入了绝境。

孤身无援之际,马云无意间发现了候机厅里有个老虎机,不禁也想起了不久前在拉斯维加斯玩老虎机的经历。就在一瞬间,马云决定赌上一把,赌资便是仅有的 25 美分。

有人说,"会赌"其实也是成功者应有的一个特性。

别无选择的马云,拿出仅有的 25 美分,开始按动那台老虎机。随着一次又一次的失败,马云的心也一阵紧跟一阵地发凉。他连按 24 次,竟然一次也没中,仅有的 25 美分也只剩下了最后 1 美分。

马云真的绝望了。怎么办呢？最后一下还用继续吗？

然而，前文也已交代，敢为人先、不轻言放弃，自马云担任校学生会主席时，便日益表现出来。

所以，略作沉思，马云便最后一次按下了老虎机的那个钮。

在最不可思议的时候发生的事，才算是奇迹。

马云赢了。他是在最绝望的时候，因为不愿放弃仅存的一线希望，为自己赢得了一次人生转机——1美分换来了一个大满贯，赢得600美元！

没有那种亲身经历的人，无论如何也体会不到马云当时的心情。笔者更是确信，借用再多的文字，亦无法精准描述出一个绝处逢生者的内心浮沉。

拿着600美元，马云来不及思考，本能驱使着他赶紧走向售票处，第一时间买一张回中国的机票，立即逃离这个生死是非之地。

马云开始排队。

排着排着，马云突然觉得自己很是窝囊。想着本来受的是政府委托，却被美国骗子耍得团团转，真要是这么返回国内，不仅非常狼狈，内心也真是太不甘心了。

马云越想越气，继而走出了队伍。他告诉自己，不能就这么算了，决不能轻言放弃。可不放弃又能怎么办呢？

去西雅图！

马云灵机闪动，想到了西雅图的那个外教，想起了自己曾经激动聆听的那种"网络"。既然已经来了美国，何不去看看那个叫作"网络"的神秘东西，也比就这么狼狈回去的好啊！

人生总会有不经意的巧合，但并不是谁都能抓住这样的巧合。

坐上飞往西雅图的班机，马云才确定，自己惊魂漂泊的30个日夜终于结束了。一种劫后余生的幸福感，不由自主地充斥他的内心。以至于命运之神在前方为他敞开的大门，也没能唤起马云任何心思准备。

3．怕敲坏的网络符号

"在金钱面前，人性贪婪的本质并无地域国籍的不同，而且还是如此的顽固难以改变。"马云30日的美国惊魂，一些人士曾给出了如此感叹。

即使过去了若干年，马云自己在谈及此事时，每个听到的人，包括笔者在内，依然能感受到他绝处逢生后的那种庆幸。

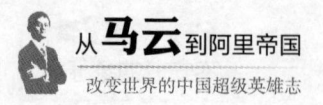

虽然美国之行的前半程很是惊险,但是到了西雅图后,马云却受到了朋友的真诚接待。也就是在这里,马云第一次触网了,他真实地跟"互联网"打起了交道。

出于对"网络"的满心好奇,马云没有让自己的朋友太轻松。为了解释马云提出的多个"网络"问题,这位西雅图朋友干脆带着他,去了一家叫"VBN"的ISP公司。

公司很小,两间很简陋、小得不能再小的办公室里,只有五个对着屏幕不停敲打键盘的年轻人。

坐在一台电脑前,朋友对马云说:"Jack,这就是Internet。你试试看,非常好的东西,不管你想要找什么,基本都可以搜索出来。"

这下马云胆怯起来。他看着键盘,没有了勇气,那会儿几乎还是个电脑盲呢!

"怕敲坏了,赔不起。"后来,马云曾如此自嘲地回忆。他甚至清楚地记得,当时那个浏览器叫作"Mosaic"。

就此桥段,西班牙《国家报》曾生动地还原过马云当时的心情:"我甚至害怕触摸电脑的按键,我当时想,谁知道这玩意儿多少钱呢?我要是把它弄坏能赔得起吗?"

看到马云的犹豫,朋友替他打开了"Yahoo"(雅虎)网页,鼓励着马云。其时的"Yahoo"还很弱小,而全球当时运营的网站也没有多少,利用网络可以搜索到的内容,自然也不会太多。

朋友的鼓励,好奇欲望的驱使,最终给了马云足够的勇气。

他小心翼翼地在"Yahoo"搜索栏里输入"beer"(啤酒)一词。顿时,神奇的一幕展现在马云眼前——只是眨眼间,屏幕上便跳出了五家啤酒公司,有美国的,日本的,德国的,只是没有中国的。

好奇的马云又输入了"China beer",还是没出来什么内容。接着,他又输入"Chinese",一会儿荧幕出现了"no data"。不死心的马云坚持要找找关于中国的东西,又输入了"China history",只找到了短短50余字的介绍内容。

今天的人们应该知道,那时候的网络语言,完全是英语的天下。虽然关于中国的内容很少,但精通英语的马云却很快掌握了上网的方法。随着了解的增多,马云又被"Internet"的巨大能量惊得目瞪口呆,他不禁心潮澎湃。

上天给了马云一个外星人的头脑,"Internet"则牢牢拴住了他那颗不安分的心。

见此情景，朋友似乎看出了马云的心思，他建议马云可以试试做个自己的网页。

海博翻译社！

马云脑海里第一时间便闪动着这个名字，他要借助朋友的电脑和网络，把自己在杭州的翻译社介绍给世界。他更想知道，是否真的如朋友所说，自己将会获得"前所未有的惊喜"。

很快，马云动手写好了海博翻译社的英文介绍、服务报价、电话及信箱，并交给了一旁的朋友。

第二天，早上9点30分，海博翻译社的网页开始上传；中午12点，马云便收到了数个反馈，有德国的、日本的、美国的，还有一个是华侨发出的。

马云激动无比，他的第一次实际触网，就在世界互联网发展史上留下了首个中国网页。他可以确定，自己体验到了某种神奇与威力。

"我很激动啊！这真的是天上掉馅饼啊！"

即使是20年后的今天，每每谈起与网络的第一次亲密接触，马云仍然禁不住眉飞色舞。

"这就是我想要的，这里有大大的生意可做！"

岂止是大大的生意。马云即将抓住的，将是一股可以改变世界的神奇力量；而他准备打开的，更是一座无法估量的商业宝藏。

"天下万物生于有，有生于无。"先贤老子留下的这句话，哲理依然深厚。

事物的存在，首先要"有"，而后才能出现事物本身。对于本书主人公马云来说，看似不经意却又最是必然，他从"非有"看到了"有"，从"无"中发现了苦觅中的炫丽光景。

第3辑

骗子·疯子·梦之队

犹如神奇的火种,一旦种下,便生生不息。他披着一条毯子,缩在沙发上,略有些紧张。身边坐着20多位朋友,有他的学生,也有一些从事外贸的人。两个小时,他张牙舞爪地宣讲自己在西雅图体验到的那个叫"Internet"的东西,他讲得一知半解,他的朋友们更听得稀里糊涂。最后那句话倒是惊吓了所有人:"我想辞职做Internet……"

一 跨越大洋的火种

"这个世界不是因为你能做什么,而是你该做什么;不是你的公司在哪里,有时候你的心在哪里,你的眼光在哪里更为重要。"美国之行,虽然犹如惊魂之旅,但马云的心里却意外种下了一颗火种。隐隐之间,他甚至觉得,自己的未来必将会与那个叫"Internet"的东西绑在一起。

1. Internet 让我心飞翔

"你们在美国负责技术研发,我到中国找客户。咱们一起来做中国企业上网。"说这话时,马云难以掩饰兴奋,他也只是刚刚才摆脱了美国骗子团伙的控制。

准备离开 VBN 公司的时候,激动的马云还不忘对 VBN 公司主管强调:他要把中国企业的资料放到互联网上,向全世界发布!

马云甚至与网页设计者签下了合约,但昂贵的价格也提醒着他,马云必须首先能从企业那里收到钱。

放在今天来看,当年的马云已经有意无意地开启了全球最初的 B2B 商务模式,也就是企业与企业间的网上交易活动。而在国内,"什么是互联网"尚无准确的中文名称,绝大多数国人更是不知此为何物。

就此,著名企业家冯仑曾有过这样的回忆:1995 年那会儿,我开始学发邮件。当别人告诉我"这就过去了"的时候,我就觉得简直奇怪!

冯仑没有夸张,事实也的确如此。

1994年4月20日,"北京中关村地区教育与科研实施示范网络"(NCFC)[①]通过美国 Sprint 公司的 64K 专线,实现了与国际互联网的全功能连接。至 1994 年底,NCFC 共连接中科院中关村地区 30 个研究所和北大、清华两校的各类工作站及大中型计算机 500 台,PC 机及终端 2000 台。网上每天国际传输数据量达 300 兆字节,相当于 1.5 亿汉字。

在此之前的 1986 年 8 月 25 日,瑞士日内瓦时间 4 点 11 分 24 秒,北京时间 11 点 11 分 24 秒,北京 710 所的一台 IBM-PC 机上,中国科学院高能物理研究所的吴为民通过卫星连接,远程登录到日内瓦 CERN 一台机器 VXCRNA 王淑琴的账户上,向位于日内瓦的 Steinberger 发出了一封电子邮件。

一年后,在德国卡尔斯鲁厄大学维纳·措恩教授带领的科研小组帮助下,国内的王运丰教授和李澄炯博士等人,在北京计算机应用技术研究所建成了一个电子邮件节点,并于 1987 年 9 月 20 日向德国成功发出了一封电子邮件——"Across the Great Wall we can reach every corner in the world.(越过长城,走向世界)"。

还是在 1994 年,中国互联网[②]出现了一系列的新变化,基础建设开始进入快车道。

当年 5 月 15 日,中国科学院高能物理研究所设立了国内第一个 WEB 服务器,推出了中国第一套网页,内容除了介绍中国高科技发展外,还有一个栏目叫"Tour in China",提供包括新闻、经济、文化、商贸等图文并茂的信息。

5 月 21 日,中国科学院计算机网络信息中心完成了中国国家顶级域名

---

① 20 世纪 80 年代末,我国的计算机网络首先在科研、教育领域发展起来。当时最有代表性的是"中国科学院高能物理所(Institute of High Energy Physics Chinese Academy of Sciences,简称 IHEP)网络"和"北京中关村地区教育与科研实施示范网络"(The National Computing and Networking Facility of China,简称 NCFC)。IHEP 网于 1988 年初步建成,是我国国内最早建立的高性能计算机网络,当年便实现了与欧洲核子研究中心的计算机网络的连接,并随后于 1991 年 3 月实现了与美国斯坦福大学直线加速器实验室(SLAC)计算机网络的连接,1993 年 3 月又实现了与美国能源科学网(ESnet)的连接。NCFC 则于 1990 年 4 月由国家科委正式立项,利用世界银行的贷款及国内配套资金在北京中关村地区建立的国内规模最大的计算机网络。它包括一个主干网和中国科学院、北京大学、清华大学 3 个院校网,总投资 7000 万元人民币,1993 年 12 月骨干网开通。
② 互联网,即 Internet,全球最大的计算机信息网络。国内最早译为"国际互联网""互联网络",1997 年 7 月 18 日全国科学技术名词审定委员会确定译为"因特网",港台及海外则译为"网际网路"。

（CN）服务器的设置，改变了中国 CN 顶级域名服务器一直放在国外的历史。同月，我国国家智能计算机研究开发中心开通了曙光 BBS 站，这是中国大陆第一个基于互联网的 BBS 站。

最值得说的，要算是当年启动的"三金工程"了。所谓的"三金工程"，即金桥、金关、金卡工程。1994 年 6 月 8 日，国务院办公厅向各部委、各省市发出了《国务院办公厅关于"三金工程"有关问题的通知》（国办发明电［1994］18 号）。

当年的中国，虽然处于尚未完成的工业化阶段，但是政府高层的远见布局，前沿科技工作者的刻苦努力，中国率先实现了接入国际互联网。正是这一高屋建瓴之举，不仅成为当代中国最重要的决策之一，也为我国互联网产业后来居上、领先全球创造了机会窗口。

不过，1994 年的中国，计算机显然属于奢侈品，不用说个人家用的了，即使是机关单位，有的话也是好几个人合用。至于计算机程序员，那更是整个社会的稀有人才。

或如此，马云才不敢贸然地敲击西雅图朋友的电脑吧！

现实尽管很残酷，马云那颗为 Internet 燃烧起来的心，却还是要飞翔了。

回头望去，当年的马云并未意识到，自己要掀起的将会是一个多么伟大的行业。但是，功成名就后，每每总会有人发问：为什么早在 1995 年世界互联网产业尚在萌芽状态之际，马云就能真知灼见、洞察先机，并以赌博的方式投入到这一崭新的行业之中呢？

马云并没有那么英明，他更不是先知先觉。

"那时候如果有人告诉我开饭店很赚钱，我一样会一头栽进去！"这曾是马云玩笑似的坦露心思。按他的说法，当年决定离开学校到外头闯闯的时候，自己也不知道该做什么。幸运的是，马云没有被人拽着去开饭店。

1995 年 3 月的一个夜晚，杭州马云家里，坐着二十多位朋友。其中有他的英语学生，也有一些从事外贸行业的人。马云披着一条毯子，缩在沙发上，略有些紧张。

马云对朋友们说："我想做 Internet。"于是，他用了两个小时宣讲什么是 Internet，大家听得糊涂，马云讲得更是一知半解。

一位参加过当晚聚会的重要成员，即有着如此的回忆："我几乎每天都去马总家，听他讲解和演示因特网。我基本上没听明白，只是凑个热闹，顺便见见同学们，当然更是为了给马总一个面子。马总每天都张牙舞爪地讲得很兴奋，讲完了互联网之后，又讲他的创业计划，然后还问我们有什么想法。我们都说没想法。"

知情人还披露，有一次马云在宣讲过程中，有人向他提出了创业步骤的问题时，马云一时竟回答不上来，因为他自己都没有想好。见此情景，马云的朋友兼听众们都摇头叹息，有人甚至忍不住给他泼起了凉水：

"马老师，你开酒吧，开饭店，办个夜校，都行。就是干这个不行。这到底是什么？中国人没一个知道的——不是说它不好、没有前途，而是因为这玩意儿太先进……中国人不会买账的！"

马云回忆，也不是所有人都没有正面回应，但只有一个："你要是真的想做的话，倒是可以试试看。"

真理往往掌握在少数人手中。马云似乎坚信这一点。

尽管没有赢得众人鼓励的掌声，马云还是用一点钱在美国注册了"China Page"，并开始认真考虑辞职的事情了。

马云从学校辞职一事，并不像某些文章写得那样简单干脆，当时的他甚至还有些犹豫。

1992年，邓小平视察南方，中国改革开放的进程随之加速。受到相关鼓励，一大批国家机关工作人员转投到市场经济大潮，但主动放弃高校"金饭碗"的教师却凤毛麟角。马云即使再心比天高，也依然需要掂量掂量。

直到某一天下班，马云在校园里被系主任叫住了。

只见系主任骑着一辆自行车，车把上挂着两把刚从菜市场买回来的菜。他似乎没有注意到马云的内心活动，语重心长地开导起马云来。系主任的劝导和唠叨，并没有给马云带来什么令人激动的信息，反倒是一句话深深地警醒着他——英语教师这份工作很有前途，要好好干。

目送系主任远去，马云反而下定了决心。

第二天，马云果断地递交了辞呈。"我看着他的样子，突然明白，如果继续在学校待下去，他的现在就是我将来的'前途'了！"马云曾如此回忆。

随即，马云辞职事件，便成为当年他所在学校的一大事件，并迅速波及了他的学生、朋友和家人。

一个优秀的大学青年教师，为了所有人都还看不懂的创业，主动扔掉那个年代含金量颇高的"金饭碗"。马云真的开始了人生的赌博。

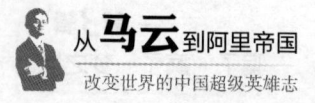

2. 通向珠穆朗玛的路

人生一世,未竟之事多有赌博的成分。对于一个执着于创业的人来说,更是如此吧!

既然是认真的赌,理应博得收益最大化,不能只靠一腔激情,良好的愿望,完美的计划,以及所谓的运气了。在智慧者的辞典里,大部分时候计划是靠不住的,愿望也总会被现实无情地击碎,而好运气来得也总会比人想的要晚一些。

只不过,在周围人的眼中,马云亲手打碎大学教师的"金饭碗",痴情于自己都还未完全弄懂的Internet,不仅仅是在进行一次人生的赌博,更像是在实践一个天大的玩笑。

当然,马云自己并不这样认为。他完全明白,自己此次想赌赢,要靠聪明的才智、敏锐的头脑以及随机应变的个人悟性。至于运气,他似乎并没有太放在心里。

有心人可能会记得,1995年前后,中国国内虽然还没有互联网,但央视的一些节目已经就此进行了多次报道。只是在当时的报道中,有意无意地将Internet作为一件来自美国的新生事物看待而已。

尽管对电脑还一窍不通,马云却注意到了这类信息。更为可贵的是,马云没有像看新闻一样来看待Internet,他的潜意识里已经刻下了这个看似新鲜的东西。

1995年4月,马云正式开始了自己的Internet创业。他在杭州文二路的金地大厦租了几间房子,注册了自己的网络公司——杭州海博电脑服务有限公司。按舆论和业界的统一说法,这也许就是中国内地第一家互联网商业公司。

说是公司,其实小得可怜。海博电脑服务公司的启动资金只有2万元,这是马云能拿出的最大一笔资金了。据说,这2万元里还有马云从家人那里借来的一部分,他自己当时其实只有六七千元钱。

再看公司的人员组成,同样简单得不能再简单了:马云、马云妻子张瑛、马云的同事何一兵。

"一个不小的房间里空荡荡就放了一张课桌和一张课椅,有点小孩子过家家的感觉。"多年后,马云身边的一位老人对当时的场景还记忆犹新。

有文章曾就此评论准备创业的马云:"1995年的马云面前摆着两条路,一条是通向成功康庄大道,胜利就在眼前,衣食无忧的生活就要触手可及了;另一条路通向珠穆朗玛,攀上去,就可能成为站在最高处的那几个人中的一个,但更有可能被风雪埋葬在山路上。连一成把握都没有的马云,还是义无反顾地选择了后者。"

马云海博电脑服务公司成立时,美国微软公司刚发布 Windows95 视窗操作系统不久。后来曾执互联网之牛耳的杨致远,也才创建雅虎公司不到一年。而在中国中科院,教授钱华林刚刚实现用一根光纤接通美国互联网,成功收发了第一封电子邮件。

如此种种,都表明了一个事实:马云创办中国首个 Internet 公司之际,全球范围内的互联网行业发展处于同一个阶段。

当然,那个时候的中国,马云式的创业者已经不止马云一个了,用业内一些人士的话说,还有如下诸神:

从麻省理工学院归来的张朝阳,筹得 2 万美元开立爱特信网络公司[即 sohu(搜狐)前身];已经创建了四通利方并开发出"中文之星"平台的王志东[sina(新浪)创始人];虽稍显落后,但不久就创建了网易的丁磊……

后来,当这些先行者们在互联网世界得以驰骋万里的时候,他们也用自己的亲身实践印证着一个道理:从创业的第一天起,你每天要面对的是困难和失败,而不是成功;你也必须时刻准备着,最困难的那一天还没有到,但一定会到。

这话,也正是马云的心得之语。

但若干年之后的成功,更印证了马云自己说的那句话:所有成功的创业者都需要一种勇气——做一件事,哪怕只有三成把握,也应去尝试。因为没有什么机会可以等你到有十成把握再去做。

3. 首家"互联网公司"

随着海博电脑服务公司的成立,马云亦成为中国内地首家"互联网公司"的创建者。至于后来公认的"中国互联网之父",或多或少也与此有着联系。

当然,1995 年海博电脑服务公司成立时,国内还没有"互联网"这个说法,人们称呼网络为"因特耐特网"。

马云曾披露,他在注册公司名字的时候,因为字典上没有"因特耐特网"这个词,也不能用英文进行字号的注册,主管部门一度拒绝了自己。不得已之下,马云才以"杭州海博电脑服务有限公司"的名字完成了注册。虽然完成了

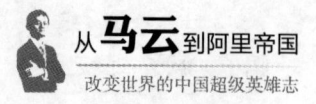

注册，那个时候的杭州，连最基本的拨号上网都还不行。

这些都没能阻挡马云。

1995年5月9日，"皮包公司"海博网站还是正式挂网了，命名为"中国黄页"，对外网址为"http://www.chinapages.com"。这是一个在中国互联网史上值得书写的日子。

为什么要用这样的名字？不妨简要理理马云的运营思路："中国黄页"把中国企业的资料集中起来，快递到美国，再由美国的设计者把资料和图片做成网页，挂到网上向全世界发布，公司的利润则来自向企业收取的费用。

既然是新生事物，也就免不了要受到质疑，何况马云的海博公司要做的是人所未见的"虚拟"事物呢！

不能随时上网的现实，成为挡在海博电脑公司面前的第一座大山。为了梦想，马云一改大学老师的身段，依靠一张嘴向外传播，传播人们既看不见又不明其理的"网络概念"。

那时的马云，每天都要出门，逢人就讲Internet的神奇，请求企业管理者们同意，把企业的资料放到"中国黄页"上去。为了让人们相信自己，马云甚至采取免费试用的方式，直至企业信息被证实发布出去后，他再向企业收费。

纵使这样，响应者可怜寥寥。

据身边的人回忆，那时的马云先向朋友描述Internet怎么怎么好，然后向他们要所在企业的资料，通过EMS寄到前文所说的美国VBN公司，网页做好后打印出来再快递回杭州。

而第一次，是永远值得回忆的事情。

马云首次把索要来的企业资料发出后，美国那边反馈回来的信息没有让马云失望。他将网页的打印稿拿给朋友们看，告诉朋友们在Internet上就能看到跟打印稿一样的东西。

尽管马云多番说明保证，这家企业因为没能真实地看到自己单位的网页，还是不愿意付钱给马云。在他们的意识里，仅有几个越洋电话是靠不住的。甚至有人开始怀疑，马云在编故事了。

于是，"好事不出门，坏事传千里"的民间土训，在马云身上应验了，哪怕所谓的"坏事"其实是好事。马云的"骗子"之名不胫而走。

下面这一段文字，似乎可以描述马云当时每天都要面对的尴尬情景：

"没有网络，看不到网络，没听过网络，只是马云说有网络；钱给了马云，资料给了马云，马云说已经上网了，可是网在哪儿呢？看不到。那凭什么相信马云？"

可马云毕竟还是马云。

与别人不一样的是，自12岁起，马云就主动练就了与人学习、与人交往的独特激情和心境，这为他的创业增添了某种独特法宝。

一个好汉三个帮，一幅好景众人描。

最是艰难时，曾经播撒下的个人口碑开始发挥作用了。马云的几个学生来了，渐渐地，又有十几个朋友也来了……

于是，创建了"眼神里都是信任"的马云，执着创业的激情效应开始放大，直至他的周围聚拢起一群20岁上下的志同道合者。

一个初显布道者风采的马云开始出现，而围在他周围的那群年轻人，仿佛一个个忠实的信徒。

当然，除了所谓的信徒，冷眼和嘲讽者更大有人在。

那个时候的杭州，马云早就名声在外，但民间最流行的说法却是："马云是个喝得微醺，跟一大帮人神侃瞎聊的小市民。在他身上只有手舞足蹈，看不到杭州人的安静和从容。"

这样的话，若是换作我们普通人，非得去找传话者算一算账不可。

马云的回应则是："我有一副天生的好口才，为什么不可以在大街上宣传我的公司？！"

身受这样那样的冷眼嘲讽，马云也开始讲究起了策略，他见机行事，开始逐渐扭转无人响应的难堪局面。

马云身边一位朋友回忆："马总一开始做'中国黄页'时没有客户，于是就先从身边人下手。当时我在出口电视机的公司里上班，另一个女同学在望湖宾馆做大堂经理，马总就把我公司14英寸出口彩电的资料和望湖宾馆的图片发上了因特网。这很可能是中国最早上网的产品和宾馆。"

马云自己则有着这样的描述：

"他们知道我这么多年信用还是不错的，然后就同意做了。最初做的是杭州第二电视机厂，然后是钱江律师事务所，然后是杭州望湖宾馆——一个四星级的宾馆。主页在美国挂到网上后，老板就是不信。我们就跟他说，这是美国的电话，你可以叫你美国的朋友打电话，看看有没有这回事儿，没有这么一回事儿你跟我说，有这么一回事儿你就付费。"

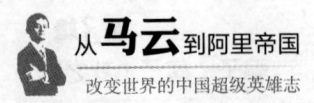

当时,"中国黄页"一个 homepage 3000 字,外加一张照片,收费为 2 万元,其中 1.2 万元要留给美国那边的公司。

1995 年的 8 月,就在马云的网络公司正式开始业务几个月后,在中国的上海,互联网正式开通了。

这个消息,对于马云而言,绝不仅仅是一个技术性的消息。一心要洗刷自己"骗子"之名的马云,第一时间成为第八个注册用户。

随即,马云从杭州拨长途电话到上海连上网,并找来电视台的朋友,对着从美国带回来的一台 486 电脑拍摄。

那个时候,整个中国的网络出口只有 64K,马云愣是足足等了 3 个半小时,直到望湖宾馆的照片出现在"中国黄页"之上。

一个月后,1995 年 9 月 4 日—15 日,中国北京迎来了世界各地的代表人物 15000 多人,189 个国家的政府代表团及多个国际性组织聚在一起,参加第四次世界妇女大会。

令马云和朋友们没有想到的,参会的不少代表,竟然专门从北京飞到杭州望湖宾馆。原来,当时能在网上找到的唯一中国宾馆,正是"中国黄页"制作公布的望湖宾馆网页。

马云欣慰了,他觉得终于可以证明自己与 Internet 了。而在他的心底里,也涌起了一份只有他自己才能懂得的自豪。

二 "第一喉舌"制高点

"艰难会迫使你一直走下去,顺利会使人忘乎所以。最重要、最珍贵的是,犯了很多错误,走了很多弯路,使得我们更有信心面对明天的挑战。"成功后的马云,有着独特的感悟。

若换成一个行业的角度,则可以说:别人还不太关注你的时候,往往就是机会。

1. "中国黄页"首桶金

尽管整个中国的网络出口只有 64K,网络速度慢得让今人无法想象,而"望湖宾馆"也只是 Internet 被认可的第一步,但马云的互联网激情已经不可抑制。

尽管如此，"中国黄页"还是没能较快地赢得客户，马云也不得不继续鼓动着他那不知疲倦的三寸之舌。

而当马云疲倦来临的时候，最特殊的人便开始发挥作用，妻子张瑛便是这么一个最特殊的人。

为了尽快实现"中国黄页"的赢利，张瑛不得不身兼"贤内助"和海博公司"业务骨干"的双重身份。在马云急需支援之际，张瑛更是为"中国黄页"签下了首笔8000元的大订单。

受此鼓舞，马云的海博网络公司业务订单，果然逐渐多了起来。

每当回忆起过往的一幕一幕，马云的一句话颇能道出真谛："回到家最重要的是要有一张好床，床上要有一个好人！"

业务订单的逐渐增多，国内各大城市网络的相继开通，使得"中国黄页"也走出了杭州城，开始在全国多个城市开展业务。但是，真正认识互联网的人依然少之又少，马云还是不得不花费极大的力气去宣传推销自己的网站。就是在这种情景之下，马云对宣传公关策略的掌控能力亦随之显现出来。

为了尽可能节减支出，马云挨家挨户地进行业务介绍，亲手演示Internet。如果稍加留意，网络上可以轻易地搜索出当年马云上门演示的镜头。

而马云亦曾经感慨："我那时名义是总经理，其实就是个推销员——跟当时上街推销保险、保健品的那些'令人讨厌的业务员'没什么两样。只不过人家是以签保单、推销产品为使命，而我纯粹就是个志愿者。"

马云的话并不夸张。那时候的他，像个开路先锋一样，"几乎就像疯子，天天跟人家'侃'互联网，说服客户加盟，说服记者宣传。"显然，马云希望用尽全力，最大化地向中国社会推介Internet这个仍显神奇的新生事物。

失之东隅，收之桑榆。马云这种看似费力不讨好地推介，虽然在扩大海博电脑公司知名度上没有立竿见影，却也收获了意外之喜——越来越多的中国人将互联网与"中国黄页"画上了等号。

即使现在去翻阅，当年媒体上关于马云和"中国黄页"的内容，确实十分丰富。

如："在早期的海外留学生当中，很多人都知道，'中国黄页'是互联网上最早出现的以中国为主题的商业信息网站，国外媒体称马云为中国的Mr. Internet，也正源于此。"

难怪不少业内人士认为，单就这个意义的角度，说马云是"中国互联网之

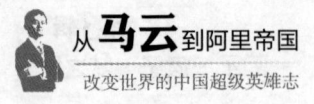

父",也非虚名。

终于,互联网在社会中的威力开始受到国人关注,而马云所做网站的效果也与日俱增。尤其是"中国黄页"的业务量,终于呈现出持续增加的态势,越来越多的人开始正视互联网某种奇怪的魔力。

马云也曾承认,虽然自己公司的业务量有不少增长,但绝大部分国人眼中的互联网仍然属于神秘的事物,懂得网页制作的人更是少之又少,所以赚钱相对比较容易。如"中国黄页",一个中英文对照的页面,3000个文字加张照片,收费标准是2万元。

并不便宜的价格背后,是实实在在的客户和效益。而马云的宣传与公关策略进一步发威,愿意跟海博网络公司开展合作的经济实体,也就越来越多了。

仅1995年7月,"中国黄页"就成功建立了浙江省"金鸽工程"、上海电视节、无锡小天鹅、北京国安足球俱乐部等中国第一批互联网主页。这些实实在在的成果,不仅让马云的海博电脑公司实现了业务量扩大,更让他和公司在中国互联网业界立起了名气。

到了1995年年底,8个月的辛苦打拼之后,马云公司的账目已实现平衡,营业额则突破了100万元。

接下来的两年多时间里,由于策略得当,永不褪色的创业激情,再加上"正确误导策略"发挥的作用,马云主持下的"中国黄页"相继开创了中国互联网业界的多个第一。如"中国第一笔网上成交的贸易业务","中国第一个网上体育俱乐部","中国第一个上网的电视台",如此等等。

如此势态之下,有了些名气的马云乘势而上,海博网络公司的营业额迅速升至不可思议的700万元。

如果要说创业者都会有第一桶金,那么这应该算是马云的第一桶金吧!

那么,已在中国互联网业界奠定有效口碑的"中国黄页"团队呢?

"中国黄页"团队是马云亲手逐渐带出来的一支团队,也是他至今回忆起来仍很骄傲的事。这个团队人员虽然不太多,却非常优秀,并自始至终保持着创业的豪情。即便是在后来互联网公司人才急剧动荡的那些年,马云带出来的核心团队,也一直保持着高度的稳定。

为此,马云亦曾动情感叹:"做互联网公司,留不住人才是最大的失败。"

这些后文自有详述。

而当海博电脑公司快速发展与壮大的时候,也正是中国互联网首波快速发展时期。所以，当马云还在兴奋于海博公司终于打下了发展基础的时候，无意间偶然环顾，"中国黄页"的周围，竟已群狼四伏了。

2. 借道前辈"瀛海威"

详述"中国黄页"群狼四伏之前，有必要插一段其他内容。这段内容是关于马云北京之行的。

马云的北京之行，是在"中国黄页"开始名传杭州城后，他也不是因为得意轻松，而是着力于积蓄力量。因为此次北京之行，马云是为了会见另一个在中国互联网业界有着标杆意义的人物——张树新，也就是中国互联网鼻祖式企业——"瀛海威"的创建者。

了解中国互联网业发展史的人，基本上都对"瀛海威"略知一二，而张树新则被公认为中国互联网商业化的主要开创者之一。

1995年5月，几乎与马云同一个时期，张树新创建了"北京瀛海威信息通信有限责任公司"，并担任总裁。如果从行业的历史源头来看，张树新的"瀛海威"应该是国内最早提出在国际互联网络上提供中文信息服务的网络公司，也是最先提供ISP（Internet Service Provider）业务的网络商之一。

1996年12月，"瀛海威时空"八个主要节点建成开通，初步形成全国性的"瀛海威时空主干网"。1997年12月，"瀛海威时空计费系统"真正实现了全网用户自动漫游。到了1998年，"瀛海威"已发展成拥有37000家客户的全国知名ISP公司，以及除邮电系统之外，中国最大的一家电信网络公司，并建立了中国第一个公司网。

有心人也许还记得，1995年，有一条关于网络的广告令人耳目一新。这便是张树新的得意之作——"中国人离信息高速公路还有多远？向前1500米！"

后来，张树新还借助资本运营手段，一年内实现了公司规模和资产的10倍扩张，使"瀛海威"一度成为国内最大的网络信息服务商之一。张树新也因此成为中国最早引入风险投资概念的互联网先锋人物之一。

当"瀛海威"巅峰之际，张树新发出的"星星之火，可以燎原"，也一度成为中国互联网行业奋勇前进的主流口号。

1997年，随着香港回归日期的临近，张树新实施了最有个人色彩的网络活动——"网上延安"。

根据相关资料披露，这是"瀛海威"为了迎接香港回归、"十五大"召开和

三峡工程开工,团队人员精心策划的一个方案。方案核心内容就是,"瀛海威"利用网络汇集延安的历史、现实和人物故事,并通过组织全国中小学生观看,借此扩大影响并增加收入。媒体人出身的张树新采纳了这一策划案。

随后,"瀛海威"相继耗资了千万元。然而,让张树新始料不及的,"网上延安"推出后,反应令人大跌眼镜,点击率之低,出乎所有人预料。其后,"瀛海威"元气大伤。后来的"瀛海威"发展,在战略上又一再犯错,直到1998年6月,张树新被迫辞职。

话题再回到马云的北京之行。

携着"中国黄页"的小有名气,马云到北京之后,即与张树新有了半个多小时的交谈。这在当时业界被称为"导师间的碰撞"。

不过,两人交谈过后,当时的马云却说了这么一句话:"如果互联网有人死的话,张树新一定比我死得更早。"

对此,马云的解释是"张树新的观念他听不懂",且"理论先进的不可捉摸,有点造梦的感觉"。

那个时候,互联网业内就马云和张树新还进行了一番比较,笔者概括起来就是:

马云做的是企业上网,而张树新讲的是老百姓的网。只是老百姓的网如何赢利,却是一个重要的问题。但"中国黄页"早期的名片的确有着明显模仿"瀛海威"的痕迹,如它的上面曾写着"信息高速公路已首先在杭州开通"。

然而,马云的话还是在不久后的一天言中了。在张树新辞职后,"瀛海威"终因元气大伤,不得不停止了自己一度超前的互联网梦想。

舆论坊间又一次纷纷攘攘起来:"对于做过记者、做过策划的张树新来说,形象宣传、操纵媒体游刃有余,但当企业转入实质性经营之后,她明显后劲不足。"而事实上,"瀛海威"的确有过不少很好的原创。

限于篇幅,笔者此处不再赘述。

而当年张树新自己对"瀛海威"的总结,倒是颇能给人启示。"我们在一个非常残酷的行业里被训练了三年多,每天都面临着生存的压力。我们是这个行业中犯错误最多的人。我们在企业的资源组合、资本结构、价值链设计等三个问题上有失误。我们没有掌握相关资源,'瀛海威'是在没有任何资源的情况下凭空建立起来的。为此,我们付出了许多心血和巨大的代价……"

后来,在回顾行业发展谈到"瀛海威"时,马云也有着类似的观点:瀛海威的失败与遗憾更多的是它的生不逢时,张树新前卫而超越时代的思考方式,在当时的中国互联网世界里尚无一展拳脚之地。

英雄相惜,足见一斑。

开路者"瀛海威"虽然过去了,但是,张树新当年组建并培养起来的第一代中国互联网人,却依然活跃在今天的中国互联网业界,相当一部分仍然发挥着骨干作用。于是乎,"瀛海威"便有了另一个颇有历史感的名号——中国互联网"黄埔军校"。

感慨前人,是为了让后来者汲取智慧和力量。

在笔者看来,无论是作为中国互联网产业先行者的张树新,还是作为互联网先军企业的"瀛海威",不管是不是真的如马云所说"生不逢时",但遗憾终归是主要的。尽管如此,若置其于中国互联网产业发展的历史长河,张树新和"瀛海威"既是悲壮者,更是奠基人。

3. 营造舆论先发制人

与张树新的一番论道,舆论间关于马云和"中国黄页"的话题进一步增多,马云则感受到了海博和"中国黄页"所面临的不一般竞争压力。

当年马云的意识里,"中国黄页"不仅面临着行业领军者"瀛海威"的直接压力,还有着诸如"万网"的一批互联网新秀。这些互联网的先行者们,每一个都如马云一样,创业的激情十足。

出于行业竞争的本能,马云也必须有所准备,甚至先发制人。

作为一个行业的开拓者,马云心里明白,"中国黄页"要想发展,首先需要这个行业的整体发展,所以让更多的人了解互联网,把市场开拓出来,把蛋糕做大,需要与海博公司的发展壮大同时进行。

马云意识到,只靠自己的口耳相传,远远不能适应发展的需要。马云意识到了媒体的重要力量,他明白抢占舆论制高点对于"中国黄页"的重要意义。而中国舆论的制高点,显然就在北京。

于是,在会见张树新后不久,马云又带着自己的营销总监二次进京,他要寻求媒体的支持,为中国互联网呐喊,给初出茅庐的"中国黄页"造势。

1995年12月,马云再次来到北京。朋友给马云引荐了北京青年报社的一位司机,这与马云所期望的相去甚远。尽管如此,马云还是抱着最后的一份将疑将信。

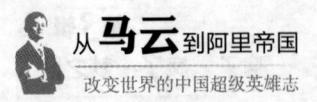

见面的时候,将信将疑的马云把自己准备的舆论稿件和必要费用给了这位司机,并表示希望能帮忙发表。马云当时甚至还有着另外的许诺,不管是什么样的媒体,只要发了还将进一步感谢。

让马云没有想到的,是这位司机的能耐。

没过多久,马云准备的关于"中国黄页"的造势稿件不仅发表了,还一并发在了5家媒体上。这其中,《中国贸易报》还把相关稿件发在了头版。这一结果让马云吃惊之余,又对那位司机朋友的活动能力由衷佩服。

一个强烈的念头还在马云的脑子里闪现:一定要见见那位批准在《中国贸易报》头版发表自己稿件的人物。因为,在那个时候敢于公开宣传互联网的媒体人并不多,更何况还是头版的重要位置。

在马云看来,敢于批准在媒体头版发表互联网稿件的人,一定是个有眼光的人。

这个很有眼光的人没有让马云失望。他跟马云相见如故,并长谈了三天三夜。虽然他也像马云一样不太懂互联网,但是他却被马云说得同样激动,完全认可了马云的判断。

最后,正是这位在马云看来很有眼光的人,安排马云作了一个演讲,而主要的听众就是北京的媒体人。

1995年冬季的一天,耗资3万元、马云主讲的公开演讲,便在北京东长安街南侧的原外经贸部隔壁的一个俱乐部里开始了。马云演讲的主题,就是互联网和"中国黄页"。

而在笔者的记忆中,首次听到的以互联网为主题的演讲,是在1997年的秋季,地点也是在原中国对外贸易经济合作部的一幢大楼里。同样也是在这一年,马云走进了中国对外贸易经济合作部,履行的主要职责也是互联网。以此来看,中国互联网的发展,似乎从一开始就与外经贸部(现商务部)紧密地连在了一起;而马云真正的互联网创业,也或多或少地与外经贸部扯上了不一般的关系。

演讲开始前,想到听众中有30多位来自京城各主要媒体的记者、编辑,马云早早地就将两台电脑安装在俱乐部里,在他的记忆里还从未见过这么多的媒体朋友。而考虑到当时北京网速太慢联网不畅,马云还就将一些网页和资料拷到了硬盘上备用。

演讲开始后,马云从什么是互联网开始讲起,一直讲到网络对人们的工作和生活会带来什么好处。马云讲得很是激动,而那些记者编辑们也热血沸腾。

尽管马云讲得仍旧有些朦胧，但他的演讲还是持续了两个多小时，成功实现了他计划中的"宣传互联网"。

4."第一喉舌"上网相助

自古好事须多磨，何况马云要推行的，还是一项前无古人的开疆性事业。

就在京城媒体人专场演讲后不久，仍在激动万分的马云却被迎头泼了一盆凉水。他被告知——有文件传达，暂不宣传互联网。

据后来的资料披露，之所以有这份文件，主要是因为当时一些工程院院士对网络的前景并不看好。一些人甚至认为，互联网这一新生事物与中国当时的国情不相符。

被迎头泼了凉水的马云，只剩下深深的无奈。他的心情像过山车一样，从无比激动瞬间转成了特别沮丧，他甚至觉得自己已尽了最大的努力。

可是，3万块钱换来的就是这样的结果吗？

受此打击时，马云在北京的生活也已十分困难。用他后来的话说："晚上只能睡朋友的办公室，能省下来的钱全部得省，省下来做事儿。"

而他的朋友也有意或无意地说了一句："要是你能说服《人民日报》上网，那么你的广告宣传、你的声势，一下子就起来了。"

说者无意，听者有心。沮丧之中的马云，犹如被针刺一般，朋友的这句话还真的激发了他骨子里敢为人先的那种冲动。

都说冲动是魔鬼，可从不会冲动的人估计也不是真男人。

马云当真了，他决定再试一次，攻关《人民日报》。可会认字的人都明白，《人民日报》在中国的宣传舆论场中，意味着什么。

马云当然是认字的，所以他心里特别明白，此时想让党的第一喉舌破例上网，无异如登天。

然而，人总是要有梦想的，万一实现了呢？马云是这么说的，也是这么去做的。在马云的意识里，不用心试过又怎么会知道不行呢？

而每每忆起当年的情形，马云还曾说过的一句话给人印象极为深刻："有一天，我们要理直气壮地来到北京。"

马云召来了时任"中国黄页"技术的李琪。于是，1995年的冬天，还是通过一个朋友的朋友引见，马云结识了《人民日报》的一位行政干部。

"当时我去的时候已经是晚上9点多了。我跟他就这样一直聊，到了10点

半,这时来了一个人说:你们这么晚了,还不走?这个人是一个领导,有过国外留学的经历,对互联网知道一些。"马云回忆说。

令马云意外的,那位打招呼的领导又跟马云接着聊了起来,主题还是互联网,而且非常投机。就这一聊,直到很晚。结束的时候,那位社领导意味深长地说,"你给那些处长们去上一堂课,就讲一讲互联网吧!"

幸运不是被动的,它同样需要争取。

就是靠着这份机缘,马云先后在《人民日报》作了两次演讲。"当时花了我不少的钱。在讲的过程中,还有副社长级别的人来听呢!"

据后来的相关文献披露,也就是在那个时候,中国高层也开始组织关于互联网的知识讲座,总书记、总理等领导人都参加过听讲。这其中,作为中国党政"第一喉舌"的《人民日报》领导自然也在其中。

这种情况表明,先前所谓的"暂不宣传互联网"氛围已经发生了改变。而马云与互联网连在一起的相关舆论报道,竞相在中国核心媒体中迅速传播开来。

敏锐的马云自然深谙其理。"对于我来说,这是一个机遇,我得把握。"

《人民日报》的演讲结束后,马云的手被一位领导紧握着,"你讲得真好!我们明天就打报告给中央,让《人民日报》上网。"

水已到渠既成,一切仿佛都成大势所趋。

接下来的半年里,马云和自己的团队不分昼夜,终于把第一喉舌《人民日报》搬上了互联网。成功的那一瞬间,便引发了中外舆论的广泛关注,产生了前所未有的轰动效应。

再看马云,自然成为众多媒体竞相关注的对象。第一时间,他被请进了中央电视台《东方时空》,以嘉宾的身份接着畅谈自己的互联网梦想。

舆论环境的重大转变,促生着中国国内互联网的首次升温。

尤其是1997年以后,以北京为中心的互联网热快速形成,大街小巷出现了众多的网络公司。不久前还是新生事物的互联网,果然是以不可思议的互联网速度,呈现出人们一时看不太懂的热闹景象。

这其中,中国国内的第一批外资互联网企业也开始出现。

只不过,这一时期的马云尽管非常忙碌,却没能赚到什么钱。"做完这一切之后,我就觉得我该做的都已经做完了,我当时一分钱也没有赚到。"

好在《人民日报》对马云还算不错,用马云的话说,他"把在北京与杭州之间坐火车来去的车费,还有日常开支都赚回来了"。

智慧的创业者,眼光习惯向着远处。

如今来看,马云当时尽管没能赚到钱,却几乎是在转眼间,由一个创业式的小人物,转变为中国社会乃至高层都认可欣赏的新兴行业开拓者。此种收获,其意义无疑是其他同业者们不可相比的。

笔者曾在一篇文章中做过这样的归纳:《人民日报》因马云率先上了网,马云则因舆论改变了中国互联网的成长。当10多年过去之后,马云不仅红了,还开创了中国最成功、最有着民心基础的庞大商业王国。

更多的人习惯了为奖台上的人喝彩,却不太愿意给探索者以掌声。如果回头再看,当年马云在央视畅谈着互联网产业之梦的时候,曾经的不被人信任,甚至被人视为骗子的种种过往,恐怕也只有马云自己才能体会个中的滋味吧!

即便是多年以后,一位曾听过马云早期演讲的导演还时不时地对着媒体调侃:那个时候的马云看起来就不像一个好人,充满激情的演讲,但眼神里总有那么一点鬼鬼祟祟。

三 互联网的梦之队

"我无法定义成功,但我知道什么是失败!成功不在于你做成了多少,在于你做了什么,历练了什么!"

1995年过后,马云似乎为自己奠定了两个至关重要的基础:一个是他在中国互联网行业中的代表性地位,另一个是他随后得以入驻中国外经贸部。

1. 忍痛放手"中国黄页"

前文已述,当马云在北京与张树新展开互联网论道时,他的"中国黄页"已经面临着多个竞争者的压力。所以,在与《人民日报》展开上网的活动之际,马云并没有忽视自己"中国黄页"面临的竞争形势。

这其中,不仅有着北京几个较有影响力的网络公司,连"中国黄页"的大本营——杭州,也出现了与其面对面的有力竞争者。

特别是杭州本地的竞争者中,竟然也有一个与海博"中国黄页"完全相同的"中国黄页"。于是,才刚起步的中国互联网业内,便早早地上演起了真假美猴王的一幕。

与马云"中国黄页"相对的"中国黄页",其实就是杭州电信属下一家公

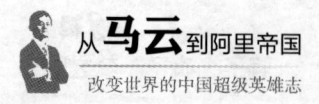

司所创,其网站名为"chinesepage.com",与马云公司的"chinapage.com"非常接近。然而,所有人都能看得出来,除了网站英文名称与马云的"中国黄页"相似,电信公司强大的技术与社会资源,更是马云幼小的海博电脑公司无法相比的。

此情此景,似乎在提醒着马云,他可以选择的空间其实并不太大。而马云显然也是智慧的,懂得识时务者乃俊杰。

一番心思搏斗过后,马云做出了自己创业人生中的重大决定,也是他的第一次战略性妥协——与电信公司合作。

自然,也有一些业内人士认为,马云的此次合作更像是迫不得已的选择。

1996年3月,马云的"中国黄页"资产折合成60万元人民币,以占30%的股份与杭州电信开始了合作。电信投入资金140万元人民币,占70%的股份。

中国自古即有"两情相悦最久时"。与杭州电信的合作,既然是马云的妥协,或者说是他迫不得已的选择,必然留下了被迫、不情愿的种子。

果然,时间不长,双方的合作便出现了问题。马云曾这样描述那时的情形:"合资企业的时候他们说他赚70%,我们赚30%,他们投140万元人民币,当时脑袋一拍就干了。最后在董事会里面他们是5票,我们是2票。然后灾难就来了,因为双方的目的不一样。"

马云所说的不一样的目的,即是了解内情人所说的双方合作基础本身并不牢固。

杭州电信自然看好马云的"中国黄页",但做大赚钱十分心切。而马云则认为,做互联网公司犹如养孩子,"不可能让3岁小孩去挣什么大钱。"这导致了双方在合作公司的发展理念上,从一开始即留下了阴影,进而逐渐加深。

其实,在市场经济合作中,资本和权势高的一方自然有着更多的话语权。但是,当合作双方在发展战略上就心存分歧的时候,日积月累的结果也就可想而知。

时间不长,杭州电信与马云双方便开始了情绪激动地处事。

先是何一兵要辞职,然后"中国黄页"的全体员工要辞职,最后马云也要辞职了。随着事态的进一步发展,包括《人民日报》在内的主流媒体都开始关注起来。为了中国互联网发展的开创者——"中国黄页"的前途,各个方面开始纷纷挽留马云。

然而,马云还是无法释怀自己内心里的委屈。

"我们每次开董事会，我提出的任何想法，他们有一个人举手、5个人就同时举手，五六次董事会没有一个东西通过，因为不是想发展……从那时候开始，我就有了一个坚定的信念，今后我再创办公司的时候，永远不会去控股公司，让被我控股的人感到痛苦……所以直到今天，我没有控股过阿里巴巴一次，我为此感到骄傲。如果一个企业家被资本控制的时候就没有希望了，资本是为你服务的，你不能为资本服务。"

这话尽管是若干年后说的，但已足见当年马云的坚决。

铁了心的马云，执意要离开自己一手创办的"中国黄页"，一个年营业额已做到了700万元的中国互联网先锋。而当马云真的离开的那一刻，跟他一起创业的人哭了，他们不甘心辛辛苦苦的两年打拼就这么完了，纷纷闹着要跟马云一起离开。马云自然明白，委屈是一回事，但创业团队真要是都离开了，"中国黄页"瞬间也就真的彻底完了。

马云最后还是硬起心肠："不行，'中国黄页'还得活下去，你们走了'中国黄页'怎么办？"

考虑到自己离开后，"中国黄页"的创业团队能够继续保持稳定，一向不在意眼前之利的马云，做出了又一个让所有人都没有想到的举动——他把自己所拥有的"中国黄页"21%的股份，全数送给了一起创业的员工，只为了让大家能为自己好好耕耘，为未来创造收获。

马云离开亲手创办的"中国黄页"，立即引起了众多舆论的关注。

当时代表性的观点认为：这是马云创业生涯中第一次真正的失败。

也有人猜测，马云的离去，或许有着一时难以为外人道的苦衷。

虽然看法各不一致，但有一点却毋庸置疑："中国黄页"倾注了马云最初创业的全部心血，两年的艰苦历程说放手就放手，并不是谁都能轻易做出来的。也许就像马云后来在央视《赢在中国》里说的那样，"只有做大事的人才能做得出来"吧！

若是换成今天的角度再看，或许正因为有着马云多年前如此的决定，"中国黄页"才在中国互联网和电子商务的发展历程中，赢得了"里程碑"式的赞誉，马云自己也收获了前文提及的"中国Mr.Internet"称号！

2. 理直气壮地到北京

"请创业者不要低下高贵的头。"尽管被一些舆论称为败走"中国黄页"，但

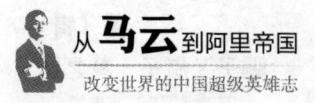

是马云还是高声倡导，切身践行着。

经历"中国黄页"一事后，马云似乎第一次体验到了与资本合作要讲些游戏规则，也为他日后确立阿里巴巴的运营战略，积下了一份意外的心得。

随后，1997年底的时候，不愿低下高贵头的马云又来到了北京。此次进京，与当时掌控着中国对外经贸的最高政府机关密切相关。于是，业内不少声音都认为，这一次马云似乎要真的兑现自己之前的承诺——"有一天我们要理直气壮地来到北京！"

事情还得从《人民日报》成功上网的经历说起。

"第一喉舌"的成功上网，让马云在中国政府层面留下了一定名声。这其中，原外经贸部（即现在商务部的前身）身为中国对外开放的重要窗口部门，正力图走在中国政府上网工程的前沿，更是对马云多了几分特别的关注。

外经贸部的全称是"对外贸易经济合作部"，笔者亦曾在该部体系内服务过一些时间。按当时国务院各部委的职责分工，该机构统筹着当时中国整体对外贸易与经济合作事务，为国务院常设的重要部委之一，更是2001年中国成功加入WTO[①]的核心谈判机构。

那时的中国对外经贸，正处于年均两位数的快速增长时期。作为重要的国际交流与合作政府机构，外经贸部是最早感受到国际信息技术影响的中国部委之一。尤其是互联网络的出现及快速发展，更是让当时主政外经贸部的铁娘子部长——吴仪，把上网工程列为重要事项。

于是，作为当时中国互联网科技与应用重要推手的马云，很快进入了该部委相关人员的视线。不久，马云便接到了外经贸部的邀请，希望他加盟由联合国发起的"EDI中心"，并同时参与开发外经贸部的官方网站，以及后来的网上中国商品交易市场等工程。

事物都有着它自身的发展脉络。30年后的今天，当马云果真集联合国三个高级职位于一身时，会不会自那年的"EDI中心"起，就有了某种预示呢？

---

① WTO的全称是World Trade Organization，简称WTO，即世界贸易组织。1994年4月15日，在摩洛哥举行的关贸总协定乌拉圭回合部长会议决定，成立更具有全球性的世界贸易组织，以取代成立于1947年的关贸总协定。世界贸易组织是当代最重要的国际经济组织之一，拥有成员数超过160个，成员贸易总额更是超过全球总额的90%，有"经济联合国"之称。自2001年12月11日开始，中国正式加入WTO，标志着中国的对外开放进入了一个全新阶段。

不管怎样，马云要北上进京了。而推动他做出此一决定的另一大因素，便是"中国黄页"日益加剧的合作分歧。

于是，与外经贸部正式谈过一次后，马云在自己的家里召集了十几个人，他们都是一直跟着马云闯荡江湖的。马云此次希望，能带几个和自己最默契的人一起去北京。

其实，马云自己也清楚，他对即将开始的北京工作局面也并不完全掌握。但是，马云说完意图，6个"中国黄页"的旧部，没有多想便同意了马云的想法。

"如果说我这辈子骗过人，就骗过这6个人。我对他们说跟我做吧，机会多多。其实说实在的，当时我自己心里也没多少底。"若干年后，说起自己最初的团队，马云还是那么心生感慨。

正是这最初的"六君子"，加上后来在北京跟随马云的另外12人，便组成了中国互联网业界有名的"十八罗汉"。也正是他们对马云的追随协同，甚至不离不弃，终于在1999年创建了阿里巴巴。

直到今天，尽管时光易老，但携手的人们不散，这些人依然是马云团队的最核心力量。

1997年年底，马云正式加盟外经贸部下属的中国国际电子商务中心，出任该中心信息部的总经理。若是按行政级别划分的话，马云一跃成为国家部委的处级干部。

马云，这只昨天的丑小鸭，似乎就要变成白天鹅了。

与其他人的想象有些不同，此次马云北上进京虽说是受到邀请，也算是实践了他上次离开北京时许下的诺言——理直气壮地来到北京！

然而，马云在北京的生活并没有得到太大的改观。他和团队伙伴共同租了一间小公寓，吃住都在一起，过起了集体生活。每天一大早，他们一行人就要坐上拥挤的公交车去上班，晚上再一起坐公交车回来。

当年的辛苦场景换作马云的话，便是："到了北京之后我做得真是苦啊，当时我们是6个人，只是租了一个小房间，就那么大一点。在北京没日没夜的做，干了14个月。"

虽然很苦，但是在那14个月里，马云和他的团队交出的工作成绩，却相当漂亮，人们有目共睹。

正是在此期间，马云带着团队先后为外经贸部建立了官方网站、"网上中国

商品交易市场""网上中国技术出口交易会""中国招商""网上广交会"和"中国外经贸"等一系列国家级站点。其中,外经贸部官方网站还成为国家部委中最早上网的政府站点,也是1999年中国"政府上网工程"的推荐优秀站点;而"网上中国商品交易市场"则是中国政府首次组织的大型网络电子商务实践,被当时舆论称为"永不落幕的广交会"。

于是,以《人民日报》为代表的主流媒体纷纷发出声音,称马云的团队为中国互联网的"梦幻之队",是政府与企业人事的完美结合。

多年之后,每次回忆起这般场景,马云依然抑制不住内心的得意。

"我们那时候就拿几千元一个月的工资,其他什么也没有。我们干干净净地来,创建了一家公司,外经贸部几乎所有的网站都是我做的,那几乎是天翻地覆的。"

除了这些众人能看得见的成绩,马云也认为自己受益匪浅:"杭州毕竟是省会城市。到了北京后,我学会了从全国的高度看问题,眼光更宽,经验也更多,同时更了解全国企业电子业务发展的趋势。"

的确,马云所言非虚。

在为外经贸部工作的时间里,中国互联网市场开始热闹起来,这给了马云换个角度重新思考的机会——互联网到底会向什么方向发展?下一个将要来到的浪潮又会是什么?

由于已经站在了中国最高的国际商务管理平台之上,此时的马云所思所想,自然与他在杭州时大有不同了。新的工作平台,新的角度和高度,以及他自己非常人般的用心和实践,马云内心里渐渐有了一个判定:下一个互联网的浪潮将会是"电子商务"!

按马云当时所想的电子商务,概括说,就是以电子手段,尤其是以互联网手段处理商业机构之间的业务。

为了验证自己的判定是否正确,马云还特别做了相应的调研。

马云发现,商业机构之间的业务比商业机构与个人顾客之间的业务量大得多。据此,马云预测,电子商务将会有25年以上的持续发展时间,而且业务范围可以拓展至全球。

与此同时,"EDI中心"负责人的角色,也给了马云近距离接触全球各地商业机构和人员的机会,使得他对国际市场、中国外贸市场、生产厂家、进出口公司都有了比较清楚的了解,知道它们相互间的不同,以及他们需要些什么。

不太长的时间里，即从制作一个页面到建设多个复杂网站，从"中国黄页"到"外经贸部 EDI 中心"，从省会城市到大国首都……马云的思维边界已非同过往，开始跨越整个地球了。

或许，这便是时下人们经常谈论的"格局"吧！

那个时候，中国政府也加快了全面加入 WTO 的谈判进程。本就心思敏锐的马云，更得以高屋建瓴。他进一步判断，中国加入 WTO 后，必将在很短的时间内成为世界第一大供应商基地。

细心的马云，又开始了细心的调研对比。

马云发现，欧美商人和中国商人做生意的方法存在很大不同。欧美商人做任何事情之前都会做数据分析，他们有一套很完善的计算系统和计算机采集系统，可以快速准确地获得买卖信息；而亚洲的企业，尤其是中国商家，绝大部分还是习惯于靠朋友、人际关系，或参加展会等方法进行交易。

若是把这些调研和发现完整地串起来呢？如果能通过一个网站平台，为中外那些做不成生意的中小企业解决相互间交易不畅的问题……

隐约之间，精明的马云仿佛看到了一个正在形成中的巨大商机！

这样的感觉在那个瞬间，甚至都把马云自己给镇住了。果真如此的话，天下就不再有难做的生意了！

随即，马云脑子里想到的，需要一个合适的网站，一个能让信息超越地理界线和文化阻隔的平台。

"如果把企业也分成富人和穷人，那么互联网就是穷人的世界。"马云在接受媒体采访时曾表示，这种发现带给了他新的创业冲动。他决定做一个和世界上所有电子商务网站不同的 B2B 网站，放弃那 15% 大企业的生意，只做 85% 中小企业的生意。

"在现在的经济世界，大企业是鲸鱼，大企业靠吃虾米为生。小虾米又以吃大鲸鱼的剩餐为生，互相依赖。而互联网的世界则是个性化独立的世界，小企业通过互联网组成独立的世界，产品更加丰富多彩，这才是互联网真正的革命性所在。"

马云觉得，中国人应该有能力建立世界级的网站。他似乎立下志来，要为互联网服务模式催生一次革命。

3．"梦之队"惜别大京城

随着自身能量在外经贸部的一步步展现，马云和他的团队赢得了舆论新的赞誉。

其中，有一种评论至今仍具有代表性意义：马云是个好领导，他带出了一支好的团队，一支真正的"梦之队"。

如前所述，马云在北京打造起来的"梦之队"，一部分是从杭州追随过来的最原始队员，其余的便是到北京后加入的新人。新老血液的共同打拼，才让马云拥有了个人单枪匹马无法比拟的收获。

马云对此有着他人无法体会的独特感触，也是他后来再次义无反顾创业的某种底气。此为后话。

回到马云在"EDI中心"的话题。

令人瞩目的工作成绩，各路舆论给予的新赞誉，在带给马云越来越多名声的同时，也带来了隐隐的压力。这种压力随着时间的延续，也日益凸显出了马云个性的独特，尤其是在部委体制内的与众不同。

终于有那么一天，身处国家部委中的马云成了"另类"，并很快在外经贸部获得了"怪人"的称号。

事实上，马云的创业激情感动了身边的很多同事，他为外经贸部上网工程做出的贡献同样令人钦佩，但是在网站的定位和发展上，马云的想法总是和别人不一样。哪怕是自己的上级，马云也不愿意委屈自己的想法，直至巨大的分歧公开化。

互联网人自然有着互联网般的思想，一种无法施展创业思想的无奈感，在马云的心中开始积聚。

同一时期，中国互联网市场发展进一步强劲的势头，也时刻吸引并诱惑着马云的注意力。尤其是曾经与自己一并前行的部分创业者，已然掀起了令人眼红的巨大浪潮。

马云有些失落了，他甚至感受到了从未有过的心理压力。

此时的互联网业，被业内称为是第一次繁荣发展的关键时期，极大地吸引着中国广大青年。其中，新生不久的搜狐掌门人张朝阳，被评为"50位全球数字英雄"之一；王志东主持的四通利方信息技术有限公司创建了新浪网；丁磊的网易、王峻涛的8848，也都相继成长到了相当的规模。

马云自然会跟自己的状态进行比较。

马云原本的理想,就不是要在政府里做个官员,而是要在十年内建一个好的公司。而随着工作实践的延续,马云越来越觉得他原本的理想,在政府单位里基本没有机会实现。

体制内外的巨大反差,让马云一度燃起并希望能在外经贸部一展身手的互联网创业激情,开始不受控制地减退。

思想分歧带来的工作压力加大,直接导致了马云心理开始发生变化,他越来越不希望自己就这么下去。

智者的伟大,便是可以置之死地而后生。

终于,当1998年岁尾日渐临近的时候,马云做出了自己创业人生中第二个重大决定——离开受人羡慕的外经贸部。

而后,马云仍有两种退路可选——继续留在北京,或者离开北京。

在马云看来,若留在北京,新浪和雅虎早就盼才若渴,只是他不太喜欢北京"浮躁的网络环境"了。

于是,又一番痛苦的挣扎,对自己内心数次拷问之后,马云进一步决定——离开北京,重回老家杭州。

马云的想法遭到了周围人的直接质疑。更好一些好友,索性直面相劝,希望能阻止马云意气用事。

按常人思维,马云已在北京站稳脚跟,还是在令人羡慕的国家部委任职。这样的台阶,即便是放在今天,仍属众人趋之若鹜的,马云有多大的理由要去打碎呢?更何况,马云回到杭州,又得从零做起,届时会有什么样的困难和风险,谁又能预测得到呢?

若干年后,马云曾有这样的回忆:"决心离开北京回到杭州,是为了避开所有的干扰。我们不需要炒作,需要干实事,大家都在做泡沫的时候,我们要做扎实的事情。另外,觉得在北京做得太累了,需要回家去换个环境。"

其实,当时的马云心底,还有着另一个隐情——妻子张瑛的召唤。

尽管已很困难,但一个人的去留决定相对容易,只是马云无法割舍自己的团队,一个已声震中国互联网业内的"梦之队"。

在马云的意识里,这个被称为"梦之队"的所有人,为了追随自己可没少受罪。自己决定离开的时候,必须得给大家一个说法。

一天,马云把追随自己的人都召集了起来。他坦言相告,自己想回杭州,

至于下一步会做什么仍未想好。

当大家还在惊愕之际,马云给出了三个选择:

第一,愿意留在北京的,可以加入雅虎或新浪,马云负责推荐,工资也会很高;第二,可以留在北京机关工作,稳定且收入也会不错;第三,跟马云回家创业,月薪500块,10个月内没休息日,只能在马云的家里上班,没钱打出租,还要自己解决住房问题。

如前所述,马云在做这些决定之际,正值中国互联网行业掀起第一次发展高潮的时候。作为第一代互联网的引领者,马云的核心团队成员,可谓是人人身手不凡,"中国互联网梦之队"显然不是虚名。也就是说,这些人完全可以转身而去,选择的途径其实很宽。

或许知道这些,马云最后甚至不忘补充,如果跟着他回杭州创业再失败,大家只能再各奔东西。

说完这些,马云留给了大家3天时间考虑。

然而,马云却没有料到,仅仅3分钟后,他的追随者们就都回来了:"我们一起回家吧!"

那一刻,即便自幼生得侠气,马云也被感动得一塌糊涂。

"当时真的挺感动。到今天为止,我每天想的就是:朋友没有对不起我,我也永远不能做对不起朋友的事情。"过了多年,回忆起当时的场景,马云依旧双目湿润。

直到今天,不管是大小场合,每每谈起自己的这支核心团队,马云依然会公开强调,"没有他们哪有我。"尔后,马云总是不免得意地补充:"没有人可以挖走我的团队!"

就这样,1998年临近收尾之际,马云和团队成员一起,做好了离开北京的准备。

离开北京前的最后一个晚上,马云带着中国互联网的"梦之队"成员,一起唱起了《真心英雄》。就像从杭州刚来北京时一样,他们有些不管不顾,边喝酒边疯狂着。走在北京的大街上,天气早已寒冷,有人还是甩开衣服,对着天空大喊……

这些人,都心有不甘,他们都曾离梦想如此之近。这些人,又都憋着一口气,他们觉得自己并没有真正失败。

"我们要回去,从头开始,建一个我们这一辈子都不会后悔的公司!"马云鼓励着大家，可他早已双眼噙满泪水。

10 年之后，当阿里巴巴开始显露帝国之相时，国内外众多研究者们纷纷回忆起了这个晚上的马云团队。他们在感叹马云独特感召魅力的同时，还一致给予了高度评价——一个身无分文的创业者，可以让多人如此死心塌地跟从，在当今商界亦不多见。

四　两个疯子的邂逅

为了普及互联网说，马云不得不承受着"骗子"和"疯子"的嘲讽。北京成功上线外经贸部多个核心网站，则让马云赢得了"中国互联网梦之队"和"怪人"的新名分。

正是这个"疯子"与"怪人"，因为与大洋彼岸"世纪网络第一人"的邂逅，又在国际互联网史上涂上了浓墨重彩的一笔。

1. 雅虎——反其意而用之

所谓的"世纪网络第一人"，说的即是有名的杨致远。至于马云与杨致远的邂逅，还是发生在马云执掌外经贸部 EDI 中心期间。在此之前，马云在美国的首次触网，其实也与雅虎有着关联。而雅虎又与杨致远本人，有着共生的非常关系。

1968 年，杨致远生于中国台北，后随母亲移居美国。

刚到美国的杨致远，几乎不懂英语，但在学习上照样拿 A。后来，杨致远在斯坦福大学电子工程系获得硕士学位。1994 年 4 月，还在斯坦福大学就读的杨致远，与另一位名叫费罗的人，为了完成论文，整天泡在并不丰富的网上找资料。

在这个过程中，杨致远和费罗将一些自己感兴趣的站点加入到了书签，以便之后继续查找使用。随着收集到的站点越来越多，两人的查找工作变得也越来越不方便。于是，两人开始运用简单的统计学对书签进行整理，并逐个目录地进行细分，然后编制成软件放到网络上，目的是便于其他喜欢网络者分享。

为了使用和记忆方便，杨致远两人把编制的软件取名为"Jerrys Guide to the World Wide Web"，中文译名为"杰瑞全球咨讯网指南"。

令人没有想到，由于实用性很强，杨致远和费罗的软件很快得到了广泛关

注和欢迎。使用者纷纷反馈信息,并附上大量建设性的意见。

杨致远曾回忆说,"要不是有这么多外来的回应,我们也许不会继续下去,更不会有今天的雅虎了。"

事实上,在当时的互联网上,"指南"已经面临着不少的竞争者,但大部分搜索网站还是要靠软件自动搜索,不准确也不太实用。反观杨致远和费罗,他们的搜索软件则是"手工制品,搜索准确,更加实用"。

"如果只是为了成功和金钱创业,能接受失败吗?不能。怎样才能接受失败?是因为能坚持,对所做事情的热爱,一种固执的'笨'。"当年,杨致远表现出来的这种笨,与马云颇为相像。

随着"指南"的欢迎和关注人群日益扩大,杨致远和费罗变得更加积极。到1994年年底的时候,杨致远和费罗两人凭此创建的网站,已经成为互联网搜索引擎的领导者了。

于是,两人开始给自己的"产品"正式命名。

当杨致远翻着韦氏词典时,瞬间想到了"Yahoo"这种字母组合。此词出自斯威夫特的《格列佛游记》①,指一种粗俗、低级的人形动物,具有人的种种恶习。

本着"反其意而用之",杨致远两人在该词的后面加上了一个感叹号,于是"Yahoo!"便诞生了,其中文取义为"雅虎"。

同样是凭着一腔激情和坚持,杨致远的"Yahoo!"一传十、十传百,很快就成为一个不可或缺的、类似电话号码簿的搜索引擎,大大方便了上网者们的工作和生活。

伟大的创业者,自然是善于发现机会,并抓住机会的。

杨致远敏锐地发现,一个巨大的商机就在自己的眼前。

随即,他和伙伴们行动了起来,开始对"Yahoo!"进行精心打造,直至成为后来影响了全球互联网发展历史的那个成熟雅虎。

---

① 《格列佛游记》是英国作家乔纳森·斯威夫特(又译为江奈生·斯威夫特)创作的一部长篇游记体讽刺小说,首次出版于1726年,即受到读者追捧。几个世纪以来,该作品被翻译成几十种语言,在世界各国广为流传。在中国,《格列佛游记》也是最具影响力的外国文学作品之一,被列为语文新课程标准必读书目。作品以里梅尔·格列佛(又译为莱缪尔·格列佛)船长的口气,叙述周游四国的经历,反映了18世纪前半期英国统治阶级的腐败和罪恶,对殖民战争的残酷暴戾进行了揭露和批判。

1995年上半年，在友人的参与下，杨致远和伙伴们迅速起草了一份商业计划书。他们一边维护着日益膨胀的网络资源，一边开始寻找风险投资者，每天只有几个小时的休息时间。

这样的场景，与马云创建阿里巴巴的历程十分相像。

回忆起那时候的情景，杨致远亦曾不无得意："这项工作很艰苦，但充满了乐趣。有时我有一种从悬崖上跳下的感觉，有时像置身于电影《塞尔玛与路易斯》，不知结局怎样。我们想用网络做一切，也许什么也做不成。但我们不在乎，我们不会失去任何东西。"

不久，美国在线（America Online，AOL）找上门来。

当时，这家全球最大的商业在线服务公司正好缺少一个搜索引擎，希望杨致远的雅虎能担此重任。杨致远显然意识到，对方的用意是希望收购雅虎。慎重考虑一番后，杨致远和费罗拒绝了AOL，他们要自己经营雅虎。

两人的决定既出乎很多人意料，也似乎在情理之中。

至于国际舆论，更多的则是如此评价："这不完全是赚钱的问题，雅虎是一项自己精心哺育的事业，创建和维护雅虎是一种乐趣，他们就是自己的主人。此外他们还担心把雅虎出售给AOL，最终也许会葬送雅虎。"

随后，硅谷当时最负盛名的风险投资公司——红杉资本（Sequoia Capital）——成了杨致远的青睐。

然而，红杉资本起初有些犹豫，因为雅虎实在太与众不同了，它免费"在网上提供服务"，其商业潜力到底在哪里，一时并不太清晰。

2."疯子酋长"杨致远

1995年初，几乎就在马云创建"中国黄页"的同一时间，红杉资本[①]的代表莫里兹来到了杨致远的"Yahoo！"办公室。

展现在莫里兹眼里的，可谓一片狼藉。

"杨致远与他的伙伴坐在狭小的房间里，服务器不停地散发热量，电话应答机每隔一分钟响一下，比萨饼盒扔得满地都是，高尔夫球棒随随便便地搁在角落里，电话机扔在地板上，整个屋子里连张椅子都没有，满屋子黑乎乎的，到

---

① 红杉资本成立于1972年，位于美国硅谷，被公认为第一家机构投资人。多年来，先后投资了Apple、Google、Cisco、Oracle、Yahoo、LinkedIn等众多创新型公司。2005年9月，红杉资本中国基金创立，至今投资的企业超过了500余家。

处是脏衣服。我觉得杨致远和费罗大概连白天黑夜都分不清了。"这便是莫里兹最初看到的"Yahoo!"印象。

然而,一个具有眼光的投资人,如同中国古谚里常说的伯乐,莫里兹便是这样的人。他不仅没有被吓跑,还被杨致远和费罗说服了,成为雅虎首家风险资本投资者。

1995年4月,红杉资本的200万美元,适时投给了杨致远的雅虎。

实现了此次投资,杨致远做出了一个决定,放弃即将完成的博士学位,自命为"Chief Yahoo!",也就是后来公开文献中提到的"Yahoo! 酋长"。用他自己的话说,当时他全身心地想着"Yahoo! 公司"和"Yahoo! 品牌"。

杨致远的决定和"Yahoo!"公司的成立,在当时的互联网业界引起了不小的震动。研究者们普遍认为,那个时候能够免费提供信息检索服务的互联网公司,全球范围内都寥寥无几,"Yahoo!"凭借此种服务方式,迅速地赢得了市场认可。

市场的广泛认可,犹如某种兴奋剂,反过来又给了杨致远们进一步创业的激情。很快,"Yahoo!"这一网络搜索引擎走向了商业化,广告收入不仅成为杨致远团队盈利的主要来源,更深刻地改变着"Yahoo!"的发展走向。

众所周知,美国是现代市场经济发展的重要主体,拥有较为成熟的市场经济环境,十分有利于各类市场创新及发展。"Yahoo!"作为互联网行业的代表,其模式和发展势头,也自然地在第一时间营造了良好的商业预期。

1995年11月,日本大财团软银(SoftBank)[①]开始向雅虎投资,雅虎公司的发展迎来了新的阶段。不久,软银和雅虎成立了合资的日本雅虎公司。随后,软银又向雅虎投入6000万美元。

随着风险资本的相继进入,商业预期的逐步实现,杨致远意识到,搜索引擎只是互联网的冰山一角,未来的"Yahoo!"不仅仅是一个提供分类目录的网站,更应该是一种新媒体,是成千上万者进入互联网信息高速公路的必经门户。为此,自己的团队必须不顾一切地宣传"Yahoo!"品牌,让雅虎为全世界人所

[①] 软银集团是一家综合性的风险投资公司,1981年由孙正义在日本创立。该财团主要致力IT产业的投资,包括网络和电信。2018年7月《财富》世界500强排行榜中,软银集团位列第85位。2018年12月,世界品牌实验室发布的《2018世界品牌500强》榜单中,软银排名第465位。截至2018年底,软银在全球投资过的公司已超过600家,在全球主要的300多家IT公司都拥有多数股份。其中,即包括中国的阿里巴巴公司。

共知。

于是,杨致远有了新的发展诉求——"Yahoo!"必须上市,尽快实现"IPO"。

后来,"Yahoo!"的发展事实表明,杨致远的设计和运营思想是正确的。他不仅把"Yahoo!"带入了一条成长的康庄大道,还用惊艳全球的业绩,成就了自己"世纪网络第一人"的功名。

若干年后,杨致远曾表示:"我们就像第一个从直升机跳下来滑下雪坡的人,也好比是登陆月球,虽然我没有真正经历过,不过我相信那种感觉一定很棒。"

而在资本的孵化之地——美国华尔街,几乎所有的投资家们都认为,"'Yahoo!'非常酷,它不是一个技术公司,而是一种品牌、一种文化,这使得'Yahoo!'有着与众不同的酷!"

所以,在2000年前的世纪之交时期,雅虎成了华尔街的宠儿,是资本市场上最耀眼的明星。

1998年,在《福布斯》杂志推出的高科技百名富翁榜中,杨致远即以10亿美元的财富跻身第16位,一举成为全球高科技行业中的华人首富。而一年后,杨致远的纸面财富又飙升至惊人的75亿美元。

接下来的几年里,雅虎可谓风光无限,又相继创造了多个互联网的世界奇迹,直至转折出现。

2012年1月17日下午,雅虎公司正式宣布:该公司创始人、首席执行官杨致远,自即日起辞职,不再担任雅虎公司内的任何职务。

至此,在全球互联网业界呼风唤雨的雅虎公司,主动终结了自己的"杨致远时代"。

关于这些,本书无须赘述。

3. 自古英雄心相惜

杨致远无疑是华人创业者的骄傲。更难得的,生长于美国的杨致远,言谈举止间却流露出浓烈的中国情结。也许正是这种情结,吸引并激励着一个时代的中国互联网创业人。

当杨致远创立"Yahoo!"的时候,搜狐创建者、31岁的张朝阳,还在寻找着自己的人生方向;同为31岁的马云,也才刚刚知道什么是"互联网";24岁

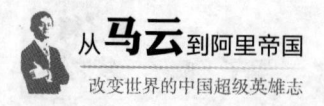

的马化腾，仍在构思着他的企鹅雏形；至于24岁的丁磊，则还在一家美国公司打着工……

那个时候的马云，怎么也不会想到，有一天自己能成为杨致远的携手人。而看似不可能的事情，很快就在1997年的某一天发生了。

1997年的一天，出于对中国一直的向往，杨致远带着家人第一次踏上了中国土地。他给自己此行的目的，定义为旅游。

在中国期间，通过朋友的介绍，更是同业者的相互吸引，执掌外经贸部EDI中心的马云，成了杨致远非常欣赏的东道主陪客。马云的意识里，杨致远则是互联网行业的偶像。

此说法并不夸张。

前文所说，马云1995年首次触网，打开搜索的正是雅虎网站。其后，马云创建"中国黄页"时，也在内心确立了一个目标——"中国黄页"要做成"中国雅虎"。

所以，当马云有机会亲自陪同互联网行业偶像的时候，他的细心绝不仅仅停留在"周到"就算了。

至于杨致远，随着日程的延续，他印象里的马云越来越显得不一般。没过多久，两人甚至成了一对知音。更让马云没有料到的，杨致远索性直接表达了心中所想——邀请马云加入雅虎。

好在马云是一个真正为梦想坚守的人，并没有去攀当年众人眼中的雅虎高枝。否则，今天的中国，不仅少了一个能激励无数创业者的"风清扬"，更没有了一个世界级的创新企业——阿里巴巴。

不过，加入雅虎的邀请，确也验证了多年前杨致远对马云研判的眼光，该有多么精准。

1998年3月，"第二届世界计算机博览会"在北京老国展举行。26日下午，一场名为"从Internet广告中获取盈利"的主题演讲座无虚席，主讲者正是同样有着网络疯子之称的杨致远。

杨致远正值而立之年，其创建并执掌的"Yahoo！"品牌，犹如一面不倒的旗帜，领跑着全球互联网业。其时，"Yahoo！"的资本市值已经超过了90亿美元，股票价格更是翻番到了公开上市价格的23倍。

当时也在外经贸部工作的笔者，有幸聆听了杨致远的演讲。

40分钟的演讲过程，杨致远紧紧围绕着自己的雅虎展开。除了介绍雅虎创建的心路历程，杨致远还用鲜活的实例演示着雅虎的业务模式，并用独特的个人心得，向与会者分享了雅虎是如何利用互联网赚钱的。

现场提问环节，互动者颇为挑剔，杨致远更是慷慨激昂、意气风发。每一轮下来，掌声都会因为对话的精彩，震动着会场。以至于当时主流评论认为：对于中国互联网行业来说，杨致远和雅虎无疑就是远方的灯塔，他的背后"有着一层布道者的光环"。

那个时候的杨致远，虽然没有掩饰对马云的欣赏，但他尚未把马云与互联网创业连在一起。所以，就在此次演讲后，杨致远即时宣布，雅虎将在一年内进军中国。

然而，不管怎样，马云与杨致远的此次"邂逅"，最终为他们两人，以及阿里巴巴与雅虎，引出了一个剪不断、理还乱的恩怨情事。

几年后的2005年4月，杨致远回复了一封6年前发来的邮件，发件人正是马云。

据说，在回复马云6年前发来的邮件时，杨致远斟酌良久，他最后写道："阿里巴巴和淘宝做得很好，有机会想跟你谈谈互联网的走势。"

马云的邮件，还是阿里巴巴刚创立时写给杨致远的。邮件中，马云曾向杨致远表示了"相好"的愿望："您觉得阿里巴巴怎么样？也许有一天阿里巴巴和雅虎这两个名字配在一起会很好。"

为什么要等到6年后才回复？杨致远和马云虽然有着不完全一致的解释，但是有一点却是客观的——阿里巴巴蒸蒸日上，雅虎中国却危机四伏。

后来，当阿里与雅虎真正"相好"的时候，针对媒体"谁并购谁"的询问，杨致远选择了巧妙回避，马云则笑称，"我追杨致远追了7年啊！"

而当时业内分析人士曾认为，阿里巴巴和雅虎远谈不上门当户对。尽管马云的阿里巴巴成长很快，但雅虎已位居世界级的领先位置，二者仍不在同一个比较层级。

的确，阿里与雅虎"相好"之时，它的核心业务还只是处在成长期，"淘宝网"也才刚刚诞生。至于"支付宝"，则更像是初生的婴儿。

当然，此亦为后话。

在笔者看来，不管是否门当户对，随着杨致远6年等待后的回复，震动互联网业界的"雅巴联姻"最终上演了。其后，这一联姻虽然波折不断，但杨致远和马云的英雄相惜，几乎没有受到影响。

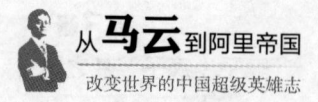

"我跟马云第一次见面就觉得他很诚恳,很有雄心,对世界的看法非常强烈。那时我觉得他以后肯定会成为不平凡的人。"若干年后,杨致远如是回忆与马云的首次邂逅。

2012年,当杨致远选择离开一手创建的雅虎时,国际互联网业内响起了一种声音:互联网崛起的第一代明星所剩无几,无论是世界互联网行业,还是中国互联网行业,都开始进入"马氏社会"。

第 4 辑

互联网丐帮阿里梦

北京铩羽而归,周围人眼中的马云,犹如"山顶跌到了山谷"。然而,"互联网疯子"的头衔,也不是凭空就来的。马云牢记着北京酒后的豪言——要做一家中国人创办的全世界最好的公司。

"我们开始创业了。请大家把自己口袋里的钱放在桌子上……我们是愿赌服输,输了,钱都是自己的;如果不成功,大不了重新来过……"

一　说梦的网络疯子

闻名世界的黑人民权运动领袖马丁·路德·金，曾以《我有一个梦想》的演讲，极大地改变了全球黑人的命运。时至今日，国际舆论依然赞誉这篇演讲，"远远超过了一个梦。"重回杭州的马云，没有被人们的眼光击倒，他也有一个属于网络疯子的梦想。

1. 人还是要有梦想的

话题回到马云重返杭州。既然是个团队，马云就不可能第一个返回杭州。

第一个回杭州打前站的，是马云教过的学生。而新的杭州办公场所，便是前文提到的马云位于湖畔花园的家。因为没有经费，马云不可能去租写字楼，他把自己的家贡献了出来。房子看起来虽然还算漂亮，但内部却简陋至极，甚至"惨不忍睹"。

看着马云极尽所能贡献出来的办公场所，这位打前站的学生兼队员，也不禁敲起了小心鼓。不过，"互联网梦之队"绝非虚名。他们还是第一时间行动起来，希望用勤劳的双手和火热的心去改变模样。

几天过后，新办公室的线路布好了，二手办公用品也买回来了，地上甚至还铺上了塑料地毯。原本"家徒四壁"的两层毛坯房，俨然换了新模样。于是，"中国互联网梦之队"的新驻地正式启动。

1999年1月15日，马云带着团队的其余成员，悄然回到了杭州。当18个人一一进入湖畔花园，看着廉价买来的桌子和电脑，听着打前站队员讲述曾经发生过的置业故事，众人心酸之间，却又都会意地笑了。

再看马云，虽然已回故乡，却同"三无"人员无异——没有计划，没有资金，没有技术。

唯一能让马云感受到安慰力量的，也就是他的这支忠诚团队。正是这支忠诚团队，让马云潜藏于心多年的梦想，适时地燃烧起来。

马云的梦想，在北京的时候便已经种下。不过，直到他决定离开外经贸部EDI中心的时候，梦想尚没有具体的计划和步骤。

只是，有一个核心方向马云是认准了的：中国的中小型企业一定有前景，中国互联网的发展一定会很好；故乡杭州，则处于中小企业最集中的江浙地带，且远离北京和深圳的IT喧闹，人力资源相对便宜。

若干年后的今天，即使阿里巴巴已成商界帝国，但其内部依然保持着外人看来"小气"的传统。阿里人都骄傲地认为，这个看似"小气"的传统，便是从此一时刻传承下来的。

随着新驻地的启动，马云及时召开了"中国互联网梦之队"的首次全体会议。

会议伊始，马云照例安排进行了全程录像。他潜意识里坚信，这一安排对于自己和团队或是"重大事件"。再看后人所称的"十八罗汉"团队成员们，或站或坐，神情肃穆者居多。

清瘦的马云站在一张桌子后，打开了他那极富煽动性的语言，以我有梦想我怕谁的神情，发表着演讲。

马云首先讲了互联网的发展趋势，用数据分析了当时占据中国互联网市场前沿的新浪走势，而后激情四射地对所有人说："从现在起，我们要做一件伟大的事情，要办一家电子商务公司，我们的B2B将为互联网服务模式带来一次革命！"

不等众人回应，马云紧接着提出了三个具体目标：

"第一，我们要建立一家生存102年的公司；"

"第二，我们要建立一家为中国中小企业服务的电子商务公司；"

"第三，我们要建成世界上最大的电子商务公司，要进入全球网站排名前十位。"

话音落下，听着的人有鼓掌的，更多的是犯嘀咕的。

马云毕竟是马云，他进一步发挥着自己的口舌之功："黑暗之中一起摸索，一起喊，我喊叫着往前冲的时候，你们都不会慌了。你们拿着大刀，一直往前冲，十几个人往前冲，有什么好慌的？"

一番激情过后，会议进入尾声，中外商业史上罕见的一幕开始了。

马云让每一个人掏出自己口袋里的钱，放在桌上，准备作为创业启动资金。他还要求众人，不许向家人朋友借钱，因为失败的可能性极大。

马云自然带头,还同时表示:"需要时,我可以把这个房子卖掉。我们必须准备好接受'最倒霉的事情'。但是,即使是泰森把我打倒,只要我不死,我就会跳出来继续战斗!"

于是,一场商业史上非常奇葩的集资完成了。马云和他的"梦之队"伙伴们,共同集起了50万元人民币。

然后,马云让每个人都签了一张"股票证书"。签完后,马云让所有人都忘了这张证书,因为如果脑子里老是记着这些东西,事业不会成功,人也不会开心。

马云的如此安排,在中外商业学者们眼中,便留下了"从一开始就没想过要用股权来控制未来的公司"的评论。

马云自己在回忆当时的场景时,更描述"互联网梦之队"像名副其实的无业游民。"那天,我就像一个疯子般地讲话。我当时说,把你们的钱放到桌子上来。最后,我们一共凑了6万美元,那就是我们的第一笔资金。"

其实,马云当时还用"约法三章"的形式宣布:在座的人不要想着靠资历任高职,只能做个"连长""排长","团级"以上干部得另请高明。

马云不仅没给自己留下退路,似乎让团队中的每个人也都没有了退路。

2. 满怀信心地上路

"我现在最欣赏两句话,一句是丘吉尔先生对遭受重创的英国公众讲的话:'Never never never give up!'(永不放弃!)另一句就是,'满怀信心地上路,远胜过到达目的地。'"这感慨来自成功后的马云。

集资会后,没有了退路的马云,已然坚定下来。那个隐藏于心的梦想,开始加速具体化。

那么,马云为什么要创建一家电子商务公司?他向众人描绘的"B2B",究竟又得意在哪里呢?

前文笔者已经有过交代,外经贸部近两年的工作实践和历练,给了马云得天独厚的思维平台。特别是原本与财经相隔甚远的马云,凭借独特的敏感悟性,在此平台上竟练成了非常人般的宏观思维,并藉此形成了独特的产业经济观察视角。

有两件事即可窥一斑。

马云决定离京前,为了向一起工作的北京团队进行感情反馈,率领他们登上了长城。站在古老的长城上，看着那些"某某到此一游"的砖刻，马云竟然产生了一种奇怪的灵感。他对自己身边的人说，如果再创建公司的话，第一步就是从"BBS"开始。

说起"BBS"，还得回到1994年。就像前文第3辑开始提到的，这一年，初步成形的中国互联网出现了一系列新变化，基础建设开始进入快车道。

随着国家智能计算机研究开发中心开通了中国大陆第一个基于互联网的"BBS"站——曙光BBS，电脑和网络日渐深入人心。

而所谓的"BBS"，英文全称是Bulletin Board System，中文意思即是"电子布告栏系统"。最早的"BBS"是用来发布股市价格等信息的，连文件传输功能都没有，一度只能在苹果机上运行。在基本属性上，"BBS"与一般街头和高校内的公告板无异，只不过是利用了网络来传播或获得消息而已。

直到"BBS"渐渐普及开来，其功能开始得到极大扩充。网民通过"BBS"系统，可随时获得各种最新信息，讨论各种有趣话题，发布"征友""招聘"及"求职"各种启事，甚至开辟众人高谈阔论的场地。

而马云由砖刻联想到了"BBS"，这一灵感设想，在后来阿里巴巴网站创立的过程中，果然得到了实践性坚持。

知情人进而披露，马云坚持采用"BBS"，最大的原因就是它便捷的互动性，能够让交流的双方实现良好的沟通。然而，马云坚持的"BBS"方式，在一心想着使用者便利的同时，却给自己的团队带来了巨大的工作量，并一度导致工作人员产生了强烈的阻力。

为此，马云甚至在电话中失态地大叫起来："你们立刻、现在、马上去做！立刻！现在！马上！"

类似的场景，阿里创业之初的团队成员们都印象深刻。他们众口一词，马云坚持的"BBS"方式遭到了团队成员的直接抵触，并彻底激怒了他。

另一件事发生在1999年。

这一年2月，亚洲电子商务大会在新加坡召开。由于与欧美互联网和电子商务发展存在的实际差距，真正参与大会的亚洲人寥寥，更多的是金发碧眼、高鼻子的欧美人。

不过，凭着主创了中国核心部委网站及中国商品交易第一网站的独特经历，马云受到了大会的邀请。

鉴于参会人员的构成，大会主要话题几乎都围绕着欧美的电子商务模式展

开。如当时的 eBay、亚马逊，即是大会场上的主角。轮到马云发言的时候，他没有片刻犹豫，流利的英语阐述着看似突兀的观点，愣是让会场停滞一般的寂静。

"亚洲电子商务步入了一个误区。亚洲是亚洲，美国是美国，现在的电子商务全是美国模式，亚洲应该有自己独特的模式。"第一次在世界级的会场上，马云便展示了自己的高调。但是，正如国际权威人士所言，马云的每一次高调显然是经过深思熟虑的。

马云也自认为"绝不是一个冲动的人"。他的发言震动了会场，他自己似乎胸有成竹，"小企业通过互联网组成独立的世界，这才是互联网真正的革命性所在。"

至于到底什么才是独特的"亚洲模式"，马云在会场上并没有给出具体的答案。后来有舆论就此认为，提出了问题，却又保留了自己的想法，这正是马云要着手去做的事情，因为他决定要创办的，正是一种中国没有、美国也找不到的独特电子商务模式。

当然，只是教师出身的马云，以"亚洲模式"高调谈论高新科技的互联网产业，也自然引起了不少投资者的质疑。

那么，马云满怀信心的"亚洲模式"，或者说"B2B"到底是什么好玩意儿呢？

在早期的互联网领域，所谓的"B2B"，本质上就是一种企业对企业之间进行营销的电子商务交易模式。这种模式要求，进行交易的企业使用互联网的技术或各种商务网络平台，完成商务交易的过程，追求最高效率，进而促进企业发展。

当时的中国互联网市场上，源自美国的三种运营模式都能找到，其中绝大多数网站是门户网站。对于有过国家外贸领域最高管理部委工作历练的马云来说，"大家都在做的事情再跟着做"无特别意义。

于是，经过长时间的思考后，马云认定，亚洲独特的电子商务不是一般意义上的"B2B"，而应是"商人对商人"（Businessman to Businessman）。正是基于此种理念，马云为后来的阿里巴巴定义了颇具个性特色的"B2B"模式。

不仅如此，在马云的"B2B"模式里，还有着当时所有人都不认同的构思设计——主要服务对象定位为数量众多的中小企业。这种设计，便是后来理论界所称的"只做85%中小企业的生意，不做那15%大企业的生意"。

这种独特的定位，显然与马云在外经贸部的工作经历密不可分。

那个时期，以中国为首，成功阻击了惊心动魄的亚洲经济危机，中国宏观经济发展呈现出新的快速动力。而在中国经济增长结构中，外贸的贡献力度不断加强，成为名副其实的推动经济发展的"三驾马车"之一。这其中，又以中小企业的作用最为明显。

另一方面，马云虽然没有国内名校的教育背景，更没有其他互联网精英的海外留学经历，却自小生长在中小企业发达的江南地区，一路从底层市场中走来，了解并熟知中国中小企业发展的实情。

鉴于这样的双重背景，马云也就有了自己的行业性判断：大企业不仅有自己专门的信息渠道，还有巨额广告费，小企业才是最需要互联网的群体。

在马云看来，众多的小出口商由于渠道不畅被大贸易公司控制，只要这些小公司连上了阿里巴巴的网站，就可以被输出到世界的任何一个角落。

此时的马云，内心坚定的，他要带着团队，"要做数不清的中小企业的解救者。"他后来曾有回忆，"要创办阿里巴巴时，就是想创办一家中国人自己的电子商务网站，把买和卖的信息经过人工处理后在网上进行公布。"

即便是艰辛创业10年后，应邀来到央视的马云，依然在"2005中国经济年度人物评选创新论坛"上重申着：

"未来的三年到五年，我们仍然会围绕电子商务发展我们的公司，我觉得我们绝对不能离开这个中心。十年的创业告诉我，我们永远不能追求时尚，不能因为什么东西起来了就去跟风。"

3. 重金买来"阿里巴巴"

专心于极致便成绝招。对于马云这样不安心的聪明人来说，尤其如此。

参加完新加坡亚洲电子商务大会之后，高调的马云似乎多了些低调和沉默，他的生活看起来也处于谷底之中。然而，真实的马云正在为未来的阿里巴巴紧锣密鼓地布局着，以小搏大的意识在他的内心里日趋强烈。

此处有必要特别说明一下电子商务。

电子商务可以归纳如下：以互联网技术为手段、以电子交易方式进行、以商品交换为中心的新型商务活动，它是各种商务活动、交易活动、金融活动和相关综合服务活动运用电子化、网络化和信息化的一种新型商业运营模式。

截至笔者撰写此书之际，全球电子商务的发展已经形成为ABC、B2B、

B2C、C2C、B2M、M2C、B2A（即 B2G）、C2A（即 C2G）和 O2O 等多种形态。

当然，世纪之交的 1999 年，我国网民数量刚过 2000 万，跟今天相比少得可怜。至于这些网民的网络生活方式，也仅仅停留于电子邮件和新闻浏览的早期阶段。所以不难想象，那些率先诞生的电子商务企业和行业人，在当年的处境会有多么艰难。

到了 2000 年，除了马云创建的阿里巴巴，雷军创立了卓越网，李国庆的当当网正式运营，还有易趣网的面世……用业内研究学者们的话说，中国电子商务正在掀开自己的产业面纱。

国家信息产业部主管、创刊于 2000 年的《中国电子商务》期刊，在当时就曾这样写道：尽管互联网泡沫开始消失，尽管北京国际会议中心举办的第五届中国国际电子商务大会出现了与往年热闹相比有所"萧条"的现象，但是透过对 2000 年电子商务市场发展的总结，透过国内企业实体经济的发展，透过对中国电子商务发展的预测，一样可以看到：电子商务作为新兴的经济形式，正以稳健的步伐，离我们越来越近。

查阅当年的历史文献可以发现，虽然 2000 年被学界称为"中国互联网和电子商务从业者沉思和转变的一年"，但客观的产业数据同时显示，当年整个中国电子商务环境的发展并没有丝毫停滞，而是越来越完善。

如在电子商务的政策、用户及网络服务环境、技术、支付、物流等关键方面，2000 年环境都实现了明显进步。这种进步，在中国商业联合会发布的 2000 年统计报告中得到了完整体现。

该报告显示，2000 年中国流通领域变化较大，流通渠道、零售业日趋多元化，同时电子商务的发展给流通领域带来了活力，推动了中国商业零售业的发展。

如 2000 年国内零售业销售额增长率达到了 22.8%，而电子商务交易总额也达到了 771.6 亿元人民币。其中，B2C 电子商务交易额为 3.9 亿元人民币，B2B 电子商务交易额为 767.7 亿元人民币。

同时，CNNIC[①] 公布的中国互联网络发展状况统计报告也显示，2000 年底国内 2000 多万的网民中，原有 18 岁到 30 岁的最大网民群正在慢慢改变，表明

---

① CNNIC，即中国互联网络信息中心，英文全称为 China Internet Network Information Center，是经国家主管部门批准，于 1997 年 6 月 3 日组建的管理和服务机构，行使国家互联网络信息中心的职责。

互联网已更多地走入中国普通民众的生活。

权威数据同时显示，截至2000年年底，全国已有620家ISP，电子商务网站达1500余家。其中，上网零售商600余家，拍卖类网站100家左右，远程教育网站180家，远程医疗网站20家。B2C网站有677家，持续运营的有205家；B2B的网站有370家。北京、上海、广东等地，则领衔着国内互联网与电子商务的发展。

总体上，国内当时运营的数百家购物网站约占电子商务网站总数的60%左右。其中，不仅有商品种类齐全的综合类网上购物商城"新浪商城""8848网络超市"，还出现了许多销售特定产品的网络专卖店。

当然，比较分析国内外权威数据，笔者也发现，2000年的中国电子商务发展总量，仅为美国的0.23%。尽管如此，知名的微软公司在当年的研究报告中依然预计，中国电子商务发展的力量和空间潜力惊人，2004年前可以实现150%的持续增长。

也是在2000年，一个名为E-Marketer[①]的专业调查公司发布了一份研究报告。报告中预测，2004年全球电子商务创造的收入，将由目前的9630亿美元增加到4万亿美元。这一预测稍高于高盛集团所预计的3.48万亿美元。

而中国的实际发展数字还显现出了另外的不同。细分2000年和2001年的权威数据，不难发现，中国电子商务更是以3位数增幅发展壮大。

这样的结论，从中国电子商务协会和中国网络测评中心发布的一项预测报告中也能看得出来。该预测报告即认为，2001年中国企业对消费者间的网络购物市场会有大幅度增长，市场规模有望达到2亿美元，2004年则将增至32亿美元，增幅相当惊人。

之所以国内外权威研究机构纷纷给出了这样的预测，显然是看到了中国一线市场环境的真实变化。

当时，除了中国互联网信息中心、中国电子商务协会等权威部门，还有一些国内外专业机构进行了接地气的市场研究。这些数量庞杂的调查数据表明，尽管国人对网络交易安全存在很多疑虑，但全国90%的网民仍愿意参与电子商务活动。而且这种趋势，随着上网人口不断增长和网络交易环境的日趋成熟，

---

① E-Marketer是美国知名的市场研究机构之一，在数码市场、媒体和商业调研领域有全球影响力。

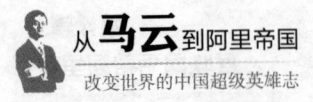

还呈现出高速扩张的巨大潜力。

这样的判断,符合当时国内电子商务的市场实际。

如"e国""卓越""8848"和"当当"等,即使身处于2000年下半年最严峻的互联网寒潮,也依然能够逆势成长。而这种逆势成长,与正承受着互联网寒冰之苦的其他类代理商,既构成了市场反差,又提供了一面发展的镜子。

如此,世纪之交的2000年,全球互联网的寒潮和中国电子商务的积蓄式发展,让全世界看到了独一无二的中国新兴商业形态。

马云,不仅意识提前了一步,他的实际行动也领先于所有人。

不过,属于高新技术的互联网行业,很多工作都是技术活。而马云的出身,就像他自己多次说的那样,"是个电脑盲,到现在为止也只会做两件事,收发电子邮件和浏览网页。"

好在马云有着自己的理论。他告诉工程师们,技术是为人服务的,人不能为技术服务,再好的技术如果不管用,也应该扔了。

不妨先还原一下"阿里巴巴"的名称由来。

几次创业,使得马云善于从过往中总结经验教训;14个月的国家部委工作历练,又给了他精准观察产经大势的宏观视角;而互联网业先天的全球属性,则让马云拥有了"全球性"的创业意识。于是,再次创业的新企业名号,自然也要立足于"全球性"。

为了达成"全球性"的目的,马云发动团队成员,先后想到了"bargain.com""ok.com""open.com"……但皆因不甚理想而放弃。为此,在杭州已开始新创业的马云团队,竟然很长时间里没有新的名号。

伟大的灵感,往往就在苦闷间闪现。

就在新企业名号难产之际,马云出差美国。一次吃饭间,闲谈引出了《一千零一夜》,马云猛然想起了那个经典的"芝麻开门"故事。紧接着,他第一时间念出了"阿里巴巴"。

马云顿觉眼前一亮:这一名号很容易被人记住,拼写又很简单,不仅早就有了世界性的知名度,更与财富和宝藏相连。何不就用"阿里巴巴"?

有心的马云想验证一下自己的想法。

马云叫来了餐厅的服务员,询问是否知道"阿里巴巴"这个名字。在得到服务员的肯定回应后,马云还不太放心,他又继续反复地询问了多人。

一番验证后,马云最终确认:"阿里巴巴"不仅人所熟知,且各个语种的发音，也近乎一致。

于是，长时间困扰着"互联网梦之队"的名号问题，就这样豁然开朗起来。而一个将要改变世界互联网产业格局的特别企业——阿里巴巴，就此诞生了。

然而，中国有句俗话，好事要多磨。

原来，令马云得意的"阿里巴巴"名号，早就被一个加拿大人抢购了网络域名。放弃还是坚持，马云和团队成员一时也没了主意。

关键一刻，还是马云独特的情结发挥着作用。他想到自己长时间以来的苦闷和反复验证，若就此放弃"阿里巴巴"名号，实在心有不甘。

于是，马云决定展示一下"大手笔"。

马云的"大手笔"，是相对于他那区区50万元的创业资金而说的。决心不放弃"阿里巴巴"的名号后，马云愣是绕了多道弯，好一番曲折联络，找到了那个抢注"阿里巴巴"域名的加拿大人。

对方很干脆，不会主动放弃，但可以拿钱买走。本就资金困乏的马云，竟真的不管不顾了，以常人难以理解的方式，给了对方1万美元重金，愣是从加拿大人手中买回了"阿里巴巴"的域名。

马云胸怀理想，可又不失精明。买回"阿里巴巴"域名后，他第一时间又将"alimama.com""alibaby.com"等多个域名，都一一注册了下来。

马云此举，也自然引起了不少疑问。但是，他有着自己的温情解释："阿里巴巴、阿里妈妈、阿里贝贝，本来就应该是一家嘛！"

听到马云的这个解释，不少人认为，他真的想得太远了。

名号问题彻底解决后，阿里巴巴网站的建设，更加紧锣密鼓了。

如前所述，阿里巴巴网站开始创建的时候，因马云的坚持，最初方式是"BBS"式的。包括英文和中文信息，都要进行分类整合。也是此时开始，马云坚持做了一年左右的质量管理员。

马云身边的知情人士披露，任何程序的使用，马云都要自己先试试。如果发现不会用，他就要求赶紧扔了。

因为，在马云看来，"80%的人跟我一样蠢，我希望是不看说明书，不看任何东西，上手就会用。"

对于马云的质量管理员身份，业内曾有评价，一个不懂互联网的人来测试网站的易用性，估计只有马云才能有此创意。

然而，今天再回头去看，或许正是马云的质量管理员坚守，赋予了阿里巴

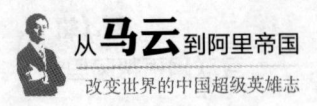

巴系列网站某种强大的生命能力，不仅电脑盲者可以不学自会，更让后来无数的中小企业者难舍难分。

马云坚守的还不仅如此，他还坚持对阿里巴巴网站的所有信息真假进行核实。这样的工作要求，不仅极为辛苦，更是明显不同于其他电子商务网站。

有趣的是，承担此项辛苦差事的人中，就有马云的夫人张瑛，现任阿里巴巴核心领导者之一的彭蕾①。在众人记忆中，张瑛和彭蕾等人承担的这种工作，当时被戏称为"挑毛线"。因为，她们经常会做到头昏脑涨。而唯一能调节的方式，便是打牌。

后来，有阿里纪录片等文献披露，为了阿里巴巴网站能够尽快推出，马云的家里一度挤满了35个人。这些人每天的工作时间超过16个小时，日夜不停地设计，不厌其烦地修改。有人困了，就席地而卧；有人累了，便在窗口边歇会儿。以至于左邻右舍的邻居，都觉得这是一群非常奇怪的陌生人。

马云的回忆里，也有着这样的话："我被许多人骂过，有人骂我是骗子，有人骂我是疯子。现在有人称我为企业家。我觉得都无所谓。我向来不管别人怎么评论我。那时候非常疯狂，非常执着。我常常对年轻人说，如果要创业，你一定有为它献出一切的准备。哪怕别人都反对你，都嘲笑你，都认为你是错的。"

那时的马云，用心地激励着自己，也不断地鼓动着员工。"最大的失败是放弃，最大的敌人是自己，最大的对手是时间"。

终于，在几乎销声匿迹很长一段时间后，1999年3月，在中国的杭州，在杭州马云的家里，名叫"阿里巴巴"的网站正式推出了，其英文网址即是"www.alibaba.com"。

"今天很残酷，明天很残酷，后天很美好，绝大多数的人死在明天晚上。我们要永不放弃，才能见到后天的太阳！"这话是马云说的，他和自己的团队也是这么坚守的。

网站推出不久，马云和自己的团队商定，阿里巴巴总部选在中国香港。"因

---

① 彭蕾：阿里巴巴创始人之一，曾任阿里巴巴集团首席人才官兼人力资源总裁，掌管着集团事务、行政、市场及人力资源等部门，在提升客户满意度及维持企业文化方面拥有丰富的经验，被称为阿里巴巴人才的"艺术家"。后任阿里巴巴集团公司旗下支付宝CEO。2013年3月7日，阿里巴巴集团正式宣布筹备成立阿里小微金融服务集团，彭蕾又出任小微金融服务集团CEO。

为我们希望办一个由中国人创办的公司,让全世界骄傲的公司。香港是世界上最大的贸易港之一,作为贸易网站,公司总部设在香港是最合适的。"马云后来有过如是解释。

二　阿里巴巴与四十大盗

受众遍地球的《天方夜谭》,讲述了一个经典的《阿里巴巴与四十大盗》故事。穷苦人阿里巴巴,凭借机智和勇敢,揭开了一个惊天的秘密,也为自己打开了一扇财富之门。然而,马云的阿里巴巴,又岂止是财富的故事?

1. 马氏的逆向思维

在《天方夜谭》里,阿里巴巴原本就是个穷苦人。而在马云的意境中,阿里巴巴公司和网站,绝不能只讲一个财富的故事。

理想尽管很丰满,但是马云心中更藏着隐忧。他非常清醒地意识到,任何雄心壮志,缺了商业的有效支撑必难持久;而互联网资讯科技的发展,也绝非游戏那么好玩。

阿里巴巴网站正式推出的时候,适逢全球互联网业迎来第一个发展的高潮。在此期间,美国的雅虎、亚马逊等国际互联网先行者,已纷纷上市,并助推着纳斯达克的 IT 板块演绎了相当的牛市。

当时即有国际舆论评说:杨致远等人一夜暴富,孙正义等投资客获利几十倍,就连名不见经传的网络股也赚了个盆满钵满,全球互联网风景大好。

作为国际互联网的新兴板块,中国互联网行业也不甘示弱,发展态势同样高歌。多路资本纷纷进入,众多网站如雨后春笋,烧钱的态势甚是狂热。

其中,以新浪、搜狐、网易为代表的一批互联网公司,不但市场势头强劲,上市的激情也一天高过一天。

相比之下,马云团队刚刚创建的阿里巴巴,此时不仅两手空空,甚至低调得无声无息。只不过,外在低调的背后,并不妨碍马云内心里的缜密。

新诞生的阿里巴巴网站,模式具有鲜明的独特性——不做门户,也不做 B2C,专心于马云从一开始即认准了的中小企业 B2B。

面对着自己的十八罗汉,马云坚定地表态:"大部分人看好的东西,你不要去搞了,已经轮不到你了!"

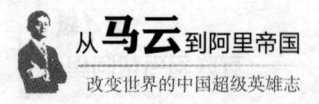

今日回望当年，马云如此警告，真的看透了当时的实际。

其实，自齐聚湖畔花园，决意再创新业的那一天，马云就"B2B"模式引发的众人质疑，即向团队所有人和盘托出了整体设想。

1998年前后，源自美国的三大互联网模式，在中国互联网市场上已都能找到。其中，绝大多数网站又都是门户网站。已经三次互联网创业，并在外经贸部历练一年多的马云，就像他在新加坡电子商务大会上演讲的那样，认定了"商人对商人"（Businessman to Businessman）的"B2B"模式。

而当阿里巴巴网站果真如此推出的时候，马云定义的"B2B"，不仅有人嘲讽，指其狂妄者也大有人在。更令业内不知其解的，还有马云确立的阿里巴巴要为"中小企业免费登记信息，以后也将永远免费"的承诺。

在行业舆论的眼中，阿里巴巴如此模式显然"不是商人的做法"。马云也没有避讳，"我不是商人，我是企业家"。

谈及那时的决定，马云后来曾不止一次这样表示："在网络经济时代，有时一个错误的决定要比没有决定更好。在做决定的过程中，如果一个决定出来后有90%的人说好，你就把这个决定扔到垃圾箱里去。因为那不是你的。别人都可以做得比你更好，你凭什么？"

显然，在马云的整体设计中，阿里巴巴第一步要做的，就是通过互联网帮助中国企业进行出口，帮助国外企业进入中国。尤其是众多的中小企业，可以借助阿里巴巴网站进行面对面的贸易。

如此的模式设计，显现了马云对宏观经济的研判，尤其是他对中国企业外贸活动的前瞻性分析。这些研判和分析，同样显现了马云在外经贸部独特的工作经历。

而在互联网业内，马云对阿里巴巴的整体设计，被称为"马云的逆向思维方式"。如今来看，正是这一独特的马氏思维模式，使得阿里巴巴不仅顺利度过了互联网行业的跌宕起伏，大浪淘沙般地走到了今天。此亦为后话。

市场是检验现代商业的最佳路径。

果然，低调筹备建设的"www.alibaba.com"网站正式推出后，在不长的时间内便得到了市场的认可。

"电子商务可谓是功不可没，而阿里巴巴平台更给我们带来了意外收获。"这是一家机械设备公司管理层送给阿里巴巴网站的评价。

原来，未使用阿里巴巴平台前，这家公司的产品不仅未能实现出口，每天的业务信息也只有1—2条。成为阿里巴巴网站平台会员后,这家机械设备公司很快就实现了外贸出口。其后一年不到,公司更达成了30余个国家和地区的几十个客户。而在本书将要出版之际,这家公司产品的绝大部分都实现了出口,并成为阿里巴巴"高级中国供应商"的一分子了。

没钱做广告的阿里巴巴,开始在互联网和企业界得以口耳相传。到了1999年6月,其会员数竟达到了3万余,一时声名鹊起。

马云没有被这种欣欣然冲昏脑袋,他甚至感到了不安。因为,阿里巴巴已经没钱了。

然而,马云毕竟是马云,就像坊间有评论说的那样,13亿国人中也只出了他一个。

面对即将断炊的局面,马云并没有急于饮鸩止渴,他做出了一个重大的战略性选择——利用发达国家已深入人心的电子商务观念,为阿里巴巴建立真正的利润支撑点。

马云的这一设计,是基于他对国内电子商务仍不成熟的现实研判。于是,"中国供应商"专区在阿里巴巴随即形成,大量中小型出口加工企业的供货信息,开始在阿里巴巴以会员形式向全球推荐发布。

若干年后,学界有不少研究者总结认为,正是这一战略性的设计与选择,让阿里巴巴不仅获得了某种拐点,也为马云自己奠定了继续登高的重要基石。

"从某种意义上说,马云就是一个教父,但他不是邪教的教父,也不是一个施用迷魂大法的巫师。他是一个伟大理想的布道者,是一个辉煌梦想的鼓吹者。"此话是当年一位跟随的创业者深情回忆。

马云自己,则淡定地解释过当初那个战略性选择。

"我们最早的策略,想让阿里巴巴迅速进入全球市场,利用国际资本,迅速开拓海外市场,同时培养中国电子商务市场。"

2. 丐帮开花国外香

说起阿里巴巴初始那半年,借用国人一句戏语——满目都是泪。

缺钱少财的日子里,马云和阿里巴巴团队不得不忍受着穷苦,"互联网梦之队"形同丐帮。连周围的邻居都觉得,这些天天吃便宜盒饭的人,很是奇怪。至于互联网业内,更是少有人主动关注他们。

或许多少有这方面的原因,上文提到的主动选择低调,也就成为马云最好的对外方式。创业的阿里巴巴团队，则形同闭门造车一样。

这样的日子持续了半年。从马云带领"梦之队"进驻湖畔花园起，直至阿里巴巴网站正式推出，中国"互联网梦之队"如同消失了6个月。以至于有舆论评说，刚创建时的阿里巴巴，"偏安杭州一隅，出奇的安静，它的状态与当时整个互联网的热闹行情宛若两重天地。"

舆论所说的"两重天地"，自有它的道理。

就像上文中提到的那样，1999年后的互联网行业，整体仿佛进入了井喷状态，也就是学界所说的"第一次高潮"。

一份基于全国主要电视台和报纸媒体广告的监测数据显示，仅1999—2000年，中国互联网业的广告投入就超过了1.5亿元。这其中，新浪网、中华网、8848等网站的投放额，一度竞相攀高。除此之外，各大中城市的户外广告载体，也大多被"中国人""搜狐""e龙网""易趣"等网站占据着。

如此狂热态势，让"互联网进入'烧钱'阶段"之说，也在当时的各路媒体流行开来。

反观马云和他的"互联网梦之队"，完全是另一番景象。这种景象，有客观环境的限制，也有马云的主动人为。

在决定重回杭州创业的时候，马云便和自己的团队成员约定：6个月内，要训练成一流的船员队伍，并造出一艘战舰，这艘战舰就是"阿里巴巴"。

不过，在此舰正式出港前，马云需要和众人一起，解决掉所有能想到的问题。

"我们不允许员工和亲戚朋友讲任何阿里巴巴的事。不是想保密，而是因为那时候我和他们讲，我们要做80年的企业，要做世界上最大的网站。如果你把这个和父母讲，一定会被认为是疯子，下个月的工资在哪儿还不知道呢！"这话是成功后的马云调侃式披露的。

这样的安排，的确少了一份浮躁，多了一份踏实。

在此期间，马云满世界飞跑。用他自己的话说，当时日本经济部、韩国财政经济部等，都已经把阿里巴巴看作未来企业进入中国大陆市场首选的站点了。

"当时中国的电子商务市场被炒得很热很热，但实际的东西并没有什么。我们选择避开中国的甲A联赛，直接进入世界杯，目的就是打入海外市场。我们根本没有被认为是中国公司，很多美国人用了半天还搞不清楚，这是中国公司做的。"回忆起当年的情景，马云还是很得意自己对时机的掌握。

伟大的作品，大多是在寂寞中诞生的。

当阿里巴巴网站正式推出后，原本"半年不宣传"的马云，并没能逃过媒体敏锐的嗅觉。尤其是阿里巴巴在市场上一传十、十传百的时候，包括国际媒体在内，欲掀其面纱、一窥究竟的欲望，日益强烈。

直到著名的国际媒体——美国《商业周刊》[①]，一路追寻着找上门来。

在此之前，还有着一段看似曲折的惊人故事，详情留后文交代。

就像马云所说，《商业周刊》开始并不知道阿里巴巴是一家中国的互联网公司，更不知道它就在中国的杭州。后来通过中国的外交部，再通过浙江省人民政府外事办公室，一路追寻探问，最后才找到了杭州。

当《商业周刊》的记者终于在一个居民区里找到阿里巴巴的时候，他们根本不能相信自己的眼睛。呈现在他们眼前的，简直就是1995年投资人首次进入杨致远雅虎办公室看到的翻版，甚至更惨。

《商业周刊》的记者们一时无法相信，那个在海外已经小有名气，几万企业人追捧的阿里巴巴网站，就是由这些疯子一样的人，在这个狼藉满地的房子里做出来的。

马云却觉得自己"这一步走得很对"。他曾回忆，"他们打开我家门一看，吓了一跳——这就是阿里巴巴公司？将近20个人就吃睡在那里，不停地做着。"

紧随《商业周刊》其后，英文版的《南华早报》也继续跟进。其后，《欧洲时报》《联合早报》等，再加上众多国内媒体，也蜂拥而至。

至此，原本不想宣传，或者说没钱宣传的马云，却意外地让阿里巴巴获得了其他互联网公司竭力想要，却一时又达不到的宣传效应。

而后，仿佛就在一夜之间，阿里巴巴突然声名鹊起。不仅在中国国内，在欧美更是广泛扬名。随之即来的，便是阿里巴巴网站暴增的点击率，以及不断刷新的会员数量。

"马云不花一分一毫，竟赚够了国内外媒体的争相报道。而那些为了增加人气，不惜花费巨资铺天盖地进行广告宣传的网站，却不得不委屈地一次次秀场。"这样的评论和文字，在当时的媒体和舆论场中，随处可见。

---

① 《商业周刊》是全球销量第一的商业杂志，1930年在纽约创刊。其主要宗旨，为专业人士在商业、财务及事业发展方面，提供深入独到的见解和细致详尽的信息。如今，《商业周刊》已成为全球众多商业巨子的必读之物。其读者群包括高层政府官员，以及制造业、通信业、银行业、金融业的精英。该刊中文版创刊于1986年，主管单位为中华人民共和国商务部。

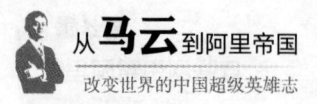

当然，也有业内人士认为，马云当时之所以能赢得那样的宣传效应，或多或少得益于他创立"中国黄页"和中国外贸系列网站积累下来的媒介人脉。但是，在笔者看来，如此意料之外的场景，更像是马云"逆向思维"的又一次成功运用。

3. 痴迷合伙人制度

阿里巴巴由国外香至国内，在中国互联网业内产生了巨大的轰动。众多互联网领军人纷纷表示，马云新创建的阿里巴巴，一亮相就是世界上最出色的B2B网站之一，可谓不鸣则已，一鸣惊人，"崛起只用了半年时间"。

更深远的影响，只有马云和他的团队才会懂的。先海外、后国内的舆论策略，显然潜藏着一箭双雕的效果——一是阿里巴巴迅速增长的实实在在客户，二是孕育着未来的风险投资者。

众誉之下，阿里巴巴并没有像其他正在烧钱的互联网公司一样，马云心里更没有发烧。他非常清楚，国内的电子商务市场仍属于早期培育阶段，阿里巴巴要想成功，市场与资本两条腿缺一不可。

有人曾调侃说，此时的马云，对互联网行业的整体判断，已经显现出了教父般的味道。

话虽有些夸张，但控制市场与占有资本，确是阿里巴巴集聚成长底气，孕育可以预见的未来的最可靠保证。

只是，一个人明知自己病在何处，却又无力改变的时候，内心里该会是怎样的煎熬呢？

这个人，便是阿里巴巴半年即崛起时的马云。

虽然马云真心不想与其他烧钱的互联网公司相比，尽管阿里巴巴团队的工作环境已简陋至极，且个人待遇低廉到不能再低的程度，但是，阿里巴巴靠众人集资凑起来的区区50万元创业资金，正变得日渐稀少。

纵然无须怀疑"十八罗汉"的忠诚追随，可面对执掌着高新技术利器的整个年轻团队，马云又凭什么能让他们长时间安于清贫，还要孕育着自己口中传说的阿里巴巴宝库呢？

阿里巴巴早期纪录视频资料中，一位当年的创业元老就曾表露过这样的回忆：湖畔花园的时候，最大的感觉就是穷开心。那时候大家都没钱，所以最大的娱乐就是坐在地上听马云讲故事。他给大家讲很多很多的故事，比如当时互联网的局势，比如阿里巴巴将在今后的5年内有怎样的发展，尽兴之时马云还会手舞足蹈……

另一位知情者则笑着回忆，"那时候大家无条件地跟着马云发疯，哪怕天下人都以为马云是个疯子，也觉得跟着这个疯子往前走心安理得。"

即便是马云一度拒绝了多家投资公司，他的伙伴们仍然没有真心抱怨，大家还是乐呵呵地跟着马云一起穷开心。

实际情形到底怎么样呢？

那个时候，阿里巴巴似乎不像公司，它更像个年轻的家庭；马云也不像老板，更像一个话唠的老师；员工则不像员工，更像是兄弟姐妹。如此创业者的结合，才让创业之初的马云，自称是"丐帮帮主"吧！

虽然工作场所狭小，办公环境和条件极差，但是马云创造了一种自由轻松的工作氛围。他自己与员工之间，用一种"眼神里都是信任"的纽带，积累下了深不可测的团队情感。

靠着马云式的团队情感，阿里巴巴一路上实现成长，并最终凝练成为世界电商巨头。

也就是从那个时候起，马云悟出并形成了自己独特的管理理念——决不控股，厚积阿里的企业价值观。这种理念和价值观，从创业伊始就被植入进了阿里巴巴血液之中，直至形成今天的阿里巴巴核心文化。

"不控股"的理念，实际上蕴含着马云过往创业的经历与教训，甚至是一种切身之痛。在马云看来，中国有太多的企业因为强调着控股权与控制权，从而陷入了利益的争斗，并最终影响了公司整体发展，甚至人为扼杀了企业生命。

"从第一天开始，我就没想过用控股的方式控制，也不想自己一个人去控制别人，这个公司需要把股权分散。这样，其他股东和员工才更有信心和干劲。"或许基于此种理念，阿里巴巴50万元创业资金，马云也就没有想着全部自筹吧！

更重要的，当"十八罗汉"各自倾其所有，凑起50万元创业资金的那一刻，阿里巴巴的创立便有了额外的深远意义。

首先，这种集资方式，决定了阿里巴巴是合伙人性质的股份制公司。就像马云说的那样，"我们很健康，股份每个员工都有，最大的股份在管理者手里。这是个很科学的概念，我们不是东方家族式企业。"

其次，阿里巴巴的集资创立，意味着从一开始，马云就在有意识地把企业

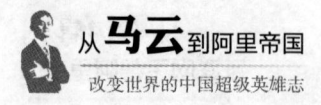

置于可持续发展的轨道之上。如同马云所说,"公司是永远的,人是会换的!"

就这样,中国现代企业史上并不常见的制度设计诞生了——合伙人制度。

总体上看,所谓的合伙人制度,指由两个或两个以上合伙人拥有公司并分享公司利润。其主要特点有如下几个方面:合伙人享有企业经营所得并对经营亏损共同承担责任;可以由所有合伙人共同参与经营,也可以由部分合伙人经营,其他合伙人仅出资并自负盈亏;合伙人的组成规模可大可小。

然而,正是马云坚持的"合伙人制度",却成为若干年后阿里巴巴在港上市的主要障碍。这自然也是后话。

"合伙人制度"在阿里巴巴团队创立之时起,即表现出了一个显著的力量:每一个人都很平凡,但是每一个平凡的人都相信自己会做不平凡的事业,所有人都在不惜一切地为着这个不平凡的事业而努力。

所以,今天的人们也就不难理解,阿里巴巴创建之初,为什么条件那么艰苦,待遇那么可怜,却没有人去计较投入产出,没人计较个人牺牲的时间,甚至没人会感到辛苦……大家工作的时间从早9点到晚9点,每天12个小时,还经常加班,工作16个小时甚至更多,也是常有的。

就连马云也感慨:"真的很疯狂!"

10余年后,阿里巴巴召开了纪念大会。当那些曾陪着马云一起穷开心的年轻人,已经身居阿里巴巴创业元老,且拥有亿万身家之际,他们才会依然动情于10年前的穷开心。每个人都觉得,自己当年在用一种很有意思的方式,做着一件很有意思的工作。唯一遵守的,"大家无条件地相信马云终会给团队带来一个奇迹"。

"一个公司是不是优秀,不要看它里面有多少名牌大学毕业生,而要看这帮人干活是不是发疯一样,看他们每天下班是不是笑眯眯地回家。"功成名就的马云,也不禁如此感慨。

这样的团队,自然少不了竞争对手的觊觎。不过,马云至今都很得意:"我们可以输掉一个产品,一个项目,但不会输掉一个团队!"

如此胸有成竹,倒是符合马云"中国互联网教父"的淡定,也显现出了一个现代企业家的开阔胸襟。难怪美国《商业周刊》亦曾评论认为,马云在创建阿里巴巴初期,或许已经在潜意识里让自己与比尔·盖茨、杰克·韦尔奇等人并行了。

合伙人制度虽然表明了马云不会谋求用股份优势去控制他人,但他也清楚地告示过，不希望外来者控股阿里巴巴。马云内心唯一可以接受的方式，由"阿里巴巴的经营团队控股阿里巴巴这座宝库"。

这也就为后来的阿里巴巴融资，奠定了某种基调。

即便后来一再选择融资，阿里巴巴股份开始逐步稀释，但是马云与他的创业团队控股者的位置几乎没有动摇过。至于名噪一时的"雅巴联姻"，虽然雅虎一度挟40%股权成为第一大股东，怎奈马云展现了惊人的坚韧意志，通过惊心动魄的一番谋划，还是于2012年夺回了阿里巴巴的控制权。此为后话。

关于资本，马云有着独特的表白——他感恩资本。因为，如果没有资本进入，阿里巴巴发展不会那么顺利。但是，马云更坚定地认为，如果没有阿里巴巴的价值体系，没有阿里巴巴员工的点点滴滴，没有对未来的把握和社会的感恩，今天的阿里巴巴也必将是个游戏而已。

于是，马云和阿里巴巴都获得成功后，不少人就马云坚守的"合伙人制度"展开了评论。最主流的观点认为，阿里巴巴对这一制度的毫不妥协，正是痴迷武侠小说的马云对"侠义文化"的推行，进而奠定了阿里巴巴的主流价值观。

解读固然可以多样，马云还是用一句话宣示了他最为看重的东西："影响我的一定是消费者的需求，这是第一个。第二个影响我的一定是我的团队，我的同事告诉我这个东西错了，我会很认真地停下来听；股东说（做）错了，你说得清楚一点，我再听听，最后是我自己决定。"

三 谁能舞动投资者

虽然半年即声名鹊起，阿里巴巴却也到了靠借钱发工资的日子。即便如此，"企业家不能跟着钱走"的底线，依然牢牢地定格于马云内心，直至一个惊天动地的大事件发生。马云则感慨："国际互联网人没吃过的苦，我们都吃过了，他们尝到的甜头，我们还一点没尝到。"

1. 互联网的惊天事件

所谓的"互联网的惊天大事件"，便是与前文讲述的《商业周刊》追寻阿里巴巴有关。

自阿里巴巴网站创建时起，马云团队就一并推出了中英文两个网站。而后摆在马云面前的，便是尽快证明自己的网站有价值，能够为客户们带来财富。

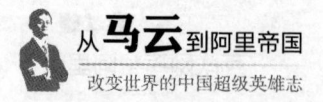

此时，阿里巴巴网站尽管耗费了团队大量心血，但信息量是零，会员也是零。表面上一副穷开心样子的马云，心里其实像压上了一块巨石般沉重。

根据整体设计，阿里巴巴网站一启动就实行会员制，全世界的商人都可以在上面免费发布信息，也可以在网站上免费查找贸易伙伴。只是，开始一段时间，网站的会员增长慢得让众人失望。

那个时候，阿里巴巴两个网站每天信息量加起来，也只有十来条。两个月后，变成20来条。等到突破100条信息量，用时则是"好多天"。开通后几个月，一天的信息量也才达到数百条。

因为成长得太辛苦，众人才更愿意用心呵护。数量非常有限的信息，每一条都被阿里巴巴员工认真检测核实，直至得到最后的确认可信，并按类别进行分类处理。

此期间，马云凭借对"BBS"模式的坚信，在阿里巴巴网站上开辟了一个以商会友的论坛。他动员员工们往上发帖，坚持不懈了半年，竟然烘起了不少人气。于是，无意之间，马云又创造了一个中国互联网的第一——"中国商人第一网络媒体"。

所以，若干年后中，中国互联网业内公认，马云开辟的这一论坛为"真正的BBS"。

改变阿里巴巴两个网站少人问津的，还是马云在外经贸部工作期间积累下来的人脉。经过马云和团队成员的共同努力，大量中国商品交易市场网上的会员纷纷前来。随着这些角色的加入，阿里巴巴会员增长较慢的被动局面，开始迅速改观。

至于阿里巴巴网站的业务量真正大幅增加，则是前文提及的《商业周刊》追访过后的事。

《商业周刊》曝光阿里巴巴真实情况后，马云团队的寒酸真相完整地亮相于互联网业内。但辩证法告诉我们，任何事物都有着两个方面。与寒酸真相一起亮相的，还有全球各地的商户们。于是，阿里巴巴不仅获得了惊人的信息量和会员量，不少投资者也一并被吸引而来。

那么，《商业周刊》究竟是怎么盯上了默不作声的阿里巴巴呢？

事情还得从1999年7月说起，也就是阿里巴巴网站正式诞生4个月的时候。

这年7月的一天，一条消息从互联网上突然传开，几乎在同一时间在媒界引起了震动。而这条消息的来源，则被舆论公开指向阿里巴巴。

原来，这条消息称，在阿里巴巴网站上"可以买到AK-47步枪"。

一语震惊了所有人。获得消息后，马云被惊呆，他很快也意识到了事态的严重性。

准备创立阿里巴巴时，马云曾定下了严格的规章和制度，核心即有"阿里巴巴网站上发布的消息，必须经过核实确定，否则坚决不予发布"。那么，"AK-47步枪"的消息，又是如何被网站发布的呢？

马云团队所有人不敢懈怠，第一时间开始小心排查。

几乎是把所有的消息翻了个遍，好一番折腾后，众人发现，"AK-47步枪"的消息并不属实。

阿里巴巴虚惊一场，但是传言已经散开，风浪也开始在媒界掀起。最先盯上这个消息的，便是以新闻敏感著称的美国《商业周刊》。随后，也就有了本章前文中讲述的那些场景。

"根据以前的经验，我们知道互联网最大的问题在于可信度。所以，从一开始我们就立下规矩，所有在阿里巴巴上发布的信息都经过人工编辑。这个规矩从免费会员时代一直坚持到现在，因此我相信这样的信息是不可能存在的。不过像《商业周刊》这样的杂志一报道，还是把我们吓了一跳，因为它很少乱讲话。"马云后来如此回忆。

在《商业周刊》等媒体的鼓噪之下，"阿里巴巴网站可以买到AK-47步枪"的消息，一度成为国际媒体竞相报道的焦点。这莫须有的一幕，在惊吓了马云团队的同时，无意间竟带给新生不久的阿里巴巴意外之喜。

借用"AK-47"这条虚假的舆论消息，阿里巴巴成功地向外界传递出了一个成长事实：网站流量开始冲向8万人次/天的台阶。

悄然而至的，还有暗中觊觎阿里巴巴的那些网络投资者们。

实可谓，福兮祸所伏，祸兮福所倚。

阿里巴巴显然又是幸运的！

2. 穷阿里博弈投资客

一个智慧又伟大的创业者，不仅善于抓住机会，更具有变坏牌为好牌的特别能力。

"AK-47"事件，以马云未曾预料到的方式，把阿里巴巴抛至舆论风口。这

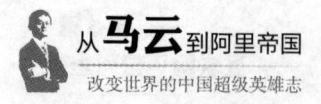

种情形,对于普通创业者而言,往往会第一时间想尽办法消除热度。然而,一手把《人民日报》推上网的马云,则认为这是天赐的借势时机,决不能轻易放过。

马云借势不为别的,他需要尽快找到志同道合的投资者。

眼看着50万元资金已然耗尽,甚至需要向外人借钱发工资,马云和团队成员们再怎么坚韧,也必须先直面现实,尽快化解关系着阿里巴巴生存的窘境。

只不过,那个时候专注于互联网的投资人,似乎更善于评估得失,他们比马云还明白,此时的阿里巴巴不仅不会赚钱,反而正是要花钱的阶段。

于是,以马云和阿里巴巴为一方,以各路投资者为另一方,比拼智慧和勇气的博弈之战,悄然拉开了。

关于资本的选择,马云一开始就有着自己的坚持和理想,他希望可以主动选择,而不是哪里的钱都要。

受这种理念的驱使,阿里巴巴即使早已囊中羞涩,马云依然精挑细选,有时甚至到了挑剔的程度。阿里巴巴财务元老彭蕾就曾披露,马云已经在借钱发工资了,却还是相继拒绝了38家投资商的好意。最主要的原因,就是这些投资方不符合马云对资本的理想和信念。

1999年7月,阿里巴巴正式创立4个月后的一天,马云接到了一个电话。随后,他便叫上了主管财务的彭蕾一起外出。走在路上,彭蕾才知道,马云是要她一起,去见从上海过来的投资方代表。

上海来的投资方一共有3个人,住在杭州的世贸饭店。来之前,投资方对阿里巴巴的基本情况已有相应的了解。但是,3个投资人代表手里有着自己的权限,可以在权限范围内决定是否投资,以及投资多少。

这次谈判的场地,有些不太正规,就在投资方代表居住的酒店标准间里。多次与投资方打过交道的马云,也少了客套,见面便开门见山。

会谈开始之际,彭蕾和对方的一个人坐在单人沙发上,马云坐在一张床上,但他还是喜欢起身走来走去。用彭蕾的话说,马云几乎就没怎么好好坐下来过。

投资方代表表现得很有诚意,他们直接给出了一个投资报价,并提出了所占阿里巴巴的股份。当时只要马云同意,双方的合作便能立即确定下来。

然而,马云一派"自命不凡",他不但强调着阿里巴巴的独特价值,并干脆地拒绝了对方提出的股份比例要求。当双方开始僵持的时候,马云提出要出去走走。

走出饭店，马云默不作声。过了很久，他突然问彭蕾："你觉得怎么样？"

彭蕾当然明白，马云并不是真的要听她的意见。但想到阿里巴巴已经捉襟见肘的财务状况，她还是忍不住提醒马云："账上没钱了！"

彭蕾后来回忆，当时她特别希望马云可以让步，先把钱拿进阿里巴巴，好让整个团队可以舒缓起来，轻松上阵。然而，马云就是马云，即使泰山压顶，也绝不轻易改变自己的理想和信念。

两人重回饭店后，马云跟投资方说："我们认为，阿里巴巴的总价值是我们所认为的那个，你们的看法与我们差距太大，所以我们看来无法合作。"

即便过了多年，亲历人彭蕾还清楚地记得一个细节。她随马云第二次下电梯时，投资方也有一个人随行。就在电梯里，这位投资方代表还特别遗憾地表示，"你们错过了一个机会。"

多年后的马云，则这样解释当时自己的挑剔：希望阿里巴巴的第一笔风险投资，除了带来实实在在的钱以外，还能带来更多的非资金要素，如进一步的风险投资，以及其他的海外资源。被拒绝的上海投资者，并不能给阿里巴巴带来上面所希望的东西。

就此，财经学界权威声音认为，"这正如马云做人的秉性——但求最好。而创业初期的苛刻，也为阿里巴巴后来的文化价值观形成，预示了某种必然。"

3. 马云背后的隐形英雄

马云曾就投资者和企业家的关系有过经典名言——投资者是跟着优秀企业家走的，企业家不能跟着投资者走。

马云对自己的定位，则是企业家。

当然，如果把马云的这句话放在精明投资者身上，似乎也能产生相应的效应。因为，对于一个追求长期成长的投资者来说，钱虽然可以投，但潜意识里更青睐那些坚守发展信念的企业家们。从此种意义上讲，有眼光的投资者与创业者，只是立足点不同而已。

其实，当马云多次拒绝风险投资者的时候，也正是国际风险投资机构在中国互联网市场上大规模运动的时期。这主要是受到了中国互联网市场的吸引，发展态势一片火热。

其中，又以著名的老虎基金①、高盛和软银等机构为代表。它们都纷纷展现着对中国门户网站和电子商务网站的热情，甚至表现出了势在必得的决心。

不完全统计，仅1999年，新浪一举获得了华登1600万美元的投资；张朝阳率领下的搜狐，也先后获得了600万美元和3000多万美元的两笔投资……在这些有效投资的推动下，中国三大门户网站在随后的两年时间里，相继实现了进军纳斯达克的战略设想，为今天的发展打下了坚实的资本基础。

与三大门户网站相比，那时的阿里巴巴尚显幼小，正处于急需进钱的初始阶段。按常理，当务之急应该是有钱进入就好。但是，若以今天的阿里巴巴成长结果，解读当年马云对资本方的坚持，估计没有人再质疑已然窘境的马云，为什么可以笑看资本了。

那么，究竟什么样的投资伙伴，才是马云想要的呢？

笔者做个简要归纳：首先，投资方一定是致力与阿里巴巴共同成长的；其次，投资方一定是能够与马云的创业信念保持一致的；再次，投资方能够让阿里巴巴团队信任。

关于以上要点，马云也有过进一步的宣言："我们要的是婚姻伙伴、战略伙伴。战略和策略结合起来的人，不会今天买进，明天卖出。"

这样的宣言，即使放在今天，对于那些正致力于创业成长的有志者们，仍有着极强的现实意义。

拒绝"非婚姻"的投资者同时，马云并没有坐等风投者上门。

1999年中期开始，马云就带着阿里巴巴的风险投资经理人蔡崇信四处奔波，希望能主动觅得适合阿里巴巴的投资人。不久，随着蔡崇信与一位林姓女士的结识，情形开始发生改变。

那么，蔡崇信其人又是谁呢？

蔡崇信行事低调，极少抛头露面，几乎不接受媒体采访，被称为马云背后的英雄男人。阿里巴巴整体上市前，董事会有四个席位，其中一个就是蔡崇信；阿里巴巴的合伙人制度中，只有两个是永久合伙人，一个是马云，另一个就是蔡崇信。

---

① 老虎基金创立于1980年，英文全称Tiger Fund，世界著名的对冲基金。创建时，其资产为800万美元，1998年迅速膨胀至220亿美元。一段时期，老虎基金创造了极少有人能与之匹敌的业绩，其年均盈利一度达到25%，位列全球第二。然而，进入21世纪后，老虎基金资产由220亿美元迅速萎缩至60亿美元，上演了一段颇为耐人寻味的经历。

马云自己也说过，阿里巴巴能取得今天的成就，最感谢4个人——孙正义、杨致远、金庸和蔡崇信；如果非得选一个最感谢的，那就是蔡崇信。

而在互联网业内，多年来流传着一句话：蔡崇信称得上是阿里巴巴的"隐形英雄"，他对阿里巴巴今天的成功，发挥了至关重要的作用。

蔡崇信出生于台湾，与马云同为1964年生人。他毕业于耶鲁大学，拥有资深的风险投资背景，也是一个优秀的职业经理人。

1990—1993年，蔡崇信在纽约Sullivan&Cromwell律师事务所以律师身份从事税务法律业务；1994—1995年，蔡崇信任纽约并购公司Rosecliff,Inc.的副总裁及总法律顾问；1995—1999年，蔡崇信出任北欧地区最大的工业控股公司AB附属公司的副总裁及高级投资经理，主要负责该公司亚洲私募股本业务，年薪70万美元。

同样是1999年，当阿里巴巴还是个"三无团队"时，蔡崇信却毅然加入其中。正是他的加入，阿里巴巴"三无团队"的性质得以迅速改变。更重要的，蔡崇信架起了阿里巴巴与资本世界畅通的桥梁。

蔡崇信又是怎么加入阿里巴巴的呢？

舍弃著名跨国公司高管职位，却投身于穷苦的阿里巴巴，蔡崇信自然也经历了一个深思熟虑的过程。

2018年5月，《中国企业家》曾刊发一文。文中说，"如果让马云选三个最信任的人，其中肯定有蔡崇信。"①

1999年5月，蔡崇信第一次见到马云。这次相见，原本也是蔡崇信代表AB投资公司，实地研判是否可以投资马云。到了杭州他才发现，马云连公司都还没有注册完成，只有运行了两个月的网站。

然而，这一次的见面，却让蔡崇信与马云，一见钟情。

如前文所述，蔡崇信也被眼前的情景惊呆了：黑压压坐着20多个人，地上铺满着床单，像中了邪的年轻人，有时欢笑着，有时喊叫着，完全是个吃大锅饭的大家庭。

蔡崇信了解到，马云已经有过三次创业经历，但都算不上成功。创立阿里巴巴的时候，马云已经35岁，过了而立之年。

---

① 粥左罗：《蔡崇信：我为什么敢放弃580万年薪，拿月薪500跟马云创业？》，2018年5月《中国企业家》。

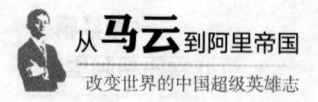

但是，蔡崇信发现，过了而立之年的马云，眼里看到的依然是大梦想，谈论的都是伟大愿景，而不是商业模式、赚钱盈利的东西。再加上一群身怀技术的年轻人，甘愿忍受穷苦，忠诚追随而不改，如此等等，对于一个屡战屡败的创业者来说，非常难得。

蔡崇信喜欢上了这种氛围，更佩服马云展示出来的领袖魅力。一时间，他竟然动了加入阿里巴巴的心思，虽然此时的阿里巴巴从头穷到了尾。

几个月后，1999年年末，蔡崇信再次来到了杭州。令人十分意外，此行他还带上了怀孕的妻子。

在湖畔花园，蔡崇信与马云再次畅谈。接着，两人一起泛舟西湖。在船上，蔡崇信突然对马云说："你要成立公司，要融资，我懂财务和法律，我可以加入公司帮你做。"

蔡崇信的话，让马云不敢相信，他几乎要掉到湖里。

"我可付不起你那么高的薪水啊！我这里一个月只有500块人民币的工资，你还是再想一想吧！"的确，蔡崇信当时的收入，用马云后来的话说，就是"蔡崇信可以买下十几个当时的阿里巴巴"。

蔡崇信却更坚定了："我已经想好了，我就是想加入创业公司，跟一批人共事。"

其实，从著名的国际公司辞职，加入未来尚不可预知的阿里巴巴，蔡崇信也经历了一番思考和波折。

有孕在身的妻子，原本也不希望蔡崇信工作上折腾。不过，她如同马云的妻子一样，从心底里尊重并信任自己的丈夫。她告诉马云，"如果我不同意他加入阿里巴巴，他一辈子都不会原谅我的。"

妻子之外，家族人的阻扰更甚。

蔡崇信的父亲和祖父，都是以国际法律事务见长的"常在法律事务所"创办人，早期在台湾律师界颇有名气。据说，蔡崇信的祖父当年还曾承接过上海滩杜月笙的法律服务，赴台后也经常承接官方的大型法律案件委托；蔡崇信的父亲更是台湾取得耶鲁大学法学博士第一人，并曾担任耶鲁大学校董。

当蔡崇信提出想加入阿里巴巴时，一向开明民主、尊重自由发展的长辈们都摇头反对，原因显而易见。据说，当年一些常进出中国市场的蔡家好友，也都对蔡崇信的阿里巴巴心思投下了"反对票"。

好在到了最后，见蔡崇信心意已决，长辈们还是选择了放手，让蔡崇信自己选择了命运。

蔡崇信曾表示过自己的一套逻辑："耶鲁法学院的学位是一块珍宝，在政府和商业世界里都很稀缺。换句话说，我去阿里巴巴冒险，风险收益是不对称的，下行风险很小，上行收益可能很大。说到底，如果我去阿里巴巴干半年，公司不行了，我还是可以再回头去干税务律师或者做投资。"

就这样，凭着同道相惜，非同常人的魄力和远见，蔡崇信加入了一贫如洗却激情四溢的阿里巴巴。

成为阿里巴巴一员后，蔡崇信开始了系统性地规范阿里巴巴。他时常召集阿里巴巴员工，忍着杭州夏夜的湿热，拿着小白板，从最基本的"股份""股东权益"开始讲起，不顾自己挥汗如雨。

蔡崇信还凭借自己严谨的国际化资本知识体系，准备了18份完全符合国际惯例的英文合同，帮创始阿里巴巴的"十八罗汉"明确了每个人的股权和义务。

至此，阿里巴巴才有了马云一开始即期望的"全球化"公司雏形。

忙完这些，蔡崇信便开始想办法着手阿里巴巴最急需，也是最艰巨的任务——陪马云一起找钱。

前文提过，蔡崇信加入阿里巴巴之前，马云相继有过38次融资过程，但都因为不是"婚姻伙伴"式的，先后失败。虽然个中原因不尽相同，但是除了马云的主观选择外，投资者对马云设想及阿里巴巴未来的存疑，也是亟待化解的阻碍。

马云有一句名言，不知激励了国内外多少创业人。"梦想总是要有的，万一实现了呢！"

然而，当阿里巴巴尚未完成工商注册，创始团队还没有真正成功创业的经历，马云的"骗子忽悠"名传千里的时候，要那些讲求实际的风投公司相信马云，也真的很难。

眼看阿里巴巴早期筹集的50万元创始资金即将耗尽，蔡崇信也不得不紧张起来。

于是，便有了上文林姓女士的出现。

4. 资本请跟着阿里走

1999年8月，时任高盛公司香港区投资经理的林姓女士，与蔡崇信偶然相遇。谈话中，蔡崇信意外得知，向来对传统产业感兴趣的高盛基金，也开始看

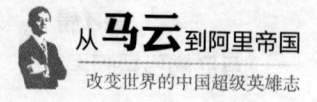

好中国互联网市场,并有意进行投资。

同样有着资深投资人经历的蔡崇信,随即与高盛的林姓经理人展开了对接。很快,高盛也迅速派人来到杭州,开始对阿里巴巴进行实地考察。

高盛集团成立于1869年,是世界上历史最悠久、规模最大的投资银行之一。其总部设在美国纽约,并在东京、伦敦和香港设有分部,在20多个国家拥有40余家办事处。

高盛的到来,马云很是看重。不过,高盛基金从未在高科技产业有过投资经历,而阿里巴巴也只是刚刚起步。这样的场景,马云倒有些心里没底了。能否最终获得投资,他甚至还没有蔡崇信有把握。

据蔡崇信回忆,那个时候,阿里巴巴对投资人的谈判空间其实比较小了。虽然国内的互联网行情一片火热,但是阿里巴巴寒酸的财务状况已经是个大问题,若想与高盛基金讨价还价,余地其实并不大。

"当时,高盛的要求,比我们正在谈的另一家投资人来得苛刻。但是,马云和我商量之后,还是决定要高盛的钱。一方面,它是美国有名的投资公司,可能会对我们未来在美国开拓市场有些帮助;另一方面,高盛的大规模,决定了它的投资眼光会着重长远。"

一番比较分析后,马云和蔡崇信在十多分钟内做出了最后的决定,穷苦人阿里巴巴终于迎来了自己急需的第一笔投资。

随后,双方在协议中约定——以高盛为主的投资银行,向阿里巴巴投资500万美元。

面对高盛,马云接受了相对苛刻的条件。他的让步,在业内被认为是"高盛呼风唤雨的能力,还有极强的市场号召力"难以抗拒。

当双方的协议正式公布后,国际互联网业界掀起了一阵不大不小的风浪。权威声音一致认为,高盛凭此得以成为阿里巴巴首个天使投资人;而阿里巴巴则凭借此次亮相,实现了在国际资本层面的惊人一跳。

与三大门户网站获得的外来投资相比,500万美元的资本投入,在整个互联网业界并不算抢眼。然而,对于马云和阿里巴巴而言,却是实实在在的第一笔大资本进入,可以有效解决阿里巴巴"账面无钱"的难堪窘境。

从创业之初集资而成的50万元人民币,到此时500万美元的外资进入,过惯了苦日子的马云和他的团队,更懂得了如何花钱。

特别是在马云的意识里,阿里巴巴成功融资的目的,就是要学习怎样花钱来做最有价值的事情。"正是因为曾经没有钱,所以才要让每一分钱都花得物有所值。"

对于此次融资功不可没的蔡崇信,马云曾在央视《赢在中国》节目中这样赞誉:"像蔡崇信这样的人不可能在公司内部培养出来,只能从公司外部找。但是多半公司找的时候已经是快要上市了,他们来的目的就是准备上市。而前期创业者把该犯的错误已全部犯过了,也付出了惨重的代价,而有些投资上的错误根本不可逆。"

如今回望当年,蔡崇信主导的高盛投资阿里巴巴,很大程度上改变了阿里巴巴的命运,也改变了他自己的命运。

2018年,很少面对媒体的蔡崇信,接受了一次国际媒体的专访。过程中,他深切地表示,自己做事看人,与马云初次接触时,马云的一个举动便让他非常感动。

"我见过他们18个创始人,都是马云的学生,一群没出过国的人,但个个精力旺盛,龙精虎猛,感觉很奇特。我跟马云说,你把股东名单发我,我给你注册公司。马云就发来了传真,18个人都在上面。虽然他们都是马云的学生,但马云把他们看作创始人和伙伴。与同伴分享,这在创始人中可不常见,我就动心了。"

蔡崇信还性情地表示:"跟谁干,跟人的感觉,有没有操守,品格如何,值不值得信任,有没有友情。如果觉得对方会照看你,你就有纵身一跃的勇气。我绝对相信人的因素。"

此后,蔡崇信负责完成了阿里巴巴集团一系列的里程碑事务,包括1999年领导成立阿里巴巴集团香港总部,2005年主导收购中国雅虎及雅虎对阿里巴巴集团的投资谈判等。

当然,这些自是后话。

当地时间2019年2月12日,中国猪年春节假期,蔡崇信于美国旧金山出席"高盛科技与互联网大会"。此时,蔡崇信的身份是阿里巴巴执行副主席,他接受了美国CNBC电视台独家采访。

在谈及当前世人瞩目的中美贸易及人工智能话题时,蔡崇信乐观地表示,中国有超过3亿的中产消费者,未来增长动力强劲,不仅有利于阿里巴巴未来成长,也将带给中美两国互利共赢的良好局面。

专访中,蔡崇信对主持人喊话:"在AI技术和其他科技领域把中国视为美

国的对立面是错误的,共生和合作才是通往未来的正确选择。"

毋庸置疑,从长远来看,中国数亿中产消费者将会继续从世界各地购买更多产品,阿里巴巴也将扩大帮助更多的美国农民和小企业卖货到中国、出口到中国。所以借用蔡崇信的话,"共生关系和合作模式才是通往未来的正确选择"。

第 5 辑

不要死在明天晚上

2000年7月,美国《福布斯》杂志全球版提前面市。经常占据封面的跨国公司巨头们消失了,取而代之的是一张中国人的笑脸。

此人五官看起来虽然有些奇怪,却充满着特别的活力。与这张笑脸一起惊艳国际舆论的,还有他的金句:今天很残酷,明天更残酷,后天很美好,但绝大多数人都死在明天晚上,只有真正的英雄才能见到后天的太阳……

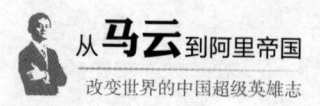

一 小虾米的"B2B"

高盛"天使投资"的成功,让马云团队追梦的劲头儿倍增。马云那泛着灵光的脑袋,完全开动起来。被他视为宝库的阿里巴巴,则像擎在自己手中挥舞的旗帜。紧随其后的,便是中国互联网业界横冲直撞的"梦之队"。只不过,他们倾注了无限激情的"B2B",被国际媒体称呼为"小虾米"。

1. 尝尝互联网的甜头

高盛500万美元的到位,已是1999年年末了。马云和他的团队,似乎都沉浸在节日般的喜庆中。

马云做的第一件事,就是立即为阿里巴巴选一个新家。他们从原来的"家庭办公",升级至"华星科技大厦"。看着规范的新办公场地,包括马云在内,所有阿里巴巴人都禁不住激情涌动。

此时的阿里巴巴,已然摆开阵势,就像马云所说,他们要尝尝互联网的甜头了。"一个国家一个国家地杀过去。然后再杀到南美,再杀到非洲,几个月再把旗插到纽约,插到华尔街上去:嘿!我们来了!"

高盛对阿里巴巴的背书,还带来了衍生效应,那就是阿里巴巴悄然无声的业务增长量。比较那个时段的数据,阿里巴巴业务量的增长,完全是以几何方式实现的。

这种新的变化态势,既在马云的预测之中,又似乎让他有点儿意外。

然而,不管怎样,新的现实又摆在了马云面前——阿里巴巴入账不久的500万美元风投,正在限制着阿里巴巴的快速成长。换句话说,阿里巴巴需要尽快输入新鲜的资本血液。

继续刻意低调或韬光养晦,对于马云和阿里巴巴早已不可能,他必须正视企业的成长之痛,不得不开始盘算着第二轮融资了。

此时的阿里巴巴,因为高盛资本的进入,在互联网业内制造了不大不小的蝴蝶效益。就像它对资本的渴求一样，不少投资者也在暗中觊觎着阿里巴巴。这其中，便有着纵横国际互联网业界、个性霸气的投资客——软银的孙正义。

软银的全称是软件银行集团公司，孙正义是它的创始人。对于很多中国人来说，孙正义同样是一个富有传奇色彩的人物，一些舆论甚至称其为"投资行业里的姚明或迈克尔·乔丹"。

孙正义于1957年8月出生，其祖父辈从韩国移民至日本当矿工，取日本姓氏"安本"。高中时期，孙正义迁居美国北加州，随后进入加州伯克利大学主修经济。他有着与马云不相上下的身材，也有着与马云"心灵相通的智慧"。

19岁那年，孙正义发明了一种袖珍翻译器。他雇了一个教授，制造出了翻译器样机，然后申请了专利，并以100万美元的价格卖给了夏普公司，赚得了人生中第一个百万美元。如今，这种专利技术依然被沿用着。

1980年，孙正义从伯克利大学毕业后回到日本。不久，他决定从事软件批发行业。23岁那年，他创立了软件银行公司。1994年，软件银行公司上市，筹集到了1.4亿美元，自此开始迅猛成长。

1995年，孙正义看准网络产业，并立志于此领域的投资。他首先选中了雅虎公司，第一笔投资就是200万美元。1996年3月，孙正义再次做出当时看起来颇为疯狂的举动——投资雅虎公司1亿多美元。

受益于孙正义的强力支持，雅虎公司如虎添翼，迅速成长为全球头号互联网公司。随后，孙正义又陆续投入雅虎大量资本，并从雅虎获得了成倍数的投资回报。

随着互联网产业的快速发展，执着于此领域的孙正义，在不到20年的时间里，便创立起了一个由他支持扶助的国际性高科技产业帝国。孙正义本人更是一度被美国《商业周刊》称为"电子时代大帝"，日本的"比尔·盖茨"。

凭借着在资本领域独到的操作手法，年届不惑的孙正义一举成为亚洲首富，全球最富者之一。

就这样，孙正义在全球互联网和资本投资界，都立下了自己的名气。如在世界金融中心之一的中国香港，对孙正义有着这样的评价："他有着美国人做生意的本能，有着日本人的冲劲和韩国人的抱根精神。"而在国际资本界，孙正义获得的评价更是非同一般："他能从眼前的生意中，看到未来生意方向和发展前景，而且一看就是上百年。"

对于马云来说，孙正义是他喜欢打交道的聪明人。

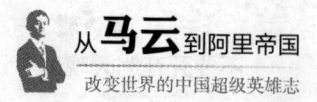

"我见过聪明的人物有很多,孙正义是其中最特别的。他神色木讷,说很古怪的英语,但是几乎没有一句多余的话,像金庸笔下的乔峰,有点大智若愚。"马云觉得,"和聪明人在一起,不用多说什么,他就能听懂你。"

马云对孙正义如此的评价,还得从1999年初秋说起。

一天,正在北京奔忙的马云,突然接到摩根士丹利①一个分析师朋友的电话。这位分析师在阿里巴巴网站刚刚建立的时候,就对马云表示了看好。电话里,分析师朋友向马云询问了阿里巴巴及其融资的基本情况。四个星期之后,他给马云发了一封电子邮件。

邮件里,分析师朋友告知马云:有一个人"想和你秘密见个面,这个人对你一定有用"。

这个时候,阿里巴巴虽然已经成功融得了高盛500万美元,但是马云却不得不盘算起新的资本该从哪儿来。

分析师朋友的消息可谓很及时。马云按照约定的时间,赶到了约定的地点——富华大厦。

马云的心态原本很放松,但现场还是让他感到了意外。分析师朋友所说的"秘密约会",其实是一次规模较大的项目评介会。更让马云惊讶的,便是那个被朋友称为"有用"的人。

2. 马云:阿里不缺钱

摩根士丹利分析师朋友建议马云"秘密约会"的"有用的人",正是国际互联网投资界呼风唤雨的孙正义。

评估会现场的人很多,按规定每个人只有20分钟的时间。据了解,软银每年会收到超过700家公司的投资申请,最终能获得投资选择的,一般不会超过70家。

轮到阿里巴巴了。马云顺势站了起来,投影仪上则出现了阿里巴巴网站的页面。马云仅仅开讲了6分钟,孙正义便打住了他的话,当即表示了投资意向。

---

① 摩根士丹利(Morgan Stanley, NYSE: MS)是一家成立于美国纽约的国际金融服务公司,财经界称其为"大摩"。该公司提供包括证券、资产管理、企业合并重组和信用卡等多种金融服务,在全球近30个国家的600多个城市设有代表处。2018年《财富》世界500强排行榜中,摩根士丹利位列第249位。2018年世界品牌实验室编制的《2018世界品牌500强》中,摩根士丹利排名第55位。

1980年，马云和戴维·莫利在西湖边初次见面。1985年，马云受肯·莫利先生邀请，第一次踏出国门来到纽卡斯尔。为了感谢肯·莫利先生，也给渴望看看世界的学生一个机会，马云向纽卡斯尔大学捐赠2000万美元设立了马&莫利奖学金，用于"支持那些想自己看看这个世界，经历它、用自己的脑袋思考它的人们"。上图为部分获奖学生故地重游，来到当年马云和莫利相识的地方。（图片来源：视觉中国）

1995年，马云与肯·莫利夫妇。（图片来源：视觉中国）

1987年夏,马云(左二)与杭州师范学院外语系李增荣教授及同学在杭州文一路校区门口合影。(图片来源:视觉中国)

1995年4月,马云凑齐2万元,成立了中国第一家互联网商业公司——杭州海博电脑服务有限公司。(图片来源:视觉中国)

1998年底,马云决定离开北京回到杭州重新创业。行前,他带领跟随自己的18个工作伙伴登上了长城。(图片来源:视觉中国)

2000年,创业初期的马云在湖畔花园与阿里巴巴创始团队开会。(图片来源:视觉中国)

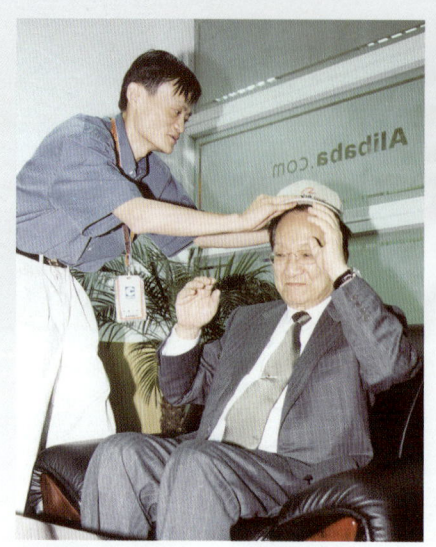

2000年9月,第一次"互联网西湖论剑"由金庸主持。在杭州,马云为金庸戴上有阿里巴巴Logo的帽子。(图片来源:视觉中国)

2000年9月,马云、王峻涛在西湖边。(图片来源:视觉中国)

"2001年中国网络峰会",阿里巴巴CEO马云与新浪网首席执行官茅道临、搜狐网首席执行官张朝阳、网易网首席架构设计师丁磊等在台上合影。(图片来源:视觉中国)

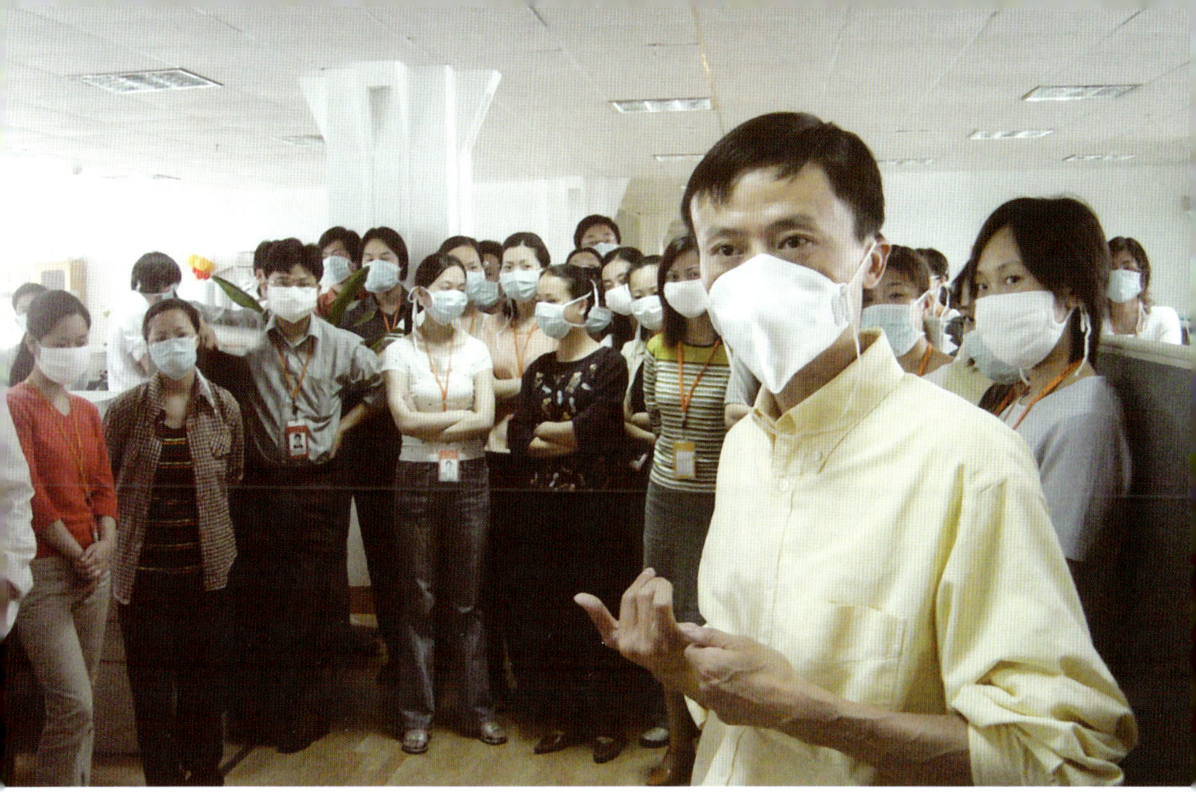

2003年5月6日，SARS肆虐，阿里巴巴办公区一度被隔离，马云鼓励员工众志成城，战胜SARS。正是在隔离办公期间，"淘宝网"悄然诞生。（图片来源：视觉中国）

2003年11月3日，"第四届西湖论剑大会"开幕，孙正义等参观阿里巴巴网站。（图片来源：视觉中国）

2005年9月10日中午,由阿里巴巴主办的互联网业界盛会——"第五届西湖论剑大会"在杭州召开。雅虎创建人兼CEO杨致远与马云畅谈。(图片来源:视觉中国)

2005年5月18日,"2005北京全球《财富》论坛·企业家精神分论坛"举行(右起:俞渝、张跃、马云、张朝阳、米克尔、李东生、考尔文)。(图片来源:视觉中国)

2007年11月6日,阿里巴巴"B2B"业务成功在香港主板上市,开盘价30港元。图为马云与港交所主席夏佳理(右二)等一同庆祝。(图片来源:视觉中国)

2008年7月30日,马云出席由香港菁英会主办的"菁英论坛"。图为论坛结束后,吴小莉与马云合影。(图片来源:视觉中国)

2008年10月31日,杭州师范大学与阿里巴巴集团合作建设的阿里巴巴商学院正式挂牌成立。图为开学典礼现场。(图片来源:视觉中国)

2009年5月17日,马云在首届网交会上演讲。(图片来源:视觉中国)

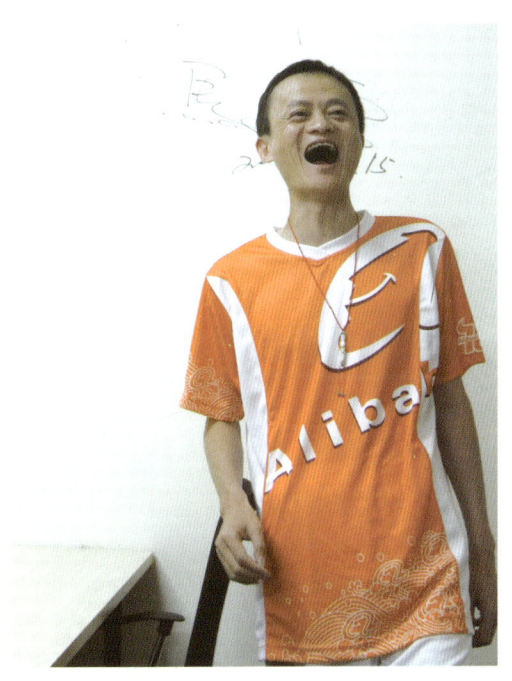

2009年9月9日,阿里巴巴为庆祝成立10周年举行过江仪式。图为马云在阿里巴巴创立之地杭州湖畔花园的屋子里。(图片来源:视觉中国)

2009年9月10日，马云在阿里巴巴成立10周年纪念晚会上发表演说。（图片来源：视觉中国）

2009年9月10日，阿里巴巴在杭州黄龙体育中心举行10周年庆典晚会，马云以朋克造型出现，头戴鸡冠，头披白发，演绎了两首歌曲，全场轰动。（图片来源：视觉中国）

2010年4月1日,马云(右三)、李连杰(右五)和太极拳大师王西安(右四)等在中国太极拳发源地河南省温县陈家沟太极拳祖祠前合影。(图片来源:视觉中国)

2011年1月11日,"壹基金"在广东深圳正式注册登记,变身公募基金。图为李连杰(右一)、马云(左一)和王石(右二)等合影。(图片来源:视觉中国)

2012年10月13日,马云出席母校杭州长寿桥小学建校50周年校庆活动。图为马云看望他的小学班主任和英语老师。(图片来源:视觉中国)

2013年3月31日,马云参加深圳IT峰会,受到与会者的热情追捧。(图片来源:视觉中国)

随后，便发生了颇为戏剧性的一幕。

孙正义试探着问马云，阿里巴巴需要多少钱？

马云的回答，不仅令现场所有人一时惊愕，更让一向强势的投资家孙正义极为意外。他回答孙正义："阿里巴巴不缺钱！"

"不缺钱，你来找我干什么？"

遭到反问的马云也不甘示弱："又不是我要找你，是人家叫我来见你的。"

这一来一往的对话，便成为后来流传整个互联网和资本界的经典还原。一位当年会场的亲历者则披露，当时双方还对视了一小会儿，然后不约而同地笑了起来。

后来，一些评论人士认为，正是马云的个性，使得他与孙正义当时的对话显得有些孩子气，也制造出了很强的戏剧效果。

而若干年后，在谈到和投资商打交道的体会时，马云亦曾调侃式的总结道："所有投资者其实都一样，你赚钱了，他天天盯着要给你钱；你不挣钱，你找他要钱，他跑得比兔子还快。"

不管是不是孩子气，有一点是可以肯定的：走进孙正义评估会的马云，完全清楚阿里巴巴是需要钱的。

戏剧性的正面交锋后，孙正义给了马云另一个约定：请马云去日本的时候当面详谈。

回忆与孙正义的首次会见，马云曾有着这样的感慨："他是一个非常有智慧的人。我见过很多 VC，但很多 VC 并不明白我们要做什么，但这个人六七分钟就明白我想做什么。我跟他的区别，我是看起来很聪明，实际上不聪明；那哥们儿是看起来真不聪明，实际上却很聪明，是一个真正大智慧的人。"

果然，嘴上说不缺钱的马云，还是于 20 天后，带着阿里巴巴的隐形英雄蔡崇信，如约到了日本东京，准备再次会见强势投资人——孙正义。

第二次见到孙正义，马云听到的第一句话就是"我们要投资，我们要占 30% 的股份"。

孙正义没有再寒暄，而是直奔主题，果然显现出了一个现代投资家雷厉风行的个性。好在马云也很喜欢这种做事风格，他也没有再次孩子气地推说"不缺钱"了。

双方很快进入主题。

孙正义首先提出了一个资金额度，马云的 CFO 蔡崇信回说"不"，并在随

后的对话中三次使用了"No"。

据蔡崇信回忆,当时孙正义第一次报出投资额度时,他几乎没有反应就直接把"No"说出来了,而且说得十分坚决。"当时的互联网界他投资雅虎的故事,已经让人听得耳朵都起茧了。可能是因为我们的资金还相对充裕的原因,我连续对他说了三次'No'。"

那个时候,全球互联网业内有着这样的言传——对孙正义说"No"是需要勇气的,因为他是一个几乎让人无法拒绝的人。

然而,马云和蔡崇信说了"No"。被马云回绝一次时,孙正义在计算器上算了一通,给出了第二次报价,蔡崇信和马云仍给予了回绝。两次被拒绝的孙正义没有失态,他又按了会儿计算器,给出了第三次报价。

这一次,双方达成的投资总额是3000万美元。

然而,签正式协议的时候,马云和蔡崇信又变卦了。

马云回忆:"回来以后我们想想还是不对,我就给孙正义写了一封信,我说对不起,3000万美金我不要了,2000万美金我可以接受,如果不行我们就这样结束了。"

当时马云还对孙正义的助手表示:"我们只需要足够的钱,2000万美元,太多的钱是坏事。"

即使周围人纷纷表示了质疑,马云还就孙正义的投资明确了相关条件:

第一,希望孙正义亲自参与阿里巴巴的项目;第二,孙正义要用自己口袋里的钱投到阿里巴巴;第三,涉及阿里巴巴公司的运作,必须以客户为中心,以阿里巴巴的长远发展为中心,不能只顾风险资本的短期利益。

孙正义没有失态,他表现出了少有的包容和接纳。几分钟后,他就给了马云肯定的回复:"谢谢您给了我一个商业机会。我们一定会使阿里巴巴名扬世界,变成像雅虎一样的网站。"

孙正义在给马云的回复中还表示:"一切成功都是缘于一个梦想和毫无根据的自信。"他甚至不忘提醒马云,"记住,今天是历史上最重要的一天,你们是我见过的最漂亮的团队。"

如此善待马云和阿里巴巴,业内认为是孙正义"投资经历中让步最多的一次"。

再看马云,其"永远谨慎小心地花投资者的每一分钱,致力于用最少的资金获得最大的收益"的理念,也给新兴产业的投资人与被投资者提供了某种警示!

当众人纷纷追问,"为什么到手的钱不要"时,马云如此回应:"我在赌博,但我只赌自己有把握的事。尽管我以前控制的团队不超过 60 人,掌握的钱最多只有 2000 万美元,但 2000 万美元我管得了,过多的钱就失去了价值,对企业是不利的,所以我不得不反悔。你要会用这些钱,我有自知之明。"

3. 心灵互通的智慧

关键时候,既能决断亿元的投资决定;平常运营中,亦能节省每一分应该节省的钱财,既是对金钱价值的尊重,也是杰出企业家必备的一个特质。

在马云看来,孙正义和自己属于同一类人。他们不仅都极为聪明,还有着如下共性:都是迅速决断的人;都是想做大事的人;都是能实现自己想法的人。

两人的这些共性,成为后来业内所称的"心灵互通的智慧"。正是基于这种智慧,马云和孙正义在后来的互联网世界,携手越发紧密,演绎了一幕幕精彩绝伦的商业大戏。

话题回到阿里巴巴。

随着孙正义 2000 万美元的进入,阿里巴巴的发展呈现出狂飙的态势,其网站的日流量及知名度都非昔日可比。当时的国际舆论,便可见一斑。

2000 年 7 月,提前出版的《福布斯》杂志变换了自己的封面,一时引发全球媒体广泛关注。

这一期《福布斯》封面上,一位长相有些奇怪的中国男人,替代了长期占据该位置的跨国公司领袖们。中国男人图像旁边,"为眼球而战"的标题亦很显眼。这个中国男人,就是阿里巴巴的创始人——马云。

在《福布斯》杂志的出版历史上,其封面人物的选择,很大程度上立足于全球性的影响力。而过往历史上,登上《福布斯》封面的中国企业家更是屈指可数,马云是中国大陆的第一个。

翻开杂志,配着马云图像的正文上,赫然打着这样的标题——"小虾米的 B2B"。

文中有这样的文字:

> 马云的方向是正确的。美国只有 20 家大公司有购买 1 个集装箱锤子的需求,但有 555 个五金批发商,2 万零 900 个零售商。只要买一箱或一盒锤

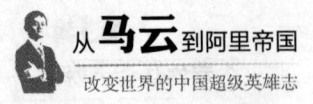

子，这些小企业对阿里巴巴就非常感激。

时任《福布斯》资深编辑的马修·施夫林，则评价认为，马云的"小虾米战法"，使阿里巴巴B2B成长速度超过了鲸鱼。"虽然注册于香港，但是有来自190多个国家和地区的成千上万的商人，在这里买卖各种商品。14个月中，已成为汇集了25万全球商人的大市场。"

创立时间刚一年余的年轻阿里巴巴，能被国际著名媒体如此关注，足可见那个时候已经衍生出来的全球性影响。

当然，这样的舆论之举，也印证了马云所说：中国的互联网产业已受到全世界的关注，中国新经济发展已获得全球认可。

其实，《福布斯》重点关注马云和阿里巴巴几个月前，也就是2000年4月起，以美国纳斯达克为标志的全球新兴经济，刚遭遇过一次全面性的打击，资本市场劲吹寒风，相关指数一路暴跌，随后引发了长达两年的全球性低迷时期。此为后话。

撰写本书时，一些资深媒体友人特意向笔者讲述过《福布斯》杂志当时制作马云封面的趣事。

2000年5月，《福布斯》杂志专门派遣了其在亚洲的王牌记者贾斯汀·杜布勒奔赴上海和杭州。在三天时间里，这位记者对马云和阿里巴巴团队进行了不间断跟踪采访。随后，他发给了马云多达180个问题的事实核对单。为了最大程度地还原事实，杜布勒甚至专门追访了马云提及的几位远在澳大利亚、新加坡等国的当事人，直至最终报道的形成。

在国内，一些媒体对马云和阿里巴巴，则表现出了与《福布斯》等国际媒体不尽一致的看法，或者直接提出了质疑。

其中，《马云和阿里巴巴，没戏？》为题的一篇评论，便极富国人口语特色。文章的核心结论——B2B没戏，似乎也代表了当时颇为流行的一种看法。

这种反差，与当时的国际经济大背景密不可分。

上文提到，处于世纪交替之年的互联网业，不仅受到全球经济低迷的外部环境影响，也不得不开始为几年来过度烧钱而还债了。从国际到国内，互联网行情均呈现出萧条的景象。能否回暖，当时连一些权威研究者亦不敢轻易断言。

那个时候，大环境不利变化的影响，使得所有中国互联网公司都很难得到急需的投资。唯独马云和他的阿里巴巴，显得"粮草充足，衣食无忧"。

所以，在高度关注整体情形变化的同时，马云依然相信着自己和阿里巴巴。

权威人士曾就此分析认为，成功融得高盛和软银孙正义的两笔风投，使得阿里巴巴可以坚持做两个基本功：一是仔细倾听顾客的心声，二是保持绝对的专注，"盯着一只兔子不放"。

的确，马云持续践行着自己"三不变"的理念：远景目标不变，价值观不变，使命不变！

"在那么多模式出来的时候，我们告诉自己，面前有十几只兔子，就盯着一只兔子不放，它逃到哪里，你跟到哪里，直到把它抓住为止。"马云曾如此表示。

马云的坚持获得了回报。

2000年年底，面对互联网萧瑟的大环境，阿里巴巴实现了逆势成长。其会员数量以每日千位数递增，每天收到的商品供求信息达到了3500条。对于全球各地的用户来说，阿里巴巴网站如同无数条看不见的商业网线，从地球这头连起了地球那一头。

一位知名财经作家写道："位于中国西藏和非洲加纳的用户，通过阿里巴巴网站，也能'走'到一起，成交一笔只有在互联网时代才可想象的生意。"

阿里巴巴不再可能离开国际舆论的聚焦，阿里巴巴网站也成为"全球最受欢迎的B2B网站"之一了。

阿里巴巴的逆势表现，继续为自己制造盛名。其后的一个时期，以《福布斯》为代表的国际著名媒体，又多次把舆论的焦点对准了阿里巴巴。

马云也自然得意。

"我相信孙正义喜欢我，所有的投资者都喜欢我。因为，我老实地说我想做成这么一件事情，这件事的结果一定会带来很多钱，所以他看见的是我这个眼神。全世界有钱的人很多，但全世界能做阿里巴巴的人并不多。我觉得，这是我们的信心所在。"

马云的得意，在今天是实实在在的，更是世界级的诱惑。仅以孙正义来说，他当年对马云和阿里巴巴的选择，已经被今天丰厚的财富回报（后文将有相关数据）。

以至于评论界纷纷攘攘——一向挑剔的孙正义在投资领域多么富有战略眼光，而马云的坚持也一样地那么富有远见。

若干年后的一天，马云带着骄傲的神情，这样笔谈："投资者你不给我钱，另外有人给我，我就找愿意给我的人。全世界有很多投资者，全世界马云就一

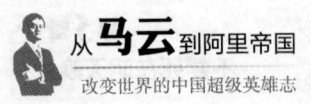

个,没办法。"

二 互联网的冰与火

如果说以高盛为首的"天使投资",带给了阿里巴巴继续坚持的底气,那么软银孙正义的主动投资,就像给了马云团队拼杀的刀和枪。当马云也禁不住高声宣示,"阿里巴巴要一个国家一个国家杀过去"的时候,不可抑制的创业豪情,充满着阿里巴巴每个人的心里。

然而,一股波及全球互联网的大寒潮却悄然而至,抖得互联网人都寒噤阵阵。

1. 华尔街的阿里旗帜

"国际化"是马云创建阿里巴巴时的基本定位。按照马云的设想,阿里巴巴的国际化主要体现在三个方面——人才的国际化、资本的国际化、市场的国际化。

1999年2月参加新加坡"亚洲电子商务大会"时,马云凭着自己敏锐的观察力发现,阿里巴巴还必须要双头并举:一头是海外买家,一头是中国供应商。不过,鉴于当时国内产业的实际情况,马云又将阿里巴巴成功的关键因素都对准了海外。

于是,一番综合考虑之后,马云认定必须先搞定外国人。所以,初创时的阿里巴巴便将总部定在了中国香港。

"我们希望办一个由中国人创办的公司,让全世界骄傲的公司。香港是世界上最大的贸易港之一,作为贸易网站,公司总部设在香港是最合适的。"马云如此回忆当初的决定。

以香港为总部的阿里巴巴,明确了自己的前进战略——迅速进入全球化,成为全球电子商务企业;打开国际电子商务市场,培育中国国内电子商务市场。

正是这种前进战略的安排,也才有了前文讲述的"避免国内甲A联赛,直接进入世界杯"的马氏宣传手法。

1999年下旬到2000年初春,随着国际风险投资的相继进入,阿里巴巴扩张之箭已然在弦上。马云更是发出了进攻的号角:"一个国家一个国家地杀过去。然后再杀到南美。再杀到非洲,9月份再把旗插到纽约,插到华尔街上去:

嘿！我们来了！"

很快，美国有了阿里巴巴的研究基地，阿里巴巴的英文网站也被马云放在了硅谷；在日本、韩国，阿里巴巴建立的合资公司相继成形，引起当地舆论强烈关注；在欧洲伦敦，阿里巴巴设立了办事处；在中国香港总部，阿里巴巴开始实施业务拓展的快速计划……

一时间，这个年轻的中国互联网公司，引得国际舆论纷纷侧目。

国际声誉和国际舆论的集中关注，对于创业初期、缺钱又缺实力的阿里巴巴，的确十分有益。随后一段特别的时间里，阿里巴巴基本上处于"国内开花国外香"的状态。换句话说，当国内互联网公司竞相烧钱的时候，马云和阿里巴巴正火热地在海外市场造势宣传。

仅以互联网发源地美国，阿里巴巴就投放了相当的广告力度。有数据显示，其广告数量之多，仅次于中国银行当时在美广告投放量。精明的马云，更是充分利用了欧美名校演讲的机会，全力推介着新生的阿里巴巴。

在德国，马云首次演讲阿里巴巴时，千人的会场只坐着三个人。马云尽最大努力让自己平复心情，还是坚持了下来。国际媒体聚焦后，他第二次再去，会场已座无虚席。

这种变化给了马云特别的享受，兴奋中他猛然意识到："沃顿、哈佛的MBA，五年后就是大公司的高层，在他们脑子里播下阿里巴巴的种子，五年后便会发芽长大了。"

正是马云当年有心的播种，为后来的阿里巴巴培育了良好的海外生长土壤，也为阿里巴巴真正的国际化打下了厚实的底色。

欲打造国际化的一流公司，自然需要国际化的一流人才。

创建之初，阿里巴巴尽管拥有中国互联网的"梦之队"，马云还是不忘强调，凡是要坐在主管以上位置的人，必须有在海外受过3至5年教育或5到10年的工作经历。

适逢全球互联网迎来第一轮发展高潮。受互联网先行者的商业奇迹和原始股权的吸引，包括全球500强跨国公司在内，许多著名企业的精英纷纷转投网络公司就职。当阿里巴巴成功赢得了两笔风险投资后，随着国际声誉的骤起，也成为国际财经精英关注的对象。

当《财富》杂志也开始聚焦马云和阿里巴巴后，在美国硅谷，许多精英人士主动阅读或观看马云的创业故事。用一位跳槽到阿里巴巴的硅谷精英话说：

"一个个热血沸腾,纷纷表示愿从大公司跳槽至阿里巴巴的愿望。"

就这样,美国阿里巴巴研发中心的骨干队伍,以出人意料的速度建立起来了。

在中国香港,阿里巴巴总部,短时间内也聚集了几十人。其中,有来自跨国公司的高级管理人才,也有出身美国名牌大学的国际化专才。即使阿里巴巴杭州总部,来自全球跨国公司和知名大公司的跳槽高管也不在少数。至于那些黄头发、蓝眼睛的世界级网络高手和外籍员工,则是"随处可见"。

曾有媒体对比过实力远大于阿里巴巴的新浪和搜狐,发现后两者的人才国际化"远不如阿里巴巴显得鲜亮"。即使是总监和经理,或者技术骨干这一层级上,阿里巴巴也体现出了世界性的人才光鲜。

凡此种种,足见阿里巴巴人才国际化的前卫。套用当年舆论的话说,阿里巴巴"战将云集,精英荟萃"。

如此这般的人才优势,给了马云"东方的智慧加西方的运作"创业理念信心。他甚至明确提出——阿里巴巴在管理上就是要"全盘西化"。

所以,那个时候的马云,已经颇有底气地宣示:"有很多一流的人才在阿里巴巴工作,我只是其中的一个创业者。阿里巴巴是一支一流的团队,一流的投资组合,当阿里巴巴打进纳斯达克①时,将是亚洲第一。"

然而,天有不测风云,这个世界遵循物极必反的发展规律。

当马云醉心于阿里巴巴高起点的国际化,相当数量的互联网公司仍在烧钱的游戏中挣扎之际,一股积蓄已久的寒潮,冲向了互联网产业,并迅速波及全球。自然也包括豪情万丈的阿里巴巴。

那个时候的中国大陆,新生网站以日均千家的速度增加。与此同时,每天也有近千家的网站倒闭。所以马云后来才说,互联网的泡沫已经出现,"很多人在互联网企业上市8个月后,就跑掉了。"

舆论也开始出现可怕的声音:全中国人民都在讲互联网上市圈钱,然后大家就跑。

---

① 纳斯达克(NASDAQ)全称为美国全国证券交易商协会自动报价表(National Association of Securities Dealers Automated Quotations),是美国一个电子证券交易机构,由纳斯达克股票市场公司拥有并操作。NASDAQ是缩写,创立于1971年,现已成为全球最大的股票市场之一。2018年12月,世界品牌实验室编制的《2018世界品牌500强》揭晓,纳斯达克排名第176位。

"可怕的不是距离,而是不知道有距离。"这是马云的感慨。

2．互联网的资本寒冬

2000年4月,大自然一派春意,阿里巴巴网站也在喜庆中度过了自己的一周岁生日。

当月某一天,以新兴互联网产业为支撑的纳斯达克股市,人们毫无准备之际,瞬间指数下跌了355点。随即,道琼斯指数进一步下降617点,成为有史以来最大跌幅之日。很快,全球资本市场随之大幅振荡,引发世界性恐慌。

几个月后,可怕的局面并未好转。到了2000年年底,纳指又开始了新一轮暴跌,直至3000点以下。

此情此景,捅破了互联网泡沫,更惊吓了国际舆论。

舆论坊间一致惊呼:持续三年的互联网火热浪潮,开始从峰顶跌入峰谷,可怕的互联网冬天已然来临。

当时,互联网零售业的龙头老大亚马逊公司,被誉为最成功的纯互联网公司。2000年上半期时,其市值一度达到221亿美元,是所有互联网公司追寻的目标。

然而,到了2000年年底,该公司的市值已跌至60亿美元左右,其股价也由高峰时的91.5美元,狂泻直落至14.87美元。更糟糕的,亚马逊公司2001年的市值,也被当时的财经分析家们一致看空,甚至被列为传统零售连锁企业收购的对象。

企业股价的下跌,直接影响了互联网公司的财务状况和风险投资者的信心。而财务状况的恶化,不仅导致风险投资者们纷纷犹豫,甚至让一些投资者开始撤资。随之而来的,便是进一步加剧着网络公司的资金恶化局面,直至越来越多的公司只能通过裁员,以缓解不断恶化的资金压力。

纳斯达克掀起的阵阵寒风,也在第一时间波及了中国互联网企业。

作为与全球同步发展的新兴产业,当时已有数个中国概念股在美上市,如网易、搜狐等。美国资本市场的震动,着实令众多中国互联网业者的心,都提到了嗓子眼。

于是,关于美国网络公司的动态消息,也就成为整个业界及财经媒体关注的焦点。

一家美国公司在当时即进行过一次调查。从2000年7月到12月,美国

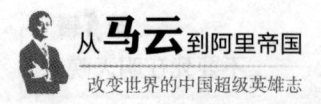

互联网公司的裁员人数大约增加了600%，由上半年的5097人增加到下半年的36177人。其中的12月份，互联网公司宣布的裁员人数创历史最高，达到了10459人。这其中就包括了媒介大王默多克的新闻集团网站，在线拍卖网站的鼻祖ebay.com等。

至于中国的互联网公司，也是警讯频传。来自中国内地和香港，以及中国台湾网络公司的裁员消息，接连不断。

香港调查机构在当时的统计显示，2000年6月份开始，该地区13家网络公司共发生了19次裁员，涉及员工1200多人。而当内地颇具知名度的搜狐网站惊现裁员200人的消息后，整个中国互联网行业都高度紧张起来。

有调查表明，那个时候，已有相当数量的网络公司陷入苦苦挣扎状态。他们中的很多运营者，只能期待来年能够出现转机。

当时的情形，引得产经界学者们普遍忧虑。大家一致认为，互联网行业的变化趋势表明，整个行业首次洗牌阶段正在加速酝酿之中，其实际严峻程度或许要比看到的更可怕。未来一个时期，随着议模消息也从未间断，互联网公司普遍性地精简人员，倒闭公司数量将会继续增加。

昨天还热火朝天，今天却寒风阵阵，可怕的转变，几乎就在一夜间。对于绝大部分互联网业者而言，这种由盛夏直入寒冬的转变，毫无心理准备。

单看马云，不愧为"中国互联网教父"之名，看似随意处，却透着特别的预警安排。

早在1999年2月，也就是阿里巴巴网站正式推出前一月，第一次员工大会上，马云这样强调："谁都知道Internet是个泡沫，而现在Internet的泡沫越来越多，什么时候破？那些猛涨股票，什么时候掉？"

杰出的企业家，就是要在所有人都脑热的时候，却能独有一份冷静。

马云这种自我预警安排，可谓是为阿里巴巴提前规避了可能的巨大风险。所以，当阿里巴巴融资成功，即使手握充足现金的时候，马云亦没有停下寻求优良投资者的努力。

不过，有一点也可以确定，尽管马云一直保持着足够的警觉，但互联网冬天来得这么突然，来得如此迅猛，也多少出乎他的意料。

所以，若干年后，马云这样感叹："如果没有投资者的支持，我们不可能走下去。但投资者在没有看到实实在在的市场启动时，他们决不会再投入。我的幸运之处在于，在选择投资者的第一天就和他们讲好，倒霉的时候我是需要你的。要是倒霉时你比我跑得还快,那可不行。所以,我觉得脑袋要决定口袋,但脑袋要知道自己做什么。"

马云的感叹,的确来自当年的切身体会,有着残酷的行业背景。

不少业内人士也曾披露,2000年左右的互联网市场,普遍是"口袋决定脑袋"。也就是说,一个还没能找到盈利模式的网站,烧起钱来却很大方。当投进来的钱快要烧完时,所有的投资者本能地捂住自己的口袋;随之而来的,公司便陷入弹尽粮绝,悲壮地倒下就只能是唯一的出路了。

在此期间,前文讲述的瀛海威,融资额度甚至过亿元人民币,美商网的融资额则达5000万美元……它们都相继悲壮。所以,一位互联网的先行者由衷感慨,"互联网的冬天,严格地讲是互联网投资者的冬天,是互联网媒体的冬天,而不是互联网从业者的冬天!"

而在美国,著名互联网评论员沃尔夫当年对互联网的直白剖析,似乎在今天听起来依然振聋发聩:"互联网业过去的一大谬误,就是鼓吹互联网业与其他行业不同,一味标新立异。一些互联网公司纯粹是靠鼓吹'新经济'概念来维系,并以此说服投资者为他们不断注资。"

随后到来的2001年,互联网人似乎仍然不能从冰火两重天的变化中回过神来,绝大部分都处于惆怅与低迷的状态之中。大多数网络公司在把风投资金烧光后停止了交易,许多公司还没有盈利过。以至于投资者们也戏称,这些失败的网络公司为"Bombs(炸弹)"或"Compost(堆肥)"。

而"网络已死"的大标题,更是相继出现在全球各地的媒体上。

至此,整个产经界都明白,互联网的盛夏已经过去,迎来了自己的首个冰河期。

以史为鉴,是个人成长的需要,更是人类文明发展的需要。

关于马云早预警过的首次互联网泡沫,笔者不妨做个简要梳理。

泡沫形成初期,第一批互联网公司股价不断上涨,诱惑着全球风投家们。他们纷纷放弃往常那般的谨小慎微,竞相出手,驱动着更多的产业竞争者进入并不成熟的互联网市场,希望由市场决定胜出者,进而降低自己的投资风险。

与此同时,1998年、1999年的主要资本市场实施的低利率政策,也推动了互联网公司启动资金总额的增长。而许多新生的互联网企业,大部分又缺乏切实可行的计划和管理能力,只是因为新颖的"DOT"或"COM"概念,推出的创意便被投资者们发烧般地追捧。

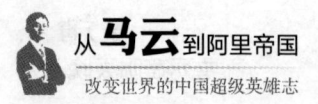

于是，所谓的"DOT"或"COM"商业模式，便以长期净亏损经营来获得市场份额。亏损期间，这些公司只能依赖于风险资本，尤其是首发股票来支付开销。这些股票的新奇性，加上公司难以估价，便催生了一浪高过一浪的高价股票，继而制造了一大批纸面富贵的原始股东。

于是，泡沫便在全球互联网业内越吹越大，直至本节开头的那一幕发生。

当然，经济学界也有过比较性反思。历史角度上看，网络经济的兴起，类似于19世纪40年代的铁路业兴起，20世纪20年代的汽车业兴起，20世纪50年代的半导体兴起，以及20世纪80年代的生物技术兴起，所以终究具有重大的历史意义。

3. 马云发布"紧急状态"

互联网冰河期猛然到来的时候，阿里巴巴正在实施首轮扩张，且进行了5个月。这个时候，纵观阿里巴巴的国际化，已然遍地开花，并以后来者居上的雄心，大幅走在了所有中国互联网公司的前面。

2000年5月，马云成功挖来了雅虎的搜索之王——吴炯。在此基础上，阿里巴巴美国研发中心聚集起了许多顶尖的硅谷网络技术高手，人数一度超过了20人。阿里巴巴的服务器，甚至是技术大本营，也都放在了美国硅谷。

同样是为了占领市场，阿里巴巴继中国香港、美国之后，又先后建立了欧洲办事处和韩国办事处。"阿里巴巴要的是放眼世界，挑战世界，真正做到打进全球市场。"那时的马云，也豪情万丈。

综合相关数据，自2000年2月至2001年1月，阿里巴巴首轮扩张不到一年的时间里，每个月平均烧掉100万美元。这种热乎状态，一直延续到寒潮不期而至。

尽管烧着巨额美元，那个时期的阿里巴巴，也没能绕过其他互联网公司试错的阶段。

此一时期，互联网公司最明显的特征，就是"没有模式，没有产品，没有盈利手段"。再加上一开始就钟情于国际化扩张，阿里巴巴的运营成本更是骤增，消耗着看似充裕的风险资金。

尤其是美国、中国香港等地的机构，几十人的资源性开支，就超出了阿里巴巴杭州总部200多人。据披露，当时阿里巴巴一个美国雇员的工资水平，为杭州本部雇员工资的十几倍。

而为了国际化，马云还将阿里巴巴英文网站放在了美国硅谷。然而，硅谷几乎是技术性的人才，阿里巴巴网站所需要的贸易人才，又不得不从纽约、旧金山等地组织空降。

为了这些人员的空降，阿里巴巴支出的费用实在不菲。这对于仍在试错摸索阶段的阿里巴巴来说，无疑是一笔额外的巨大负担。

海外人员高额的开支费用，自然引来了不少舆论的质疑：千辛万苦融来的风险投资，大半都用来给国际化人才发工资了！

好在马云很快就改变了当初的决定。他意识到，即使有全球眼光，也必须取胜中国本土，中国也能创造一个世界级的顶尖公司。

这或许就是马云之所以杰出的一个细节吧！

后来，阿里巴巴真的长大了，马云曾有过自我批评："钱太多了不一定是好事，人有钱就会犯错！阿里巴巴犯过许多错，最早一个是在创办时，因为全球化的概念，所以就认为公司要设在美国，于是跑到硅谷。结果找来的员工，愿景、思路、想法都不同，实在无法做事。"

回忆当年的那一个月，马云亦曾感慨："这一个月，我们是有损失，但得到的比损失多，至少我们懂得了全球化。所以我们买的是犯错的经验，这是阿里巴巴的价值。"

当然，马云实施的国际化模式，也让阿里巴巴在那个时期获得了相应的肯定。不少舆论即认为，如果没有蔡崇信、关明生、吴炯等众多国际化精英的加入，阿里巴巴不可能在当年就获得那么大的国际化影响力。

及时给自己降温的马云，也必须正面阿里巴巴成长的实际环境。

时间进入2000年年底，阿里巴巴账上的资金，仿佛与纳斯达克的市值相呼应，也只剩下了700万美元。而原先应允投资的不少风投们，就像上文说的那样，开始捂紧口袋，甚至闻风而逃了。

外围环境的严峻变化，也开始影响阿里巴巴的内部。

一位亲身经历者这样回忆：

2000年下半年纳斯达克股票狂跌的时候，阿里巴巴新进入的员工开始人心不稳。他们原本指望着阿里巴巴一年后可以上市，现在显然不可能了。

另外有一些人，在看到马云上了《福布斯》封面后，以为阿里巴巴是个很正规、很有规模的公司，纷纷前去求职。但是，进入后才发现，真实情形远不是自己想象的那样。

于是，阿里巴巴内部开始出现了很多谣言，批评阿里巴巴商业模式"假大空"的声音，日渐增多。至于阿里巴巴网站，迟迟也不能赢利，而与之相对应的，则是已经盈利的雅虎、易趣等。

这种情形下，以马云为首的管理团队，面临股东的压力一天比一天大，股东们的脸色越来越难看。马云甚至听到了有股东撂下的狠话——"再不盈利，就把网站拆了。"

资本就是这么两面性，昨天还热脸相亲，今日便横眉冷对。冷热的迅速转换，让相当的人认为，享誉海外的阿里巴巴，也必将陷入四面楚歌之境。

2000年9月10日，是阿里巴巴成立一周年的日子。巧的是，这一天正是马云的生日。

就在这个对马云个人和阿里巴巴团队都有着重要意义的日子里，以马云为首的阿里创业团队，公开宣布——阿里巴巴公司进入紧急状态。

出乎众人意料的，即便进入了紧急状态，马云也没有慌乱，他依然用属于马云的方式，公开地高谈阔论。

"阿里巴巴如果想赚钱，今晚就可以赚钱。我今晚宣布关闭阿里巴巴网站，全世界许多商人就会主动把钱打到我的账号上，因为他们离不开阿里巴巴！他们一定会交费！阿里巴巴可以赚钱的道路实在太多，我现在还不想赚这点小钱。"

高谈阔论的另一面，是马云进一步地自我降温，他必须让阿里巴巴摆脱日益逼近的险境。

"撤站裁员，全面收缩。"马云不得不像其他网站一样，拉了阿里巴巴的节流运动。

若干年后的一天，马云已功成名就，阿里巴巴如日中天。

面对追访他的媒体，马云总结式的回忆："冬天的时候，我们当时犯了很大的错误。一有钱，我们跟任何人一样，得请高管，得请洋人，请世界500强的副总裁。我们请了一大堆人。可最关键的时刻，又要做决定请他们离开。我们清掉了很多高管，这是最大的痛苦。就像一个波音747的引擎装在拖拉机上面，结果拖拉机没飞起来，反而四分五裂。我们如果当时不做这样的手术，可能阿里巴巴就没了。"

马云毕竟是马云。

三　大寒过后还是春

得意之时不忘形，失意之际不丧志。

一个优秀的创业家，即便环境阴晴转换，也能处变不惊。当众多互联网的先行者纷纷趴下的时候，马云一方面主动为阿里巴巴降温，另一方面还继续着已经点燃的互联网梦想。毕竟，马云的骨子里藏着"赌徒"的部分天性。

1. 阿里的"遵义会议"

2000年的国庆节，非同一般，尤其是对马云和他的阿里巴巴来说。

10月1日当天，马云即召集阿里巴巴创业团队全体，汇集于西湖西子宾馆。随后进行的，就是一场决定阿里巴巴生或死的"西湖会议"。这便是流传于中国互联网史上的阿里巴巴"遵义会议"。

历史上，在中国工农红军革命进程中，"遵义会议"被喻为有着重要的转折意义。而今，当人们用它来比喻阿里巴巴的"西湖会议"时，同样凸显出此次会议对阿里巴巴的发展产生过多么重要的作用。

"西湖会议"是在阿里巴巴面临又一次生死存亡的关键局势下召开的，从10月1日开始，持续了三天。会议中心议题，可以用"节流与开源"概括。正是利用这个会议，阿里巴巴确定了战略调整方案，明确了发展方向和实实在在的主打产品。

会议决定，阿里巴巴必须进行战略收缩，实施三个"B2C"战略调整：Back to China（回到中国），Back to Coast（回到沿海），Back to Center（回到中心）。

所谓的"回到中国"，就是阿里巴巴将以中国大陆为主体开展公司运营；所谓"回到沿海"，指阿里巴巴将业务重心放在中国沿海六省；而"回到中心"，则是指阿里巴巴回到杭州，确认杭州为阿里巴巴总部所在地。

决定"定都"杭州，被业内认为是非常关键的一步。因为杭州本就是阿里巴巴的老家，更是中国中小企业和民营经济最集中、最发达的地方。更有一些舆论，将杭州称为阿里巴巴的避风港，视其为阿里巴巴的根据地。

至于战略收缩，马云和管理层决定：关闭阿里巴巴海外办事处；把总部由中国香港搬回杭州大本营，香港部分降格为中国区总部，30余人的规模缩减为七八个人；美国研发中心基本被裁撤，虽然马云一度因为"大裁"还是"小裁"

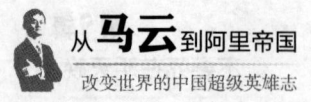

犹豫过。

为了执行会议决定的收缩战略任务,刚刚加入阿里巴巴不久的关明生临危受命。

当时,关明生即果断地对马云和蔡崇信等人说:要杀就杀到骨头,这个恶人我来做!

关明生2001年加盟阿里巴巴,是阿里巴巴走向流程化、国际化的关键人物之一。在互联网冬天降临之际,关明生愣是在一个月之内,将阿里巴巴每月200万美元的烧钱记录,砍至50万美元。

关明生来自GE,长期致力于企业内外部培训,为阿里巴巴引入了目标、使命、价值观等理念体系,并落实成文。那个特殊时期,关明生在阿里巴巴赢得了"铁血宰相"的称呼。

"当时阿里巴巴剩下的钱只够烧半年的了。阿里巴巴的'遵义会议'决定实施三个'B2C'战略,而那时的阿里巴巴有五个战场——中国内地、中国香港、美国、欧洲和韩国。但这五个战场只有一个能够活命,那就是中国内地,就是杭州。"关明生曾这样回忆,"我刚来没有包袱,人都不认识,是比较好的参与封杀的人选。"

"人都不认识的"关明生,将自己的裁刀首先挥向了杭州。于是,发生了下面的故事。

杭州英文网站,有一个30来岁的比利时员工,工作很好,工资也很高,年薪以美元计达到了6位数,远高于阿里巴巴本土员工数千元人民币的水平。

关明生找到他:"阿里巴巴已经付不起你的工资了,你如果同意把薪水减一半,把股权升三倍,可以留下来。"

这位比利时员工最终没有接受,选择了离开。三年后,据说这位比利时员工还跟关明生联系,告之他在伦敦商学院的毕业论文,就是以阿里巴巴为研究对象。

首裁杭州之后,接下来便是美国、中国香港、韩国……阿里巴巴紧缩计划快速地进行着。

嘴上说着"做恶人"容易,关明生却并非冷血。虽说刚来乍到,"谁都不认识",但一次次请走热情拥抱阿里巴巴的高管人才,还是让他在内心里翻涌起了别样滋味。

关明生曾这样回忆:"当时阿里巴巴在美国硅谷有30个工程师。那时的逻辑，要用最好的工程师去和微软、雅虎和 eBay 竞争，因此 30 个工程师的年薪没有一个低于 6 位数的。在香港办事处，也都是非常好的员工，有的是名校 MBA，有的在投行工作过，有大公司的副总裁和高级顾问。他们之所以愿意抛弃稳定的工作来到阿里巴巴，也都是希望'.COM'公司上市，能拿到股票。"

尽管情感上五味杂陈，但互联网的发展变化，还是天天提醒着包括关明生在内的每一个人——阿里巴巴面临的最紧要任务是生存。

残酷的现实，也冲击着那些曾满怀希望的国际高管们。可关明生还是得一个一个地找人谈话，直至把硅谷的阿里巴巴基本裁掉。

到了阿里巴巴在韩国的合资公司。

鉴于投入的钱已拿不回来，关明生首先要求每月只能烧 12000 美元。他同时警告，如果在烧光前三个月还没达到收支平衡，所有的人都会被开掉。不幸的是，他的警告最终也变成了现实。

在国内，关明生加速统筹。阿里巴巴昆明办事处关了，一度很大的上海办事处房间被分租了出去，北京办事处也从中国大饭店搬到了泛利大厦……连续的残酷行动，被当时的舆论形容为"惨烈的收缩战"。

惨烈的收缩战，甚至连带上了阿里巴巴的管理层。马云、蔡崇信等人，主动带头把工资减半，并提出零预算——广告一分钱不花，出差只能住三星宾馆。

2. 惨烈的瘦身计划

眼看着"遵义会议"制定的战略计划被严格执行，天性就有侠义情结的马云，又不时地会陷入性情之中。

如同前述，从最初"中国黄页"创业，马云即显现出了重感情的一面。他骨子里喜欢热闹，恨不得大家工作时在一起，闲暇时还在一起。当阿里巴巴不得不因为大环境的突变步入低潮，人心开始浮散，曾经骄傲业内的高端人才一个个离开的时候，马云内心里的巨大失落和煎熬，只有极少数同过甘、共过苦的身边人，才能品味一番。

特别是在收缩海外战线、撤掉分支机构的紧要关头，马云遭受的业内外质疑和压力，一度让他觉得是不是做了错误的决定，他甚至对自己的人品开始产生怀疑。

看着裁员规模越来越大，马云终于忍不住自责，他对身边人说："这些人离开公司，心里很难过。他们原来愿意留在公司，现在因为我的决策失误，又要

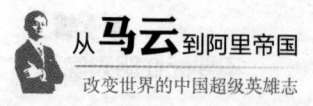

离开,这不是我想做的事。"

然而,性情归性情,生存和发展才是最当然的。阿里巴巴的"惨烈收缩",仍不得不持续。

很快,阿里巴巴的办事处由原来的10个砍成了3个,员工数量有了大规模压缩。甚至连工号100[①]以内的老员工,也未能幸免,几乎被裁掉了一半。

一度热火朝天、豪情满怀的阿里巴巴,显现出了凄凉。马云终于有些哽咽了,就像1998年带着他的追随者离开北京一样。他不止一次地询问身边人,"我是不是不好的人?"

当年幸存下来的一位员工,则有着如此回忆:"那种感觉,就像'二战'之后,看见到处断壁残垣,尸横遍野……"

这样的比喻并非夸张。随着大规模收缩计划的推进,剧烈阵痛引起了全盘性的动荡。很多阿里巴巴员工"身陷迷茫状态,似乎看不到希望和前途",甚至连不少高层人员也一度心生悲观,"红旗还能打多久"成为横亘在众人心中巨大的疑问。

在马云的回忆里,也有着这样的内容:"2000年我们已经进入冬天了。我们把西部办事处关了,美国办事处很多人我们都请他们离开了,香港办事处很多人也离开了。2001年,我有一次挺低沉的,回到房间里睡了2小时,然后起来说:重新来过!"

面对着创业追随者,马云给出了自己新的判断:"中国的互联网网站,6个月之内有80%会死掉,就像新经济,有70%的想法要扔掉,只有30%能实现下去。这时就需要你跟竞争者拼谁能活着,谁能专注。不管多苦多累,哪怕是半跪在地下,也得跪在那儿。跪着过冬,就是你站不住了也得跪着,不要躺下,不要倒。"

"跪着过冬",是马云对互联网行业残酷现实的清醒判断。他进一步鼓励着自己和创业伙伴们:"如果所有的网站公司都要死的话,我希望我们是最后一个死。我们需要有兔子一样的速度,有乌龟一样的耐力。我们要学会半跪着生存。"

一番大刀阔斧、情形惨烈的瘦身行动过后,马云"跪着过冬"的战略调整,

[①] 阿里巴巴的工号是按照人员加入公司的时间顺序排列的。20号以前为公司创始人,前100号是公司的老班底。理所当然的,马云为1号。

渐渐地让阿里巴巴轻松起来。"西湖会议"制定的紧缩计划效果开始彰显，而时间和行业大环境也似乎在发生着改变。

由关明生主导实施的阿里巴巴大调整，前后大约持续了4个月，到2001年年初基本完成。2001年中下旬，单是阿里巴巴每月的成本支出，便由200万美元直降为50万美元。

"人少了，我们的成本控制住了，几乎每个月都可以做到低于预算15%左右。我们公关部门预算几乎为零，请别人吃饭是自己掏钱。我自己应该是网络公司里最寒酸的CEO了，出差住酒店只住三星级的。我们不是用钱去做事，而是用脑子去做事。"马云也禁不住感叹起来。

至于业内，不少研究者则评价认为，马云领导的此类举措，不但控制住了阿里巴巴庞大的成本，实现了节流，更为阿里巴巴赢得了一年的宝贵时间，挽救阿里巴巴于悬崖之边。

从这个意义上讲，马云精心部署的"西湖会议"，似乎真的称得上是阿里巴巴的"遵义会议"。

本书撰写过程中，一些了解当时情形的业内者还披露，阿里巴巴"遵义会议"对自身定位战略的调整，不仅成了当时的自救之举，还有效地诱惑了紧跟身后的竞争对手。

原来，马云在实施阿里巴巴大规模瘦身行动期间，有不少同业竞争者就跟在阿里巴巴身后，欲套用阿里巴巴的手法，快速打响海外市场，以期转移互联网寒潮带来的巨大压力。然而，模仿终归还是模仿，一时难得精髓。最终，紧跟身后的竞争者们，还是没能像马云那样迅速回过头来，纷纷垮掉了。

关于这一幕，马云曾有过如下解读："我们是全球的眼光当地制胜。我们的拳头打到海外这个位置，再打下去已经没有力量了，迅速回来。回来后，在当地制胜，形成文化，形成自己的势力再打出来。如果不在中国制胜的话，我们就会漂在海外。我们要防止的对手是在全球，而非中国大陆。"

真乃此一时彼一时。能够主动把握市场脉搏的创业者，方能笑到最后。

身为"铁血宰相"的关明生，则认为公司要成长是必然的，天下没有不散的宴席。特别是企业陷入漫天迷雾的时候，正是对企业家内心和智慧多重考验的时候。

马云显然经受住了这样的考验。

若干年后，面对媒体，马云曾坦承，2001年之际，中国互联网公司要赚大

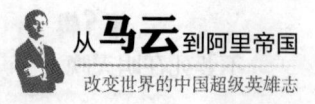

钱,必须还得经历两三年的时间。所以,阿里巴巴已不可能继续在国外养一支300—500人的队伍。因为成本太高了,公司的收入和支出不成正比。

3. "中国供应商"扭转乾坤

随着惨烈紧张的瘦身计划实施,阿里巴巴生存和节流问题得以有效缓解,以马云为首的创业团队,也为自己赢得了极为宝贵的缓冲时间。

在此期间,马云等人并没有停止思考。实际上,阿里巴巴怎么实现盈利,又将如何发展的迫切问题,一直困扰他和伙伴们。

虽然一开始阿里巴巴就确定了"B2B"的运营模式,但是"B2B"也有许多不同的版本。如当年美国互联网市场上,关于"B2B"就有两个版本,一是专业化模式(即垂直网),二是面向大企业的 ABC 模式。

尽管存在这些不同的模式,但在当时的世界,互联网产业仍属于崭新的行业,并没有可靠的产品,也没有可靠的盈利手段。一句话,模式尽管挺多,可靠的发展模式却尚无一个。

在这种情况下,阿里巴巴究竟如何实施自己的"B2B",因为马云与管理层存在着争论,也没能逃过一年多的试错阶段。

"到底谁是我们的客户?我们的客户到底需要什么样的产品?"当众人激烈争论之时,马云再次把这个根本的话题抛向了大家。于是,阿里巴巴团队似乎又回到了公司创建之初的拷问上——为中小企业进出口建设网络通道。

这正是马云在阿里巴巴创建之时即定下的思想初衷,其来源则是数年间对客观现实的研判——数量庞大的中小企业对电子商务的需求最殷切,也最实际。

马云的坚持,最终停止了阿里巴巴创业团队的争论,并变成了整个团队的共识。

就这样,在完成紧张的战略收缩后,阿里巴巴明确了自己"B2B"模式——面向中小企业的平行化发展。

其实,就电子商务发展而言,阿里巴巴确立的平行网,就是以"平行为主的平行加纵深"。因为,阿里巴巴的平行网并没有抛弃纵深,用专业人士的话说,"先建一条十里商业长街,然后再精心打造街边的专业店铺。"

接下来,确定阿里巴巴的主打产品,也被誉为阿里巴巴继续"遵义会议"思想的一项具有实质性的重大成果。

这项实质性的重大成果,便是名噪一时的"中国供应商"。

马云主导的这一重大成果,引得产经学界精英们一致好评:因为行动及时且战略长远,因为懂得纠错和大胆探索,马云率领自己的创业团队,终于在2000年10月,为阿里巴巴找到了可以克敌制胜、扭转乾坤的利器。

在"西湖会议"前,阿里巴巴其实陆续启动了几个销售产品。经过"西湖会议"的激烈争论,马云和阿里巴巴决策层最后列出了十余个产品,其中即包括网上广告、系统集成、会员付费、主机托管、中国供应商等。

而在"西湖会议"的最后半天,与会人员又经过充分讨论,最终又决定放弃那些与阿里巴巴服务中小企业方向不尽一致的产品,只留下了三个——中国供应商、主机托管和会员付费。

此后,经过几个月的实践检测,阿里巴巴决策层再次果断放弃了"主机托管"和"会员付费"两个产品,集中精力主打"中国供应商"。

那么,"中国供应商"究竟是个什么样的利器呢?

所谓的"中国供应商",并非某一个人或某一个企业,它实际上是马云依托阿里巴巴网站发起的一个服务项目。

在阿里巴巴"西湖会议"之前,马云出于阿里巴巴初期竞争的需要,并没有公开宣示过"中国供应商",而是"悄悄地进村,打枪的不要"。

"中国供应商"究竟开始于何时,则需要从马云创建阿里巴巴初始说起。

同前所述,凭借"中国黄页"和外经贸部的工作历练,马云以特别的宏观视角,形成了他独特的关于企业外贸的研判。

进入2000年后,虽然全球互联网寒气弥漫,但是我国对外经济贸易却处于全面发展的黄金时期。

在此期间,受益于中国加入WTO谈判进程的加快,我国对外进出口贸易双双突破了万亿美元大关,尤其是出口贸易最为引人瞩目。2001年,当中国正式成为WTO成员方后,我国已成为名副其实的全球贸易大国,奠定了"世界工厂"的称号。

推动上述巨大变化的主角,自然是中国企业群体。其中,中小企业群体又占据了相当大的分量。

经贸领域宏观的巨大变化,随时冲击着马云的头脑。他亲眼所见江浙地区密集成长的中小企业群体,反思着亲手创建的中国大陆第一个网页,再仔细回味着北京部委工作的点点滴滴,阿里巴巴的具体产品雏形,也日渐在马云的脑海中成形起来。

马云认为,数量众多的中小企业,无疑是中国赢得"世界工厂"美名的重要推手。正是这些中小企业,制造并提供了全球最丰富、物美价廉的产品;而几乎所有的跨国公司,也都在中国本土实施就地制造或采购;再加上"中国制造"独一无二的先天优势,很短时期内,地球上有人的地方,也便有了"中国制造"。

同时,中国加入WTO已成大势所趋,国内广大中小企业国际化发展的愿望日益强烈。但是,受制于自身尚很弱小,它们中的绝大多数又不可能独立打造自己的国际化舞台。

于是,一条清晰的创业路线图在马云的大脑中形成。这条路线图概括起来,就是在中国广大的中小企业和外国买家间搭起一个经济、高效的交易平台。随后,也就有了本书前文中阿里巴巴创建的那一幕。

只不过,那个时候,包括马云在内,整个创业团队尚未形成具体的产品模式。而最早接受阿里巴巴服务的那些中小企业,便构成了阿里巴巴最原始的"中国供应商"雏形。

今天来看,马云的创业路线图似乎并无多么高深之处。但是,就像爱思考的牛顿通过苹果落地,瞬间意识到了影响深远的地球引力一样,善于思考的马云首先发现了这一世界性的契机,并在合适的时间立即付之行动,实在难能可贵。

为此,在阿里巴巴"西湖会议"上,马云就用缜密的理由和低调的实践,说服了阿里巴巴决策层,正式确定"中国供应商"为主打产品。到这个时候,马云最初的创业路线图便有了实际而深远的意义——让所有使用"中国供应商"产品的中小企业,成为名副其实的国际供应商。

根据马云的布局,"中国供应商"主要面对出口型的企业,依托阿里巴巴网上贸易社区,向国际上通过电子商务进行采购的客商推介,从而帮助这些出口供应商获得国际订单。

具体做法上,涵盖以下内容:展示企业客户及其产品,包括初级的静态展示和高级的动态展示;在各种国际展会帮助客户产品参展;为客户协助辅导对外交往与贸易知识。

除此之外,阿里巴巴的"中国供应商"产品服务,还包括独立的"中国供应商"账号和密码,建立英文网址,可浏览地域涵盖了全球200多个国家和地区,用户数量达到了数百万家。

"中国供应商"的设计，隐约可以窥见当年外经贸部各大主要网站的影子，因为它们同出自马云之手。

在专业人士看来，马云的这个灵感，为自己省掉不菲交易费的同时，真正实现了一个专供中小企业畅游的国际化交易平台。而这个平台的使用者，决不仅限于数量庞大的中国中小企业。这种眼光和超前设计，或许是马云主观故意，亦或许他本无意。

既然是主打产品，阿里巴巴自然需要收费了。而此前，阿里巴巴可全都是免费的。

"当时有一个困难，互联网免费的观念太深入人心了，而且阿里巴巴确实一直用免费来吸引客户。如果此时要在原来的服务上收费，肯定会引起用户的不满。所以一定要增值，增值了客户才会心甘情愿地掏钱。"

马云如此解释从免费到收费的转变。

按照马云这个思路，阿里巴巴里找出了一批资格最老的会员，以他们为发起人，开始启动"中国供应商"市场。

有心的酝酿，精心地培育，市场终于给出了正面回应。那些被挑出的最老会员，出人意料地认可了阿里巴巴的收费政策，表现出了电子商务发展的某种趋势。

直至今天，马云还依然为这些"中国供应商"得意着。"他们是最了解阿里巴巴的一批人，知道排在一个产品类目的首位意味着什么。到现在这批发起人还全部都是我们'中国供应商'的会员。"

一场彻骨的阵痛，让马云和阿里巴巴创业团队，在争论中做出了颇有眼光的抉择。与阿里巴巴最后选择不一样的，则是派头十足的美国两大版本 B2B 和中国垂直网站的相继消失。

所以，在同行者的眼里，2000 年阵痛之际，正是"中国供应商"项目拯救了阿里巴巴。

而在产经学者们看来，"没有'中国供应商'，就没有中国网商，也就没有今日世界互联网的网商时代。"

感慨中的马云，若干年后也成就了一句名言："互联网像一杯啤酒，有沫的时候最好喝。今天很残酷，明天更残酷，后天很美好，但绝大多数人都死在明天晚上，只有真正的英雄才能见到后天的太阳。"

显然，马云是决意要做那个能见到后天太阳的真英雄。

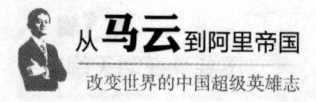

4. 高压线下的拓荒团队

任何事物的运行,都不会是单行线,生死存亡时期的阿里巴巴尤其如此。

确定"中国供应商"为主打产品的同时,马云和他的高管们也必须就营销做出部署。又经过一番争论,阿里巴巴最终确定了直销方式,并在第一时间组建直属于公司的直销队伍。

这支队伍,便是后来业内广泛提及的拓荒队伍。

之所以被称作拓荒队伍,主要原因还是"中国供应商"项目初期启动十分艰苦。除了工作硬件无法跟上,直属于阿里巴巴的销售服务团队更徒有虚名。

摆在马云面前,首先需要解决的,便是"中国供应商"直销团队的统领人选。这个人选,不仅直接关系到"中国供应商"项目的生或死,亦将左右着阿里巴巴未来的发展及战略部署。

然而,马云困苦为难的,他手中无将。

众所周知,阿里巴巴创业团队里,绝大多数成员都没有什么销售的经历,更谈不上带领销售队伍了。万般无奈下,马云好一番思考,副总裁李琪进入了他的视线。

李琪原本是负责技术的。让一个负责技术的骨干,改行统率直销队伍,当时马云的无奈可想而知。

当事人李琪,则有过这样的解释:"以前没做过销售,后来发现很有意思。让我负责,可能马云觉得我不仅懂技术,而且脑子灵,能消受吧!"

有了统领人选,被统领的直销员工又从何来呢?

马云没有急于从公司外招人。在李琪被钦命之后,马云把阿里巴巴所有接触过销售的人员都集中起来,于是孙彤宇、李旭辉等大将,也就成了直销队伍的人员,形成了阿里巴巴最初的拓荒团队。

拓荒队伍中,李旭辉可以算是唯一有过销售经验的人。其后,他也成为阿里巴巴直销拓展的关键人物之一。

李旭辉出生于中国台湾,有着 10 多年的销售经验,互联网 B2B 市场推广也不陌生。2000 年底,马云为了开拓中国台湾市场,正式邀请李旭辉加盟阿里巴巴。当阿里巴巴实施海外收缩战略后,李旭辉被调到大陆参与销售培训。

这一次,马云选中李旭辉参与"中国供应商"销售拓荒队伍后,随即委任其为"中国供应商"副总裁,工号 730。

就这样，阿里巴巴"中国供应商"的销售大战拉开了帷幕。

大战初始，李旭辉负责华东地区。因为业绩突出，不久他便负责全国业务。直至2009年2月，李旭辉出任阿里巴巴首席运营官，负责管理阿里巴巴国际业务事业部。该部包括国际网站运营、国际平台产品在大中华地区和海外的销售及买家服务、发展部等多个业务领域。同年5月，李旭辉又被委任为阿里巴巴董事会成员。

凭借自身拥有的业务优势及高度的职业化精神，李旭辉为"中国供应商"项目的成功及阿里巴巴的长远发展，发挥了关键性的作用。这种关键作用，一直延续到2011年，他与卫哲的双双离职。

这些自为后话。

随着核心营销力量组建完成，2000年年底，"中国供应商"项目开始从阿里巴巴之外招人。时间不长，一支30人的直销团队组建起来。不久，队伍又进一步扩充到80人。

人员的快速扩充，反映了"中国供应商"项目的实际效果。近一年的艰难时期后，"中国供应商"项目进入快速成长轨道。

据阿里巴巴公开的数据，从2001—2005年的4年间，"中国供应商"的平均利润每年都以3倍速度增长。到2005年年底时，"中国供应商"项目实现的收入，已经占到阿里巴巴总收入的2/3。

2008年，是中国的奥运之年，恰好也是"中国供应商"推出的第8个年头。此时，凭借"中国供应商"这一平台打入国际市场的中国企业，数量已达数万家。截至当年年底，阿里巴巴两个交易市场的付费会员总数已达432031个，同比增长41%，超过了以往任何一年。

时任阿里巴巴B2B业务总裁、集团副总裁卫哲的一段话，即可一窥端倪："阿里巴巴已经有1900多名区域销售代表，每年会对用户进行120万次访问，拥有800多名销售电话代表，每年有960万个电话访问，拥有400多名客服代表。"

至此，马云主导的阿里巴巴这一主打产品，不仅获得了全面成功，在整个业界也表现得咄咄逼人。

当时，《国际商报》《经济参考报》等主流财经媒体，亦纷纷展开评价：阿里巴巴已经在30个城市设立了销售和服务中心，帮助企业无数。可以说，观察"中国供应商"的发展脉络，可以清晰地看到阿里巴巴"创造"客户的能力和

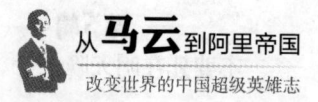

"中国制造"正走向全球化的趋势。

携"中国供应商"快速成长之势,2008年,阿里巴巴开始筹备推出升级版的"08版中国供应商"。

在马云和阿里巴巴管理层的设计中,此种技术性升级,可以让阿里巴巴从单纯的信息提供商,向全面服务提供商转变;从初级的注重推广服务,到更深入地帮助客户提升整体竞争力的转变。

不妨重点看看升级调整后的"中国供应商"。升级之后,"中国供应商"内容更加丰富,功能更加实用。

如在升级后的"08版"中,企业不仅可以制作个性化的商务网站,还能通过阿里巴巴精心匹配的专业买家名录,主动出击寻找买家,可以把握的贸易机会明显增多。

与此同时,为了全面提高海外买家满意度,阿里巴巴不惜成本,大手笔加入了"无限量产品图片上传"功能,使企业产品不仅得到更全面的展示,还有效加快了海外买家的签单速度。

这些功能的加入和升级,在当时引起了业内震动,并被舆论称为"必将引领B2B行业新的服务标准"。

为了让"中国供应商"获得全面成功,马云和管理层除了精心于技术及硬件升级,还把很多心思花在了组建的直销团队上。

为了让这个曾被外界视为外行的拓荒团队能够快速高效成长起来,几乎于同一时间,马云就开始推行由管理层精心拟定的价值观运动。

阿里巴巴价值观主要内容如下:

阿里巴巴的愿景:
(1)成为一家持续发展102年的企业;
(2)成为全球十大网络之一;
(3)只要是商人就一定要用阿里巴巴。

阿里巴巴的使命:让天下没有难做的生意。

阿里巴巴六大价值观:客户第一;拥抱变化;团队合作;激情;诚信;敬业。

阿里巴巴"诚信通"①的四大价值：多（买家多，商家多，大单多）、快（发布快，成交快，推广快，提升快）、好（口碑好，功能好，安全好，服务好）、省（省时，省钱，省力）。

价值观运动从一开始，马云即强调了其核心所在——企业文化第一，价值观第一，能力随后。

关明生加入后，此种运动的推行，更多了一个强力推手。除了前文讲述的执行阿里巴巴收缩战略，那个时期的关明生，对阿里巴巴的另一大直接贡献，便是帮助马云锻造了一把孤独九剑。

孤独九剑，即是阿里巴巴首次明确的价值观。关于它的由来，还有着这样的一幕。

一天，加入阿里巴巴不久的关明生，面对侃侃而谈的马云，问道："阿里巴巴有没有价值观？"

马云说有。

关明生再问："有没有写下来？"

停了几分钟后，马云说"没写过"。

随后，在关明生的建议和主持下，阿里巴巴便有了业内传说的孤独九剑、明确的价值观——群策群力、教学相长、质量、简易、激情、开放、创新、专注、服务与尊重。

随后，这些价值观，被贴在了阿里巴巴所有办公场所的墙上。

为什么会被称作独孤九剑，痴情武侠并给自己取名"风清扬"的马云，曾有过这样的解释：中国的企业，大都面临一个从少林小子到太极宗师的过程。少林小子每个都会打几下，太极宗师有章有法，有阴有阳。

阿里巴巴推行的价值观，也受到了当时舆论的关注。主流声音解读认为，马云之所以大力强调企业文化和价值观，不仅是市场竞争的需要，更是阿里巴巴艰难时期创业的需要。

这样的解读，符合当时的实际。

除了必须面对直销队伍急缺，员工待遇远低于竞争对手的尴尬之外，阿里巴巴还不得不想办法克服硬件条件的严重不足。

---

① 阿里巴巴创业初即开发的服务产品，后文将会详述。

仅以办公场所为例，经过惨烈收缩后，阿里巴巴员工大都工作在便宜的公寓里，一个办事处使用着100平方米左右的房屋，有的甚至没有电梯，没有空调。再看环伺四周的竞争对手们，阿里巴巴不得不承认自己的穷酸相。

精明的马云和高管团队，显然深谙精神的力量。

随着富有阿里特色的价值观和企业文化的深入推行，马云钦定的李琪等人，不仅在最短的时间内组建起了一支拓荒式的直销团队，还克服了软硬件都不利的局面，以上述实实在在的诱人成绩，显现着极强的战斗能力。

就连马云自己，也因为团队成员的杰出表现，感动并骄傲起来。

"有人问：公司先赚钱再培训，还是先培训再赚钱？我们提出'YES'理论，既要赚钱也要培训；要听话的员工，还是要能干的员工？我说YES，他既要听话也要能干；你们是玩虚的，还是玩实的？我说YES，我们既玩虚的也玩实的。我们这样要求员工，他们的素质就会不一样。"

"有人问：制度重要还是人重要？我们说都重要，必须同步进行。如果说公司要以赚钱为目标，那就麻烦了，为赚钱而赚钱那一定会输。我们公司所有的策略、战略都基于价值观。如果我们新来的员工业绩不好，没关系；如果违背我们的价值观去骗客户，那就一句话也不要讲了。不要说你，我也要死了。"

马云的上述解读，得到了阿里人的正面回应。

也就是从"中国供应商"直销团队开始，阿里巴巴从上到下，确立了价值观比销售经验重要的统一认识。客户可以带来，也可以带走。如果不能接受阿里巴巴的价值观，不能和整个团队配合，即便一个人能带来100万元的销售收入，阿里巴巴也不会欢迎。

与阿里巴巴价值观一并而生的，还有更具体的铁律——"不能作假，不能作弊，不能欺骗客户，不能夸大服务，不能给客户回扣，不能为客户垫款。"

无须怀疑这些铁律的威力。就在数年后，当那位为阿里巴巴壮大立下汗马功劳的著名高管，因为对价值观的放松而被马云挥泪裁去的时候，阿里巴巴精神建设的威力，就一度惊愕了整个互联网和舆论界。

于是，马云推行的价值观和企业文化，也就被业内视为"阿里巴巴的'天条'和'高压线'"。

5. 轰动上演"三大运动"

不管是"天条"，还是"高压线"，定位自己是企业家的马云，终究想要成就的，还是一个伟大的企业！

所以，当互联网寒潮肆虐的那段时间里，马云对阿里巴巴的战略性改造，远不止以上方面。特别值得一提的，还有在中国互联网史上的轰动一时的"三大运动"。

"三大运动"与马云提出"跪着活"，几乎在同一时期。如果说后者引来了惨烈的瘦身计划，那么"三大运动"则是马云的主动出击，为了即将到来的互联网春天提前修炼内功。

运动正式开始前，马云明确地对员工们表态：如果认为我们是疯子，请你离开；如果你专等上市，请你离开。

此话一出，还真有一些员工离开了。但是，公司一度弥漫的浮躁、观察气氛，却也真的改变了。

随后，马云更以非常时期所有人都惊讶的大手笔——投资100万元，启动了阿里巴巴员工大培训。于是，轰轰烈烈的"三大运动"——"延安整风运动""抗日军政大学"和"南泥湾大生产"，相继上演了。

读过历史的人都了解，"整风运动"在中国共产党的成长历程中，发挥了重要的历史性作用。或许正是深刻领悟了这种独特的历史性作用，当阿里巴巴进入全面调整，面临着"红旗还能打多久"的严峻时期，马云也掀起了阿里巴巴的"整风运动"。

阿里巴巴的"整风运动"，与马云推行"价值观"和企业文化相辅相成。用马云的话概括，就是统一思想，灌输价值观。

由于团队里的成员存在着不同文化和社会背景，对互联网、对阿里巴巴的发展和前景，认识不尽一致或不够深入，行业剧变之际，自然就会人心分散，进而影响团队的凝聚力和战斗力。

"首先要统一思想。就像在延安，小知识分子觉得这样革命是对的，农家子弟觉得那样革命是对的，什么是阿里巴巴共同的目标？要做80年持续发展的企业，成为世界10大网站，只要是商人都要用阿里巴巴。"就此，马云有过这样的解释。

按照马云和管理层的设想，通过"整风运动"统一阿里巴巴团队思想，进而规范每一个人的行为。

综合地看，2001年以前，马云在阿里巴巴更多强调的是过程导向，喜欢用"浪漫情怀"营造大家庭情味，同甘共苦的同时，也可以有效激励团队。当互联

网泡沫开始破灭,阿里巴巴也面临生或死的现实考验之际,马云则利用"整风运动",在2001年后明确提出了业绩导向——赢利。

显然,"整风运动"犹如一支长效的助燃剂。

果然,进入2002年,阿里巴巴整体局面开始发生改变,甚至有了实实在在的业绩;2003年,"中国供应商"的发展更是呈现出爆炸式增长,被外界怀疑的"每天赢利100万元"目标,在年底竟然真的实现了。

于是,有着"中国互联网梦之队"的阿里巴巴,豪气开始重现。

与豪气一并出现的,也有苦尽甘来后的忘形,不少人开始飘飘然。一个最直接的表现,主打产品"中国供应商"的服务质量呈现出下滑倾向。

一直高度警醒的马云,第一时间给予干预。他和管理层决定,一方面扩大直销队伍规模;另一方面,继续在思想领域做足文章。

有位当年的销售干将这么回忆:为了防止销售队伍中出现业绩导向过度的情况,在2003年,马云就要求HR把阿里巴巴确立的"价值观"分解成30小条,每个小条对应相应的分值,采取递进制,纳入员工的考核体系。

按照考核的要求,如果"价值观"不达标,销售人员业绩再好也会被淘汰。而新人入职时,也都会安排关于阿里巴巴"价值观"的训话。很多时候,训话人就是马云自己。

马云回忆,"我们在2002年生意最难做的时候,明确宁肯公司就算倒闭,也绝不给任何人回扣。我希望我们的员工,永远不要担心晚上公安局、税务局、工商行政管理局来查禁我们。"

阿里巴巴另一位重量级人物、时任资深副总裁的邓康明,曾这样评价马云当年的要求:"从来没有遇到过,一个公司的老板如此重视人才和价值观。"

邓康明印象中,大多数公司的董事会层面上,通常是讨论业务发展策略、战场策略、产品开发策略。而在那个时候的阿里巴巴,即使是董事会会议上,马云也要用很长的时间来谈人才的问题。

时任阿里巴巴B2B总裁的卫哲曾面对媒体表示,有了"价值观"驱动后,阿里巴巴的每一个人都是狂热的布道者。

"电子商务行业如果没有这种强烈的使命感驱使的话,你经常会迷茫,失去方向和动力。我经常说我们员工今天打了多少个电话,一单没有签也不要觉得一事无成,你又为中国的中小企业进行了电子商务的辅导,它总有一天会使用的。"

随着阿里巴巴"整风运动"的深入，为了不让"价值观"和"企业文化"停留在口号上，马云和得力干将们在如何落实行动上还费了一番心思。

于是，业内有名的"抗日军政大学"和"南泥湾大生产计划"，也在马云的精心部署下应运而行了。

所谓的"抗日军政大学"，同样是马云借鉴了特殊历史时期的特殊方式，开展团队管理和干部管理，三年内在阿里巴巴培养出一批人才。

为达成这一目的，马云当时还邀请了专业的培训公司进行设计。先培训主管，然后是中层，再高层，直至连马云在内的18个阿里巴巴创始人，无一例外地都进行了特别培训。

为了加强针对性，阿里巴巴还开设了针对"中国供应商"销售的培训班。在内容的安排上，基本上一半讲阿里巴巴的"价值观"，另一半才讲销售技巧。

实际效果是最好的验证。

阿里巴巴培训体系的使用，让一大批技术出身或销售出身的阿里巴巴干部，在领悟独到的互联网销售手法同时，更掌握了相当的现代企业管理方法和理论。

直销拓荒团队统领李琪对此有过评价，阿里巴巴"抗日军政大学"计划的实施，"很大程度上把阿里巴巴的销售游击队变成了正规军，使阿里巴巴从一开始的激情创业，走进了制度运营"。

至于业内权威学者，则一致认为，"抗日军政大学"培训体系，无异于阿里巴巴的"百年大计"。

再来看马云推行的"南泥湾大生产计划"。

所谓的"南泥湾大生产计划"，确切地说是关明生进入阿里巴巴后提出的。最初的目的，主要在于开源节流。而后随着情势的发展变化，逐渐演化成为阿里巴巴的一个长期战略，并被马云赋予了独特的历史内涵。

随着"三大运动"战略的部署与推行，阿里巴巴不仅率先奠定了摆脱严冬、拥抱春天的行业基础，还为自己赢得了其他90%互联网企业难以比拟的成长和命运。

当阿里巴巴最终成为那个冬天里活下来的"10%中的一员"后，马云也就有理由骄傲地感慨："冬天并不一定每个人都会死，春天并不是每个人都会发芽。"

几年后，阿里巴巴2007年年会上，马云面对自己的战友和员工们再次感慨："外界看我们，是阿里巴巴网站，是淘宝，但只有我们自己知道，我们的核

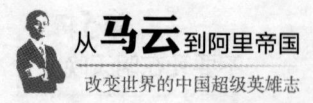

心竞争力是我们的价值观。"

执着于"伟大企业"梦想的马云,除了不轻易输人的铁嘴铜牙,更有着强大的内心和思想。"我这个人比较喜欢赌,但我不好赌。不喜欢赌的人不能当领导者,领导者一定要赌,因为你不知道未来到底是对还是错。所以,你必须要做决定。"

有梦想真的很简单。但为了梦想不畏挫折,让智慧和方法成就思想,真的很难。

第6辑

最富有的世界宝藏

2001年11月20日，世界贸易史上一个值得纪念的日子。这一天，历经15年漫长的谈判交锋，中国正式加入WTO，全球贸易体系掀开了历史性的新篇章。一个月后，阿里巴巴则迎来了成长史上里程碑的日子——全球首个拥有百万会员、赚钱的B2B网站！

马云豪情万丈："我深信不疑，我们的模式会赚钱的。亚马逊是世界上最长的河，8848是世界上最高的山，阿里巴巴是世界上最富有的宝藏……"

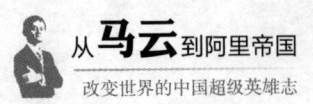
从**马云**到阿里帝国
改变世界的中国超级英雄志

一　阿里事业没人做过

"100万"是个标志性的大事件。逆势成长的"中国供应商"表明，阿里巴巴独特的平行式"B2B"电子商务模式，不仅正确可行，还前景无限。终于，压抑已久的马云开始公开放言了。

1. 神创意"西湖论剑"

自然界遵循着优胜劣汰，在商界其实亦然。

在开始本节话题前，有必要回顾一下千禧之年的马云和阿里巴巴，因为有几个关键的时间节点。

千禧之年也就是2000年。这一年的1月28日，马云及团队成员应邀出席美国哈佛大学"2000年亚洲商业论坛"，并就亚洲电子商务作主题演讲。

3月10日，阿里巴巴成立一周年，在上海设立了中国公司总部，同时在华东交易会期间举行"相会阿里巴巴"用户见面会，推出阿里巴巴电子信箱服务。

4月16日，阿里巴巴中国网站推出"行业市场"，WTO前总干事彼得·萨瑟兰正式加入阿里巴巴顾问委员会。

5月8日，阿里巴巴首席技术官到位，世界搜索引擎之王、雅虎搜索引擎专利发明人吴炯，正式加盟阿里巴巴，主持构建阿里巴巴电子商务交易平台。

5月22日，马云受邀在"全球互联网高峰会"发表演讲。

6月30日，阿里巴巴被《福布斯》杂志评为"最佳B2B网站"。

7月4日，阿里巴巴和香港无线携手开拓无线网络；同月10日，马云和阿里巴巴被《福布斯》登上封面。

8月15日，阿里巴巴与中国工行联手推出在线支付服务。

9月10日，阿里巴巴中国总部落户杭州；同日，阿里巴巴主办"西湖论剑"，即"天堂硅谷网络峰会"。

10月23日，阿里巴巴推出网上商业传输管理系统。

11月30日，阿里巴巴被《远东经济评论》评为"最佳B2B网站"。

…………

时间节点表明，即使互联网寒潮猛劲，马云领导下的阿里巴巴，也一直在主动创造着成长的契机。

所以，当寒潮慢慢退去，"中国供应商"也奠定了阿里巴巴网站模式架构的时候，如何实现该模式下的盈利，自然成为马云和管理层必须思考的核心问题了。

其实，在确立了主打产品后，阿里巴巴究竟能不能盈利，尽快实现自我造血，多数的阿里人心里并不太肯定。

此种情形之下，马云仿佛押上了自己的身家性命，他的执着冲劲让人看到了不求退路。于是，马云又有新的称号——赌徒。

所以，果真盈利的那一刻，马云曾动情感慨："在过去的3年时间中，真正相信我们的人并不多。因为我们在做的，是一份其他人从来没有做过的事业。"

说起马云的"赌徒"精神，一部分来源于他独特的心智，另一部分则与从小生长出来的武侠情结密不可分。

即使创建了阿里巴巴之后，马云的武侠情结依然不减，以至于身边人常常这样形容——"犹如滔滔江水，连绵不绝；又如黄河泛滥，一发不可收拾。"

此话并不夸张。

如前文所述，从小就喜爱金庸武侠小说的马云，早早地便为自己起了个"风清扬"的大侠之名。率众创建阿里巴巴，拥有自己的办公场所后，马云又按照武林圣地对其进行了打造。随后，"光明顶""达摩院""桃花岛""罗汉堂""聚贤庄"等出自金庸大师武侠小说的名号，便在阿里巴巴的办公大楼里，一一对应而生。

更令国际商界叫绝的，紧随马云"风清扬"名后，阿里巴巴早期创业者们都取了一个武林豪杰的名号，直至金庸笔下稍有风光的侠义名号，完全被抢光。

2000年7月的一天，马云身在香港，他此行了却一桩心愿——会面金大侠。

这一天，对金庸崇拜有加的马云，幸获金庸赐字——"多年神交，一见如故！"正是与金庸的"一见如故"，马云有了一个连身边人都不敢相信的神创意——举办互联网"西湖论剑"，即中国互联网高峰论坛。

一个智慧的创业者，每一个特殊的日子，都往往连着一个特殊的创意。

想好了计划,就要积极去做。这符合马云的个性。

回到杭州后,马云就安排人员具体组织实施这一计划,挑选"西湖论剑"的会议场地,联络当时各大网站头面人物。至于创意之源——金庸大侠,自然也是"西湖论剑"不可或缺的人物。

2000年9月10日,经过近两个月的紧密组织,马云发起的中国互联网峰会——"西湖论剑",竟然真的召开了。

此次会议,齐聚了当时国内五大互联网英雄——王志东、丁磊、张朝阳、王峻涛和马云。而有更多的海内外人士,因金庸大侠的亮相也不约而至。

首次中国互联网峰会,主题也透着马云式的侠气,围绕"新千年新经济新网侠"展开了交锋讨论。

更令业内称奇的,参加峰会的五个网络英雄,除了马云外,其余四位也都无一例外的是"金庸迷"。

当年大会组织者披露,王峻涛当时甚至说,就是为了近距离看一眼偶像金庸才前来的;而王志东双胞胎女儿的名字,也都是金庸给取的。

"西湖论剑"召开之际,也是互联网整体受累于行业冬天之时。那时的阿里巴巴,虽然处在全面收缩调整的前期,但是,得益于马云厚重的理想情结和侠义情结,还是把峰会组织得精彩纷呈,异常成功。

马云收获的,可不仅仅是一次侠义式的大会,甚至连他自己都没有想到。

正是从此次起,以"西湖论剑"为名的中国互联网峰会开始延续,成为每年秋天都要举行的互联网行业最隆重的年会,其规模和影响已然是世界级的。

如果走进马云位于西湖国际的办公室,有大小两幅字很是醒目,它们都是金庸所赠。除了上文提到的"多年神交,一见如故",另一幅正是首次"西湖论剑"召开期间,金庸参观阿里巴巴时再次写给马云的。

即使是在今天,每每谈及"西湖论剑"的神创意,马云依然抑制不住那份得意:"'西湖论剑'已经形成为一个会议品牌。"

一年后,再次如期召开的"西湖论剑"会场上,新经济的先行者们汇集,各路"健康企业"纷至。如腾讯、联众世界、前程无忧、携程旅行网、3721……

当时面对众多媒体,马云即兴表示,参加大会的企业都是中国在网上即时通讯、网上游戏、人力资源、旅游、中文实名领域最大的服务商。而在挺过了互联网冬天之后,马云所说的上述互联网企业,已相继成长为国人生活中不可或缺的一部分了。

至于阿里巴巴，正面表现似乎更足。

到了"遵义会议"全面拨乱反正后的 2000 年年底，网站会员数量以每日 2000 左右的速度增长，每天收到的商品供求信息达到 3500 条之多。一年后，马云和阿里巴巴便迎来了里程碑的日子——"中国供应商"会员突破 100 万。

放眼望去，马云预判的互联网泡沫已基本散去，春天正在加速到来。

2. 里程碑年份——2001

如果说千禧之年是世纪交替，那么 2001 年则意味着承上启下。

这一年的 11 月 11 日，历经 15 年艰辛谈判，在卡塔尔首都多哈，时任中国外经贸部部长的石广生，代表中国政府签署了中国加入世贸组织议定书。一个月后的 12 月 11 日，中国正式成为 WTO 第 143 个成员。

就像本书开篇呈现的那样，40 年来，中国坚持对外开放基本国策，打开国门搞建设，逐步形成了全方位多层次宽领域的对外开放格局，极大促进了中国与外部世界的交流交融。

尤其是 2001 年中国正式加入 WTO，标志着中国深度参与经济全球化，中国改革开放进入历史新阶段。

在这个新的历史阶段，中国积极践行新发展理念，经济发展由高速度向高质量迈进，成为世界经济增长的主要稳定器和动力源。

中国在实现自身发展的同时，也惠及了其他国家和人民，增进了全球福祉，促进了共同繁荣。

过去 17 年里，中国出口和进口差不多同步飞速增长。没有哪一个国家能像中国这样，给世界提供了如此巨大的增量销售市场和投资市场，为那么多跨国公司提供增量发展机会。也没有哪个国家能像中国一样，为世界市场提供了大量物美价廉的商品，降低了多国消费者的生活成本。

改革开放的进程不仅深刻改变了中国，也深刻影响了世界。

联合国发布的《2019 年世界经济形势与展望》报告中指出，过去一年，中国经济对世界经济增长的贡献率接近 30%，持续成为世界经济增长最大的贡献者。未来中国全领域的经济结构优化升级，将对亚太地区的经济增长、进出口贸易和财富增加发挥积极作用。

40 年非凡的历程，让中国各路精英得以长袖善舞，竞相贡献着各自的思想

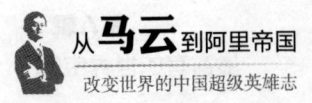

和智慧。特别是实践在经济发展第一线的企业人,他们有的敢为人先,为国企改革开山辟路;有的痴心不改,为民营经济的发展开疆拓土;还有的不畏西方强企围剿,愣是在新经济领域让中国后来居上。

这其中,便有本书开篇即展示的马云,以及他精心打造的阿里巴巴团队。

同样是在2001年,阿里巴巴也迎来了自己里程碑的日子。

时年12月27日,阿里巴巴"中国供应商"会员数量达到100万,并成为全球首个拥有百万会员的B2B网站。不仅如此,阿里巴巴还是这个当量中首个赚钱的网站。

面对这个数字,马云亦万丈豪情:"我深信不疑我们的模式会赚钱的,亚马逊是世界上最长的河,8848是世界上最高的山,阿里巴巴是世界上最富有的宝藏。"

"100万"对于马云和阿里巴巴到底意味着什么呢?

第一次"西湖论剑"之后,阿里巴巴开始了前文讲述的"遵义会议"和"整风运动"。随着"阿里价值观"的强力输入,阿里巴巴人心浮散的局面得以改变,并很快表现出了与其他互联网企业不一样的精神面貌。

当时的舆论对此给予了关注,认为正是这种改变,使得"马云和他的阿里巴巴才得以熬过了'明天晚上'"。

期间,作为主打产品的"中国供应商",也走过了一段路较为艰难的成形之路。马云为此高度专注,每月都要开董事会,会上的结论一直重复着——"方向是对的,但再做几个月不成功就砍掉网站。"

即使2001年开始,阿里巴巴真实的成长情况,也让人依稀觉得冬天凉意。

这年1月,在GE工作了16年的关明生正式加入阿里巴巴,就任COO(首席运营官)。随后,在马云的支持下,这位"铁血宰相"掀起了前文所述的系统整治,一些良性迹象才开始出现。

直到2001年12月,"中国供应商"会员数终于突破了历史性关口,而阿里巴巴的现金流,也实现了历史上的首次盈余。

当时所谓的盈余,其实仅有几万美元。若放在2001年全年里核算,阿里巴巴仍然亏损。然而,却是一次意义深远的转折性改变。

与亏损对应的,阿里巴巴账面上一度看似饱满的风险投资,只剩下了400万美元,勉强可以支撑半年。

这样的局面之下,无论是"100万"的会员数量,还是几万美元的盈利,自然都能带给马云和阿里巴巴团队欣喜，而且是非同一般的特殊欣喜。

我们可以将这种欣喜，进行如下归纳：

其一，"100万"意味着阿里巴巴成为全球第一家达到此数量级的B2B网站。这个第一，无论是在阿里巴巴的历史上，还是在互联网的发展历史上，都非同寻常。

其二，"100万"意味着阿里巴巴可以盈利、赚钱了。早在1999年公司筹建之时，马云即曾预测，"会员数不到100万，是不可能赚钱的"。那时的"100万"会员，对于马云和整个阿里巴巴团队来说，简直就是一个梦。两年过去，这个梦竟然成真了，还打破了收支平衡线，实现了单位周期首次盈利。

其三，数万美元的盈利与千万美元的投入相比，尽管微乎其微，一时也扭转不了阿里巴巴全年核算周期的亏损。但是，包括普通员工在内，整个阿里巴巴团队却因此看到了期盼已久的曙光。

"去年是阿里巴巴超速发展的一年。今年会员量继续高速增长，今年4月10日，会员总数超过了110万，我们充满信心地进入了另一个发展阶段。"2002年接受媒体采访说的这段话，便很好地表现了马云当时内心的激动。

马云的激动，意味深长。它不仅向阿里巴巴团队证明了马云"无招胜有招"智慧的正确，也向整个业内展现了阿里巴巴可能的前景。

就像马云后来感慨的那样："我们知道我们的使命，我们要创建以亚洲为中心的中小企业网上基地。我们成功了。我们成了中国真正地服务于商人和企业的电子商务公司，以及最大的商务信息平台。在全世界范围内，我们成为存活下来不多的网络公司之一，也成为网上国际贸易的领导者。"

不久之后，当阿里巴巴开始第三轮投资时，以马云为首的阿里巴巴管理层，包括蔡崇信、关明生、吴炯等核心人员在内，都第一时间参与了新的投资。

他们在用自己的实际行动，向阿里巴巴整个团队，还有互联网行业表明：阿里巴巴一定能够成功！

3．阿里巴巴要"赚一块钱"

2002年年初的一天，马云和关明生坐在了一起。他们准备用从未有过的好心情，认真讨论一下阿里巴巴2002年的目标。

于是，继之前提出"跪活着"之后，马云又提出了一个让所有人目瞪口呆的口号，也成为流行于整个互联网行业的新马氏语录。

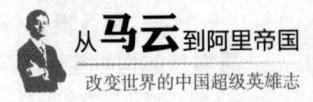

关明生:"2002年实现全面收支平衡!"

马云:"2002年阿里巴巴要赚一块钱!"

曾有人写文章说,如果有一天舆论不再被马云的话惊到,那话肯定就不是马云说的。

只不过,这会儿更让舆论想要一探究竟的,还是马云为什么要让阿里巴巴只"赚一块钱"呢?

站在今天的时间节点上,审视当年"赚一块钱"的要求,马云无疑是清醒的。因为实现"赚一块钱"的目标,对于一直烧着钱的阿里巴巴而言,具有虚实兼顾的双重意义。

2002年的互联网行业,虽然透出了一些回春的气息,但寒风依然萧瑟,倒下去的互联网公司依旧接二连三。阿里巴巴经历过惨烈调整后,虽然在2001年年底实现了短时间内的盈利,但是整个年度周期仍属于亏损状态。

这就意味着,阿里巴巴靠烧钱的根本局面尚未改变,马云和管理团队面临的压力,也仍在日积月累之中。

联系到1999年阿里巴巴成立时,马云曾公开承诺,阿里巴巴"前三年免费",这既表明马云当年也没能充分预见到行业泡沫,也意味着阿里巴巴必须继续承受烧钱的压力。

所以,研究者们才认为,2000年是马云和阿里巴巴的"准备年",2001年是阿里巴巴的"决定年",2002年才是阿里巴巴要实现某种转折的"标志之年"。

那么,马云又为什么要用"赚一块钱"来标志阿里巴巴的转折之年呢?

马云显然懂得,团队多卖出一块钱会很容易,后台节省出一块钱也很容易,但是全年核算后"赚一块钱"的结果,却可以让阿里巴巴何时盈利的争议与质疑画上句号。

当然,马云也完全明白,互联网企业尚没到赚大钱的时候,能"赚一块钱"即预示着纯亏本的时期该过去了。

"赚一块钱"尽管很虚指,却充满别样的魅力,引所有人惊奇。

马云用这个口号,连同后来的"每天收入100万元""每天利润100万元""每天交税100万元"……组成了一副阿里巴巴快速成长的几何云梯。

既然是盈利,就必然需要一种盈利模式。2002年的阿里巴巴有盈利的模式吗?

本书撰写过程中,笔者有两种以上的路径去勾画阿里巴巴的成长路线图。

关于2002年的阿里巴巴,马云亦不能未卜先知。虽然他的思想深处有着阿里巴巴成长的大概方向,却也不能肯定"赚一块钱"究竟会发生在什么时候。

不过,建立全球最大、最活跃的网上贸易市场,本就是马云为阿里巴巴设定的一大目标。当"西湖会议"最终确定马云特色的B2B模式后,阿里巴巴也似乎明确了自己的市场定位——初期专做信息流,绕开物流。

为此,阿里巴巴继续巩固马云自喻的"菜鸟式"做法,紧跟中国电子商务发展实况,率先及时调整。

具体来看,马云带领创业团队从最基础的环节做起,如替企业架设站点,随后网站推广,在线贸易资信辅助服务,交易订单管理,直到最后的第三方支付等,步步延伸。

马云团队做法,在业内被总结为——做今天能做到的事,循序渐进发展电子商务。

成立的第二年,当互联网寒潮不期而至,阿里巴巴还是坚持完成了企业需求的调研,最早也是最全面地完成了相关信息的采集、归纳和分类,从而形成自己快捷有效的检索系统,为阿里巴巴商务信息平台的建立,奠定了宝贵的基础。

当时的阿里巴巴网站,主要信息服务已经达到了几大类:

(1)30个行业,700多个产品分类,真实有效的商业机会。

(2)阿里巴巴会员各类图文并茂的产品信息丰富可靠,尽管数量众多,却简便高效。

(3)按行业分类及时发布最新动态信息,会员不仅可以订阅,还可以直接通过电子邮件接收。

(4)按行业提供企业最新报价和市场价格动态。

(5)类别齐全的网站汇集数以万计,用户可以随意搜索寻找贸易伙伴,了解相关公司详细资讯,且更新及时有效。

(6)人情味十足的商人俱乐部,不仅可以让会员交流行业见解,还为会员学习网上营销提供了独特的场地。

除以上几大项外,阿里巴巴还极其用心做到:为自己的用户提供航运、外币转换、信用调查等多项咨询与服务。

阿里巴巴网站如此丰富的服务,不仅内容实用高效,形式上也充满着现代商业气息,使得它在众多商业服务网站中最终脱颖而出,直至成为当今全球电商体系中不可或缺的一站。

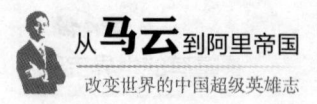

在网站的建设方式上，阿里巴巴遵循"本土化"，针对不同国家采用不同的当地语言。这种方式的便利性和亲和力，使得阿里巴巴网站可以将各国市场高效融合，最终形成了可以自我服务的一体化，国际用户服务的当地化和便利化。

例如，阿里巴巴英文国际网站，面向全球商人提供专业化服务；简体中文网站，主要为中国大陆市场服务；全球性的繁体中文网站，则受到台湾、香港、东南亚及全球各地的华商们欢迎。

除此之外，阿里巴巴还开设了韩文网站、日文网站，并设立了针对欧洲市场和南美市场的专门化网站。

以上不同文体或使用对象不同的网站，兼顾本土化特色的同时，还做到了相互链接，内容互相交汇。在此基础上，阿里巴巴网站还通过持续的增值服务，不断强化网上交易市场的服务项目功能。

就这样，一个可以覆盖全球200多个国家和地区，体系庞大的全球化互联网贸易平台形成了。马云不仅成功完成了创业之初的一大梦想，更为阿里巴巴的直接盈利提供了多种可能。

与此同时，阿里巴巴还放低了会员准入门槛，用免费会员制吸引了大量中小企业登录平台注册用户，以日增2000个商业会员的数量，汇聚起了庞大的网商流。这种流量的日渐扩大，极大地活跃了阿里巴巴市场平台，同时创造着不可限量的种种商机。

有这样的一组数据：阿里巴巴正式宣布盈利前，其网站每月页面浏览量已经达到了5000万，信息库存买卖类商业机会信息超过50万条，每天新增买卖信息3000条，每月询盘数则超过了30万个。

所以，业内人士曾披露认为，即便是在阿里巴巴网站免收费阶段，它也能实现盈利。

如"中国供应商"被确定为阿里巴巴主打产品后，通过"Alibaba"交易信息平台，为委托客户一次性投资建设独立域名网站，在保障实现与"Alibaba"交易平台链接的同时，过程间就可以寻求盈利。

除此之外，阿里巴巴的网上推广项目、"诚信通"服务等，都已经提前为阿里巴巴的盈利进行了市场预设和技术支持。

2001年9月，互联网行业尚未完全走出冬天，著名的《福布斯》观察到了马云为阿里巴巴成长的精心设计，再次将阿里巴巴选为全球最佳的B2B网站之一。

《福布斯》评论："如果亚马逊是全球 B2C 的典范，阿里巴巴就是世界 B2B 的典范。"

而主流国际舆论则评价认为：1999 年 3 月成立于中国杭州的阿里巴巴，表现出了强劲的逆市上升势头，运营着全球最大最活跃的网上市场，拥有来自全球 200 多个国家和地区的 80 多万商人会员，每天向全球发布近 3000 条最新供求信息。

其实，在互联网业内，"B2B"商业模式一度被认为是所有模式里最苦最累的一种。然而，马云的视角很独特，为中小企业做文章的思路终令外界刮目相看。所以，当《福布斯》等国际媒体对阿里巴巴发出由衷赞誉的时候，很多业内人士却发出了"阿里巴巴盈利模式难以模仿"的感慨。

随着中国加入 WTO 的完成，2001 年岁末的临近，已经有越来越多的中小企业，带给了阿里巴巴新的场景。这一场景，完全不同如寒潮降临时的模样。

或如此，互联网的冬天虽未完全过去，马云却敢于信誓旦旦："2002 年阿里巴巴的战略是赚一元钱，2003 年一定要成为盈利的公司，而且必须在成长中盈利。"

4．互联网的"第五模式"

马云公开发出的豪言，引起了国内核心媒体的关注。

2002 年 1 月，新华社发文写道："以'商务平台'为表现形式的阿里巴巴，其独特的商业理念和模式在众多的电子商务网站中可谓是一枝独秀。如果阿里巴巴一块钱的赢利目标能够实现，那么它将标志着中国互联网公司终于冲出烧钱岁月，迈出了新经济实现赢利的第一步！"

如此评价一个尚未实现盈利的互联网企业，在中国最核心的媒体记忆中，并不多见。它表明，名扬国际舆论后，阿里巴巴正受到中国民众和市场的特别关注。

无独有偶，似乎要与新华社"一枝独秀"的评价相呼应，业内对于阿里巴巴独特的模式设计，给出了专业化的称呼——互联网的第五模式。

究竟什么是"第五模式"呢？

业内所称的"第五模式"，是相对于当时互联网在全球的发展状况而言的。21 世纪前，全球的互联网发展呈现出若干不同，并被归纳为"四大模式"。

其中，以 Google 为代表的被称为"搜索模式"，以雅虎为代表的被称为

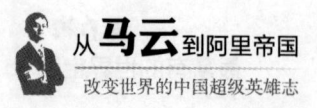

"门户模式",以 eBay 为代表的被称为 "C2C 模式",而以亚马逊为代表的被称为 "B2C 模式"。

这四大互联网模式,无论是资本领域,还是业务运营,都已经获得了极大成功。

反观阿里巴巴的 "B2B" 模式,即使是在互联网的发源地——美国,也仅仅是闹腾了一段时间后,便无声无息了。所以,当马云公开宣称阿里巴巴实现盈利,誓言将会赚钱的时候,自然吸引了全球互联网人士的眼球。

于是,以阿里巴巴为代表的 "B2B 模式",也就自然成了 "第五模式",开始名扬于全球业界。

如果说,第一个吃螃蟹的人勇气可嘉,那么,新产业模式的开拓者理当受到尊敬。

马云曾说,互联网是美国人为了战争而准备的。但无论如何,美国是互联网的诞生之地,自那一刻起,美国也自然成为这一新兴行业的引导者。

如今,美国虽然是实际上的全球互联网窃密者,却可以无所顾忌地指责他国进行 "网络战争",尤其是针对中国的类似指责最甚。这种 "道德优越感" 背后,很大原因就在于互联网行业习惯了唯美国看齐。

所以,当 "搜索模式" "门户模式" "C2C 模式" 和 "B2C 模式" 在美国市场相继成功后,不仅中国的互联网创业者在纷纷仿效,就连全球其他国家和地区的创业者,也习惯了以美国看齐。至于马云和阿里巴巴坚持的 "B2B 模式",由于美国尚无成功的先例,自然也没有人愿意冒风险尝试。

马云则例外。他不仅没有因为尊崇美国互联网行业而失去自我,更以自己独特的创业感悟,在没有成功先例可借鉴的情况下,凭借外人难以想象的理想和信念,坚守着阿里巴巴 "B2B" 的设计模式,直至开创出互联网世界的 "第五模式"。

任何一种商业模式的产生,必然需要开创者非同一般的创意理念。

马云和阿里巴巴团队也不例外。直到今天,依然有许多人在追问着这样的话题——自喻为 "电脑盲"、只会收发电子邮件的马云,为什么会有着当初的独特设计呢?

其实,不管对马云的分析和解读有多少种,但就创业本身来说,当年他的想法或许真的很简单。

就像前文讲述过的那样,马云最初期望的中小企业互联网平台,也似乎只是停留在买卖双方可以发布信息的阶段。至于后来阿里巴巴庞大且复杂的互联网运营体系设计，那个时候的马云还真没考虑到。

然而，内心的不安分，使得马云不想跟着别人的步子找饭吃，他也不愿意让自己停留在一个简单的平台上止步。

马云一直在主动创造着机会。

不管是发现机会，还是想要创造机会，首先需要看透自己，哪怕这种看透的结果，往往很残酷。

马云首先看透的便是自己。

他想到并确定了一个战略性的意图：避开其他同道者采用的路径——耗费大量资金和人力建设仓储与物流，以及网上支付等基础设施等，然后在最短的时间内，实现初期的阿里巴巴"轻资产""重蓝海"。

当认准了阿里巴巴"B2B"后，马云又果断地放弃了"B2C"或"C2C"，哪怕这两种模式被其他创业者们一致看好。那会儿的互联网电商市场上，"B2C"与"C2C"看起来显然更加稳妥。

所以，马云的这种放弃，更需要某种魄力和勇气。

今天，一些人会时常回味，或许正是马云当年的战略放弃，阿里巴巴才得以率先挺过世纪之交的互联网寒冬吧！

若干年后，马云有过解释。他认为，如果你能帮助别人赚到钱，你就一定能赚到钱。

所以，从一开始，马云就让阿里巴巴安分地扮演着"中间人"的角色，把自己与普通的"卖家"或"买家"区别开来。然而，阿里巴巴又显然不是一般意义上的"中介者"身份，因为一开始就放弃了向买卖双方收费的运作形式，直至上文所说的盈利模式形成。

随着增值服务功能的步步扩展，阿里巴巴首创向卖家收取会员费，进而实现盈利的时候，马云的戏称颇有意味——"化无形为有形。"

就像过去在外经贸部创建中国商品交易网一样，马云通过精心设计与不断调理，坚持不同如人的商业模式和盈利模式，让阿里巴巴快速成长为永不落幕的"中国商品全球采购博览会"。

而当2007年借助"B2B"业务在香港成功上市后，手握全球最大中小企业群体的阿里巴巴，便用一个接一个的神奇故事，震动着整个互联网世界。

有分析者这样评论：聪明的马云知道，在商业活动中，买家才是决定成交

的关键。而抓住了一大批买家的心，自然就有卖家上门了。

更为独到的评价，来自那个同样有着不太亮丽教育背景的创业富豪——比尔·盖茨。他在2010年4月公开预言——马云将会成为下一个比尔·盖茨。

二　马云阿里口出狂言

正值2002年的冬天。国内互联网业却日渐新象，整体开始回暖，展露出她诱人的容颜。当新浪、搜狐等几大网站日进斗金的时候，阿里巴巴也在无声中加快了马步。马云甚至口出狂言——"现在，商人们打开电脑，看到的界面是Windows。将来，他们看到的会是阿里巴巴！他们需要的一切服务，阿里巴巴都将提供。阿里巴巴将是贸易的同义词！"

1. 回暖在冬日的互联网

互联网虽然发源于美国，但在中国的发展却一点儿也没有落后，今天甚至在某些方面还处于世界领先位置。或许正是因为与国际发展保持着高度一致，发端于2000年的那一场寒潮，才在第一时间席卷了中国互联网行业吧！

走过特别的2001年，随着2002年的到来，受益于加入WTO带来的深刻影响，中国互联网业表现出了率先回暖的势头。尤其是以阿里巴巴为代表的部分企业，更是呈现出了逆势快速发展的全新态势。

查阅相关数据，便能轻易看出当年我国互联网出现的变化。

例如，截止到2002年12月31日，我国上网用户总数约为5910万人。其中专线上网用户人数为2023万人，拨号上网用户人数为4080万人，ISDN上网用户人数为432万人，宽带上网用户人数为660万人。

至今，笔者还清晰记得，那个时候的北京，主要国家机关工作中已经可以使用"局域网"上网。但很多人在家里，则用ISDN上网。至于现在广泛使用、选择形式多样的小区宽带，在当时还属于比较新鲜的事物。

而同一时期，联合国贸易及开发会议报告数据显示，全球网民约为6.55亿人，中国5910万网民人数排名世界第二，仅次于美国。

与此同时，当年中国网民中，以获取信息为主要目的人数占比，由2001年的42.9%增加到了2002年的47.6%。这一数据显示出，中国网民上网行为日趋理性，高端付费用户开始出现并显著扩大。

当年，指南针网络调查结果也显示，中国国内 75.46% 的被调查者，对互联网收费表示了理解；有 7.98% 的被调查者则认为，将完全接受即将到来的互联网收费时代。

除了公众、个体的数据出现根本好转，互联网在当时的中国政府体系中也快速普及。

2002 年，在中央政府的鼓励和相关机构的推动下，全国各级政府掀起了建设电子政务的热潮。小到基层乡镇，大到中央部委，从东到西，从南到北，电子政务工程遍地开花。

如此盛景，引得当年的中国媒体创造了一个新的互联网名词——中国电子政务年。

与此对应，相关的统计数据也呈现出积极变化。2001 年，我国政府电子政务采购额为 280 亿元。2002 年，这一数字便轻易地突破了 350 亿元，年增长率接近 25%。

互联网之所以能在当时的中国政府体系迅速发展，得益于如下几个有利因素：

一是中央政府加大了推进全国电子政务系统建设的力度，并要求以电子化、信息化为手段，加快政府职能的转变，由此更广泛、更深入地推动了全国各级政府信息平台的建设；二是国家相关机构加快了清理、确认和制订与电子政务有关的标准工作；三是国家级电子政务优先工程项目，不仅得到再次确定，更获得了强有力的系统推动。

除了公众和政府体系，2002 年的中国互联网业最大亮点，还是出现在中国互联网企业实体领域。

上述硬件环境的快速完善，网民数量的迅速增加，网络应用的加速推广和网络知识的普及，也将产业蓄积的整体动力在第一时间传导给了中国互联网企业。尤其是一批代表性的互联网公司，很快就显示出了深厚的发展潜力。

如当时国内三大门户新浪、网易、搜狐，它们的财务报表就在总体上反映了中国互联网行业向好的大趋势。

其中，网易在 2002 年第二季度就基本实现了收支平衡，第三季度收入较前一季度又增长了 93.3%，并实现了赢利；搜狐则在 2002 年 11 月宣布，第三季度按美国通用会计准则已实现赢利；新浪的赢利实力，则从纳斯达克的股票价格上充分地表现了出来。

进一步分析代表性互联网企业的财务数据，与以往单纯依赖广告收入不同，中国已有一批互联网公司建立起了明确的盈利模式，盈利手段开始多元化。

如网络游戏市场开始进入快速发展阶段，一些网游公司的运作方式更趋成熟。特别是一些相对成功的游戏运营商，已经形成了较为成熟的宣传、运营、销售、客服等运作体系。

相关统计表明，截至 2002 年年底，中国国内网络游戏用户数量达到了807.4 万，其中付费用户 401.3 万，占到了总数的近 50%；同期，网络游戏市场规模达到了 9.1 亿元人民币，并以年均超过 110% 左右的速度继续增长。

与互联网游戏一样耀眼的，还有互联网行业的手机短信业务。

2002 年，各大网站财报均显示，以短信为主的非广告收入，在相关网站总收入中的份额不断增长，搜狐和网易的相关部分收入甚至超过了总收入的一半。而 CNNIC[①] 的统计结果显示，当期国内网民中经常使用互联网短信服务的人数比例已经超过了 9%。

这一部分非常可观的前景及趋势变化，在当时引得众多网站竞相垂涎。

以上种种积极变化都表明，经过近两年挤水分式的严酷调整，国内一批有实力的互联网企业，开始摆脱"烧钱的黑洞"，正在通过业态模式的推陈出新，实现自我生存及发展的转变。

企业层面的转变，也预示着中国互联网行业整体上正发生着根本性的积极转变。就像当年互联网信息中心发布的一份报告中所写："虽然还隐藏着盈利手段雷同，收费不尽合理、过度压缩成本等不利因素，但这些网络公司已经成功建立起了企业运作的良性循环。"

的确，一些成功建立起企业运作良性循环的互联网企业，已不再拘泥于模式和理论，它们开始务实地立足于中国本土，大踏步地跳出了互联网冬天，跨入了行业发展的崭新时代。

---

① CNNIC 即"中国互联网络信息中心"，是其英文名称 China Internet Network Information Center 的简称。CNNIC 是经国家主管部门批准，于 1997 年 6 月 3 日组建的管理和服务机构，行使国家互联网络信息中心的职责。

2. 不忘初心出其不意

与阿里巴巴"赚一块钱"不同，2002年，以当当[①]、e龙[②]为代表的一批专业商务网站，不仅成功建立起了企业运作的良性循环，还率先实现了持续盈利。

此时，马云和他的阿里巴巴到底是副什么模样呢？

如前文所述，2001年末实现数万美元盈利后，2002年的阿里巴巴只需要"赚一块钱"。然而，此时的中国互联网行业，表现出了多面回暖的积极倾向。上文提及的"网络游戏"和"网络短信"业务，甚至可以日进斗金，引爆了整个互联网业界，众人跃试争食。

阿里巴巴团队显然也关注到了。

只不过，马云的态度却再次出乎众人意料，他强力抵制团队成员对上述诱惑的追捧。第一时间，马云便告诉团队所有人，一定要坚持阿里巴巴最初的选择——电子商务。

后来，马云就当年的抵制有过解释："我觉得我们不要起个大早赶个晚集，我不会因为Google和百度的股票上涨，就也跟着做什么。就像四五年前我不相信短信会改变互联网，也不相信游戏会改变生活，我不希望我的儿子玩游戏，我也不想别人的儿子玩游戏。我坚信电子商务会影响中国经济，中国正因为缺乏诚信体系，缺乏网络基础的建设，所以它会有一个蛙跳式的发展。"

蛙跳式的发展，正是中国经济40年发展的真实写照。

直到阿里巴巴成立10年，马云在北京大学中国经济研究中心演讲时，还依然坚信地宣称："我们仍然会围绕电子商务发展我们的公司，我觉得我们绝对不能离开这个中心。10年的创业告诉我，我们永远不能追求时尚，不能因为什么东西起来了就跟着起来。"

正是在马云的坚持下，2002年的阿里巴巴没有忘记"赚一块钱"的使命，进而以新的出其不意，在这一年的3月再次震动了整个互联网行业。

新的出其不意，便是上文提及的"诚信通"。

如果说，阿里巴巴的"中国供应商"借鉴了马云过往的思路，那么"诚信通"，则是阿里巴巴团队真正独创的一个互联网产品。用业内权威者的话说，它

---

① 当当是知名的综合性网上购物商城，由国内著名出版机构科文公司、美国老虎基金、美国IDG集团、卢森堡剑桥集团、亚洲创业投资基金（原名软银中国创业基金）共同投资成立。

② 1999年5月，e龙于美国特拉华州成立，定位为城市生活资讯网站。

把信用和产品结合在一起，为电子商务的全面应用开辟了一条高速公路。

"诚信通"的推出，恰逢马云"赚一块钱"的舆论喧嚣尚未散去。两者的前后登场，使得阿里巴巴引发的媒体效应，加速向国际场合蔓延。一时间，国内外媒体舆论关于阿里巴巴的话题铺天盖地，如"阿里巴巴再添第二引擎"，"阿里巴巴强势开辟第二战场"等。

而在互联网业内看来，阿里巴巴的"诚信通"，犹如火热的"网络游戏"和"手机短信"外新的利器。

"诚信通"为什么能在业内外引发如此大的反响呢？先回顾一下"诚信通"的背景。

2001年6月，阿里巴巴英文网站上有个产品叫"网上有名"。推出后的一年多里，虽然网站访问量很大，可网上用户的信誉都不是很高，表现平平。

当时，一些海外媒体就有评论：虽然欧洲的网站并不大，却是网上的展览厅；阿里巴巴虽然很大，却好像是一个网上的集市。

马云自己也曾在一次演讲这样回忆：那个时候，我们发现网站的浏览量尽管很大，但真正愿意完成交易的并不是很多。于是我们经过大量的调查发现，有98%的企业会员对于交易间的诚信最为关心，谁和谁做过交易，交易的评价怎么样等。这表明，做电子商务第一个需要的就是信誉，而信誉必须建立在阿里巴巴社区的基础上。

其实，诚信缺失的困扰，自阿里巴巴正式进入电子商务第一天起就凸显出来了。或许对这一问题有着清醒的认识，马云才决定初期的阿里巴巴只做信息流。

当然，马云是不会停留在信息流阶段的。他要打造的阿里巴巴，目标就是电子商务，是包括了信息流、现金流和物流的真正电子商务。

在马云看来，"电子商务信息流之后，发展交易一定要过诚信的独木桥，没有诚信就实现不了。"所以，信用的瓶颈制约，严重阻碍了网上交易和支付，成为阿里巴巴等互联网企业继续发展的绊脚绳索。

与阿里巴巴所处的发展环境不同，以亚马逊和eBay等网站为代表的欧美市场，电子商务的发展却很快。一个很重要的推动因素，就是西方发达国家长久以来形成的较高社会信用水平。与此同时，西方发达国家的网上信用，还有着银行信用体系的支撑，其完善程度远高于当时的中国网上银行信用体系。

正是得益于这样的信用环境，欧美互联网企业无论是B2B，还是B2C、

C2C，都能很快地实现网上交易或网上支付。

马云其实也明白，中国社会信用体系的不完善，为历史长期积累的结果。仅凭个人的一腔热情，或一家企业、一个网站的独自努力，在短时间内改变几无可能。

然而，互联网梦想已经被点燃的马云，又怎么会甘于忍受环境的限制？

"有梦想的企业家，不会等到环境好了以后再做工作。现在的环境就是如此，我们必须自己来改善这个环境，光投诉、光抱怨有什么用呢？"马云决定，先从阿里巴巴开始。

2001年9月，适逢"诚信日"[①]的那一天。

面对着阿里巴巴众多会员和主流媒体，马云宣称，中国加入WTO之后整体的发展环境，最担心的就是互联网的信用，所以阿里巴巴要在中国倡导信用概念，在网上推行名为"诚信通"的产品。

马云强调："叫它软件也好，叫它信用交易平台也好，它是一个企业为自己建立信誉的交易平台的一种软件产品。"

为了强化用户对"诚信通"的使用意识，马云甚至公开宣示：一年之内"诚信通"产品完善之后，还没有使用该产品的会员，阿里巴巴网站将不再为其提供任何服务。

马云这样的底气，显然来自于阿里巴巴已经相当可观的会员数量，以及在互联网业内奠定的口碑。而当消息传开，马云和阿里巴巴团队也面临着不少质疑。

为了化解外界的质疑，马云又不得不一再强调：阿里巴巴是全球商人的网站，不会单要"量"，首要的还是"质"。如果没有"质"，再大的"量"也没有意义。

"有了这个程序，我们才知道你是谁，以前谁和你做过生意，你以前的记录怎么样。这不仅对阿里巴巴有好处，更主要是对我们的会员有好处。这也是阿里巴巴向电子商务、向网上交易进军的严肃一步。"

那时的马云，已然展现出了属于他的信心。

---

① 9月19日被认为是"诚信日"。2018年全国两会期间，有多位代表委员则建议，将每年的11月22日设为"中国诚信日"，即"一是一，二是二"。

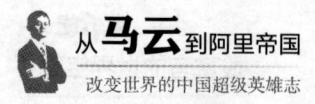

3. 第二引擎"诚信通"

"诚信通"为什么能被称为阿里巴巴的第二引擎？它到底是个什么样的宝贝呢？

先看看马云是怎么概括的：阿里巴巴推出的"诚信通"，最核心的目的就是面对企业的现在和将来，建立起一个网上信用的大社区。

再看看互联网业内："诚信通"如果成功推行开来，与此前阿里巴巴委托第三方专业信用机构就企业用户进行身份认证一起，必将构成阿里巴巴完整、立体、动态的会员信用档案，其深远效应不可言喻。

显然，业内的评价，远高于马云自己对"诚信通"产品的评价。

经过了几个月的准备和布局，2002年3月，"诚信通"被正式搬到了阿里巴巴中文网上。"诚信通"产品刚推出时，大致有如下几个特点：

其一，对会员用户进行初步诚信认证，即通过第三方认证机构审核企业用户的真实身份。所谓的第三方，就是与阿里巴巴签了相关合作协议的专业信用咨询公司，当时有华夏、新华信等。

其二，使用"诚信通"的会员独享买家信息，即可以实时享有阿里巴巴当时拥有的400万买家详细信息。其中，还包括了1/3的世界500强大型企业。

其三，特殊的黄金商铺，即"诚信通"会员可以在阿里巴巴大市场黄金地段，专设一个属于自己的网上商铺，这是免费会员享受不到的特殊服务。

其四，不同于其他会员的高比例产品信息反馈。按照相关条件，当时"诚信通"会员的信息发布与信息反馈比例，平均数值达到了1∶7，远高于阿里巴巴非"诚信通"会员享有的服务。

其五，合理的价格费用。"诚信通"刚推出时，其费用标准为每年2300元人民币。这对于绝大多数的阿里巴巴会员用户来说，并不算昂贵。

初期阶段的"诚信通"，开展起来并不太顺利，舆论也曾称那个时间段为"拓荒期"。

为了加快"诚信通"的推广和使用，马云经过深思熟虑，将阿里巴巴的中文网站改为中国事业部，副总裁张瑛出任总经理。

到2003年的时候，"诚信通"的会员数量还是不到2万。这样的局面，让马云和整个阿里巴巴团队更深切地感受到，信用建设在当时的中国社会有多么艰巨和迫切。

而此时的马云，却又为"诚信通"设立了10万会员的发展目标。当时多数人觉得，这像是一个梦。不过在阿里巴巴，马云的梦又似乎习惯了被众人视为目标。

果然，几个月后，情形发生了改变，"诚信通"竟真的迎来了一个快速发展时期。

尤其是2003年SARS疫情突发后，阿里巴巴"诚信通"业务增长迅猛，当年即实现销售收入8000万元。

接下来的2004年，"诚信通"更是一举突破了亿元销售大关，达到1.6亿元。2005年，"诚信通"的销售收入进一步翻番，成功突破了3亿元的关口。

如此对比鲜明的变化，再次验证了马云非同一般的前瞻能力。

查阅阿里巴巴的文献资料，笔者发现，当年阿里巴巴网站上85%的买家和92%的卖家，都会优先选择与"诚信通"会员做生意；与之相对应，"诚信通"会员的成交率和反馈率，也都远高于阿里巴巴免费会员，幅度甚至达到了4—5倍。

"诚信通"推出两年后，阿里人在某一天突然发现，一度被视为马云梦的10万会员数量，又一次实现了。

至于马云预言的另一个目标——"每天100万元收入"，更是早在2003年就实现了。

"我们的'诚信通'现在成了火爆品牌。'诚信通'其实很简单，以后谁要和你做生意，先看你在网上的'诚信通'活档案，你获奖了可以放上去，法院对你们判决了也可以查到。我希望全中国企业都有一份网上的活档案，这是信誉的档案。"说这话时，马云也禁不住有些得意。

互联网业内，对于阿里巴巴的"诚信通"更为看好。

权威分析认为，由于"诚信通"的收费价格相对合理，又拥有两个关键的实质性服务——诚信认证和独享买家信息，可以预见"诚信通"最终会成为阿里巴巴所有会员的必备通行证。

随着潜力的加快释放，"诚信通"在网上和线下的服务内容不断得到丰富。

例如，在网上，"诚信通"被及时持续地增加了多项新内容：独一无二的"诚信通"档案赢取买家；独特的"诚信通商铺"；独享的庞大买家信息；第一时间享有的留言反馈和买家询盘；享有发布一口价和竞价的权利；使用"支付

宝"①处理货款等。

在线下服务方面,"诚信通"也适时增加了"享受足不出户即可实现全国参展""高效实用的采购洽谈会和培训会""享受 365×8 小时的专业咨询服务"等多项功能。

一些行业分析师们据此预言,如果联系起来考虑阿里巴巴当时已有的 900 万免费会员,单是"诚信通"产品的未来潜力,就将十分惊人。

与阿里巴巴先从海外扬名的路径不一样,"诚信能"在国内企业间受到广泛认同后,被马云适时地推向了国际网站。

与此同时,阿里巴巴同美国邓白氏、亚洲澳美资讯合作,开展起了对海外企业全面认证的行动。

马云这样的安排布局,预示着他打造诚信阿里的步伐,开始在全球范围加速。

一位同样专注产业经济的资深媒体友人,当年即曾写到:一时间风生水起,"诚信通"很快就成了阿里巴巴第二战场,并迅速变成为其重要的创收渠道。

再看此时的马云,越来越像社会学者,却拥有着与众不同的运营能力;而阿里巴巴,则如"诚信中国"的缩影,所改变的,绝不仅仅是买与卖的关系;至于国内外各种舆论,此时开始给予马云"伟大"一词。

执着于"B2B",更多的是马云创业的精明;力排众议,开创性地搭建中国互联网企业诚信认证体系,不仅是马云的伟大,更是阿里巴巴向伟大企业迈进的第一步。

或如此,那时主流舆论也一致认为:阿里巴巴是最早建设中国网上信用体系的互联网公司,中国电子商务必将从中受益,整个中国经济也将获益匪浅。

很是巧合,笔者另一拙著《中国诚信危机》也在那时得以出版。联系到舆论赋予马云的"伟大",以及时年中国经济社会发展中的诚信问题严峻局面,"伟大"一词意义深远。

4. 谁会死在明天的晚上

"诚信通"的正式推出,不仅让阿里巴巴在 2002 年年底实现了马云宣称的

---

① "支付宝"是在马云主导下,阿里巴巴团队开发出的又一款有着划时代意义的互联网产品。后文将有详述。

"赚一块钱"目标,还使阿里巴巴以超乎众人意料的盈利结果,率先跳出了互联网的寒潮。

进入2003年后,所有人眼里的阿里巴巴,似乎要在"诚信通+中国供应商"的支撑下双翼齐飞。而马云自己,似乎有些不一样,他密切关注起了一个特别的地区——中东。

为什么要关注中东呢?

"我们发现中东地区的采购量一下子多起来,我们判断战争一定会爆发。"

马云说的"战争",就是2003年以美国为首的部分西方国家,为了推翻伊拉克萨达姆政权而蓄意挑起的战争,也称"二次海湾战争"。

之所以如此关注那场战争,马云当时有自己的盘算:伊拉克战争一旦爆发,以CNBC电视台为代表的西方强势媒体,一定会极尽所能地在全球表现自己。所以,阿里巴巴要在CNBC发布广告,借此进一步扩大阿里巴巴在海外的市场影响。

就是在那个时候,或许受到2002年顺利盈利的鼓励,马云和阿里巴巴团队进一步提出了三个"100万"的新目标——2003年一天收入100万元,2004年一天利润100万元,2005年一天纳税100万元。

随着马云新目标的提出,阿里巴巴数百名员工亦迸发出了强大的激情,他们似乎不再怀疑自己总教头的新号召。

为了配合阿里巴巴新目标的实现,马云同时决定,改变阿里巴巴在国内一度低调的市场策略。

2003年4月2日21点—22点间,CCTV一、二套节目同时出现了"让诚信的商人富起来"的广告,且滚动播放。此广告的主角,即是阿里巴巴。

后来不少业内人士总结说,那些颇具视觉冲击力的广告,要宣传的正是阿里巴巴商人网站的特性。它想要达到的,就是通过跨越时空的画面转换,表明阿里巴巴电子商务不受时空羁绊的强大功能,哪怕是在SARS[①]流行的非常时期。

SARS爆发于阿里巴巴此轮广告之前。最肆虐的时候,还与阿里巴巴不期而遇。

---

① SARS的全称为"Severe Acute Respiratory Syndrome",在中国又被称为"非典",即"传染性非典型肺炎"。这是一种因感染SARS冠状病毒引起的新的呼吸系统传染性疾病。该疾病以发热、头痛、肌肉酸痛、乏力、干咳少痰等为主要临床表现,严重者可出现呼吸窘迫,死亡率较高。

2003年伊始，SARS疫情突袭中国，并呈现快速蔓延之势。它具有非常强的传染性，主要通过近距离空气飞沫进行传播。

其实，自2002年11月，广东佛山、顺德即发现病例。然而，却未能引起人们的重视。相关政府部门也没有发布相关信息，理由是以免引起民众恐慌。

当年12月底，关于SARS（当时人们也称"非典型肺炎"）的疫情，开始在互联网上流传。

2003年1月2日，广东河源市相关部门开始向省卫生厅报告有关情况。不久，中山市同时出现几起医护人员受到感染的病例，受到广东省的重视。然而，扩散已经开始。

截止到2003年2月9日，广州市已经有100多例病，其中有不少就是医护人员，并出现了感染者死亡。此时，国家卫生部对广东发生的病例开始关注，派出了副部长率领的专家组指导防治工作。

2003年2月中旬，有关熏白醋、喝板蓝根能预防怪病的传言兴起，市面上开始出现抢购风潮。平时一大包10元左右的板蓝根，竟一下子飙升到三四十元；而白醋价格也节节攀升，一度涨到了1000元一瓶的疯狂状态。

2003年2月11日，广州市政府召开新闻发布会介绍广州地区非典型肺炎情况，称所有病人的病情均在控制当中。

当时媒体报道称：截止到2月10日下午3时统计，共发现305病例，死亡5例。其中医务人员感染发病共105例，没有一例死亡。

2003年2月10日，中国政府将该病情况通知了WHO（世界卫生组织）。2月12日，中国疾病预防控制中心负责人在接受记者采访时预测，全国近期内不会发生大范围呼吸道传染病的流行，但局部地区可能会出现小范围呼吸道传染病的流行。

然而，时值中国春节假期，随着春运的展开，大量人口流动导致了疫情在无声无息中扩散。比疫情扩散更快的，便是相关信息公布不及时，公众知情甚少导致的谣言和恐慌。

2003年2月21日，中山大学附属第二医院退休教授刘剑伦赴港出席亲属婚礼，入住香港京华国际酒店，很快即有数名游客被传染SARS。原来，刘教授在赴港前已经是感染人员。第二天，他不得不去医院求诊，但10日后不幸去世。

2月下旬，一名常驻上海的美国商人途经香港到达越南河内，后确认染病。

很快，河内当地医院的多名医疗人员也受感染。染病后的美国商人又回到香港接受治疗，但依然于3月14日去世。

常驻河内的世界卫生组织医生卡尔娄·武尔班尼，首先向WHO通报了当地医疗人员的病情，并将该病命名为SARS。不幸的是，这名医生随后也染病，并于3月29日不治去世。

2003年3月6日，时值中国两会在北京召开，而北京也开始出现第一例输入性SARS病例。

3月12日，世界卫生组织发出了全球警告，建议隔离治疗疑似病例，并且成立了一个医护人员的网络来协助研究SARS疫情。3月15日，世界卫生组织正式将该病命名为SARS。

3月13日，香港患SARS的医务人员增至115人；3月20日，SARS走进社区；此后，SARS迅速闯入办公楼、学校、公共场所，导致最高峰日增病例达60例以上。就连当时香港医管局局长本人，也难逃此劫。

2003年3月15日，北大附属人民医院急诊科收治了一名疑似患者。该名患者年过70岁，从香港探亲回家。由于还不清楚SARS病情，医院没有采取相应措施，造成该院大量医护人员感染。3月17日，该患者被转至北京中医药大学附属东直门医院，又在该院造成大面积感染。其中，急诊科一名医生和一名护士不幸殉职。3月20日，患者终因年事已高，病情过于严重，也不治身亡。

3月25日，广东省中医院一名急诊科护士长因感染SARS逝世，引起极大震动。

接下来，便是疫情的全球性蔓延。

当年3月15日后，世界很多地方都出现了"严重呼吸系统困难症（SARS）"的报道。从东南亚到澳大利亚、欧洲和北美多个国家，都陆续出现了多起SARS病例。

3月20日，世界卫生组织发出警告，医疗人员在没有保护措施的情况下，直接接触病患将有可能染上SARS疾病。

3月31日，香港淘大花园一幢公寓有超过100人受到感染，相关机构开始采取隔离措施。4月1日，美国政府召回了所有驻香港和广东的非必要外交人员及其家眷。美国政府还同时警告美国公民，除非必要，否则不要到中国广东或香港访问。

然而，当时国家卫生部却表示，广东的疫情已经基本得到控制，但官方媒

体对 SARS 病例的报道则多了起来。当时的媒体中，时任卫生部部长的张文康还笑着说，北京 SARS 病例只有 12 例，死亡 3 例，戴不戴口罩都是安全的。

相信很多国人同笔者一样，SARS 当年引发的严峻情景，至今难以忘记。尤其是生活在北京、上海、广州、香港等大中城市的人们。特别是 3 月过后，以广州、北京为代表的重点城市，一度出现满城尽戴白口罩，马路公交皆空行的恐慌性情景。除了上面提及的原国家卫生部门高层领导，一些政府官员，包括北京时任市长孟学农等，也因此相继被问责。

随着疫情日益严峻，公众心理恐慌不断加剧，时任国务院副总理、享有中国"铁娘子"之名的吴仪，临危受命，被钦点兼任卫生部部长，牵头组织并打起了一场阻击 SARS 的全民战争。

而正期待飞马扬鞭的阿里巴巴，却不幸地处在了这场全民战争的最前沿。

2003 年 4 月 30 日上午，为了表示对阿里巴巴成长的鼓励，时任杭州市市长茅临生考察了阿里巴巴。然而，所有人都没有想到，就在此次考察结束后没几天，阿里巴巴的一名员工即被确诊为 SARS 病人，消息不胫而走。

原来，当年 4 月 11 日，一向把客户服务放在首位的阿里巴巴，依照承诺派员工前去广州，与客户一起参加广交会。

众所周知，广交会是中国对外贸易的重要窗口，每年有春秋两次，被称为中国外经贸发展的晴雨表。

忙完广交会后，被派去的阿里巴巴员工便飞回了杭州。三天后，其中的一位女员工出现了"鼻塞、咽痛、流涕"等症状，服药两天无效便自行停药。由于放不下自己的工作，这位员工还坚持每天去公司上班。

又过了几天，该员工出现高烧，一度至 39.1 度，不得不就医。

2003 年 5 月 5 日，这名就医的阿里巴巴员工被诊断为 SARS 疑似病人。三日后，再被确定为 SARS 临床诊断病例。

消息一经传开，马云首当其冲，受到众多质疑，有的甚至十分尖锐。就连赞扬过马云团队为中国互联网"梦之队"的《人民日报》，也对阿里巴巴派员工赴疫区提出了批评。

后来，每每提及此事，马云依然表情肃然。"我觉得'非典'期间是我们最大的挑战。"至于马云说的"挑战"到底有多大，外人难以真正体会。

鉴于感染 SARS 的阿里巴巴员工活动范围较大，接触人员也多，从 2003 年 5 月 4 日起，杭州政府层面不得不展开一场规模空前的隔离行动。

涉及阿里巴巴患病员工家庭所在居民楼、所在单位的 500 人，以及近百名医务人员和相关病人，全部实行隔离。为隔离区服务的医务人员、社区干部、公安等各类人员，则高达数千人。

"今天是很残酷，明天更残酷，后天很美好，但是很多人都看不到后天，因为他们死在明天的晚上。"这句话流传甚广，几乎传遍了世界的每一个角落。

这话是马云说的。不过，说这话时，互联网还深陷行业寒潮之中。而此时的阿里巴巴，虽然率先跳出了行业寒潮，却更真切地感受到了马云话中的深意。

突然到来的重大变化，让马云震惊之余又心痛，他必须集中精力加以应对。第一时间，马云就给自己的员工送上了充满真诚的道歉信：

尊敬的阿里亲友：

　　这几天我的心情很沉重！从上午知道确诊后到现在，我一直想向所有的人表示深深的歉意！如果今天有任何事可以交换我们不幸患病的同事的健康，如果今天我们可以做任何事来确保同事和杭城父老兄弟姐妹的健康，我愿意付出一切！！

　　…………

　　这几天令我感动的是，面对挑战，所有阿里人选择了乐观坚强的态度，我们互相关心，互相支持。在共同面对 SARS 挑战的同时，我们没有忘记阿里人的使命和职责！……我为有这样的年轻人而骄傲！我为自己能在这样的公司里工作而自豪！我也希望阿里的家人、朋友为你们这样敢于接受挑战的年轻团队而鼓掌！因为你们没有选择恐慌、退缩和悲观！这是阿里价值观的作用！

　　…………

　　现在我还想向大家宣布一件事：从今晚起阿里巴巴所有杭州员工可能面临全部隔离！我想为了我们自己，为了家人朋友，为了杭城父老，也为了阿里巴巴的明天，我们就过上几天封闭生活吧。

　　…………

　　让我们共同为那位生病的同事祈祷！祝福她早日康复！这几天我还会和大家通过网络联系，我仍会一如既往客观透明地报告我所知道的任何情况！

　　…………

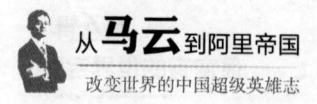

一个企业家的伟大,除了开创性的产业思想,还表现在重大危机时能够转危为机。

马云的道歉信,既让员工们很是意外,也让所有人感受到了宝贵的真诚。

曾有人借此说马云"好作秀"。笔者却认为,在危局下敞开一副无法拒绝的心扉,马云在用真性情凝聚每一个同道中人,期待初成体系的阿里巴巴价值观文化,能够扎根于所有阿里人的内心。

5. 阿里天使般的声音

数据最能反映经济活动的真实。

SARS 开始全国扩散的时候,阿里巴巴携 2002 年的盈利之势,呈继续上扬趋势。

这是一组阿里巴巴 2003 年初期的统计数据:每月网站流量达 1.9 亿人次,240 多万个买卖询盘及反馈;有 38 万来自全球的专业买家和 190 万会员,通过阿里巴巴寻找商机或进行各种交易;阿里巴巴每天新增会员超过 3000 个,会员们发布的新增商业机会数量平均每天达到了 10000 条;网上贸易的使用频率和广度,以及国际采购商对商业机会的反馈数量,均以倍数增长;"中国供应商"客户数量比上年同期增长了 2 倍;而国际采购商对 30 种热门中国商品的检索数量,更是增长了 4 倍之多;如此等等。

当时有分析认为,或许正是阿里巴巴展现出来的诱人成长态势,吸引着时任杭州市政府的主要领导,不顾 SARS 疫情专程考察阿里巴巴公司。市政府领导的考察,就是希望在特殊时期,马云领导下的阿里巴巴能最大化地发挥自己电子商务功能,为受困的经济活动主体助上一臂之力。

这种分析不无道理。当时,一些研究学者和业内权威者据此还预测,立足服务于中小企业贸易的阿里巴巴,将会因 SARS 之祸而获得意外机遇。

这是因为,SARS 疫情在全国的迅速蔓延,使得隔离举措必将成为最有效的阻截手段。人们之间为了减少直接交往,借助互联网开展各种活动成为必然。特别是数量庞大的中小企业,更会将电子商务作为最可行、最安全的救市手段。

2003 年 5 月 6 日下午 4 点,戴着大口罩的马云,向大家宣布了阿里巴巴办公场所实施隔离的消息,同时发出了全体员工在家办公的通知。

第二天早上 8 点多,大家照样打开了电脑,各自继续着在办公室的相关工作。"只是不像以前一样面对面。到中饭的时候，就去弄点吃的，下午1点多就会回到电脑前。"一位当年的亲历者这样回忆。

"铁血宰相"关明生，曾这样描述当时的情景："都被隔离意味着什么呢？就是你要跟你父母、妻子或丈夫、男朋友或女朋友一起被关在家里。家门上再锁上一把大钢锁，钥匙在小区的主管手里。外面的人，有防疫站的，也有公安。每天的早饭、午饭、晚饭，是送进来的。每天两次，有一个穿'太空衣'的人，背后背着很大的罐子和长长的喷管，进到你家里面，离很远，像喷杀虫水一样，喷完就走了，很厉害。"

马云也是一样，不得不把自己关在家里。

不过，据马云披露，员工之间的互动和交流，并没有因为转移到网上而受到影响。"晚上，大家还会'飙歌'，只是转到了网上。"

就是在这种情形之下，阿里巴巴服务客户的意识没有半点降低。唯一不同的，服务电话也转到了员工家里。

关明生回忆，"打到阿里巴巴去的电话，都自动转到同事家里了。特别是很多女同事一接，'你好，阿里巴巴'，我们当时把这叫作'天使般的声音'。"

不少员工还再三嘱咐家人："有电话打进来时，你一定要说'你好，阿里巴巴！'"

宛如与世隔绝，持续了两个礼拜。

很是幸运，患病的阿里巴巴员工痊愈了，回到了自己的岗位上。更让所有阿里巴巴人欣慰的，此后再没有一个人受到疫情的感染。

只是，在不明实情的人看来，马云和他的阿里巴巴团队被隔离，似乎要凶多吉少了。就连关明生也曾表示，一般的公司要是面临此种状况，估计很多就会垮掉，特别是像阿里巴巴这样的服务性公司。

然而，阿里巴巴表现出了非凡的生命能力，它让所有人都感觉到，自己不再是普通的服务公司，整个团队价值观力量无懈可击。

不仅没有垮掉，阿里巴巴的成长还出乎众人意料。

即使被持续隔离，阿里巴巴所有的交易服务并没有受到影响，其电子商务更是优势尽显，进而驱动着营业额从未有过的加速增长。当期数据显示，阿里巴巴业务量激增了5倍之多。

虽然正常的商务交往被不同程度的取消，但一大批企业通过阿里巴巴网站与客户进行了零接触洽谈。

一份权威调查数据显示，2003年SARS期间，没有上网交易的企业中，有近九成受到了伤害。与此相反，140万阿里巴巴的会员企业却未受到太大影响，甚至很多企业还逆市成长，"创造了非接触经济的奇迹"。

马云则一语中的："在非常时期，做了非常好的线上生意！"

为此，2003年10月，笔者应约在一篇文章中曾有这样的话语：当众多中小企业间的正常贸易因SARS陷入绝境，阿里巴巴日渐成熟的电子商务平台，犹如精心搭建的特别贸易通道，成为众多企业的最佳选择。马云和阿里巴巴团队，凭着点燃的梦想和激情无畏，用敬业兑现着自己的精神和承诺，创造了全球商界SOHO运作的一大奇迹！

至于互联网业内，相关评论惊人一致：正是突发的SARS疫情，使企业人认识到了电子商务的价值，使成千上万企业迈上了电子商务的战车。

各路舆论暂时原谅了马云。它们还发出了"非典把电子商务带进春天，阿里巴巴为全球电子商务网站带来春天"的感慨！

"互联网是为战争准备的。美国国防部设计互联网的时候说，万一战争爆发，美国国防部的数据库被炸掉，处于瘫痪状态，该怎么办？所以他们设计的互联网在全国各地、全世界各地都可以运营。但是美国没有试过，英国、日本也没有试过，阿里巴巴是天下第一个试过的公司。"忆起当年，马云不无得意。

当然，如今再回首，也有人认为马云是沾了某种幸运。但是，理性又更多地告诉人们，SARS只不过提前放大了电子商务对于新经济成长的某种可能。

"不是非典让电子商务好，而是非典让人们知道了电子商务的好，电子商务本身就好。阿里巴巴能够战胜非典，能够在全员隔离时不瘫痪，能够在灾难中抓住商机，在重压下实现大飞跃，实在是阿里巴巴发展的逻辑结果。阿里巴巴的爆发是迟早的事，没有非典，阿里巴巴也会起飞，非典只不过是充当了一种催化剂。"

马云此一番话，既彰显着阿里人的价值观和使命感，亦预示着阿里巴巴可以面对任何新的挑战。

三　一个新的世纪产业

众里寻她千里度，蓦然回首，那人却在灯火阑珊处。

横行的SARS既考验了整个中国，更关乎着阿里巴巴的生或死。当阿里巴巴冲破藩篱、绝处逢生，并扬名于国内外众多报端之际，业内外很多人竟一时反应不过来，有人甚至满眼迷惑而难以理解。

至于马云，则不再委屈自己，他高调畅言——阿里巴巴代表着一个新兴的产业！

1．湖畔花园神奇腹稿

一石激起无数涟漪。

得益于独特的企业文化和价值观力量，马云和他的阿里巴巴团队精诚坚守，经受住了SARS意外之祸的严峻冲击。随着数以百万计的中小企业逆市成长于阿里巴巴平台之上，仿佛一夜间，马云坚守的电子商务模式，开始向整个互联网业展露出自己诱人的真颜。

在展露自己真颜前的2003年年初，眼看阿里巴巴双翼（"中国供应商"和"诚信通"）逐渐形成，马云在阿里巴巴的蓝图中又开始了新的战略布局。

正是这一次的布局，阿里巴巴不仅奠定了中国电子商务领导者的地位，更在不久的后来，颠覆了全球电子商务大格局。

2003年4月14日上午，也就是时任杭州市长考察阿里巴巴之前，以孙彤宇为首的几个人，被马云叫进了办公室。关明生等公司高层也在座。

被召进马云办公室的几个人，根本没想到，此次被召唤，竟意外地免除了他们不久后因SARS被隔离之苦。

几个人进入马云的办公室，马云并没有多说什么，只是要求孙彤宇等人看一沓厚厚的英文合同。

过了一会儿，马云才强调，签了这份合同后，就要立即"从这个公司消失"，甚至"可能离开杭州去另一个城市，但现在不能告诉你们去哪个城市"。马云甚至还故作神秘地说，要做的事情"很重要"，6个月内不能跟任何人透露，包括自己的父母、女朋友等。

众人按习惯猜测，马教头应该又有神奇的腹稿了。

交代到最后，马云补充说，大家有双向选择的自由，所以也可以选择不签合同。

然而，孙彤宇等人几乎没什么犹豫就答应了。几年来的打拼相守，大家在心里对马云已然有着某种无法言说的信任。

就像一位知情者后来回忆的那样：英文合同看着很麻烦，我们就直接翻到

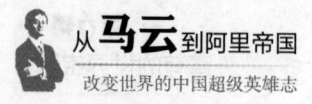

最后一页,签了字。

马云的回忆里,则丝毫不掩饰对自己对阿里巴巴团队的得意。他以"心理测试"的方式跟大家谈,这些人基本上在一分钟内就签了字。

签完字后,孙彤宇等人终于明白,马云要他们承担的是一项什么样的任务——用 200 美元的启动金,秘密创建 C2C 新网站,抗衡国际大牌"eBay"①。

说起"eBay",也有一个十分有趣的故事,它的创立同样很神奇。

1995 年,一个名叫皮埃尔·奥米迪亚的美国人,为了满足自己女朋友酷爱 Pez 糖果盒的愿望,不经意间建立起一个关于 Pez 糖果盒的拍卖网站。奥米迪亚自己也没有想到,网站一经建立便大受欢迎,短时间内就聚满了收集 Pez 糖果盒、芭比娃娃等物品的爱好者。

随着人群的不断扩大,最早的"eBay"便形成了。不过,使"eBay"真正获得发展并成功的,并不是奥米迪亚。

1998 年,受奥米迪亚的邀请,梅格·惠特曼出任"eBay"CEO,并掌管"eBay"公司直到 2008 年。

正是在这一时期,"eBay"由最初 50 人的小公司,迅速成长为拥有 1.5 万名员工、年营业额高达 85 亿美元的跨国巨头。鼎盛时期,"eBay"站点遍及于美国、英国、澳洲、中国、巴西、马来西亚和土耳其等数十个国家和地区。

出任 CEO 后,梅格·惠特曼主导"eBay"专注于电子商务 C2C 业务,并通过专业的拍卖服务赚取佣金。只用了数年,"eBay"便发展成为"全球超级网络交易中心"。

尤其是在美国本土及欧洲等地,"eBay"模式更超出了传统的个人服务类网站范畴。这些地区的"eBay"设有大客户部,专门受理大公司在网站上拍卖产品事宜,如惠普、戴尔等都曾是"eBay"的重要客户。即使在 2000 年全球互联网泡沫破裂,寒潮肆虐期间,"eBay"的股价也维持在 50 美元以上。

后来,梅格·惠特曼因为成功打造了"eBay",便在国际互联网业界赢得了"电子商务教母""在线跳蚤市场女王"等多个颇有分量的名号。

至于"eBay"与中国的关系,则需要从易趣网说起。

易趣网的创始人,便是马云口中的"中国 CEO 里少有的绝顶聪明人"邵

---

① eBay 创立于 1995 年 9 月,是当时全球最成功的互联网公司之一,也被誉为全球最大的电子商务公司。在马云看来,eBay 开启了一个时代。

亦波。在哈佛大学读书时，邵亦波即研究过"eBay"的模式。后来，他创立易趣网时，也借鉴了个人拍卖网站的模式。因此，易趣网在业内便有着"中国版eBay"之称。同时让人印象深刻的，便是易趣网的认证系统。

1999年8月18日，易趣网正式上线，并成功挺过了全球互联网泡沫破灭的困难时期。

2001年5月，易趣网的信用认证系统基本设计完成，用户的真实身份已经可以与网上进行的交易实现对应。当时一些专业人士比较后认为，"这比阿里巴巴2003年10月18日推出的'支付宝'早了两年半左右。"

2002年后，易趣网初获成功，每10秒即有人出价，每30秒即有新登商品出现，每60秒便有一件商品成交。

易趣网的初获成功，自然吸引了模式相同的"eBay"关注。

2002年年初，"eBay"被日本雅虎和软银联合挤出日本市场。CEO兼总裁梅格·惠特曼立即决定，主动接触邵亦波的易趣网。

随后的情节发展，颇符合互联网技术特色。

2002年3月18日，"eBay"与易趣网联合宣布：易趣网络信息服务（上海）有限公司与美国"eBay"公司达成合作协议，"eBay"将投资3000万美元现金，获得易趣网33%的股份。

当时，惠特曼对双方能达成协议非常满意："我们与易趣此次的合作，是'eBay'国际化战略极其重要的一步。在今后的三四年中，中国电子商务将会增长12倍，达到160亿美元。我们将帮助易趣拓展这个潜力无穷的市场，并在将来共同建立一个全球性的交易市场。"

惠特曼的判断没有错。

仅一年过后，"eBay易趣"的C2C市场份额，就占到了中国市场的90%左右。与之形成鲜明对应的，则是阿里巴巴在中国B2B市场上的霸主地位。

显然，惠特曼的用意绝非中国C2C市场。他所说的潜力无穷，理当是整个中国电子商务领域。

对于惠特曼用"eBay"收购易趣网，进而觊觎整个中国电子商务市场，几乎所有的中国互联网精英都看出了其中用意。

作为位居中国B2B市场霸主地位的阿里巴巴，模式上虽然与"eBay易趣"还存在着区别，但是，马云已经读懂了惠特曼的深意。他明白，得意于欧美C2C市场的"eBay"，胃口绝不会仅仅停在中国的C2C市场。

体育竞技场上,讲究"最好的防守就是进攻"。马云显然不是吃素的,他的血液里本就流动着不安分的基因。

一番深思熟虑之后,一个全新的蓝图便出现在了马云的脑海中。

借用一位亲历者的回忆:"马云当时在观察世界上所有的网站,发现'eBay'在本质上跟阿里巴巴是很像的,'eBay'做C2C,阿里巴巴做B2B。我们判断,要不然'eBay'切入企业领域,要不然阿里巴巴杀入个人领域,所以我们决定创建淘宝网。"

于是,便有了本节开头的那一幕。

2003年4月14日下午,在阿里巴巴的福地——湖畔花园,以孙彤宇为首的激情创业小组,在马云的部署下被雪藏,无声息地拉开了抗衡国际巨头"eBay"的新大幕。

2. 阿里巴巴私密订制

以孙彤宇为首的创业小组,凭借对马云的由衷信任,甘愿被雪藏也签字画押领命。然而,小组正式开始工作时,面临的现实却让他们始料不及。

回忆起当时实际工作的艰难,孙彤宇曾有着这样的感慨:与跨国巨头"eBay"抗衡,阿里巴巴新开发的网站要么可以开天辟地,要么壮烈出世!

马云则回忆:"当时小组成员并不知道有多么可怕,不知道中国市场竞争有多残酷。我记得,那个月我到美国去告诉投资者阿里巴巴要做新网站的时候,美国投资者很激动。但是,当我跟他们讲了阿里巴巴准备做C2C网站、做淘宝的时候,投资者都吓坏了,'这肯定是做不下去的,跟eBay竞争肯定是找死。'但我知道,我们可以。"

马云又为什么知道阿里巴巴可以呢?

决定进军C2C市场的时候,马云并未详细解释自己的战略意图,只是发布命令"好好搞,要搞大"。有人因为对马云的战略意图未能领悟,所以就在阿里巴巴高层内部,当时就有反对的声音。反对者最主要的理由,就是基于对国内C2C市场及跨国巨头eBay的担忧。

不过,马云还是展现出了最初的创业者风格,执着而又坚定。

马云的执着和坚定,并不是盲目自信,也不是被伟大的梦想烧昏了头脑,一切承袭于他对互联网行业与众不同的感悟和把脉。

那个时候,电子商务对人们的工作模式、商业模式,以及社会商业形态产生的影响和改变，已为业内精英所共识。但是，致力于中国电子商务领导者的马云，有着自己更为深远的看法。

在马云的意识里，看似区别明显的电子商务细分形态，不久的将来必会殊途同归，走向实质上的某种统一。阿里巴巴如果不从 B2B 介入 C2C 乃至 B2C，就很有可能被后来者抄掉后路。

基于这样的判断，马云决定抢先下手了。

这样看似个性主观的抢先，成就了今天的"淘宝网"，也催生了阿里巴巴帝国。

当然，决定进军 C2C 后，马云从一开始就将巨头 eBay 定位为阿里巴巴抗衡的对象，的确"显得有些冒失"。马云自己也不得不承认，阿里巴巴 C2C 起步很是弱小。

"我们整个注册资本当时只有一点点，第一期投资 1 个亿人民币。你知道我们的对手 eBay 当时市值多少？700 亿美元！"马云的回忆里，惊心动魄。

"用 1 亿元人民币对抗 700 亿美元。"这样的不对称抗衡，估计也只有马云敢去设想。难怪包括美国投资者在内，都忍不住要质疑马云"又疯了"呢！

马云没有疯，他只是在用疯子般的激情，未雨绸缪。

即使 SARS 紧随而至，阿里巴巴被完全隔离，马云钦点的 10 余人团队也没有露出任何蛛丝马迹，长达一个月里仿佛消失了一般。

直到 2003 年 5 月 10 日，被马云雪藏的小组，悄无声息地提前回到同事们的视线中。

那一天，阿里巴巴人还都在被隔离之中。当天晚上 8 点整，当"纪念在'非典'时期辛勤工作的人们"在互联网上闪动的时候，马云秘密订制的神奇网站正式上线了，取名"淘宝网"。

所谓"淘宝"者，按马云的解释，顾名思义为"没有淘不到的宝贝，没有卖不出的宝贝"。同时，"宝可不淘，信不能弃"的核心原则，也在马云的设计意念中得到了体现。

"淘宝网"正式上线的那一刻，马云躺在床上。与他相伴的，便是秘密工作的 10 余位"淘宝网"创始者。

没有鲜花，没有掌声和欢呼，甚至因为身困 SARS 而有些凄凉，马云还是面对着天花板，慢慢地举起了酒杯，在略显沉寂的卧室里默念着："淘宝一路顺风！"

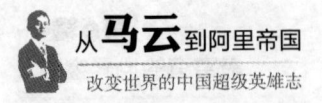

诞生于 SARS 之危的"淘宝网",实际上就是阿里巴巴的首家子公司。从上线的那一刻起,它就面临着一个先天不足的问题,这个问题一度让马云和创始者们心生不安——新生的"淘宝网",一时并无产品可卖。

当年的尴尬危局,在亲历者的回忆中是这样的:"我们只好让自己人凑产品,每个人必须在家里找出 4 件产品。我们翻箱倒柜,总共找了 30 件东西。然后就在网上你买我的东西,我买你的东西,大家都在想办法制造人气。"

马云严格保密的要求,为"淘宝网"披上了神秘色彩。包括绝大部分阿里巴巴人,也都被蒙在鼓里。

直到一个月后,有位阿里巴巴员工给马云发了封信。信中说:"马总请注意,阿里巴巴有对手了,这个对手叫'淘宝网'。它现在很小,但是要高度关注它。"

这样的一封信,让马云一时五味杂陈。

紧接着,阿里巴巴内网上出现了一篇帖子,内容同样是关于"淘宝网"的。紧随其后,跟帖便大量出现,讨论的话题越来越细致。时间不长,整个阿里巴巴都开始讨论所谓的"淘宝网"了。

这个时候,马云反而淡定下来,他继续保持着沉默。

然而,阿里巴巴员工们却无法再保持平静。"'淘宝网'现在的访问量非常小,估计也就几个人在做。""他们的思想跟我们阿里巴巴惊人地相似,也坚持客户第一。""他们看起来很有使命感。"……诸如此类的员工议论,一日胜过一日。

"淘宝网"虽然生于危难之际,但此时无法继续沉默。终于,2003 年 7 月 7 日,在静观 3 个月后,马云不得不打破保密约定宣布:"淘宝网"是阿里巴巴新创办的,阿里巴巴将为此投入 1 亿元人民币。

再看阿里巴巴人,他们中的绝大部分,第一时间表现出了极大的意外。转身后,却又纷纷忍不住兴奋起来。而以孙彤宇为代表的"淘宝网"创建者们,则可以公开、自由地畅想,"淘宝网"该有着什么样的未来了。

至于中国互联网业内,"淘宝网"犹如一枚炸弹,震惊了所有人。其中,最为关注,也最为惊诧的,便是进入中国不久的跨国 C2C 巨头——"eBay"公司。

就像马云预料的那样,"eBay"一直就站在阿里巴巴不远的地方,虎视眈眈。换句话说,新生的"淘宝网"再怎么私密,终究绕不开全球 C2C 的霸头。

有待后文详述。

3. 惊艳互联网的私募

经历 SARS 之危,"淘宝网"横空出世,非凡的 2003 年,阿里巴巴画出了一个漂亮的成长曲线。与这条曲线一并定格的,便是阿里巴巴稳居全球 B2B 之首。

进入 2004 年,阿里巴巴成长之势依然强劲。新年伊始,马云就用一场大设计惊艳了整个互联网商界。

这一幕,就发生在 2004 年 2 月 17 日。

当天,阿里巴巴于北京宣布,在软银的牵头下,包括富达创业投资部、GGV[①] 和 TDF 风险投资有限公司等多个投资人一起,再次向阿里巴巴注入 8200 万美元的巨额战略投资。

中国互联网业行业金额最大的一笔私募资金诞生了。

人们似乎尚未从"淘宝网"从天而降的惊愕之中缓过神来,阿里巴巴又在中国产经界制造了一颗重磅炸弹。

如人民网当即发出了这样的评论:"8200 万美元,在中国电子商务的第二个春天即将来临的时候,落在了杭州这个并非中国互联网中心的城市。曾经荣登《福布斯》杂志封面的阿里巴巴 CEO 马云,带领他的管理团队再一次获得以软银孙正义为首的四家基金投资,这笔 8200 万美元战略投资,也成为国内互联网企业迄今为止获得的最大一笔私募。"

"最大一笔私募"的成功获得,意味着马云领导下的阿里巴巴,已经成功进行了三轮融资。不过,第三轮融资过后,阿里巴巴最大的股东仍是公司的管理层和员工。习惯强势的软银,则继续保持着资本老二的位置。

那么,阿里巴巴又是如何制造国内互联网企业最大一笔私募的呢?

话题还得回到 2002 年年底。

那个时候,互联网行业寒潮渐退,整体开始回暖。一心专注于电子商务领域的马云,同样关注到了前文讲述的互联网短信业务和网络游戏的火热。虽然他反对阿里巴巴跟风而动,却也动起了扩张阿里巴巴领地的心思。

---

① 全称为 Granite Global Ventures。

2003年2月，在副总裁金建杭①、李琪等人的陪同下，马云赴日本考察。几天后，结束考察准备回国的马云，突然接到了软银孙正义的电话，相约面谈。这原本并不在马云此行计划之中。

见面时，马云与孙正义进一步确立了双方先前合作的共识——全球电子商务及中国互联网行业未来的发展。接着，孙正义主动表示，希望能对阿里巴巴进一步投资，马云还是没有同意。

马云的拒绝，显然有着阿里巴巴股权比例的盘算，同时也反映了他内心深处的一份淡定。

果然，从日本回国后，便有老虎基金主动找来，向马云表达了投资阿里巴巴的意向。这表明，老虎基金对于阿里巴巴的青睐，要早于它对卓越和当当。不过，由于双方对互联网下一步的发展模式一时难取得共识，马云又不准备改变自我，老虎基金与阿里巴巴的合作并未达成。

2003年7月，也就是马云公开宣布阿里巴巴开发了"淘宝网"的时候，精明的孙正义又一次主动找到马云，希望他能够接受软银对阿里巴巴新一轮投资。

孙正义的真诚和热情，特别是展现出的战略性思维，让马云不再拒绝。双方约定在东京会面，陪同马云一起的，还是首席财务官蔡崇信。

到了东京，双方并没有立即谈起新一轮融资的细节。只见马云和孙正义一派坐而论道的架势，大谈起了互联网的发展和未来。直到要签字的时候，围绕最后的融资金额，出现了有趣的一幕。

这一幕就发生在卫生间。马云和孙正义都显得那么随意，就在一瞬间，竟然达成了最后的投资金额——8200万美元。

过了些日子，当一切尘埃落定之后，2004年2月17日，马云才正式在北京中国大饭店向外界宣布：阿里巴巴再次获得四家投资机构联合投入8200万美元战略投资，其中的6000万美元为软银的又一次投入。

各路舆论纷纷聚焦这一消息。不少人关注的焦点除了"最大私募"本身，

---

① 金建杭是阿里巴巴网站的创建者之一。在加盟阿里巴巴之前，他曾在原外经贸部机关报《国际商报》工作。1998年，金建杭进入原外经贸部中国国际电子商务中心，是原外经贸部官方站点的首任主编。

更在于孙正义的软银为何如此钟情马云的阿里巴巴呢？①

从最早阿里巴巴的投资者，到此次最大私募的完成，孙正义的软银一直主动扮演着马云和阿里巴巴支撑者的角色。在当时，有业界权威分析即认为，孙正义如此看好马云和阿里巴巴，主要基于两个原因：一是对阿里巴巴短时间内形成的规模盈利能力感到满意；二是对阿里巴巴的盈利模式和发展前景极度看好。

10余年后的今天，人们不得不由衷佩服，孙正义用自己的眼光和行动证明，他的"互联网投资之父"绝非虚名。

当时，孙正义就曾透露，软银投资更看重投资的战略性，这跟被投资方的领导者有相当大的关系。在孙正义看来，领导者的领袖气质和战略决心很重要，而马云在他的眼里完全具备这样的能力。所以，他绝对信任马云，绝对相信阿里巴巴和"淘宝网"。

孙正义的看法在当时也得到了马云的回应。

就在阿里巴巴公开宣布完成第三轮融资后，马云即表示，"阿里巴巴现有的现金，足以再造8个阿里巴巴。私募是股东看好阿里巴巴的'钱'景、反复游说的结果。"

在马云看来，2004年中国互联网企业之间的竞争，将从短信、广告以及游戏市场转向电子商务市场。此次"最大私募"的达成，将为阿里巴巴公司进一步发展提供强大的资金支持，保障阿里巴巴在即将开始的电子商务格局变化中占据主动，从而强化阿里巴巴在电子商务领域的领先地位，符合阿里巴巴长久发展的战略要求。

按照马云当时的预言，中国电子商务格局将会迎来巨变，互联网新的应用人群——"网商"将成为焦点，中国互联网也将会从"网友与网民"时代，转向"网商"时代。

马云的预言并非一时头脑发热，他显然发现并充分考虑了客观实际。

如当时的信息产业部就曾公布一组数字：截至2003年年底，中国网民数达到8000万，仅次于美国居世界第二位。看似不经意的一组数据，却表明中国已

---

① 2004年，软银和IDG一起，被认为是中国国内最为活跃的两大风险投资机构。当时中国互联网业内的新浪、网易、阿里巴巴、美商网、8848、携程等网站的投资组合里，都能见到软银的身影。除此之外，软银在当时也是美国Yahoo、Zdnet和日本Yahoo等多个全球热门网站的最大股东，并在思科、E-trade、E-Loan、Buy.com中占有股份。

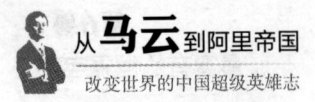

经是一个互联网大国,并快速地迈向互联网强国。

与此同时,中国1000万家中小企业中,有300万家是阿里巴巴的企业会员,且每天还以6000名的数量递增;阿里巴巴"诚信通"的企业客户中,则有近1/3是主动申请加入;阿里巴巴也已实现日盈利百万的常态;其"淘宝网"虽是新生,却呈现着勃勃生机。

所以,在马云做出上述预言之前,阿里巴巴副总裁金建杭也曾对媒体表示,"最大私募"资金将加强阿里巴巴从B2B到C2C一线上对"网商"的服务能力和市场拓展能力。

细心者不难发现,阿里巴巴于2004年1月还曾宣布,投资3700万美元打造自己的电子商务软件研发中心,从技术上保障"网商"规模的扩展。

如此种种,不得不让分析人士有着相应解读:马云的阿里巴巴正在提前布局,欲在电子商务普遍应用之前,以强大的资金为竞争对手设置一个更难竞争的门槛。

"在一个兵荒马乱的互联网时代,电子商务的战争马上就要打响。现今的阿里巴巴是兵马未动,粮草先行。"说这话时,"风清扬"马云,侠气外露。

4. 阿里巴巴的网商时代

马云从未将自己定位为商人。在他的理念中,阿里巴巴也绝不仅仅是在做生意。关于"网商时代"的预言,可谓是马云对于中国互联网发展的又一重要理论性贡献。

不过,当马云做出这一预言的时候,他或许并未意识到在向产经界宣布——阿里巴巴提前开启了一个新的行业时代。

如前所述,从阿里巴巴诞生的那一刻起,"创建一个伟大的企业"便被马云融入进了阿里巴巴的理念之中。四年多来,随着阿里巴巴商业奇迹的逐个实现,"网商"便日渐清晰地萦绕在马云的脑海之中。

按照马云的理解,所谓的"网商",就是运用电子商务工具在互联网上进行商业活动的商人与企业家。

阿里巴巴曾有过调查:2004年,在中国1000万家中小企业中,有1/4的企业开始尝试或熟练运用电子商务工具;在近1亿的中国网民中,已有600多万人开始进行网上交易。与此同时,中国的互联网发展环境更是持续改善,进一步优化着各种业务的大规模开展和应用,如《电子签名法》就适时地制定并出台了。

至于2004年的阿里巴巴自身，则像上文讲述的那样，形成了可以为所有人提供免费交易的两大平台。随后推出的"支付宝"服务，更是极大地完善了马云设想中的"中国第一网商平台"，进而几何式催生着中国网商群体。

当然，这属于后话。

让自己赚钱的是商人，让企业赚钱实现发展的是企业家，创造发展模式并惠及众人的，才称得上是伟大的企业家。马云显然属于后者。

基于上述情形变化，马云越来越确定，2004年电子商务最大的成果，将是"网商群体的诞生"。这样的判断，就是阿里巴巴前进的方向。

于是，先知先觉的马云又要造势先行了。

2004年6月，中国互联网业界又一盛大事件发生了——"中国首届网商大会"开启。

"中国首届网商大会"又是在马云的操盘之下召开的，地点同样选在了阿里巴巴的诞生之地——西子湖畔。这一大会的开启，与马云制造的中国互联网史上"最大私募"事件，仅仅相隔了4个月。

前有"西湖论剑"与"中国互联网大会"，现又造势"中国网商大会"，马云的每一次设计，都远远超出了阿里巴巴范畴。与"中国互联网大会"有所不同的是，此次"中国首届网商大会"的主办方，增加了中国电子商务协会。

"只有应用电子商务的企业成功了，电子商务产业的春天才会真正来临。"马云的思考，已然跃至宏大的新经济产业高度。

马云希望借此次网商大会，能为所有网商群体和整个中国互联网事业指明出路，为众多企业提供一个可以广泛交流和相互学习的综合性平台。

响应"中国网商大会"的企业和互联网人很多，不仅包括了国内行业的重要企业和人物，更吸引了国际互联网前沿人员，以及多位国际商界重量级人物。沃尔玛、英格索兰、联想、三菱重工……也都纷纷现身。

当月12日，随着1000多位网商云集杭州，中外媒体的视线又一次聚集到了阿里巴巴和它的缔造者马云身上。

期间，所有人都能感受到，马云"中国互联网教父"的色彩进一步彰显。就连当时全球互联网巨头——雅虎的创始人杨致远，也不禁发出感慨："我第一次听人说网商。我没想到企业除了在互联网上做广告外，还能在上面做生意，这在美国是没有的。在中国的中小企业这里，互联网成为交易的工具，这让我

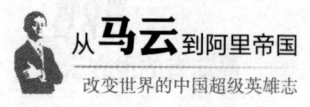

真没想到。"

马云则回应,中小企业网络商人的力量一旦形成,互联网和现实商业社会就将具有极大的发展前景。"中国超过90%的公司是中小企业,它们的活跃和成绩显然会在很大程度上影响着中国经济的态势。"

事实的确如马云所言。

在实际操作中,电子商务不仅可以迅速减少贸易的中间环节,最大化地降低贸易或交易成本,还能最大化地实现众多中小买家和卖家的面对面对接,从而为保证买卖双方的利益提供了最大可能。

再看马云领导下的阿里巴巴,所力推的多种电子商务功能,几乎都是为数量占主体的中小企业量身设置的。

为了验证马云所言及阿里巴巴服务的真实可靠,"中国首届网商大会"甚至邀请了数十家代表企业现身说法,用阿里巴巴资深副总裁金建杭的话说,"把商务还给商人。"

正是在"中国首届网商大会"上,马云亲自主持揭晓了"2004中国十大网商",以示对互联网电子商务创业者的鼓励与支持。他还现场送给所有人一句话:"只要你努力,人生就没有失败。"

已经娴熟于舆论造势的马云,用步步看似无意之举,创造性地引来了中外人士惊呼:在中国互联网短暂的发展历史上,此次大会堪称商人群体应用电子商务的事例第一次大规模浮出水面。它不仅标志着互联网商业的渐趋成熟,也是中国传统企业运用互联网和电子商务方法和成果的一次大展示。

鉴于"中国首届网商大会"巨大反响,2004年9月10日,本着践行"把商务还给商人"这一宗旨,同时实施马云"不是简单地赚钱"创业理念,马云的又一创造性设计落实了——"阿里学院"在杭州正式成立。

"阿里学院"隶属于阿里巴巴。它是中国互联网业内第一个企业学院,秉承马云"让天下没有难做的生意"使命,致力于帮助中小型企业和广大网商掌握并运用新兴的电子商务平台,从而为新型的商业模式最终成功,提供理论和人才成长的保证。

"阿里学院"的成立,在当时被业内外称为"具有现实和深远的意义"。就连国际互联网最前沿的权威学者们,也纷纷预言:马云首创的"网商大会",必将成为全球最具影响力的网商嘉年华。

果然,四年之后的2008年,阿里巴巴主办的网商评选,便升级为"全球十大网商"新角逐。用当时媒体的话说,除了南极洲外,地球上另外几大洲的网商,都加入到了马云的平台。

马云和阿里巴巴人的创新远未停止。"中国首届网商大会"两年后的2006年,马云主导下的阿里巴巴再出杰作,在"网商大会"的基础上推出了"中国网商节"。笔者一度猜测,此节的推出,或许就是当下席卷全球的阿里巴巴"双11购物节"的提前预演吧!

2006年9月9日,首届"中国网商节暨第三届中国网商大会"如期举行,马云主持拟定的主题是"创新赢天下"。除了"中国网商大会"原有重量级人物和精彩场景继续呈现外,多个全球性的采购巨商也纷至沓来。

偶尔一次的成功设计,只能算是小聪明。而一次次的造势设计成功,显然就是教父者长袖善舞了。

随着马云独创性的杰作再次成功,整个中国产经界开始出现一种声音——在阿里巴巴的带领下,杭州有望奠定国内电子商务龙头城市地位。

到了这个时候,马云"网商时代"的设想更为丰富:"搭建一个全球互联网业界展示、交流的平台,展示网商实力,拓展网络消费群,打造全球互联网节日品牌,将杭州作为'天堂硅谷'推向全球。"

2011年9月9日,来自全球的数千名网商再次聚首西子湖畔,第八届网商大会如期举行。与以往不同的,大会名称已由"中国网商大会"改为"全球网商大会"。

在这次大会上,已是阿里巴巴集团董事局主席的马云再次语出惊人:10年之后,中国将没有电子商务,因为电子商务将彻底融入所有企业血液当中,成为企业日常运作的一部分。

到了2012年,当第九届"全球网商大会"在杭州落下帷幕的时候,马云依惯例发表演讲。面对着来自全球的数千位互联网和商界顶级人士,马云公布了"1万亿宣言":

> 我记得,2003年整个淘宝网的交易不到1个亿;今年,淘宝网的交易会超过1万亿,变化1万倍。网商从一个概念到今天落地,变成中国主要的一个商帮力量。

面对着惊讶的与会者,马云进一步表示:网商正在改变、影响着整个中国。

"1万亿是什么概念？这1万亿意味着中国排名第十七位的省份GDP，全中国超过万亿GDP的省只有十八个。"

人们似乎不再愿意去怀疑马云的预言或判断，在过去的那些年里，马云的预言已经或正在一一变成现实。

于是，传统大型零售商国美、苏宁、物美等，传统大型品牌商联想、海尔、李宁等，都先后自建电子商务营销平台；消费者的购物习惯被迅速改变，"网淘"已经成为越来越多人的日常行为；围绕电子商务平台，衍生并发展出了多个行业；物流商、软件服务商、营销机构等，仿佛雨后春笋……

"教父"者，自有"教父"者的思想世界。

至此，马云开创的中国式电子商务模式，已然跳出了旧有的行业界限，不仅野蛮成长着，还从根本上开始颠覆原有的商业模式和环境。

马云补充说："今天，你在地球上任何一片土地上说，我想成立一个国家已经不可能。但在互联网虚拟世界里面，你可以共同创建一种新的文明世纪，新的商业氛围。"

如此马云，十足的思想家派头！

第 7 辑

马云的"鞭炮与炸弹"

"扔鞭炮是为了吸引别人的注意,迷惑敌人;扔炸弹才是我真正的目的。不过,我可不会告诉你我什么时候扔鞭炮,什么时候扔炸弹!"马云说这话时,"中国供应商"正加速推动阿里巴巴日新月异,"淘宝网"则像阿里巴巴独设的24小时全球展销会。

尽管如此,此时的阿里巴巴也仅仅验证了马云整个电商体系的前半部分。所以,"外星人"马云,又开始了他擅长的"鞭炮与炸弹"策略……

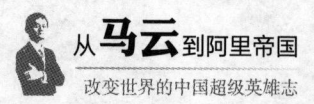

一　撼动互联网的赌局

人们常说，人生就像一场赌局。照此说法，不惑之年的马云似乎已经赌过了多次。而且，他的赌还是连环式的，犹如阵阵涟漪，不曾平静。在马云的对赌意念里，别人看不清前景的时候，才有可能是成功的重要机会。

1. 亿元的冒险之举

这里先接着讲述前文提过的"淘宝网"。

"淘宝网"的诞生，正值阿里巴巴深陷 SARS 危局的特殊时期，也是马云团队刚刚实现盈利之际。

与其他人创业不同，马云原本希望"淘宝网"可以低调，以躲开强大的对手，识时务者为俊杰。让马云无奈的，当阿里巴巴挺过 SARS 危局因祸得福的时候，"淘宝网"也被迫提前公开。

被迫公开的那段时间里，马云没有收到多少祝贺，更多的是种种质疑。甚至连一度支持他的同事和投资者，也对初生的"淘宝网"给出了"太冒险"的评价。

重压之下，马云难受了半年，"淘宝网"也争鸣了半年。好在马云创业沙场几次沉浮，抗压能力自然非常人可比。

即使面对各路投射而来的质疑，被马云视为阿里巴巴秘密武器的"淘宝网"，依然让他心生傲慢。"这是一个非常有发展前途的试验，现在需要资金和资源的投放。不过，1亿人民币只是第一期投资。"

被迫提前公开的"淘宝网"，为何会饱受质疑呢？

除了上文已讲述的相关内容外，最根本的原因还是阿里巴巴当时所处的成长环境。

如前所述，马云决定秘密定制"淘宝网"的时候，阿里巴巴虽然得以盈利，但盈利周期并不长。用业内同行的话说，阿里巴巴自身的造血功能仍处在不顺畅的早期阶段。

再看"淘宝网"的设计定位,完全不是阿里巴巴创建时确立的B2B领域,而是另辟新径——C2C。放眼那时的中国C2C市场,远没形成规模,利润空间并不大。不少互联网人甚至预期,整个C2C市场仍处于极不确定的状态。

这样的判断,的确有着令人信服的理由。当时,中国C2C市场上的龙头公司易趣,每个季度的交易量也只是6000万元左右,易趣从中可以获得的服务费用,更是不及1/10。

除了以上不利的发展环境,另一个令众人难以理解的,便是马云给"淘宝网"定下的免费招牌。"淘宝网"自诞生那一刻起,就有别于其他C2C网站,沿用了阿里巴巴倡导的免费服务模式。

再联系到阿里巴巴其时正身陷SARS危局,未来生死如何,尚无法确定。所以,当"淘宝网"不得不公开的时候,马云首先听到的自然不是祝贺,而是"又一个冒险之举",或者干脆是"作秀"之说。

喜欢语不惊人死不休的马云,则以马云式的回应,让自己淡定。

"1亿元只是小钱。阿里巴巴曾经有段时间被人质疑,说是一个发布各种消息的BBS如何盈利呢?可是最终确实盈利了,去年的收入有1亿。现在阿里巴巴凭借着这一大笔资金作C2C又遭质疑,我倒觉得这是件好事。因为大家都看不清前景的时候,我才觉得这个机会能够赚钱。"

果然,马云的对赌又一次迎来了光明。

2003年年底,SARS的阴影尚未彻底散去,阿里巴巴不仅实现了B2B逆市成长,就连新生不久、尚未正式注册的首个全资子公司——"淘宝网",也呈现着惊人之变——两个月内获得了几万用户。

这种变化,也只有那个时候的业内精英才能读懂。从诞生时需要自己人"抬人气",短短两个月后却拥有数万用户,倍受质疑的"淘宝网"可谓成功地华丽转身。于是,质疑的声音消失了,取而代之的,有同事们的钦佩,业内同行的羡慕和嫉妒。

回首当年秘制"淘宝网"的心路历程,欣慰之余,马云其实也曾有忐忑不安。

就像上文说的一样,那时整个阿里巴巴的处境都非常艰难,用危境形容亦不为过。马云采用隐蔽手段,研发出来的"淘宝网",最初只能靠自己人"抬人气",处境显然更为凶险。

如此情境之下,马云却不允许"淘宝网"借用阿里巴巴已有的品牌影响力,适度进行业务延伸。他不断地勉励员工,"淘宝网"要从零开始,"要搞大"。

显然,那个时候,马云也意识到了"淘宝网"存在失败的可能。这样的心理准备,使得他不希望"淘宝网"的任何不确定性,连带给已经取得成长的阿里巴巴。为此,马云才残酷地要求"淘宝网"创建团队,务必咬牙坚持,直至在阿里巴巴之外建立起相对独立的服务体系。

"电子商务的壮大是不可否认的事实,只是投资回报也许要在三五年之后,但我们不可能等到那个时候再来投入。一个亿并不算什么,只是投石问路。也许我们的石头大了点,但从发展的眼光看,是完全有必要的。何况我们现有的资金完全有能力承担,我们亏得起。"

马云这样感慨着"淘宝网"的华丽转身。

然而,新生的"淘宝网"让人担忧的考验还不止于此。有一道生死屏障迅速横亘在了它的面前,几乎无法跨越。这道屏障,就是率先进入中国市场的"eBay"。

就像前文讲述的那样,"eBay"进入中国电子商务市场,可谓用意深远。这家 C2C 的国际巨头以 1.5 亿美元的大手笔合并了易趣,并迅速推出联名拍卖网站"eBay 易趣"。为了不重蹈在日本的覆辙,eBay 首席执行官梅格·惠特曼甚至表现出了罕见的胸怀与信任,给予了时任易趣首席执行官邵亦波充分的自主权。

"eBay"似乎也不愿意掩饰自己的意图,它进入中国市场的日子,选在了马云公开"淘宝网"仅仅 4 天后。

中外舆论睁大了眼睛,所有人开始屏住呼吸,大家都意识到了,中国互联网市场将会上演特殊的生死大战。

2. 后背汗毛都竖起来

"淘宝网"是阿里巴巴首个 C2C 子产品,马云的用意也绝非玩一玩;"eBay"是全球 C2C 老大,中国市场更是其必得之地。所以,大家眼中的中国互联网生死大战,显然就是马云秘制而成的"淘宝网"与高调进入中国的"eBay"之战。

"真正的对手,就是当你看见他,后背的汗毛都会竖起来。'eBay'就是这么一个让人肃然起敬的对手。"这话是马云说的。

早在"eBay"与易趣开始结合的时候,马云曾坦承,阿里巴巴秘密进入

C2C，根本目的就是为了防止"eBay"杀入中国的时候，阿里巴巴没有防御能力。

时隔不久，当双方心照不宣、拉开对阵的时候，马云又有意淡化着"淘宝网"与"eBay易趣"的竞争。"中国市场空间那么大，大家都有发展的空间。"马云甚至不忘强调，"我不可能灭了易趣，这个时代，只可能自己杀自己。"

马云的淡化表态，未能打消业内的相关看法，众人已经闻到了C2C市场正悄然升起的硝烟味。

其实，"淘宝网"还未公开之际，国际C2C巨头"eBay"已经先行收购了中国C2C市场龙头公司——易趣30%的股份。只不过，那会儿"eBay"并不知道阿里巴巴已有了"淘宝网"，它习惯性地想当然，自己在中国市场理应无敌。

而当马云不得不公开"淘宝网"的时候，"eBay"非常意外，随即便以超乎寻常的动作100%兼并了易趣。这种强龙压境的意图，完全符合马云最初的判断。

不妨两相对比，看一看此时的"eBay易趣"。

上文有过部分交代，易趣网由哈佛商学院毕业的邵亦波和谭海音两人共同创建。1999年8月，随着易趣网宣布成立，中国电子商务C2C领域的空白得以填补。就像阿里巴巴成立一样，业内对易趣网的创立也有着类似的评价——掀开了中国电子商务发展史上重要的一页。

2000年1月，刚成立半年的易趣网，便得以坐享"国内拍卖网站之冠"的称号。在CNNIC发布的当期《中国互联网络发展状况统计调查》中显示，易趣网以最高票数位居国内拍卖网站之首，成为中国最受欢迎的拍卖网站。

当全球互联网业进入严冬后，2001年夏天，国际C2C巨头"eBay"首席执行官惠特曼到了上海。在那里，这位执行官首次见到了易趣网创始人邵亦波和他的团队。此次相见，驱动着惠特曼做出了一个决定，她要在看似"并没有什么电子商务"的中国投下赌注——借用易趣图霸中国C2C电子商务市场。

此时的"eBay"，已经在全球32个国家和地区的网上拍卖市场赢得了压倒性胜利，甚至已经成为全球网上拍卖的代名词，是无可争议的电子商务领袖。当时，全球比较成熟的网上拍卖市场中，"eBay"已经霸占了美国、德国、英国、加拿大、法国、韩国和澳大利亚等市场。

国际评估机构估测，2002年，"eBay"的市值甚至还超过了第一门户雅虎与第一B2C站点亚马逊市值的总和。

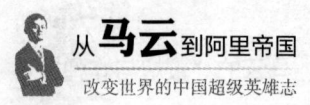

在"eBay"和惠特曼的眼中，2002年的中国，虽然还是一个远未成熟，也未定局的市场，却蕴藏着巨大的成长潜力，必然在可以预见的将来，极大地影响全球网上拍卖市场格局。

鉴于中国正在向2亿互联网用户层级迈进，电子商务市场突起，各路网络公司都竞相留意中国市场的神奇变化，惠特曼面对华尔街投资者和分析师们，不厌其烦地强调，"'eBay'在中国必须赢。"

惠特曼遵循"第一个进入市场并迅速行动"的法则，从决定在中国展开合作时起，她即做出承诺："要什么就给什么，要多少就给多少。"

2002年3月，互联网即将走出寒冬之际，全球电子商务网站巨头"eBay"，收购了中国易趣网33%的股份。易趣也因此获得了3000万美元的有力支持，并在较短的时间内，就占有了中国网络拍卖市场90%以上。

当马云创建"淘宝网"被迫公开后，仅仅过了三天，"eBay"更以1.5亿美元巨额资金，100%控股了易趣。

惠特曼霸道的商业作风，众多耀眼的成绩，使其获得了世界性的荣誉。2004年10月，惠特曼登上了《财富》杂志封面，并取代了时任惠普首席执行官的费奥莉娜，成为"2004年度美国最有权势的商界女性"。

入主易趣后，与马云的刻意低调不同，惠特曼在谈到免费的"淘宝网"时，更多的是不屑。她甚至公开扬言：要让"淘宝网"这个新对手"在18个月内夭折"。

这样的表态，等于是向整个互联网宣示：不管马云愿不愿意，"eBay"指向"淘宝网"的长剑，已想杀气逼人。

为了把新生的"淘宝网"扼杀在摇篮之中，"eBay"采取的最为强悍手段，就是利用自己市场霸主地位，掀起了舆论之战，高开高打。

其间，"eBay"不惜花费2000万美元巨资，与新浪、搜狐等中国几大门户网站签署了排他性协议，以极端方式对"淘宝网"进行围剿。正是凭借如此巨额的广告手笔，2004年中国互联网广告市场三甲中，"eBay易趣"赫然位居次席。

眼看着"eBay"来者不善，马云等人感觉到了"淘宝网"面临的险境，但他还是用自己的方式展现着淡定："市场会发展的，中国的网民有8000万，可是易趣的用户只有500万，剩下的7500万潜在客户就是我的机会。"

说这话的时候，马云抬眼看到的，却是颇为震撼的一幕——巨幅的"eBay

易趣"广告牌，正挂在他办公室对面的大楼上，场面杀气正浓!

3．不对称的生死游戏

"eBay"对"淘宝网"的死亡威胁，透露出了两个基本事实：一是"淘宝网"虽是新生者，成长潜力却让"eBay易趣"感受到了威胁；二是"淘宝网"成长势头虽然不错，与C2C巨头相比却形同蚂蚁。

所以，当马云豪言"7500万潜在客户就是我的机会"时，当时很多人都认为他有"人心不足蛇吞象"的嫌疑。

面对强敌剿杀，马云和"淘宝网"创建团队并没有被吓退。他们谨慎应对，专注于每一个细节，竟然在悄然无声中实现了成长。特别是SARS危机完全解除后的2004年，中国电子商务市场格局呈现明显变化——主要竞争者相互间的涨消趋势开始微妙。

2004年4月，中国互联网实验室的统计数据显示，"淘宝网"流量与"eBay易趣"表现相当，用业内的话说，"淘宝网"已经进入中国领先电子商务网站行列。

同年7月2日，中国互联网实验室最新统计数据显示，"淘宝网"当日的网络人气指数为662.67，同期变动增长为9.84%；而"eBay易趣"相应的两个数字则分别为426.13和0.84%。

这一变化预示，"淘宝网"已经后来者居上。

半年后的2005年3月，亚洲零售在线一份统计数据显示，"淘宝网"每天的用户增长数达到了19025名，超过了中国C2C市场的先行霸主——"eBay易趣"。这表明，"淘宝网"确立了中国C2C电子商务市场第一的位置。

流光容易把人抛，红了樱桃，绿了芭蕉。

情势的迅速变化，有人惊奇，更有人不可理解。

那么，"淘宝网"被迫公开后短短一年多时间里，就从后生的蚂蚁，锐变成超过"eBay易趣"的大象，马云们究竟是如何实现的呢？

客观认清自己的蚂蚁地位，以阿里巴巴浸入灵魂的价值观为凝聚力，充分发挥"湖畔花园"的创业精神，在看似淡定之中紧张潜心布局，如此便是马云和"淘宝网"创建团队当时的真实写照。

最能体现"淘宝网"潜心布局的，便是马云执意坚持并细心呵护的免费模式。

对于"淘宝网"的免费模式,起初阿里巴巴内部质疑声就很多,至于互联网业内,更是普遍不被看好。然而,当蚂蚁"淘宝网"果真后来居上时,权威分析者便给出了总结式的评论——免费正是"淘宝网"战胜"eBay易趣"的根本原因。

事实上,"淘宝网"靠免费取胜的看法过于表象。这是因为,受阿里巴巴创建之时免费取胜策略的启示,当时与"淘宝网"一样采取免费策略的网站并不在少数。有的已经提前死掉,而生存下来的也都没能实现像"淘宝网"一样的作为。

对于这方面的疑问,马云曾有过表示:"并不是因为对手是收费的,我们为了与他们竞争,所以就采用免费的方式,不是这样的。我们最后选择免费,完全是因为市场,因为客户。在此之前,我们从来没有做过C2C的市场,在制定政策的过程中,也一直在测试。最后我们发现,在这个时候,市场的培育是最重要的,也因此我们找到了一条能够取胜的办法,那就是免费。以免费打开市场,赢得市场。"

所以,就像后来一些权威学者们解读的那样,功能的完善和对客户体验的细微用心,才是蚂蚁"淘宝网"最终取胜大象巨头"eBay易趣"最根本的原因。

"淘宝网"秘密上线时,曾出现这样戏剧性的一幕。

2003年5月,阿里巴巴内部网上有一则帖子引发了高度关注。"注意,有一个制作思路与阿里巴巴极为相似的网站正在迅速地聚拢人气,它的名字叫'淘宝'。"

与大多数关注此帖的阿里巴巴人不同,包括马云在内的阿里巴巴高管们,却对此不闻不问,一派不以为然的样子。管理层的漠然态度,刚开始让阿里巴巴员工很奇怪,随着时间的继续,竟然引起了很多员工的愤怒。

眼看众人愤意难平,马云和管理层无法再继续沉默。于是,两个月后的一天,马云便不得不展现出前文讲述的那一幕——提前公开阿里巴巴秘密武器"淘宝网"。

"淘宝网"的被迫公开,也直接加速了全球C2C巨头"eBay"进入中国的步骤,并带来了美国电子商务的运作模式。

马云似乎也有些措手不及。他最初视"淘宝网"为阿里巴巴防火墙的计划宣告彻底破产,不得不以初生者的姿态正面迎战来势汹汹的"eBay"。

当"eBay"毫不掩饰剿灭"淘宝网"的意图之后,马云反而多了一份淡定。

他也彻底放下了"防火墙的初衷",立下了要变"淘宝网"为中国未来最大个人网上交易平台的心志。

对阵双方既然已坦诚相见,余下的便是智慧和技战术的较量了。

进入 2004 年,"eBay"开始将主要精力放在整合原有易趣与自己全球平台的对接上。过程中,"eBay 易趣"的动荡不断加剧,并直接导致对"淘宝网"的竞争策略出现重大误判。特别是"淘宝网"针对中国国情的免费策略,"eBay 易趣"整个管理层竟然都没予以重视。至于马云团队精心设计的中国本土化系列营销,"eBay 易趣"更是懒得理会,一味沉迷在自己高开高打的霸道式套路中。

市场本就波谲云诡,更何况是在互联网领域。

精明的马云,第一时间就抓住了"eBay 易趣"的严重失误,他和"淘宝网"团队潜心布局,充分利用了这一难得时机。几个月后,幼小的"淘宝网"便实现了上文展示的指标性增长。

此役后,就连马云也坦承,"不是淘宝做得足够好,而是'eBay'给了我们太多机会。"在马云的得意中,"淘宝网"的坚韧给了自己攻击"eBay"狂傲的重要时机。

国际互联网业内,权威者们也有着共识。

当年,"eBay"将易趣网的中国平台与其全球平台对接,意图就是将中国网站"全球化",却未能考虑中国市场的特殊性,同时也没能很好地处理用户对平台变动造成的不适与不满,进而导致自身弱点的无限放大。与之相反,"淘宝网"却能在马云的亲自指挥下,充分发挥了阿里巴巴团队营销与公关的本土优势,精心布局公关活动,极尽可能地创造着"淘宝网"持续的舆论影响力。最重要的,马云团队从没轻易放过直击对手软肋的任何时机。

如双方对阵最火热之际,媒体舆论一度持续地扩散着一个细节:"eBay 易趣"在进行全球化的对接中,碰到中国用户与国外用户出现名称相同的情况时,往往优先选择保存国外用户的名称。随着这种做法被媒体不断披露后,国内用户的不满情绪日益扩散,进而直接破坏了"eBay 易趣"的市场可信度。

面对此种局面,"eBay 易趣"却未能给予足够重视,更没有及时做出有效应对,放任不利信息的持续放大,终于导致了其原有竞争优势受到严重损害。

反观马云的"淘宝网"团队,甚至派有专人,以负责监控各大网络论坛。除了时刻保持对网民的影响力外,重要目的就是要利用自己的市场公关,激发网民进入"淘宝网"享受免费服务。

不战而屈人之兵。

用心终会赢得机会，努力终能获得回报。马云团队的矢志不渝，得到了舆论的广泛认可。临近 2004 年年底的时候，包括海外一些主流媒体在内，纷纷发出了对"淘宝网"有利的分析评论，进而形成了"eBay 易趣"最不希望看到的市场氛围。

至今，当人们回顾中国互联网与电商发展历程时，往往都会提及"淘宝网"对阵"eBay 易趣"的这一经典案例。

然而，回到"eBay 易趣"来说，它不希望看到的局面，似乎才刚刚开始。

二　将战斗进行到底

2004 年，阿里巴巴颁发了自己的年度最高奖——CEO 特别贡献奖。有幸获得这一荣誉的，便是阿里巴巴集团公关部。消息公开后，众人都明白，当"淘宝网"的人气和用户数量一路直追"eBay 易趣"的时候，马云已然发出了信号——将战斗进行到底。

1. 困住电商的信用枷锁

随着"eBay 易趣"感到压力日渐逼近，后来居上的"淘宝网"也被一个似曾相识的问题困扰着。

这个问题，对于马云和阿里巴巴管理层而言，并不陌生。因为，在阿里巴巴 B2B 网站成长的过程中就曾遇到过。说白了，就是网站访问量与交易量极不成比例。

前文讲述过，当阿里巴巴 B2B 网站的访问量和咨询量持续增加，甚至达到相当可观量级的时候，其有效交易量却相当时间里并没有相应增长。一段时间观察后，马云才意识到，国内社会环境中存在着久远的"诚信问题"。正是为了解决这一问题，"中国供应商"全面开打后，马云团队便推出了前文中的"诚信通"。

如今，人气迅猛增长的"淘宝网"也开始面临着同样的问题。可是，在马云看来，诸如"诚信通"类的产品，似乎也不能彻底化解"淘宝网"面临的问题了。

"'淘宝'发展了几个月之后，就遇到了一个瓶颈。经过调查，我们发现很多买家虽然表现出了强烈的兴趣,但是到了最后付钱的关头,就犹豫了。中国人即便在逛商场的时候,还习惯货比三家。而在网上要为一件自己只看到了图片而没有看到实物,更不知道开店的卖家究竟是男是女、是老是少,就贸然把钱花出去,对中国人的心理的确是一种挑战。"马云这样回忆当时的情形。

有业内资深人士也曾这样描述当时的情景:"淘宝网"的发展遇到了瓶颈,网上交易双方无法像线下交易那样,一手交钱一手交货,买方担心给钱之后收不到货,卖方则担心发货之后收不到钱。

这种因诚信问题带来的尴尬局面,正是当年整个中国电子商务发展面临的一大瓶颈。

综观当时中国电子商务领域,只有一些比较大的 B2C 网站,才能够承诺送货上门、货到付款。从业内的角度而言,C2C 正是因为相关交易方式面临的成本风险都较高,一般的卖家不太愿意接受。

卖家们最常用的方式,就是要求买家先将购物款打入卖家的银行账户,通过传真或者其他方式确定银行汇款单的真假,然后才会将货物发出。同样的原因,买家也有自己的风险顾虑。

所以,对于一般消费者来说,线上卖家要求的模式,等于是把风险全部转移到了买家头上。

当买卖双方都不肯做出让步的时候,作为"网商"理论的奠基人,马云不得不拿出所有人都能认可的智慧了。

鉴于之前"中国供应商"及"诚信通"产品的有效经验,马云很快意识到了解决"淘宝网"困局的根本要点。他适时提出了"买家的态度决定电子商务生与死"的重要观点。

很快,马云挑选了团队中坚力量,开始了全力寻找网上安全交易的某种手段。就像马云所说,"只有解决了支付问题,才能够做到真正的电子商务。"

正是这样的认识和坚持,如今的中国电子商务发展史上,又有了马云写下的浓重一笔。

2003 年 10 月,一个经历了周密设计、低调协商的新功能产品,开始在"淘宝网"正式亮相。

在马云和阿里巴巴管理层的战略意识里,这个新产品从亮相那天起,就被赋予了非凡的使命——以建立电子商务的诚信体系为己任,不单是为了解决支付问题,更是为了解决买卖双方的诚信问题。

肩负这种使命的,便是前文提及、今人皆知的"支付宝",中外舆论也称之为"马云电子商务长征路上的点睛之笔"。

那么,"支付宝"究竟是个什么样的宝贝儿呢?

概括性地说,"支付宝"就是现今国内"第三方支付"[①]的一种,是"淘宝网"针对网上交易的风险而特别设计并推出的一种安全付款类服务。

从实质上看,"支付宝"形同如"淘宝网"的信用中介,在买家确认收到商品前,由"支付宝"替买卖双方暂时保管货款的一种增值服务。

换句话说,在通过"第三方支付"平台的交易中,买方选购商品后,使用第三方平台提供的账户进行货款支付,由第三方通知卖家货款到达、进行发货;买方检验物品后,就可以通知付款给卖家,第三方再将款项转至卖家账户,从而完成整个交易过程。

马云则用一句话概括了"支付宝"的本质——"支付宝"实质上取消了卖家对交易的控制权。

或许正是这种原因,"支付宝"服务刚推出的时候,才有很多卖家认为,这是"'淘宝'不信任自己的一种表现"吧!

面对卖家的质疑,马云坚持自己的原则,强调"不让步,只能说服"。他真诚地呼吁,网上交易的价值就在于方便,就在于人们安坐家中能完成交易的快捷。如果买家因为安全顾虑而放弃了网上交易的快捷和方便,这个市场就不能做大,卖家的利益也将会从根本上受到损害。

唯天下之至诚,为能化。

终于,马云团队的执着和用心,再加上"支付宝"使用者发生的正面变化,换得了"淘宝网"广大卖家用户的理解和信任。

至此,马云团队设计并创建的"淘宝网+支付宝"体系,开启了成功的第一步。

紧随其后的,便是需要说服掌管着各路资金来往的银行部门。因为"淘宝网"推出的"支付宝"服务功能,银行的密切合作是必须的。至于能不能说服

[①] 所谓第三方支付,是指一种特别的交易支持平台,它是由与产品所在国及国内外各大银行签约,并具备一定实力和信誉保障的第三方独立机构所提供的。2011年5月26日,中国央行公布了第一批获得第三方支付牌照的27家企业名单,如阿里巴巴旗下的"支付宝"、易趣的"安付通"、腾讯旗下的"财付通"、eBay旗下的"PayPal"等。截至2014年,我国第三方支付机构已经超过了250家,第三方支付市场规模则达到了16万亿元。

成功,连马云在内,当时的阿里团队心里也没有底。

事情的进展似乎有些出人意料。

阿里巴巴派人前往银行进行说服的过程,很是顺利。以至于当年亲历者也禁不住感慨:很多事情只有做了才知道有多难,只有做了才知道没有想象中那么难。

在舆论坊间,阿里巴巴成功说服银行部门配合自己的"支付宝",则被指称为:再次证明了偏执狂马云的公关能力。

然而,任何事物都是双面的。

接受阿里巴巴"支付宝"的推行使用,绝不仅仅是在一定程度上增加了银行工作量那么简单。即便是在21世纪,市场化程度并不完善的中国银行体系,仍然不习惯去为一家公司提供例外的金融服务。长久以来形成的"无义务"意识,不仅存在于国内银行体系,就连众多领域的相关机构及公众,也都习惯性地存在着。

所以,"支付宝"与银行正式合作的消息被公开之前,才有那么多的人主观认为,"支付宝"准备做的业务,银行部门完全可以自己进行并赚取利润,即便不合作也属意料中的事。

果真如此的话,马云团队精心设计的"支付宝",或许就是另一番景象了。而今天的中国电子商务格局,也自然需要重新来过。

幸运的是,集"骗子"和"疯子"之名的马云,不会介意再多一个"偏执狂"的名号。在他的理念中,没有做不到,只有想不到。

当时的情形,不妨跟着马云简短回忆。"我们去找银行,首先找的是中国工商银行杭州分行下属的西湖支行。没想到他们的热情很高,西湖支行方面仅仅几天后,就帮我们约到了总行企银部人员进行洽谈,而且很快就把这个设想敲定了下来。"

至此,马云团队设计并创建的"淘宝网+支付宝"体系计划,又成功地实现了关键性一步。

业内与学界在分析"支付宝"得以成行的原因时,除了归因于阿里巴巴已经响亮起来的名声外,也曾深入剖析了银行部门出人意料的热心表现。

代表性的意见认为,假如银行部门对"支付宝"采取不支持、不合作的态度,那么阿里巴巴和"淘宝网"大量交易产生的小笔业务,必然需要通过银行柜台走账。这样虽然能带给银行部门相应的手续费和利息收入,但相对于银行

临柜人员的工资和整体运营支出而言，显然不能相补。反之，支持拥有大量个人业务的"淘宝网"和"支付宝"，并提供相关服务，银行不仅不会有任何损失，反而会节约大量不必要的成本，甚至由此获利。

暂且不管上述分析是否符合当年的事实，有一点却已经被肯定了：阿里巴巴团队又一次用自己的创新和热情，印证了马云"做过了你才能知道"的智慧心语。

2. 全额赔付的"支付宝"

解决了卖家信任和银行支持的关键两步，"支付宝"便有了技术性推广的可能。但是，中国社会信用体系的长久缺失，依然无形地阻碍着马云和阿里巴巴的伟大梦想。

为了捅破最后一层窗户纸，偏执狂马云又前无古人地抛出了一个惊呆国人的承诺——"你敢用，我就敢赔！"

马云指向的，正是"支付宝"。而他抛出的"你敢用，我就敢赔"，则被业内称为"马云版全额赔付"制度。

马云的"全额赔付"承诺，犹如一剂强心针，立竿见影。几乎就在瞬间，"淘宝网+支付宝"的电子商务交易活动，开始爆棚式地增加。时日不久，"支付宝"就成为中国电子商务活动中使用最为广泛的网上安全支付工具，引起了中外业界的高度关注。

不妨简要梳理一下，那个时期的几个关键节点。①

2003年8月17日，"淘宝网"诞生百日，拥有会员50147人，上网展示商品达9万余件，日浏览量155万，每日新增产品7000余件，每日新增会员达2500人。

同日，"淘宝网"宣布：从当年8月18日起，前10万名经过身份认证，并在"淘宝网"上有过一次买卖经历的会员，将享受3年之内不收取交易服务费的优惠。

2004年4月5日，"淘宝网"与当时国内最新锐的互联网娱乐综合门户网站21CN结盟，联手推出强力购物拍卖网站。这次合作，被业内称为"'淘宝网'布下实现其抢占国内个人交易市场领先位置的重要棋子"。

---

① 此处部分数据来源于阿里巴巴公开文献，其余引自2005年7月7日人民网。

随着"支付宝"产品推出，以及"淘宝网"与工商银行、招商银行等金融机构达成全方位合作，2004年5月8日，电子商务类网站月均网民覆盖数调查中，"淘宝网"首次超越国内外同行，跃居第一。

2004年7月2日，中国互联网实验室的统计调查结果就显示，"淘宝网"的网络人气指数达到了662.67，同期变动增长为9.84%。同日，"eBay易趣"的这两个数字则分别为426.13和0.84%。

2004年7月7日，"淘宝网"宣布自己成为国内C2C市场的领军企业，有效在线商品数量达到近200万件，交易成功率的增长速度是年初的3.57倍。同期ALEXA的排名显示，"淘宝网"在全球已经排至第18名。

2004年7月18日，阿里巴巴宣布在原有1亿元人民币投资的基础上，对"淘宝网"再次追加投资3.5亿元人民币。当年8月，"淘宝网"总交易额达到1.2亿元人民币，9月份单日交易额更是突破了700万元人民币。

2004年10月22日，《互联网周刊》"中国商业网站100强"在北京正式揭晓。"淘宝网"作为中国领先的C2C电子商务网站顺利进入100强，并一连拿下"最具潜力5佳网站"和"最佳网络服务类"两项大奖。

2005年1月，为援助印度洋海啸受灾国家，上百名知名企业家和文艺界人士捐献物品在"淘宝网"上拍卖，所有物品一元起拍，共募资290万元人民币。

2005年4月25日，"淘宝网"公布2005年第一季度经营业绩，在线商品达800万件，注册用户有630余万，网站浏览量超过7000万/天，其商品交易金额超过10亿元人民币，稳居国内个人电子商务网站第一位。这也是中国个人交易电子商务网站第一次单个季度成交金额突破10亿量级。

　　…………

"支付宝"的诞生是开创性的，在中国商业发展史上具有划时代的意义。

一方面，"支付宝"给了"淘宝网"成长的坚强动力，形成了阿里巴巴业务体系中至为关键的一环。另一方面，"支付宝"解开了妨碍中国电子商务发展的无形枷锁，粉碎了其成长路上的社会性绊脚石。

中国产经界也给了"支付宝"高度评价：作为互联网企业的一个创举，"支付宝"是电子商务发展的一个里程碑，它的出现搅动了中国电子商务支付的一池活水。

时至今日，如果关注财经舆论，依然可以经常读到或听到这样的评语："淘宝网"能够最终超越"eBay易趣"，坐上国内C2C头把交椅，一个最重要的武

器就是"支付宝"的精彩站台。

当然,"支付宝"只是初获成功,马云等人也没有头脑发昏。他潜意识里,甚至变得更为谨慎小心,精心设计着每一个要走的步子。特别是面对PayPal①、雅虎等国际网络支付巨头时,马云的警觉一日强于一日。

还是那句话——最好的防守就是进攻。

马云开启了进一步的统筹安排。

"支付宝"率先与四大国有银行及招商银行系统完成了无缝对接,一个初步的全国性安全资金支付平台自此形成。紧接着,"支付宝"又与VISA展开了合作,更是把阿里巴巴开创的安全支付手段推向了全球。

为了适应阿里巴巴的整体发展,也是为了心中那个伟大梦想加速实现,2004年12月,马云酝酿多时的"支付宝"公司成立了。自那时起,名为"浙江支付宝网络技术有限公司"的"支付宝",成为阿里巴巴旗下又一家独立子公司。

当然,那个时候的"支付宝",大部分日常工作还是围绕"淘宝网"进行的。阿里巴巴当时的统计数据即表明,"支付宝"完成的交易量占到了"淘宝网"交易量的80%;而"支付宝"每天3800万元的交易额中,也有70%来自"淘宝网"。

繁华之下也有隐忧。

"支付宝"独立后,很长时间内却没有实现赢利。只不过,马云似乎不急不躁,他甚至表现得胸有成竹。

2005年3月2日,浙江支付宝网络科技有限公司与中国工商银行达成战略合作伙伴协议,共同进军开始兴起的电子商务第三方支付平台。半月后的3月16日,马云又在杭州出席了"支付宝"公司与中国农业银行携手的仪式。

在此期间,"淘宝网"首度披露"支付宝"经营数据。仅以2005年2月为例,在"淘宝网"每天仅通过"支付宝"达成的交易金额,平均在350万元人民币。

2005年6月,在马云和马蔚华的共同主持下,"支付宝"和招商银行实现

---

① PayPal于1998年12月由Peter Thiel及Max Levchin建立,是一个总部在美国圣荷塞市的在线支付服务商。PayPal与电子商务网站合作,但是用这种支付方式转账时,PayPal会收取一定数额的手续费。2018年12月,世界品牌实验室发布《2018世界品牌500强》榜单,PayPal排名第402位。

了全面合作。

2007年8月28日,"支付宝"的又一个重要日子在香港亮相了。这一天,"支付宝"联合中国建设银行、中国银行,开始了全面拓展海外业务的征程。

此时的"支付宝",经过三年时间的发展,用户已经超过了4700万,覆盖了整个C2C、B2C以及B2B领域;日交易总额达1.5亿元人民币,日交易笔数超过78万笔;已从原本只为"淘宝网"用户服务,实现了为阿里巴巴中国网站用户,以及其他非阿里巴巴旗下网站提供支付平台服务的标志性转变。

当时即有业内分析认为,跨境交易过程中支付瓶颈的突破,无疑是数千万"支付宝"用户的福音。它意味着,超过4700万的"支付宝"会员,将可以使用人民币在"支付宝"合作的境外网上商家购买外币标价的商品。

至此,"淘宝网"和"支付宝"相伴相生,成长非凡,马云精心构建的"双宝"计划威力初见,引得国内外惊呼声一片。

如《21世纪经济报道》《21世纪商业评论》等国内主流媒体,当时就发出评论认为,"支付宝"在中国金融服务及网络安全并不完善的环境下,最大限度地保证了网上交易的安全,大大促进了中国电子商务的健康发展。

而易观国际[①]2006年则用具体的数据来表现"支付宝"的强大影响力:阿里巴巴的"支付宝"位于网上支付第三方市场首位,几乎占据了半壁江山。

马云和阿里巴巴团队的精诚表现,从互联网业内延伸到了整个社会,赢得了广泛认同。

2005年,"支付宝"获得"网上支付最佳人气奖""中国最具创造力产品""中国互联网电子支付第一名"和"中国互联网产业品牌50强";

2006年,"支付宝"获得"用户安全使用奖""用户最信赖互联网支付平台""卓越表现奖之创新产品奖"和"中国IT十佳市场策划"。

如此盛名之下,悄然之间,马云团队离自己的品牌梦想,也前进了一大步。

再看马云,则以颇具中国乡土风味的语言,向人们诠释了阿里巴巴已然成

---

① 易观国际是中国互联网和互联网化市场卓越的信息产品、服务及解决方案提供商。它成立于2000年,每年为来自全球的互联网和信息技术厂商、电信运营商、行业用户、投资机构、政府部门的高级主管,提供信息产品、服务及解决方案。易观国际的专业队伍大多拥有博士、硕士学历,80%以上来自于国内外知名学府,不仅具备技术、行业和研究咨询专业背景,还具备丰富的商业经验。2012年,易观国际提出的"互联网+"理念,已成为中国新经济发展的重要战略之一。

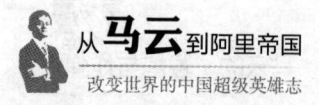

形的大网商架构。

"在阿里巴巴这个家族里面,阿里巴巴是大哥,是个泥腿子,弟弟妹妹们上学都靠他来供;'淘宝'是小妹妹,性格活泼,可以拿着大哥给的钱买花裙子,现在已经初中毕业,将来要念复旦大学;老三是'支付宝',才上小学,但是它最有志气,要在将来扛起养家的重担。所以,大哥决定不惜一切代价供他上美国的哈佛,因为那里有最先进的思想。"

如此别样心境,至今仍为人们津津乐道。

3. 马云的"哥伦布计划"

将"支付宝"比作最有志气的"老三",预示了马云内心更长远的目标。

这个更长远的目标究竟是什么呢?

可以简要还原一下马云创建阿里巴巴的路线图:外经贸部 EDI 中心→阿里巴巴网站(B2B)→淘宝网(C2C)→支付宝→……

其中最新产品,也就是马云说的老三"支付宝",原本是为了因应"淘宝网"的交易风险而精心设计并推出的。由此可以有个基本研判,马云更深远的战略性思考与布局。

在设计打造"支付宝"之前,马云已经关注国际支付巨头 PayPal 很长时间了。马云当时即认为,如果阿里巴巴不做第三方支付,觊觎中国市场颇久的 PayPal 等支付清算组织,必将很快将中国市场纳入自己的势力范围内。如果任其发展,中国电子商务行业的命脉等于拱手让人了。

"做'支付宝',绝对是使命感使然。我们要跟 PayPal 抢时间。"后来,马云也这么坦承。

既然有了基本判断,就像"淘宝网"一样,马云决定提前下手。马云的这种意识,后来被商界总结为一句话——喜欢猜对手下一步要干什么,然后先到那里去等着!

唯一让马云也没有想到的,则是"淘宝网"与"支付宝"并行后,短短 3 年,用户群体便覆盖了中国整个电子商务领域。

相比国内其他第三方支付平台,"支付宝"具有两个明显且相互推动的强势特点:其一是"支付宝"拥有着强大的客户支持后盾。包括"淘宝网"和阿里巴巴网站的庞大客户群体,都是"支付宝"天然的支持力量,为其他任何第三方支付平台无法比拟;其二是"支付宝"独特的安全保障设计与宽广的金融服务支撑，在当时的中国电子商务领域属于开创性的，且独一无二。

除了上文中与工商银行、农业银行、建设银行、招商银行、上海浦发银行等各大商业银行，以及与中国邮政、VISA 国际组织等各大机构，都建立了战略合作关系之外，"支付宝"还与中国建设银行合作，发布了国内首张真正专注于电子商务的联名借记卡——"支付宝龙卡"，以及电子支付新产品——"支付宝卡通业务"。

如此高密度、高规格的行业支持协作，使"支付宝"很快成为国内金融机构最为信任的网上支付合作伙伴之一。

2005 年，在马云"支付宝"的先锋影响下，依赖互联网的支付清算组织竞相而生，仅国内就达到了 30 余家。就这样，原本很平常的 2005 年，便成了"中国电子支付年"。

然则，马云有一句思想家式的心得——当大家都要做某件事的时候，我们就不要做了，因为做死的机会太大。

"中国电子支付年"带给行业一派兴奋劲儿的时候，马云开始意识到了某种危险。

"因为一些公司有热钱支持，外来的资金投入到国内，吸走了大笔的国内资金，这是非常危险的事情。而有些公司又因为本身实力的问题，一旦倒闭，将导致资金流失，会给本来就不成熟的市场带来巨大的打击。"后来，马云如此披露当年内心的担忧。

或许因为早就有着这样的使命般思考，几年之后，当"雅+巴"之争日渐白热化时，马云才甘冒"违背契约精神"的指责，也必须拿回"支付宝"的控制权吧！

这自然也是后话。

因为首先意识到了危险，马云第一时间做出完善"支付宝"的部署。

2006 年 6 月，"支付宝"在国内支付领域推出了首张数字证书，向所有经过认证的网民免费发放。这一步骤的执行，使得阿里巴巴各个网站上的购物者，都有了身份的确认与全额赔付的双重保障。

不仅如此，为了打消部分舆论所称的"支付宝"可能挪用沉淀资金的疑虑，"支付宝"又于 2006 年 5 月与中国工商银行签订了托管协议，将自己所有客户交易保证金统一存放在工行备案允许的资金托管账户里，由工行总行对"支付宝"公司交易资金情况进行综合审计，并每月提交资金托管报告。

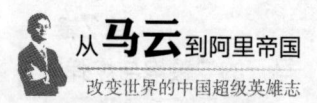

预则立,不预则废。志在伟大企业的创业者,必先有伟大的思想智慧。

马云和团队的精心运作,自然得到了应有的回报。这个回报,往往都会超出马云在内的所有人预计。

2008年,也就是"支付宝"正式独立后的第四年,阿里巴巴和整个中国电子商务的发展,都迎来了具有重要意义的一年。

马云得意大将邵晓锋,对当年情形有过这样的总结:

> 我们在全球独创了中间担保式的电子支付模式,打破了电子商务发展的最大瓶颈,极大地促进了电子商务的迅猛发展,协助创造了"淘宝网"迅速崛起的奇迹;我们不断地丰富着我们的产品和功能,服务于"淘宝网"以外数十万家商户,横跨数十个细分行业,成功树立了各个行业的电子商务典范;我们通过运营商缴费、公用事业性缴费、教育考试收费等方式,开始渗透到人们日常生活的方方面面;我们还在海外市场应用、无线互联网应用、B2B电子支付应用等方面,收到了很好的运营效果;资金流入渠道从单纯的网银,发展到由网银、卡通、网汇E、线下现金网点等多种方式全方位布局,合作银行也已经发展到40多家;最为重要的,"支付宝"所肩负的建立电子商务诚信体系的重大任务,在这四年中已经打下了坚实的基础,即将产生重要作用。

也就是从2008年开始,"支付宝"开始了独立后的全面整合转型,它的独立身份得到了广大商户信任。

根据《2008年中国网络购物调查研究报告》数据,"支付宝"已经在国内电子支付领域形成了一家独大的既定事实,其市场占比达到了76.2%。2007年全年"支付宝"所产生的支付流量,超过了2006年全国第三方支付和企业网上支付流量的总和。

2007年12月31日,"支付宝"注册用户数突破6200万;2008年5月6日,"支付宝"用户数超过了8000万;2008年9月1日,使用"支付宝"的用户更是超过了1亿的大关,日交易笔数超过200万笔。

2008年7月,"支付宝"公开宣布,完成了马云所称的"哥伦布计划"。这意味着,"支付宝"已经完成了自己的全面升级,正式进入高速增长的特别时期。

当"支付宝"宣布完成自身重大升级的同时,"淘宝网"也公告宣布完成了系统的全面升级。马云也开始对外放话,将追加20亿元投资,开启"淘宝网"的下一个战略计划。

马云如此动作连环,看客们都有点儿应接不暇了,大有"山中方一日,世上已千年"之势!

而不少业内者开始意识到,马云正加快步伐奔向他心中的那个目标。同业者难得一致地认为,马云"哥伦布计划"的成功实施,让"支付宝"将得以承载超过2亿的用户量级,具备了在较短的时间内赶上甚至超越PayPal的实力。

这个时候,作为全球最大支付商的PayPal,用户数约为1.8亿左右。

很快,"支付宝"得以覆盖"淘宝网"之外的电子商务公司。如"当当网""巨人""卓越亚马逊""戴尔"等多个国内外商务公司。

一年半后,数字提前验证了人们的预测。2010年3月14日,"支付宝"的使用人数超过3亿。

至此,阿里巴巴的"支付宝"不仅超越了PayPal,成为全球最大的第三方支付厂商,更以3亿人的用户量胜过了中国最大的商业银行机构——拥有2亿多个人客户的中国工商银行。

此时的"支付宝",成立尚不到6年光景。

"支付宝"的超常成长,自然带动着日益庞大的资金流量,影响到的用户人群也越来越惊人。阿里巴巴统计数据显示,2008年"支付宝"的交易量就达到了1200亿元。与此同时,它还在继续保持着三位数以上的增长速度。

如此野蛮生长,似乎也出乎了马云和管理层的预料。尤其是马云,在得意阿里体系成长前景的同时,焦虑却也一天多过一天。

众所周知,网络支付是伴随着互联网和电子商务发展到一定程度而出现的,整体上属于新兴行业,基本上处在国家金融监管的空白地带。当它还很弱小的时候,尚无法形成某种波动或影响;而当其以不寻常的速度迅猛壮大,则会因为缺乏正常监管而风险陡增。稍有不慎,就很容易坠入深渊。

一位负责阿里巴巴业务的银行界人士的话,就颇具代表性:交易量一年是几十亿的时候,增长百分之百或许没有什么感觉。但是到几千亿的时候,你还是增长百分之百,这个对银行的影响就非常大了,对它的触动自然也非常大。

正是在此种背景之下,中国网络支付业务量的几何级放大态势,开始引起了政府及相关管理机构的注意。

于是，自 2010 年开始，有一句话经常被马云挂在嘴边——随时可以将"支付宝"贡献给国家！

三　多宝布局的大阿里

当后来者"淘宝网"荣光频现的时候，曾经的老大"eBay 易趣"员工们却连声叹息——"你知道世界上最痛苦的事情是什么吗？就是你知道缺点在哪里，但是你无法改变！"

1. 跨国巨头的中国痛

前文说过，随着马云团队"淘宝网"和"支付宝"计划的快速实施，一度欲置其于死地的"eBay"，完全是另一番境况。

未进入中国市场之前，"eBay"就毫不掩饰自己对中国市场的野心。进入中国之后，"eBay"高层以日本市场的教训为戒，摆出了一副势在必得的霸主派头。

在大手笔快速控制国内易趣之后，"eBay"则公开放言，要在 18 个月内扼杀掉马云的"淘宝网"。话音才落，"eBay"便着手对易趣进行脱胎换骨式的全球化改造。改造的标准，便是大规模复制其美国模式。

全球化原本是开放、包容和发展的世界性共识。尤其是冷战结束后，全球化更被赋予了特殊的时代意义。大到一个国家，小至一个企业，全球化一直被视为有独特作用的现代化发展模式。

然而，20 世纪末期的亚洲金融危机，以及 2008 年源自美国的世界金融危机相继爆发，全球化日益显现出了它的双刃性。

不幸的是，"eBay"对易趣的全球化改造，僵化地放大了全球化伤害性的一面。

"eBay"尚未全面掌控易趣的 2003 年，曾派出在德国的二把手史奈生出任易趣的 COO。当"eBay"着手全面收购易趣，原总裁谭海音去职，创始人邵亦波升任董事长，有着西方教育色彩的原首席财务官郑锡贵转任首席运营官。

如此人事安排，显示惠特曼要在邵亦波左右形成两大护法的角色。与邵亦波相比，史奈生和郑锡贵都已在"eBay"工作了很长时间。

不过，随着左右护法的到位，原易趣管理层里的中国大陆人士纷纷被拿下，换上了中国台湾人。这样的变动，在当时的舆论分析中被视为"eBay易趣"策略性的一大错误。

2004年间，即"eBay"全面控制易趣后，无论平台对接，还是人事调整，都在围绕着"eBay易趣"自身的全球化进行。

当年9月17日，易趣与"eBay"的国际平台正式实现对接，"eBay易趣"的平台得以升级。无论是从页面形式，还是交易程序和信用评价机制等，原来的易趣全面看齐"eBay"。不仅如此，服务器也被搬到了美国，"eBay易趣"的服务需要通过中美海底光缆进行，由此导致服务不稳定的被动局面。

更令业内不解的，身为国际C2C老大的"eBay"，却未能利用自己拥有的技术优势及时解决出现的新问题。

于是，"eBay易趣"全球化平台对接10天后，便出现了前文讲述的大量老客户无法适应，进而大规模逃离的可怕情景。

即使面临着越来越被动的不利局面，"eBay"的掌门人惠特曼却依然痴迷推崇美国模式，甚至一度嘲讽马云潜心推进的"淘宝网"本土营销。

与"eBay易趣"僵化推行全球化不同，"淘宝网"在2003年底就请来了SUN公司，精心设计并重新构架自己的网站，继而不断进行底层优化，适时开发推出新的服务功能。当"eBay易趣"服务器不稳定的时候，"淘宝网"的稳定服务开始展现魅力。加上市场部门适时推出了"蚂蚁搬家"活动，时间不长，大量从"eBay易趣"逃离的用户，就被"淘宝网"吸引了过来。

2004年4月12日，对"eBay易趣"来说是一个转折性的日子。此前与之紧密合作的搜狐也悄然转身，与其本土对手"淘宝网"结成了战略联盟。搜狐与"淘宝网"的掌门人还一并表示，"将共享各自活跃庞大的用户群体，线上线下共同合作，推动中国网上购物和网上拍卖的进步。"

搜狐舍"eBay"转而选"淘宝网"，显然是看重了后者高效的本土策略，以及技术创新和支付途径方面的实际优势。

数据很好地反映了"eBay"和"淘宝网"的此消彼长。

2004年4月，中国互联网实验室的统计数据显示，C2C的后来者"淘宝网"与跨国巨头"eBay易趣"的流量实现了相当，前者迈入中国电子商务领先网站行列。3个月后，相关统计结果则显示，"淘宝网"的网络人气指数已然超过了"eBay易趣"。

进入2005年之后，马云主导"淘宝网"团队，充分利用了"eBay易趣"不

服水土的错误,以及日益明显的弱点,一次次给予实实在在的打击。如此这般,"eBay 易趣"距离完败也就为期不远了。

2004 年底,易趣创始人邵亦波离任 CEO,被外放常驻美国,"eBay"中国首席运营官郑锡贵接过权柄。不久,中国国际电子商务大会举行,当郑锡贵以"模式可以复制,优势不可超越"为题进行激情发言的时候,业内便有了这样的共识——拥有双宝的马云团队,可以坐看行业首位了。

屈己者能处众,傲己者难置身。

或如此,才有了前文马云的感慨:"不是'淘宝'做得足够好,而是'eBay'给了我们太多机会。"

2. 本土得意的"淘宝网"

"eBay"失意,"淘宝网"正得意。

进入 2005 年后,"淘宝网"更加注重口碑传播。像前文讲述的那样,在原有 3 年免费服务的基础上,马云又适时公开承诺"支付宝"执行全额赔付制度。这些策略的组合执行,无异于为"淘宝网"架起了发射器。

"eBay"也并不是一味地等着。2005 年 1 月,"eBay"宣布在中国投资 1 亿美元,全面阻击"淘宝网"的迅猛成长。只是,"eBay"的努力为时已晚,未能改变"eBay 易趣"市场份额全面下滑的态势。

当年 3 月,亚洲零售在线相关数据显示,"淘宝网"已经成为中国 C2C 电子商务市场排名第一的网站,其每天用户增长数超过了直接竞争者"eBay 易趣"。

同期,"eBay"财报显示,"eBay 易趣"成交额约为 1 亿美元,低于"淘宝网"10.2 亿元人民币的数额。

这样的两组数据正式表明,"淘宝网"与"eBay 易趣"的相争,终于在 2005 年第一季度实现了逆转。

后来,中国社会科学院互联网发展研究中心公布的《2005 年中国电子商务市场调研报告》中,有着这样的话:"阿里巴巴和'淘宝网'分别夺得 B2B 和 C2C 市场份额的第一名。"

这份报告同时认为,"eBay 易趣"虽然还保持着良性态势,但由于受到中国本土公司的强力冲击,其市场占有率已缩水近六成,市场份额仅约 30%。

分析易观国际发布的《2005 年第四季度中国 C2C 市场数据》,也不难发现,

"淘宝网"的市场份额已经占据国内 C2C 市场六成以上，几乎是"eBay 易趣"所占市场份额的两倍，且仍然保持着高速增长的趋势。

或许是出于学习对手所长的目的，2005 年 12 月 20 日，抛弃免费策略 4 年之久的"eBay 易趣"，突然对外界宣布，将推出"免费开店"等价格调整计划。一时间，也引发了业内讨论，众人普遍认为，"eBay 易趣"拉拢市场、扩大用户基数的用意十分明显。

这样的举措，虽然获得了一些分析人士的力挺，但市场的残酷格局已非一时之计所能改变。套用当时马云的一句话，"'eBay 易趣'的免费策略来得太晚，它已经失去了翻身的机会。"

仅仅过了 20 天，2006 年 1 月 19 日，"淘宝网"便宣布了全年累计总成交额——80.2 亿元人民币，年增长率超过 700%，瞬时惊羡整个互联网和电商圈。

4 天后，2006 年 1 月 23 日，阿里巴巴宣布购得新浪网所持有的"一拍网"全部股权，即日起"一拍网"停止交易，并入"淘宝网"。

4 个月后，新的数据又出来了——"淘宝网"以 67.3% 的市场份额，大举超越"eBay 易趣"29.1% 的市场份额。

与时间一起推进的，便是"eBay 易趣"的恶化局面。

2006 年 7 月，"淘宝网"注册用户达到 2250 万，一举超过"eBay 易趣"。当年底，"eBay 易趣"的市场份额已经下降至 20%，"淘宝网"则上升至 72%。

尽管"eBay 易趣"管理层不断调整变换，其市场下滑的惯性似乎更加有力。曾经不可一世的"eBay"已然回天无力。

就在 2006 年，中国网民突破 1 亿。与此同时，"淘宝网"又在中国创造了一个可能——互联网不仅仅可以作为应用工具存在，它最终会构成生活的基本要素。因为，越来越多的都市人，不再去周边的商厦逛街购物，而是改为上"淘宝网"逛街了。

当年底，阿里巴巴内部调查数据显示，每天有近 900 万人上"淘宝网"逛街。于是，"淘宝网"也成为亚洲最大购物网站。

鉴于局面的实际，面对 CNN 在内的国内外媒体，马云淡然宣布："淘宝网"与"eBay 易趣"的战争已经结束。

随后的 2007 年，"淘宝网"总成交额突破了 400 亿元人民币，稳稳占据着国内 C2C 市场注册用户总数和总成交额两项第一的位置。

得意之余，马云和团队并没有忘形。

"如果在一年半前,易趣采取免费策略的话,'淘宝网'今天的日子就没有这么好了。但现在'淘宝网'气势起来了,易趣就没机会了。'淘宝网'应该把易趣当作反面教材。"

很多研究者们在分析当年国内C2C两强竞争场景时,也大都认为,"eBay易趣"的管理层并不是对自己不够熟悉,而是不如"淘宝网"团队更熟悉中国的市场规则和人们的消费习惯。

比如,在运行模式方面:"eBay"是以交易为中心,强调人从属于交易、附属于交易流程,不鼓励会员之间建立私人关系,表现了十足的西方实用主义;反观"淘宝网",则鼓励发展私人关系,并设有"淘宝区域商盟"私交网络,更贴近东方人注重人际交往的习惯。

而在服务方式方面:"eBay易趣"不仅抛弃了一度执行的部分免费服务方式,为了保证能收到服务费,防止买卖双方网下进行交易,还严格禁止在商品介绍和留言处置放各自联系方式。更令人不解的,甚至连QQ号或ID都被封掉,以彻底断绝买家向卖家索取详细商品信息的可能。虽然用户们意见很大,但"eBay易趣"凭借自身尚存的优势地位,一直无动于衷。

反观"淘宝网",一开始就采用了免费服务模式,不仅允许商家与买家直接沟通,还引入了即时聊天工具,以加强买卖双方的沟通和交流。甚至允许卖家公开自己的联系方式,以方便可能的线下交易。

"淘宝网"完全不同于"eBay易趣"的服务理念和设计,受到了绝大多数中国网民的欢迎。所以,当淘友们用"淘宝旺旺"不受限制地畅聊时,"eBay易趣"的冷清也就在情理之中了。

3. 完败中国的世界第一

2006年12月20日,时任"eBay"总裁兼CEO的惠特曼亲临中国上海。随后,她与TOM在线[①]CEO王雷雷联合宣布,双方将组建一家合资公司,整合"eBay易趣"现有业务,由王雷雷担任CEO。

---

① TOM在线于2004年3月10日登陆美国纳斯达克上市,不久又于中国香港创业板上市,2007年相继退市。自其成立后,便定位为中国无线互联网公司,以提供多媒体增值产品及服务为主。公司业务产品主要为向年轻时尚的群体提供包括无线互联网业务、网络广告在内的服务,范围覆盖了短信、WAP、无线音讯互动服务(IVR)、内容频道、搜索、电邮服务及网络游戏多个方面。

对于 TOM 在线来说，这是与"eBay"在线通信业务合作之后的又一大举措。

按照双方当时的约定，新的合资公司中，"eBay"和 TOM 在线分别持股 49% 和 51%，"eBay"将旗下"eBay 易趣"转入新的合资公司"TOM 易趣"，并由 TOM 全权打理。惠特曼甚至在新闻发布会上透露，双方合作模式与"eBay"在台湾进行的合作十分相似。

惠特曼的宣示等于公开表明，"eBay"在中国大陆的合资故事将与其在中国台湾如出一辙——不干涉 TOM 在线的日常运营，也就等同于预告"eBay"完败中国。

"eBay 易趣"的完败，虽然是在业内意料之中，但是当消息真的公布之际，很多人还是禁不住发出了感慨。一些权威人士更是深谙其理，将其与"淘宝网"的全面竞争称为中国 C2C 市场的世纪之战。

笔者归纳为以下几点，以飨读者。

其一，"淘宝网"团队力量让马云引以为傲，同时反衬出了"eBay 易趣"团队"好看不好用"。例如，就双方员工的学历水平看，"淘宝网"团队远低于"eBay 易趣"团队。但是，"淘宝网"的全员股权激励政策，似乎更能显现出一个团队的执行能力。

其二，在关键主流用户的把握和体验上，"淘宝网"定位的准确性远高于竞争对手"eBay 易趣"。特别是"淘宝网"充分发挥了本土服务的特长，将自己的主流客户定位在时尚、女性化、年轻、小商铺模式；相反，"eBay 易趣"却选择了国际化、男性、年龄大、熟悉技术、较高收入等关键点。两相比较，谁更适合当时中国的电子商务发展实际，不难知晓。

其三，在营销策略的制定和操作上，"淘宝网"的实效也远胜于"eBay 易趣"。例如，为了绕开"eBay 易趣"在大门户上的广告封锁，"淘宝网"投入大量资金与众多个人网站合作，让自己的宣示出现在地铁、公共汽车和电视上，并充分借用中国文化热点和影视名人来扩大自己广告的眼球效应。结果表明，同样的广告费用，"淘宝网"获得的效果几乎是"eBay 易趣"的数倍。

其四，"eBay 易趣"因自身所限，在中国也面临着一些行业性的发展困难。例如，中国人民银行在 2006 年准备拟定的《支付清算组织管理办法》中规定，外资只能持有网上支付企业一定比例股份。类似要求也一定程度上加重了"eBay 易趣"在市场竞争中的不利境地。

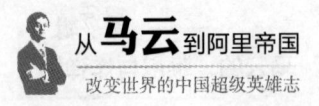

综上所述，当惠特曼果真宣布与TOM在线合作后，鉴于"eBay"在中国市场上已然不利的处境，大多数人自然会第一时间想到，"eBay"在有意撤出中国市场了。

对于"eBay"公布的新消息及新部署，马云没有表现出任何吃惊。《中国企业家》等媒体第一时间采访了他。

在马云看来，"这件事传了很长时间了，所以也没有什么好去想的。"

针对一度传出的"'eBay'有意与阿里巴巴进行合作"的说法，马云表示，自己并没有说过类似的话，但阿里巴巴一直都认为可以跟"eBay"展开合作，只是"eBay"把双方的竞争看得过于激烈。

应媒体的要求，马云还就"eBay"与TOM的合作给出了评价。

马云认为，合作对双方都是有好处的，对TOM肯定不错。马云强调，在无线、门户等几个业务上，王雷雷他们都做得不错；而"eBay"也极其聪明，它可能是这个世界上唯一明白电子交易市场是赢家要通吃的。

马云如此评价，在媒体看来很与众不同。

关于这方面的感悟，笔者对马云也有相应的总结。在马云的意识里，电子商务市场中第一和第二的区别很大，第二会活得很累，也会很残酷，所以市场中的第一和第二只能活一个。

按照马云的理解，"eBay"正是此前在日本市场输给日本雅虎后，就把日本业务关掉了；而今又把中国业务交给了TOM在线，显然是希望TOM的执行力能帮助它在无线支付、无线商务方面进行拓展。至于中国电子商务交易市场，"eBay"就等于是放弃了。

关于自己的"淘宝网"，马云也在当时发表了公开评论，"'淘宝网'已经不存在任何危险了"，因为它已经完全超越了美国"eBay"的布局，进入了真正的商务时代。

"我们自己都不可思议，'淘宝网'现在怎么会变成这个样子了？越来越厉害，越来越强大。因为'淘宝网'现在竞争的角度已经完全变掉了，它们要开创未来。今后，'淘宝网'还将因为改变了中国或者世界什么东西（不是打败了谁），而变成什么样！"

当年在说这些话的时候，马云几乎不再掩饰自己对"淘宝网"的得意之情。

10余年后，再重新品味马云上面的话，他的得意，绝不仅在于"淘宝网"彻底击败"eBay易趣"这一结果那么简单。笔者觉得，当年马云的得意，更主要在于他预感到,阿里巴巴团队离那个"伟大企业"又实实在在迈进了一大步。

不管是以帮助中小企业客户转型创建的 B2B 平台,还是为买卖双方创建开放、全球化在线交易平台的"淘宝网",以及开创了中国信用支付模式的"支付宝",已然构成了马云致力打造的阿里巴巴梦想体系。

正是在这个体系的基础上,21 世纪的第一个 10 年里,中国社会才基本形成了一个开放互动,甚至逐步领先世界的电子商务生态系统。

与这个生态系统相伴而成长的,便是本书开始章节中详细展示的阿里巴巴帝国。

话题继续回到"淘宝网"。

随着"eBay"的完败,"淘宝网"与阿里巴巴 B2B 一样,共同构成为大阿里的左膀右臂。

2008 年 3 月 8 日,"淘宝"千岛湖项目顺利发布,打造了用户中心、交易中心,交易核心过程也进行了重组,全部重写了代码。同年 4 月 10 日,"淘宝"B2C 新平台淘宝商城上线。

2008 年 7 月 5 日,"淘宝网"举行五周年庆典,马云宣布将对"淘宝网"追加 20 亿元投资。

2008 年 9 月 4 日,阿里巴巴集团宣布,正式启动"大淘宝战略"的第一步——旗下"淘宝网"和"阿里妈妈"即日起合并发展,共同打造全球最大电子商务生态体系。当月,"淘宝网"单月交易额即突破百亿元大关。

2008 年 12 月 30 日,杭州市政府宣布,"淘宝城"项目正式开工。根据规划,未来 5 年内将投资 13.6 亿元,在余杭区 450 亩的土地上建成世界上第一个"淘宝城"。

在此期间,马云出席"北京网商论坛"时,首次谈到了"淘宝网"的远景。"'淘宝'要在 10 年以内超过沃尔玛。在我死之前,要看到'淘宝'一年的交易量超过 10 万亿元人民币。"

马云喜欢语不惊人死不休,只是这一句话惊到的,是整个互联网和商界。

那么,"10 万亿元人民币"究竟是个什么样的概念呢?

2007 年,我国全年社会消费品零售总额也仅为 9.4 万亿元人民币;3 年后的 2010 年,我国全年社会消费品零售总额为 15.7 万亿元人民币。

可想而知,马云当时的豪言,又自然地被不少人嘲讽为"狂妄"。

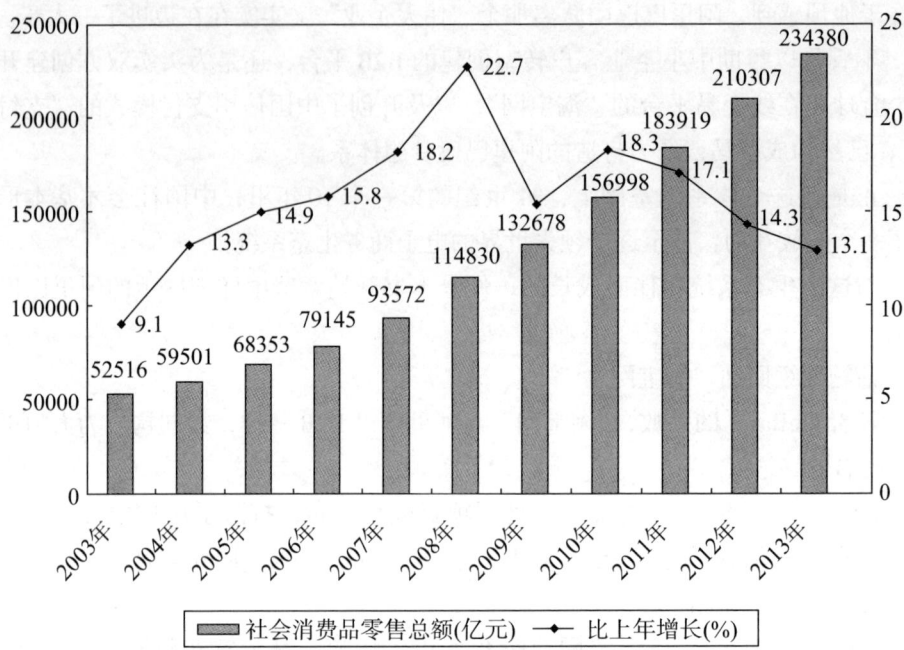

2003—2013年中国社会消费品零售总额变化比较

数据来源：根据国家统计局历年公布的官方数据整理制作。

或许是真的被马云惊到了，论坛一时寂静无声。

马云接着强调，"淘宝网"每年的交易量都以几何级速度增长：第一年是8亿元，2007年是433亿元，2008年会突破1000亿元。

后来的数据，完全印证了马云的预判。

2008年，"淘宝网"交易量达到999.6亿元人民币，较上年再增131%。而根据中国商务部同期的统计数据，"淘宝网"的交易量于2008年已超过国内最大综合零售商的销售额，占到了全国零售总额的1%。

2008年11月，在一次演讲中，著名经济学家吴敬琏也公开赞扬马云和阿里巴巴："阿里巴巴的'淘宝'，让创业就业的门槛更低，惠及更多人，充分鼓励个人的积极性，而不是占用国家庞大资源去解决就业问题。"

"'淘宝'是完全有机会改变、影响很多人的生活。沃尔玛确实对人类的制造业和流水线造成影响，下一个影响，我坚信会从电子商务中诞生出来。"

马云的豪言，似乎不再让人怀疑。

4．互联网的十月围城

有人说，马云能忽悠；也有人说，马云是金句之王；还有人说，马云的许多预言简直神乎其神。

不管是忽悠，还是神乎其神，2008年"北京网商论坛"上的"10万亿元人民币"宣言之后，中国电子商务领域的阿里巴巴系，果然如马云预言的那样，不断上演着真实的传奇。

马云发表"10万亿元"宣言的当年，"淘宝网"的交易量就实现了千亿元的预测目标，并直接创造了43.7万个就业机会。

2010年1月1日，"淘宝网"发布全新首页。新首页秉持"清晰、精致、迅捷"的原则，强化搜索功能、页面导航和对新用户的引导帮助作用。3月，"聚划算"上线，成为"淘宝网"旗下的团购平台。同年4月，"阿里妈妈"变脸为"淘宝联盟"，成为中国最大的广告联盟。11月，"淘宝商城"启动独立域名。

这一年，"淘宝网"的交易额达到4000亿元，日均超过同期香港一天的零售品销售总额。

就"淘宝网"的传奇表现，有互联网学者朋友在自己博客中这样写道：2008年的时候是1000亿，2009年的时候是2000亿，2010年达到了4000亿。可以推算一下，2011年大概是多少，2012年又大概是多少！

笔者查阅相关数据文献，2011年底的时候，"淘宝网"一天的销售额便超过了上海同期一日的零售品销售总额。

面对自己也未曾预料到的增长强势，马云不得不及时调整自己的设计规划，并将大阿里的结构体系设计计划大幅提前。

2011年6月16日，阿里巴巴宣布，旗下亚洲最大的网络零售商"淘宝网"将分拆为三个独立的公司——沿袭原C2C业务的"淘宝网"（taobao）、平台型B2C电子商务服务商"淘宝商城"（tmall）和一站式购物搜索引擎"一淘网"（etao）。三家公司独立运营，共用技术和公共服务平台，分别由陆兆禧、曾鸣和彭蕾负责。

国内外舆论迅速给出了反应，马云原来的"大淘宝战略"随之提升为"大阿里战略"。

其中，"淘宝商城"早于2008年4月上线运营。与"淘宝网"经营多年的

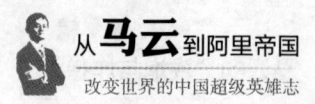

免费C2C不同,"淘宝商城"从一开始提供的就是一种收费服务。它瞄准的是那些成交量大、商品质量高、信誉好的"优质商家",以向这些商家收取费用的方式实现盈利。

2009年初,随着前文讲述的阿里巴巴"十大网商"称号诞生,第一批"淘品牌"也相应出现。包括韩都衣舍、麦包包、绿盒子、奥朵等在内,100多家网络原创品牌在"淘宝网"的扶持下,月成交额都迅速上升到了500万元以上。

"淘品牌"的设计与推行,在业内被认为是马云潜心构建的又一个经典创意,并使得众多传统企业不得不迅速重视此前并不太在意的网上贸易。

到了2009年底,"淘宝商城"全年销售额突破100亿元。

一年后的2010年11月11日,"淘宝商城"迎来了其发展史上具有标志性的一天,即本书开篇讲述过的"淘宝光棍节"。

这一天,"淘宝商城"创造了9.36亿元的总交易额,诞生了181家日交易额百万级店铺、11家日交易额千万级店铺。

就是从这一天开始,传统线下品牌对于电子商务的认识出现根本性转变,进而又驱动着"淘宝商城"迎来新的转折点。

大量传统品牌掀起了进驻"淘宝商城"的竞赛。它们的推广资源与"淘品牌"、C类大卖家等早期商城商户,不可避免地出现了冲突。

如一些传统线下品牌入驻商城后,往往拒绝在招商等市场活动中与"淘品牌"同台登场,表现出了很强势的一面。同时,这些品牌企业不仅出手大方,在商品质量和货源上还都能得到保障。

遵从为所有客户完整服务的"淘宝",显然缺乏足够的理由来拒绝入驻心切的传统企业们。事实上,这应该是马云和"淘宝网"管理层一直以来梦寐以求的。

然而,众多中小卖家却不得不面临着日益被动的不利局面。因为,在越来越多强势传统企业的包围下,中小卖家要想再成为"淘品牌",已经越来越不容易。不少中小卖家甚至觉得,"淘宝网"原有的扶持计划及品牌设计,已经没有最初想象的那么美好,有的甚至对继续下去的前景产生了怀疑。

正是在这种背景之下,当阿里巴巴宣布"淘宝网"一分为三的时候,大部分中小卖家对重返 C 店顾虑重重①。

那么,"淘宝网"为什么要进行一分为三的调整呢?

面对媒体,马云当时曾有过相应的解释。

一方面,网上消费购物变成了众多人生活的必需,阿里巴巴需要为消费者提供更专业和个性化的服务;另一方面,随着内需潜力的释放,企业加快转型,越来越多的企业使用电子商务来服务客户,阿里巴巴必须从以"淘宝网"为主的消费者平台,升级为无处不在的供需双赢的消费平台。

基于以上重要变化,马云认为,"淘宝网"分拆可以创造更大的产业价值、公司价值和股东利益,未来也不排除整体上市的可能。

马云的解释引来了很多业内人士的猜想:三家淘公司("一淘网""淘宝网"和"淘宝商城")有各自专注的方向,具有相同开放与平台化基因,又是各自领域的龙头老大。这种既独立又协同的布局方式,将会对整个中国电商市场的未来格局产生根本影响。

果真如此,马云也一定准备好了,做个新经济产业革命者。

"欲求文明之幸福,必经文明之痛苦,而这痛苦,就叫做革命。"这是一段台词,曾令海内外众多华人激情涌动。它来自 2010 年上映的电影《十月围城》。

这部电影公映不久,一场被舆论称为中国商界的"十月围城",也惊天动地上演了。这场围城的主角,换成了马云和"淘宝"。

2011 年 10 月 10 日,"淘宝商城"公布新收费规则,将入驻卖家的技术服务年费由 6000 元提高至 3 万元和 6 万元两个档次,保证金也从 1 万元提高到 5 万元、10 万元和 15 万元三个档次。

消息一经公布,大量中小卖家开始表达不满。

他们中的很多人认为,"淘宝商城"提升资金和运营门槛的主要目的之一,就是迫使那些同时在商城和 C 店运营的中小卖家重新考虑,以做出选择。5 万元到 15 万元不等的保证金,虽然可以逐步返还卖家,却对卖家的运营能力提出了更高要求。那种单纯依靠举债借钱,但又不具备运营实力而进驻"淘宝商城"的做法,已经显得越来越不现实。

10 月 10 日当晚,一些大卖家遭到了网络攻击。第二天,号称 5 万多人的

---

① C 店就是个人店铺、集市店铺的统称,属于电子商务类词汇。C 即是 Customer 简称,代表个人;B 是 Business 简称,代表商家。在"淘宝网"上,一种是普通的集市店铺,一种是商城店铺(天猫)。换句话说,除了商城店铺外,其他的就是"淘宝网"C 店。

"淘宝中小商家",更是结集到了YY语音,开始有组织地对"淘宝商城"大卖家进行"拍商品、给差评、拒付款"的恶意操作。短时间内,众多大卖家店铺的多数商品都被迫下架,有些甚至全部下架。

随即,"淘宝商城"事件全面升级,引得众舆论一致惊呼——中国商界上演"十月围城"。

例如,当时业界已小有名气的"淘品牌"——"韩都衣舍",就是此次事件中第一批受害的对象。仅2011年10月11日22点到次日,这家日成交近万单、全年预计销售额可达3亿元的店铺,不得不昼夜运营,产品全部撤下货架。因为,客服已经分不清哪些订单是顾客正常购买,哪些订单又是恶意攻击。

各种消息的不断散播,使得参与围攻的人数呈扩大之势。越来越多的商城大卖家,不得不采用与"韩都衣舍"相同的措施,主动停止销售产品,进而遭受重大损失。

情形如此演变,大大出乎马云和阿里巴巴管理层的预料。当围攻事件最为焦灼之际,马云挟侠义之气写下了这样的文字:

> 看着家人的眼泪,听见同事们疲惫委屈的声音,心碎了,真累了,真想放弃。心里无数次责问自己:我们为了什么?凭啥去承担如此责任?也许商人赚了钱就该过舒适生活,或像别人一样移民,社会好坏和我们有啥关系?昨晚上网听见那批人高奏纳粹军歌,呼喊"消灭一切,摧毁一切"伤害着无辜。亲,淘宝人!!

局面并没有因为马云的性情文字,有向好的改变。相反,它开始显露出危险倾向。

这个时候,中央政府机构不得不紧急介入了。国家商务部紧急要求,"从稳定物价和支持小微企业的高度处理'淘宝商城'事件。"马云便站到了第一线。

2011年10月17日下午,阿里巴巴集团在杭州宣布,延期执行"淘宝商城"上述新规定。

危机开始缓解。

随后的媒体见面会上,马云坦承,"有人愤恨我完全理解,今天必须面对这个挑战。5万多人真正参与攻击的是5000多人,有一半是没有'淘宝'店的,有店的人都是被处罚过的,我们不是没有错——我们向大家道歉!"

而后，马云宣布，"淘宝商城"将投入18亿元，出台5项扶持措施，以进一步扶植商城中小卖家发展。

归纳起来，扶持措施主要包括：已在"淘宝商城"的商家，新规执行点延后至来年的9月30日，新商家则于来年1月1日执行；所有商家2012年保证金可减半；用5亿元提供担保支持，增加3亿元投资市场推广和技术平台；不达标商家转入"淘宝网"经营。

一番努力过后，次日凌晨，反对"淘宝商城"新规的众多中小卖家停止了网络攻击行为。中国商界的"十月围城"宣告结束。

若干年后，回忆当时的场景，马云依然感慨："真正感到难过的，是失去了社会的信任和对理想的违背。"

智慧者是习惯积极前行的。在马云看来，中国电子商务正面临产业升级，"我们需要反思我们的做法，为做法欠妥道歉。最应该道歉的，是对我的同事，我给了他们不可能完成的任务。"

危机事件过后，2012年1月11日上午，"淘宝商城"正式更名为"天猫"；2012年3月29日，"天猫"发布全新的Logo形象；2013年底，"天猫"的销售规模达到2200亿元，居当期"B2C购物网站销售规模排名"首位。

完成了这些，马云最初设想的"淘宝"品牌独立三步走计划，基本上已经实现了。

2013年1月，阿里巴巴调整为25个事业部。"淘宝"作为大实体，拆成更小的事业部，当时分别为类目运营事业部、数字业务事业部、综合业务事业部、消费者门户事业部和互动业务事业部。

同年5月10日，"淘宝网"满10周年。走过了10年的"淘宝网"，已经从蚂蚁长成了大象，成为互联网业内的一大巨头。

随着交易规模日益"富可敌国"，为了最大化地减少无证假冒产品，2015年12月24日，阿里巴巴集团与国家认证认可监督管理委员会信息中心正式签署框架协议，双方共同推出"云桥"数据共享机制。

自此，阿里巴巴成为首个直接接入国家CCC认证信息数据库的电商平台。其旗下的"天猫""淘宝""1688"等，均可以实现自动校验和标注，从而避免无证以及假冒认证产品。

第 8 辑

跨越太平洋的情恋

太平洋是地球上最宽广的大洋，却没能隔挡两岸互联网英雄的牵手。2005年8月，北美"互联网第一人"杨致远，向"中国互联网教父"马云伸出了双手，一个震动世界的互联网大事件发生了——称霸世界的美国Yahoo!（雅虎），终于在中国阿里巴巴面前放下了身段。

众人不约而同询问"今后怎么向美国报告"时，马云的回答很是出人意料："杨致远应该向我报告，我是董事长，他是董事，我是他老板，他不是我老板。阿里巴巴并不是雅虎的中国分公司……"

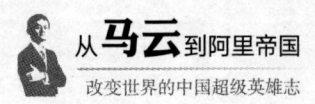

一 放下身段的美国巨头

马云首次见到杨致远,曾被互联网人视为一种幸运。等到他创建阿里巴巴时,却或多或少地被杨致远冷落轻视。短短几年过去,风水真的轮流转,马云和他的阿里巴巴以独特的方式,改变了自己,也改变了傲慢的杨致远和美国Yahoo!(雅虎)。

1. 一封沉默6年的邮件

前文有所述,1995年刚触网时,马云就结缘了雅虎。随后就职外经贸部时,马云又有幸陪同过雅虎创始人杨致远。再后来,便有了那封沉默几年的马云邮件。

当年给杨致远写邮件的时候,马云的阿里巴巴刚刚创办,不久便是突发的互联网寒潮。当互联网人都心惊胆战的时候,马云发出的邮件自然就会石沉大海了。

直到2005年4月,阿里巴巴和"淘宝网"日益繁华的时候,马云才接到6年前发出的邮件回复,回复人正是杨致远。

在回复邮件中,杨致远的话不多,却很是真诚:"阿里巴巴和'淘宝'做得很好,有机会想跟你谈谈互联网的走势。"

业内有知情者曾披露,杨致远在回复马云邮件时,斟酌良久。

一个月后,马云与时任UT斯达康(中国)公司总裁兼首席执行官的吴鹰[①]相约,一同前往美国打高尔夫。

看起来,高尔夫运动似乎远不如足球、篮球来得过瘾。然而,真正懂得此项运动真谛的人都明白,高尔夫称得上"永远不能向后退的运动,是不能后悔

[①] 吴鹰,UT斯达康公司创始人。2000年3月3日,UT斯达康公司在美国上市,吴鹰本人名列美国《商业周刊》评选的50位亚洲之星之一。2006年11月,吴鹰宣布离职。

的运动"。

运动者在举手投足、挥杆击球之间，不仅能获得肌体的健康，还能锻炼自己的健康心态。用专业人士话说，一个懂得高尔夫运动内涵的人，只要他站在球场上，就能领悟到什么叫惬意，什么叫底气，甚至在举手投足之间可以顿悟出人生真谛。

或许因为特别的内涵和深意，国内外众多励志大师往往把生命赋予高尔夫运动里。他们公开宣示，高尔夫运动就像人的生命，一旦开启，不管好与坏、顺与逆、痛苦与悲哀，便只能一并向前，绝无后退之路。

于是，高尔夫运动也才有了高雅运动之说。就连马云也曾认为，当有一天发现，高尔夫使你在身体和精神上都有所收获和享受的时候，你的生活就会因为有了高尔夫而比过去更加纯净和高贵。

不过，吴鹰发来高尔夫相约时，马云对于高尔夫运动基本上还是个门外汉。再加上"脑子里整日缠绕的都是阿里巴巴的事务"，所以接到吴鹰相约电话的瞬间，马云直接回应，"我不会打高尔夫，而且这些天也挺忙的。"

反倒是吴鹰，似乎有着更多的话没有直说："我也不会打，咱们一起去练练吧！"

精明的马云从吴鹰的话中感觉到了某种深意，他不再以"不会"作为借口，答应了吴鹰的相约。

到了美国，马云的预感被印证了。他不仅见到了硅谷投资界、IT界的一些资深人物，还再次与互联网巨头雅虎的创始人杨致远面对面。

当然，吴鹰所说的练练高尔夫，还是要有的，地点就在美国加州卵石滩高尔夫球场。

正式开打前，马云谦称不会，主动要求退出。没想到，却有人提议：由马云与同样不会的吴鹰比赛打定点，看谁打得远，而且一杆定胜负。

众人附和。

吴鹰身高体壮，还留着标志性的威猛胡须，似乎有一种天生的运动能力；"外星人"马云，看起来就相形见绌了，身高不足1.70米，体质看起来也弱得明显。

众人一番比较后，几乎都选择赌吴鹰胜出，唯有一人除外。这个人押赌的是马云胜，他就是杨致远。

真心英雄自相惜，伟大企业家常见于小处瞬间。

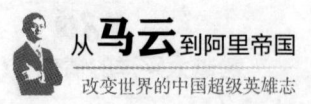

马云首先开始。戏剧性的一幕出现了,现场指导马云的,正是同样不会打的杨致远。

按着杨致远的示意,马云屏气、转肩、挥杆……"嗖"的一声,洁白小球飞得又高又远。再看马云,虽然没能赢得多少掌声,却也一副标准的淡然微笑。

轮到吴鹰了,加油的声音明显大了起来。

跟着指导老师的示范,吴鹰也用力挥起了球杆。不过,白色的小球却没有跟着飞出去,依然待在原地。吴鹰居然打空了。

一杆定胜负。看着不可能赢的马云,竟然赢了,多数人惊讶、叹息,杨致远则甚为得意。

押赌吴鹰的人太多,有人似有不甘,便提出马云和吴鹰再比三杆。三杆的结果,只能让不甘心的人进一步叹息,因为吴鹰三杆全胜。

有人说,如此戏剧性的赌局,其意义与10年前马云被困美国机场,万般绝望时却按对了赌博机一样,预示着阿里巴巴非凡的未来。

2. 来自巨头雅虎的约定

自1997年北京一同游玩,到此次赴美高尔夫球场相聚,已经过去了好几年。但是,马云与杨致远彼此之间的欣赏并没有发生变化,唯一不同的,便是杨致远已没有了当年居高的底气。

就是在这几年里,杨致远和他掌管的雅虎,也没有停下在中国的布局,只是波折不断。

马云创建阿里巴巴当年,鉴于互联网尚为新生事物,中国政府总体上采取谨慎的态度。特别是进入国内互联网业的外国投资,则一直保持着某种警觉。即使这样,杨致远的雅虎还是第一家进入中国市场的美国互联网公司。

如同前文提及的那样,雅虎进入中国时,已经在日本、欧洲相继获得了成功。然而,其在中国大陆的发展并不如意。一个最为典型的问题,就是跨国企业在中国大陆最常见的表现——中国区总裁没有决策权,所有投资都必须向大中华区、亚洲区、总部层层报告。

时任雅虎中国区总裁张平合曾这样回忆:雅虎总部给雅虎中国的资金和支持少得可怜,还一再命令"要尽快赚钱"。而当互联网寒潮肆虐全球的时候,中国的互联网业更是瞬息万变,雅虎中国只能一而再,再而三地错失发展良机。

2001年初,雅虎中国首任总裁张平合无奈离职。此后,雅虎中国掌门人的职位长达一年多空缺,这进一步导致雅虎日渐落后于中国本地的门户网站。如新浪、搜狐和网易等本土互联网企业,相继于2000年实现上市,从而顺利度过互联网业的冬天,并赢得了中国网民的广泛青睐。

笔者也清晰记得,2000年的时候,雅虎中国网站是每日必看。似乎就在不经意之间,这种每日必须渐渐地不再需要,取而代之的是搜狐,或者新浪,一直到今天。

2002年5月,雅虎在台湾买下了奇摩网站,由奇摩首席运营官陈宏守出任雅虎中国第二任总经理。但是,陈宏守也没能坚持多长时间,于次年4月离职而去。

到了2003年,以新浪、搜狐和网易等为代表的中国本土互联网公司,全面跳出了行业冬天,并呈现出日益强劲的发展态势。相比之下,雅虎中国依旧原地踏步。

雅虎中国的危局,让杨致远在内的美国总部极为不安。

2003年11月,雅虎出资1.2亿美元收购搜索网站3721[1]。当时杨致远即透露,此次收购会大大加快雅虎在中国的发展势头。他甚至还向媒体宣称,"我们对引领中国内地网络行业充满自信。"

那个时候,3721网络实名已经覆盖了90%以上的中国互联网用户,每日使用量超过3000万人次。同时,3721在华东、华南、华中、西北、西南设有分支机构,中国内地所有县级以上城市及港、台、澳等地区,拥有近4000家渠道销售伙伴。

或许正是当年看起来一派乐观的态势,给了杨致远某种自信。收购完成后,他还公开表示,要进入中国3G网络,因为"中国将会是一个手机网络市场大过PC网络市场的国家"。杨致远也丝毫没有掩饰自己的企图——借此提高雅虎相对于淘宝、易趣以及百度的竞争能力。

今天看来,杨致远关于手机网络与PC网络的预判,眼光确非常人可比。此处无须赘述。

---

[1] 3721由周鸿祎创立,提供中文上网服务,其"网络实名"为第三代中文上网方式,用户无须记忆复杂的域名,直接在浏览器地址栏中输入中文名字,就能直达网站或找到相关信息。当时,互联网业内有声音认为,3721是中国第一个,也是最大的"流氓软件"。

按照雅虎与3721的协议约定,并购后的雅虎中国由3721的创始人周鸿祎[①]担任总经理。但是,周鸿祎与雅虎总部在公司的发展方向上存在很大分歧,由此引起的矛盾一直延续了两年时间。

在周鸿祎看来,兼顾门户内容发展的同时,更应注重搜索和邮箱两大业务。在加大投资这个问题上,雅虎总部坚持"赚钱优先"。2004年7月,雅虎中国向总部申请市场费用以支持新品牌"一搜",半年过后仍未获回复。无奈之下,周鸿祎硬是从3721的预算中拨给"一搜"400万元人民币。然而,2005年,雅虎总部又对中国区提出了更高的业务指标——"要做中国搜索第一"。

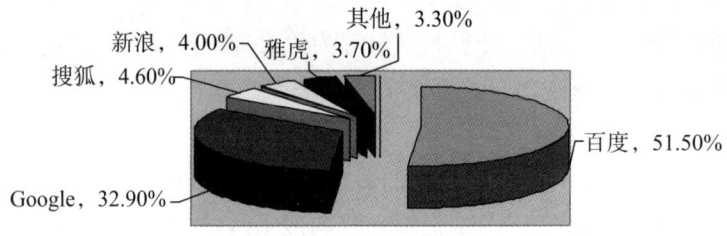

2005年搜索引擎市场份额(北京)

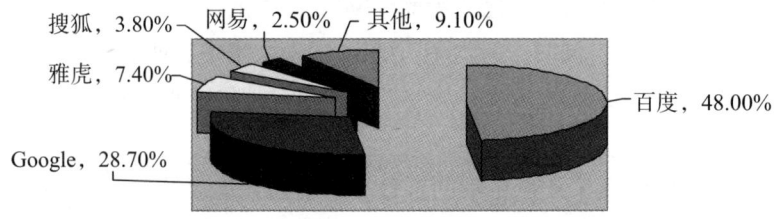

2005年搜索引擎市场份额(广州)

数据来源:根据中国互联网络信息中心(CNNIC)相关数据整理制作。

不过,2005年8月29日,中国互联网络信息中心发布的《2005年中国搜索引擎市场调查报告》中,作为搜索门户,中国网民62%选择百度,25%选择

[①] 周鸿祎,1970年10月4日出生,1995年西安交通大学研究生毕业,获硕士学位。2004年3月,周鸿祎就任雅虎中国总裁。2006年8月,周鸿祎投资创立奇虎360科技有限公司。2011年3月30日,周鸿祎带领奇虎360于美国纽交所上市。2018年10月,周鸿祎以420亿元人民币财富位居当年度胡润百富榜第50位。目前担任360公司董事长兼CEO,知名天使投资人,九三学社中央委员,政协第十三届全国委员会经济委员会委员。

Google，而仅有5%的中国网民会选择雅虎。这让雅虎高层尤其是其创始人杨致远越发不安。

终于，因为发展理念和未来方向始终无法一致，周鸿祎于2005年中期离开了雅虎中国。此后，雅虎试图采取新的策略来解决其在中国面临的困境，还是未能如愿。

与雅虎中国的状况不同，阿里巴巴呈现着蒸蒸日上的喜人态势。

尤其是"淘宝网"和"支付宝"的相继成功，以及"eBay"对阵"淘宝网"的完败，包括杨致远在内的雅虎决策层似乎明白，雅虎中国抗衡或打败马云领导的阿里巴巴几无可能。杨致远更是清醒地意识到，雅虎中国的业务发展，只有请来本土经理人并善用中国方式，才能有好转的可能。

然而怎么向马云开口呢？毕竟杨致远和雅虎一度冷漠对待过马云和阿里巴巴。

猛然间，杨致远想起了马云6年前写给自己的邮件。

前思后想，一番仔细斟酌后，2005年4月的一天，杨致远终于回复了马云的邮件："阿里巴巴和'淘宝'做得很好，有机会想跟你谈谈互联网的走势。"

于是，本节开头的那一场高尔夫球赛，也在不久后上演了。

马云赢得与吴鹰的比试后，杨致远和他并肩在球场上散起了步。这样的情景，与几年前马云在北京陪同杨致远很是相像。只不过，此时的马云已不再是当年的马云，而杨致远还依然是那个杨致远。

"我们把交易定了吧！"杨致远微笑地看着马云，说得很直接。

3. 改变世界的10亿赌局

这是一个在中国互联网发展史上标志性的日子，对国际互联网业亦有着深远影响。这一天是2005年8月11日。

当天，以中国阿里巴巴和美国雅虎为主角，国内互联网业最大一笔并购案轰动上演，随即引发全球关注。

中国北京，阿里巴巴和雅虎正式签署了合作协议。双方共同宣布：阿里巴巴收购雅虎中国全部资产，同时获得雅虎10亿美元投资；"一拍网"中的雅虎部分全部并入阿里巴巴，阿里巴巴获得雅虎品牌在中国无限期使用权。

面向众多媒体，马云是这样开场的："阿里巴巴和雅虎谈了7年恋爱后，于11日中国的'情人节'这一天结婚了！"

双方协议约定,阿里巴巴收购的雅虎中国资产包括:雅虎中国门户网站、雅虎的搜索技术、通信和广告业务、3721网络实名服务等。

至于雅虎向阿里巴巴投入的10亿美元现金,则用于从阿里巴巴及其他股票持有者手中购买阿里巴巴股票。

阿里巴巴则会因为此次战略合作而改变自身的权力结构。根据双方达成的协议,雅虎将获得阿里巴巴40%的经济受益权和35%的投票权,并因此超过软银,成为阿里巴巴最大的战略投资者。

不过,当时的马云也及时强调,阿里巴巴过去做的是电子商务,现在做的是电子商务,将来做的还是电子商务。而诚信、市场、支付和搜索是电子商务的四大基础,阿里巴巴都已经具备。

说到激情之处,马云豪气不由得外露,独特宣誓——塑造在全球能产生巨大影响力的中国企业,打造中国最强的互联网搜索平台。

国内互联网业最大并购案的上演,使得马云"大阿里"计划加快显现。

所有人惊愕之余看到,马云最早明志的那个伟大企业——阿里巴巴,已然辖有阿里巴巴中国网站、阿里巴巴英文网站、"大淘宝系"、"支付宝"、"一搜"、"一拍"、中文上网服务3721、雅虎中国门户等多个强势品牌,遍及互联网绝大部分领域。

其实,并购完成雅虎中国后,阿里巴巴还同时获得了雅虎五大利器——雅虎中国资产、雅虎品牌、资金、技术和海内外渠道。这五大利器,对于当时的阿里巴巴来说,可谓如虎添翼。

如此一来,马云团队必将能够在阿里巴巴已经形成的电子商务平台、诚信体系和安全支付机制之上,进一步打造出全球最为完整、功能最为强大的互联网电子商务营运体系。

这里不妨简要比较一下,当时国内几大互联网公司主要实力表现。

阿里巴巴并购雅虎中国前的2004年,其总收入约在6亿元人民币。同期,新浪年收入为1.14亿美元,搜狐为1.03亿美元,网易为1.09亿美元。

当阿里巴巴完成并购雅虎中国后,业内几乎没有人再怀疑,阿里巴巴的发展势头,将会使其在2005年实现收入翻番,成为中国互联网行业名副其实的第一。

不过,被阿里巴巴并购之时的雅虎中国,除了上面提到的品牌、技术和渠道等优势外,其自身的赢利能力在当时"已经很危险了"。了解内情者甚至披露，那个时候的雅虎中国，已经被抽空了，随时会倒掉。

当时雅虎中国的统计数据显示，2004年其总收入中，来自原3721的有1.5亿~2亿元人民币，来自网络广告的约5000万元人民币，全部收入加起来约为2.5亿元人民币。

所以，当阿里巴巴和雅虎中国并购消息传出后，主流财经声音即评论，如果雅虎中国是一个需要大手术的重症病人，那么马云显然就是必要的主治医生。

细心者不难发现，或许真的希望励精图治，此次与阿里巴巴的携手，雅虎的操作手法也一改过往。

此前，雅虎投资大致呈现三种模式：一是自己操作，二是并购，三是找个合作伙伴。梳理一下当时雅虎在全球已有的投资，任何一个市场均在其列。包括在中国的投资活动，雅虎也分别试过了前两种手法，但结果是差强人意的。

这一次，当杨致远决定与马云携手的时候，雅虎明显吸取了前两种做法的经验教训，选择了第三种模式——找个合作伙伴，把管理和决策权彻底交出。

所以，在媒体见面会上，杨致远公开表示，"将阿里巴巴与雅虎中国业务合二为一，这种做法在中国或许仅此一家。我们将把搜索和电子邮件业务与阿里巴巴的消费者拍卖平台、B2B采购以及AliPay在线支付平台相合并。"

杨致远的乐观是可以理解的。一方面，雅虎可以通过不算昂贵的费用，获得全球最大B2B交易网站的客户资源，挖掘美国已经被证明的、含金量巨大的中小企业搜索市场；另一方面，以马云为首的阿里巴巴团队，无疑是个优秀的本土管理团队，雅虎将会因此增添不少与全球老对手Google、"eBay"等相抗衡的本钱，甚至会扭转某种态势。

再看国际舆论，声音出奇的一致——如此庞大的收购与投资，将导致全球互联网战略局势迅速改变。

看似一片利好之下，马云豪情憧憬之际，还是多了一份清醒。

按照双方的约定，整合之后的"雅+巴"，技术管理和业务层面的问题要向马云汇报，财务和法务问题则同时向杨致远和马云两人汇报。

马云心里明白，阿里巴巴与雅虎的此次合作，绝不仅仅是两个公司的简单整合，"实质上是7个公司的文化整合"。

所以，马云在当时也曾明示："我们收购雅虎主要是出于战略考虑：第一，我们希望借船出海，雅虎在美国、欧洲的影响力非常大，有可能让我们借船出海；第二，我们希望积累并购经验，我们的'支付宝''淘宝'都是自己的产品，

今后想要在全球发展就一定会有并购，这是一个学习的过程。阿里巴巴在没有上市之前，需要有一次并购的经历，让我们懂得怎么样并购。我听说80%的企业并购都是失败的，我想知道我们能不能成为20%中的成功企业。在上市之前，哪怕我并购失败，我都可以得到很多经验。这些对下一次并购有好处，对我来说这是一种事业，是一种学习。"

后来有人说，马云的高尔夫辞典里有着这样的话："永不抬头"和"永不后退"。"永不抬头"就是要目标专一，要控制自己，摒除杂念，坚定不移。这就像马云此前的"10只兔子与1只兔子理论"。而"永不后退"，就是想好的事情要做到底，不到最后绝不放弃。

"风清扬"乃侠者，马云则不失侠气。

他那句看似无意的反复修辞句，已然成为互联网上非凡的金句——"今天很残酷，明天更残酷，后天很美好，但是绝大部分人是死在明天晚上，只有那些真正的英雄才能见到后天的太阳！"

二　阿里巴巴与中国雅虎

随着中国互联网业内最大并购进入高潮，马云不再掩饰他的得意："美国跨国公司好像习惯了合作企业的领导者必须是美国派来的，或者是从中国台湾和香港派来的。但这次等于把品牌和技术彻底给了一个中国本土公司，干脆连面子也不要了。所以，这件事对'老外'是一个彻底的改变。"

1. 美媒眼里"天下大乱"

被捧为"股神"的巴菲特，曾经向投资者发出忠告：大部分的并购者都相信，自己的管理之吻能够像公主亲吻青蛙王子那样，为收购的公司创造奇迹。我们看到过很多次这样的亲吻，但奇迹很少出现。

马云笑言的阿里巴巴与雅虎"七年之恋"，外媒也有着一些值得玩味的评论。如《福布斯》就曾刊文评论称，雅虎并购阿里巴巴30%股份价值10亿美元，世界一片哗然，天下大乱。

国内部分舆论的调子，也与之相差无几：阿里巴巴鲸吞雅虎中国，雅虎10亿美元陪嫁。

俗话说，内行看门道，外行看热闹。

一些权威业内分析人士则指出，雅虎与阿里巴巴在中国市场的结合，称得上是"优势互补、互相借力的结合"。

当时的雅虎，虽然拥有全球数一数二的互联网企业品牌，雄厚资金实力、技术优势，但在未来的发展预期上，雅虎始终存在着两个致命伤——新的投资方向，始终无法实现的中国市场发展目标。

而阿里巴巴"alibaba.com.cn"和"taobao"商业模式虽然相当成功，但也面临着发展瓶颈，必须借力不一样的平台力量才能打破。

深谙电子商务精髓的马云，显然意识到了雅虎拥有的全球网络平台和搜索引擎平台蕴含的潜在力量，他相信阿里巴巴能够打开它们相互结合的神奇之源。

所以，并购案实际操作伊始，马云便亲临一线，对雅虎中国开始了全面整合，试图尽快扭转雅虎中国在中国大陆水土不服的窘境。

关于雅虎中国当时的窘境，马云曾戏称是"六股真气乱走"。为此，在收购案正式宣布前一个月，马云还要求阿里巴巴成立专门的整改小组，低调进入雅虎中国。

按照马云当时的要求，在整合过程中，整改小组要处于协调和帮助的角色，首要责任是发现雅虎中国的人才，帮助他们顺利了解并融入阿里巴巴。

为了顺利推进，一向以阿里巴巴价值观最为得意的马云，还让相关部门策划了一场活动，把雅虎中国的老员工们全部请到杭州，"不谈业务，只要感情"。马云希望，新的雅虎中国能够迅速向阿里巴巴价值观靠近。

按照马云当时的设想，阿里巴巴并购雅虎中国后，大阿里巴巴体系里便存在着不同角色的四大公司：老大是"阿里巴巴"，老二是"淘宝"，老三是"支付宝"，老四便是做搜索的"雅虎中国"。

3个月之后，2005年11月，阿里巴巴宣告对雅虎中国的整合结束。

面对舆论追逐探问，马云一再回避整合细节，但也承认整合过程中碰到了一些困难。至于对整合时间如此短暂的疑惑，马云将其归因于雅虎中国已有过的并购经验。

马云所指的并购经验，便是前文提到的雅虎中国收购3721的经历。

整合完成后，雅虎中国于2005年11月9日摒弃了门户概念，把首页变成了与Google形同的搜索栏。同时，雅虎中国停止了无线、广告等盈利业务，甚至连创立才1年就实现盈利的"一搜"也主动叫停。

这些安排，在当年被业内普遍认为，马云即将发起行业攻势的信号。

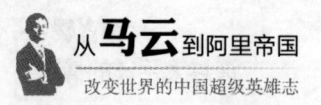

果然，2006年新年之际，马云就以1亿元人民币的投入，以雅虎中国带头，打响了搜索引擎竞争的第一枪。隐藏于这一枪背后的，便是马云计划之中以雅虎中国为主打，意欲同百度、Google在国内一决高下的战略意图。

为了配合新的战略意图，马云高调宣布投资3000万元，邀请陈凯歌、冯小刚、张纪中三位中国顶级导演，以"雅虎搜索"为主题，各自创作了长达2~3分钟的短片。

紧接着，马云一改从前"爱惜投资者钱财"的创业形象，又斥资8000万元，一举拿下了当年CCTV一套黄金时段的广告时间。

面对媒体，马云当时坦承，"搜索对电子商务来说是一个重要的工具。我们收购雅虎中国后，这一块的实力将增强，无论是B2B还是C2C，很大程度上都将更加依赖搜索引擎技术。"

雅虎中国打出搜索第一枪后不久，马云又对曾经不以为然的即时通讯表示出了极大兴趣。他甚至公开表示，即时通讯对大家来说是个方便的东西，阿里巴巴的用户、"淘宝网"的用户也很需要。

于是，马云团队又做了贸易通、旺旺等即时通讯产品。至今，阿里旺旺依然被整个阿里巴巴用户使用着，并不断保持升级。笔者也是众多使用者之一，还非常熟练。

2006年3月31日，出人意料的一幕发生了，雅虎中国竟然再次以门户页面出现在国内网民面前。不久，一度被冰封的3721网络实名也重新开放。

人们纷纷不解之际，马云公开发声了。

原来，阿里巴巴以满腔热情和巨额资金，对原有的雅虎中国进行调整后几个月，马云意外发现，雅虎中国的搜索用户并没有像自己希望的那样明显增加，而业内最强的百度和Google，两者的用户群也没有明显减少。

原本希望，最大并购案可以让互联网天下大乱，没料到一切竟然照旧。

这样的局面，倒印证了人们常说的那句话——抬头看天还艳阳高照，低头看地已大雨倾盆。更何况，还是数字化发展的互联网行业呢！

激情过后，理性回归。

当阿里巴巴并购雅虎中国的轰动效应渐趋平静，屡经互联网行业之变的马云，开始理性看待这一切。他和阿里巴巴管理层发现，原本宣布已经完成的雅虎中国整合，只不过做了一些表面上的改造而已，离阿里巴巴"激情""客户第一"和"拥抱变化"的理念相差甚远，二者的企业文化冲突依然巨大。

有了如上认识，马云确信，雅虎中国需要重新打造。

2. 雅虎中国深度再造

要想重新打造，从文化根底上进行整合，马云就必须先彻底了解雅虎中国的企业文化内涵。

如前所述，雅虎是第一家进入中国大陆的美国互联网公司，并在 1999 年把它在美国的经验复制到了中国。这种做法与后来进入中国的"eBay"，很有雷同之处。

不幸的是，像很多刚进入中国的跨国公司一样，雅虎中国不可避免地面临着水土不服的考验。特别是在强劲发展的中国本土互联网企业围攻下，它的水土不服被迫迅速放大，以至于发展陷入困境，直至马云团队的全面进入。

在宣布完成雅虎中国第一阶段整合时，马云对过程中出现的深层次问题保持着清醒，并果断地在第一时间给予了审视性反思。

就像上文中马云总结的那样，雅虎中国经历了两次并购与整合，前后三拨人马的融合与协调，不可能在短期内达到理想状态。特别是从美国复制而来的企业文化，更不可能靠表面上的整合实现本土融合的。

反思过后，马云甚至有种预感，雅虎中国三拨人员之间的整合，或许将成为再造过程中的某种隐痛。

经历过当年进程的内部人士披露，雅虎中国被并入阿里巴巴之后，留下来的原雅虎员工甚至可以得到阿里巴巴股份；即便选择离开的，也可以得到一笔丰厚的补偿金。为此，马云曾特意拨出 200 万美元的专款，用于上述人员的整合再造。

在深层次人事整合的同时，马云和管理层还决定，将雅虎中国原来的"门户+搜索"战略重新定义为搜索，并植入阿里巴巴庞大的电子商务系统。

关于这种方向性的调整，马云曾有过解释："这家公司我们要做成盈利很容易，但是我希望每家公司都成为 No.1。因此，我把它的'武功'全废了，从头开始。雅虎中国无线业务一个月七八百万元的收入，色情小广告一个月三四百万元的收入，我先把他们砍了，因为我们要讲诚信。"

人事和主营模式的战略改变，让业内开始看清马云对雅虎中国的整合脉络。

针对当年马云意欲完成的雅虎中国整合脉络，笔者大致可以归纳如下：

一是将原雅虎中国的所有业务分割开来，按照相关性再分别并入阿里巴巴

体系。其中，"一拍网"并入了"淘宝"，"3721上网助手"被改造成新的"雅虎助手"，"一搜"也由独立品牌被整合进"雅虎助手"。

二是新的雅虎中国专注于搜索服务，立志超过百度和Google，成为国内第一搜索品牌。为此，并购案宣布后的2005年10月，马云就将雅虎中国的方向重新定位于搜索了，并给予有力的资源扶持。

三是将原"3721网络实名"更名为"阿里巴巴网络实名"。2006年1月15日，阿里巴巴宣布，涉及原"3721实名"体系的全线产品，即网络实名、实名网址、实名搜索，都变更为"阿里巴巴网络实名"体系。

经过如此深度调整，雅虎中国在主营业务上的融合宣告基本完成，大阿里巴巴旗下的企业级业务品牌更实现了统一。

对于雅虎中国专注搜索，马云立志国内第一的同时，并没有失去清醒。他完全明白，搜索引擎的核心就在于技术，也是Google、百度等各自的独特看家本领。

按照阿里巴巴和雅虎的并购协议，雅虎中国可以全面采用雅虎全球的搜索技术。当时的雅虎，拥有全球第一的海量数据库，拥有索引190亿网页（包括20亿中文网页）的全球最大搜索引擎。

这或许正是马云立志国内搜索第一品牌的底气吧！

接下来，阿里巴巴还将雅虎2000余台全球中文服务器迁至中国，并拟定了增加到5000台的计划。与此同时，在中国和美国，还有近200名华人工程师对雅虎搜索进行本土化的技术改造，以支持搜索技术转移到中国市场。

不过，与中国本土的百度和较早进入中国的Google搜索相比，雅虎搜索品牌的知名度和美誉度在国人心目中并不高。

关于这个话题，阿里巴巴搜索之王、马云得意技术大将吴炯曾表示，如果需要在中国赢，品牌和技术这两点都需要，雅虎的搜索技术质量有的已经超过了百度和Google，但是大家用惯了，可能不知道有更好的技术。

正是为了扭转认知者较少的不利局面，马云对雅虎中国进行大刀阔斧式深度整合的同时，又选择了上文讲述的那种大手笔娱乐式营销。最根本目的，也是希望在较短的时期内，迅速提高雅虎搜索在国内的认知度。

所以，当年的马云也发出了这样的宣言——雅虎在未来3年内要把中国的娱乐进行到底，把娱乐彻底地大众化。

然而，搜索用户因为习惯而生的忠诚性非常独特，导致雅虎中国的大规模娱乐营销,很难在当时的情形之下产生立竿见影的效果。

完成了人事和主营业务模式的整合,马云和管理层开始将目光投向雅虎中国的渠道上。

马云完全明白,对于大阿里巴巴来说,雅虎中国的渠道具有现实和深远的双重意义。

事实上,雅虎中国渠道中最强的部分,还是来源于收购3721。如何整合这些渠道资源,并发挥它们的互补效应,马云和阿里巴巴管理层必须费一番心思。

不久,在广东佛山,阿里巴巴召开了并购雅虎中国后的第一次渠道大会。

马云在大会上承诺:将在时机成熟的时候,把阿里巴巴原来直销的"诚信通"业务,开放给雅虎中国的渠道代理商。而且,不排除未来下放"中国供应商"等业务的可能性。

马云如此大舍之举,第一时间便引起多方位解读,很多人甚至认为马云藏着"一石二鸟的打算"。

其一,马云这一举动,对于老代理商而言是很好的安抚;对新的代理商来说,则是百度、Google等直接竞争对手不具备的。所以对于整体渠道商而言,马云的承诺正是阿里巴巴并购雅虎中国后带来的最直接好处。

其二,马云这一举动,也是阿里巴巴实现雅虎中国渠道整合,赶超竞争对手的需要。尤其是"诚信通"和网络实名、竞价排名,面对的都是中小企业,它们的渠道整合不仅容易操作,还能带来增值效应。这种增值效应,既能巩固阿里巴巴在中低端市场的地位,又能与其高端的"中国供应商"形成竞争者缺少的掎角优势。

佛山渠道大会后,按照马云的总体设计,雅虎中国启动了"直销+分销渠道"策略。雅虎中国还围绕搜索和电子商务,充分利用整合优势进行捆绑销售,包括即时通讯、企业邮箱、在线支付等,都进入实名服务。同时,雅虎中国还引入了阿里巴巴和"淘宝"的电子商务支持,试图打造"四网合一"的链式组合。

马云和管理层一系列深层次的动作,引发了业内外广泛关注。尤其是马云不惜巨资打造搜索引擎,并试图冲击其他搜索巨头既有的市场份额,被权威者认为是"一把火两面烧"。

用业内者的解释,就是一方面在技术上构建完整的电子商务生态链条,使电子商务功能完整化;另一方面竭力构建自有搜索,进行自我运行,保护阿里

巴巴和"大淘宝"的商业资源保持战略意义。

2006年年初,经过上述多重系列性地取舍整合、重新布局之后,马云在内部员工大会上直言:雅虎中国不再照搬、模仿、克隆雅虎美国的东西,将根据中国客户的实际需求,设计产品和提供服务。

同时,马云还提出了新要求:雅虎中国不再跟随百度、Google,遵循"以工程师思维驱动的发展模式",而是"以客户需求驱动探索出搜索引擎新的发展模式"。

3. 中国雅虎命运多舛

马云2006年年初的宣言,至少在外人看来,阿里巴巴已经完成了对雅虎中国的再造。然而,马云和团队高层又心知肚明,"雅+巴"的深度整合还面临着棘手的深层次难题。

"估计阿里巴巴和雅虎非常默契的融入,可能需要18个月。"这是马云在当年的坦承。

而在当时雅虎中国内部,一些人也曾私下表示:未来还充满变数。

2007年5月,雅虎中国并入阿里巴巴后新任总裁曾鸣就任。上任伊始,曾鸣就进行大刀阔斧的改革,将雅虎中国重新定位于"搜索+社区"方向上,把业务架构调整为三大事业部,实行总经理负责制。

当时,曾鸣曾强调:"中国雅虎真正要做到的,是打通传统的资讯、未来的社区和搜索这三者的结合。"至于三大事业部,便是"社区及资讯事业部""搜索事业部"和"通讯事业部"。

另一个标志性的改变,则是雅虎中国正式改名为"中国雅虎"了。

随着新名称的公布,国内外主流媒体一致认为,马云欲将"雅虎中国"打造为中国本土公司的良苦用心,由此可见一斑。

身为总裁的曾鸣,则向媒体公开了这一改变的考虑:

一是强化"中国雅虎"的本土企业色彩。就当时披露的资料看,"雅虎中国"由阿里巴巴集团百分之百拥有,它的决策权完全在于中国本地,且高管人员也大都由本地人员担任。

二是希望"中国雅虎"与雅虎全球、阿里巴巴集团的合作,可以代表崛起的中国企业与跨国公司未来合作的新模式。曾鸣当时甚至认为,此种模式是"中国雅虎"未来能否成功、阿里巴巴集团能否成功、雅虎全球能否成功的一个制度性保证。

面对媒体,曾鸣曾调侃地回应了部分舆论:"很多时候,看到网上一些奇奇怪怪的传言,感觉中国雅虎是雅虎的一部分。其实,早在2005年阿里巴巴和雅虎中国合并之后,雅虎中国内部就已经作为本土化的公司在运营了。"

然而,以互联网为代表的数字经济,最大特点就是此一时彼一时。

曾鸣力主的战略调整,并没有持续太久。就职"中国雅虎"总裁的第二年,即2008年,曾鸣就被调回阿里巴巴内部,重新担任集团参谋部参谋长了。其后,接替曾鸣总裁一职的,为时任阿里巴巴集团资深副总裁金建杭。

2008年6月4日,"中国雅虎"宣布与"口碑网"[①]合并,更名为"雅虎口碑"公司。按照阿里巴巴管理层的设想,通过此次战略调整,"口碑网"将由生活资讯平台转型为电子商务信息服务平台。

马云本人则希望,新成立的"雅虎口碑"公司,能为中国消费者提供良好的生活服务平台,并致力于帮助服务领域的中小企业和个人创业者。

2008年底,阿里巴巴又一次宣布:未来一年将向"雅虎口碑"投资3亿元人民币,大力发展"雅虎口碑"的生活服务业务。同时决定,以北京、上海、广州为中心,建立辐射周边城市的三大生活服务圈。

这样调整过后,人们不经意间发现,"中国雅虎"原有的新闻、搜索等门户业务,正在日益淡化。而在业界人眼中,"中国雅虎"离马云最初的设想也越来越远,其在大阿里巴巴体系内的战略地位不断下降。

不过,在阿里巴巴内部,人们的看法却与外界不尽一致。

阿里巴巴人认为,"雅虎口碑"是基于网络进行的服务交易,再次整合的目的也是顺应了"中国雅虎"要转型做生活服务的战略指向。基于这样的整体考虑,并结合"口碑网"以往生活服务领域的经验,未来的"雅虎口碑"将能够与"淘宝网"联动起来,从而进一步巩固马云制定的大阿里巴巴电子商务战略。

就在业内认为"雅虎口碑"可以告一段落的时候,2009年8月,根据"大淘宝"战略的发展需要,"口碑网"又被注入"淘宝网"。

之所以做出这样的调整,阿里巴巴管理层希望,"淘宝"不仅要给数百万的网商提供一个成套的网络零售解决方案,也能为中国的消费者提供一个网上购

---

① "口碑网"成立于2004年6月8日,是中国大陆本土化"吃、住 、玩"的生活社区。2006年10月30日,阿里巴巴以约600万美元的价格并购了"口碑网",并随即进行了多次组织结构调整。

物之外、更加全面和广泛的生活服务平台。

于是,被剥离了"口碑网"的"中国雅虎",又重新回到了"邮箱、资讯、搜索"等服务定位。

2009年12月,"中国雅虎"再次进行了改版,突出了资讯、娱乐、财经、汽车等内容频道。舆论又纷纷发出声音,"历经变革的'中国雅虎'又回到了门户的原点。"

即便这样,"中国雅虎"的命运依然无法平定下来。

时隔不久,美国雅虎自身的人事和运营出现了重大变化,进而导致它与阿里巴巴之间的关系开始出现敏感变化,直至爆发一场点燃了世界舆论的国际口水大战。此为后文详细。

进入2010年后期,"中国雅虎"作为中文门户和搜索引擎,基本上在业内失去了影响力。当时易观国际的统计数据显示,"中国雅虎"2009年的搜索营收,仅占国内搜索市场总营收的2.9%,谷歌的份额为31.8%,百度的份额则达到了60.9%。

这样的业绩表现,在马云和阿里巴巴管理层看来,有些意料之外。2012年年初,身为阿里巴巴集团主席兼首席执行官的马云,给"中国雅虎"全体员工发出了一封信。

在那封信中,马云首先对"中国雅虎"2011年的表现给予了肯定:可喜地看到了"中国雅虎"已经长出的苗苗——带有人文情怀的专题,希望2012年能有自己一两样比较满意的产品,员工要有自己最喜欢做、最想做的产品,不需要为盈利考虑。

在信中,马云还肯定地表示,不管美国雅虎怎么变化,"中国雅虎"怎么变化,"中国雅虎"的300名员工都是阿里人。

2013年6月,雅虎总部宣布关闭12款产品,其中包括雅虎搜索。8月19日,曾经得意的雅虎邮箱服务被"中国雅虎"停止,由阿里云接管,用户的邮件和相关设置被全部删除。

9月的一天,"中国雅虎"发出公告:基于2012年阿里巴巴集团和雅虎美国的协议,"中国雅虎"将调整自己的运营策略,于2013年9月1日零时起,不再提供资讯及社区服务。原有团队将专注于阿里巴巴集团公益事业的传播。

至此,雅虎的产品已经基本退出了中国市场。命运多舛的"中国雅虎",不得不接受淡出人们视线的命运。

2015年3月，雅虎在中国大陆唯一的实体运营机构"雅虎北京研发中心"被遣散。这标志着雅虎彻底退出中国大陆的运营业务。

从一度轰动世界，到黯然退出中国，不管是"雅虎中国"，还是"中国雅虎"，都已经成为马云和阿里巴巴过往中厚重的一笔。

其中，或许有得意，或许有伤痛，亦或许像阿里巴巴公告中那句话说的一样——无论公益还是资讯，我们的初衷都是唤醒、传播这个世界最真最善最美的东西。

三 世纪联姻谁说了算

"合作必须有三大前提：一是双方必须有可以合作的利益，二是必须有可以合作的意愿，三是双方必须有共享共荣的打算。此三者缺一不可。"这是马云的感慨。

发出这份感慨时，曾经轰动世界的"雅+巴"世纪联姻，开始酝酿重大危机。

1. 掀开盖子的阿里宝库

上文提到，阿里巴巴全力再造雅虎中国的时候，2008年11月，雅虎美国总部发生重大事件。由此产生了系列性变化，并在第一时间波及了阿里巴巴。

在展开雅虎美国重大变化之前，笔者有必要向读者们回顾一下，那个时期阿里巴巴得意风光的一面。

相信众人都还记得，阿里巴巴刚刚创建时的那个场景——面对与自己一样掏空了口袋的"十八罗汉"，形同丐帮帮主的马云，依然激情告白：如果谁只想着阿里巴巴上市，那就请他离开。

然而，马云并不讳言，把企业做到上市确是所有创业者和投资者的梦想，他自己也一样。但是，与其他追求上市的企业者又有所不同，马云和他的创业团队绝不为了上市而上市！

接下来的8年间，马云率领阿里巴巴团队从零开始，一步一个脚印，一日累积着一日，直至全面并购高傲的"雅虎中国"，基本构建成形了大阿里企业系。

公元2007年，是阿里巴巴正式创建的第8个年头。这一年的11月6日，

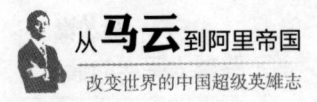

对于马云和全体阿里人,甚至是整个中国互联网电子商务行业,都是一个里程碑的日子——阿里巴巴"B2B"板块于香港联交所成功上市。

"B2B"上市首日,开盘价为30港元,收市报39.5港元,大涨192.59%,创下港股当年新股首日涨幅之最。

如果计算当日市值,阿里巴巴"B2B"更是惊呆了所有人,达1996亿港元,接近2000亿港元。如此体量,已然相当于国内三大门户、盛大和携程五家互联网公司当期市值之和,一夜之间成为中国互联网业首家市值过200亿美元的巨型公司。

放在全球互联网公司大排名中,阿里巴巴仅"B2B"板块市值,当时就仅次于Google、eBay、雅虎、亚马逊,居世界第五位。

国际互联网及资本圈一致惊呼:阿里巴巴资本首秀,便创造了全球互联网与电子商务业的奇迹。

而在笔者看来,马云用心良苦的阿里巴巴宝库,才刚刚露出一点真容而已。

将时光倒退3年,即2004年9月。

当月21日,嗅觉灵敏的主流财经媒体围绕着马云,竞相追问着同一个话题——阿里巴巴究竟会不会上市?

马云被逼不过,脱口而出:"阿里巴巴上市的按钮已经在我们手中。"

不过,创业头一天起即秉承"不为上市而上市"理念的马云,此后显得不再着急,所谓的"上市按钮"真真假假,外人犹如雾中看庐山,只能各种猜测而已。

只有马云和阿里巴巴核心层明白,阿里巴巴的上市计划正在加速完善,只差一个最佳时机。

直到2006年11月,关于阿里巴巴上市的话题又热络起来。有着"中国零售业十大风云人物"之名的卫哲,正式加盟阿里巴巴,出任集团执行副总裁,兼阿里巴巴"B2B"电子商务总裁。关于卫哲何许人也,后文将有专门讲述。

鉴于卫哲资深的职业经历,敏锐的财经媒体一致发出预测,阿里巴巴即将扣动"B2B"板块上市的扳机。

2007年4月开始,整个业界开始聚焦阿里巴巴"B2B"上市的话题。3个月后,7月28日,在阿里巴巴举行的集团年会上,马云终于亲口宣布,阿里巴巴"B2B"业务即将启动香港联合交易所上市程序。

对于为何单独上市"B2B"板块,马云也首次表露了心机:"如果把整个集团整体上市,无论是资本市场的压力,还是员工的动力,包括考虑整个环境的因素,我认为对整个电子商务市场的发展都是不健康的。"

舆论猜测数年的消息得到马云确认后,学界便有权威者预言——这是第一家中国原创的互联网公司,其独一无二的"B2B"模式,也是互联网行业第五种被证明成功的商业模式。

而在互联网业内,阿里巴巴"B2B"上市则被认为会影响中国网络营销。因为在众人眼里,阿里巴巴做的不仅仅是一个信息共享的平台,而是一个"marketing place",用户交易的平台。

面对众说纷纭,时任阿里巴巴"B2B"总裁的卫哲坦言:以阿里巴巴的财务状况,几年之前就可以上市了。他来到阿里巴巴也并不是为了上市,因为马云有着更高的期望。

卫哲当时披露,阿里巴巴虽然已经成为全球最优秀的"B2B"电子商务公司,但是依然处于初级阶段,处于突破新瓶颈的关键时期。

2006年6月份,国家邮政总局与阿里巴巴在电子商务信息流、资金流、物流等层面达成了合作。双方依托"支付宝"公司,推出了一款经济型物流e邮宝,价格较普通EMS有较大幅度下降。

2007年3月20日,由阿里巴巴和中国邮政合作推出的"网汇e"业务,在全国3万多个邮政汇兑联网网点上线,有效缓解了网银交易限额给大额网上支付带来的不便。

同样还是2006年,中国工商银行与阿里巴巴进一步深化合作,为阿里巴巴提供"B2B"收款、企业网上银行、票据验证等多种现金管理服务。随后,工行还和阿里巴巴就联手建立一个信用支付中介平台进行了深入设计,将原先的"网上交易+线下支付"形式改为"网上交易+网上支付"。

在卫哲看来,那时候的"支付宝",在国内主要还是个人之间交易,2007年的重点就是使其成为企业间的交易工具,解决企业间国际小额结算。

3个月之后,2007年10月,距离阿里巴巴"B2B"上市不足半月,国内很多证券网点工作人员发现,办理港股业务的人突然多了起来。原来,好多人都是冲着阿里巴巴来的。

而在国际上,阿里巴巴即将上市的消息,同样吸引着各方关注。

这一年10月22日—26日,阿里巴巴"B2B"公开发售。短短5天之内,冻结资金高达4500亿港元,超额认购逾258倍,创造了香港股市冻资的最高

纪录。

再看国际配售方面，阿里巴巴获得 1.4 万亿港元认购，超过 1000 个机构投资者参与，相当于 186 倍的超额认购。

据此，机构认购与公开发售两项合计，阿里巴巴"B2B"认购金额已经接近了 2 万亿港元。一时间，国际金融市场掀起了阵阵波澜。

看着追捧程度远超预期，马云和管理层及时做出调整，将原来计划的融资金融由 10 亿美元提高至 15 亿美元。

由于公开认购超过了 40 倍，阿里巴巴同时启动了回拨机制，由原来的公开发售占总发行股数 15% 调高至 25%，并将 1.29 亿股增至 2.15 亿股。

众人竞相追捧的结果，使得阿里巴巴"B2B"得以 17 亿美元的融资规模，成为当时全球第二高的互联网融资，仅次于 Google 创下的纪录。

在国内，阿里巴巴"B2B"则创造了互联网公司最大融资的新纪录。

2．B2B 掀起造富运动

春风得意马蹄疾，一日看尽长安花。

阿里巴巴"B2B"的惊艳上市，四周人一片惊羡，就连一向对上市极为低调的马云，也有些抑制不住自己的兴奋激情。

"因为我们能为香港联交所做出我们的价值。我们这次上市能给全世界、全中国、全亚洲的高科技公司传递一个信号——香港并不比纳斯达克差。"成功上市之日，马云即发出如此感性豪言，"如果你是好公司，资本就会跟着你走，资本家是跟着企业走的。阿里巴巴上市就吸引了很多欧美的大型基金。"

马云的豪言，确非虚说。

阿里巴巴"B2B"上市之际，国际著名的金融机构摩根士丹利发表相关报告称，人们有理由对阿里巴巴未来业绩能力毫不怀疑。这是因为，阿里巴巴当时占据着中国"B2B"在线市场 50% 的份额，基本上处于垄断地位。同时，阿里巴巴也是中国全球化程度最高的网络运营商，70% 的收入来自中国出口企业，30%~40% 的流量来自国外。

专业的国际调查公司 iResearch[①] 同一时期公布的相关资料显示，阿里巴巴

[①] iResearch 是一家专业机构，专注于网络媒体、电子商务、网络游戏、无线增值等新经济领域，为网络行业及传统行业客户提供专业市场调查研究和战略咨询服务。它以中国上海为总部，并分别在北京、广州成立了分部，为中国互联网行业的发展起到了重要推动作用。

在当时国内"B2B"领域是毫无争议的老大,注册用户数占了中国整个电子商务市场的 70% 以上。

再来看当年阿里巴巴的招股说明书。

书中显示,截止到 2007 年 6 月 30 日,阿里巴巴注册用户已达 2460 万。其中,国际贸易平台 360 万,中国贸易平台 2090 万,付费会员超过了 25.5 万。与此同时,注册用户数量、付费会员的数量,都以超过 80% 的速度在继续增长。

那么,马云和管理层为什么要首先选择"B2B"板块在港上市呢?

在马云最初的设想中,"B2B"是阿里巴巴电子商务生态系统中的一个环节,上市募资所得,会被同时投入上市公司和集团的其他业务板块。而集团其他业务越强大,带给上市公司的好处自然就会越多。

时任"B2B"总裁的卫哲则透露,上市募资所得约有 60% 会用于战略收购和业务发展。因为阿里巴巴当时正积极与软银进行商讨,希望能建立联合企业关系,共同经营阿里巴巴日文网站业务。

后来,著名的高盛和摩根士丹利担任了阿里巴巴的主承销商,开始对基础投资者(指有特定禁售期的申购者)罕有的两年禁售期,以及超过 1000 亿美元、逾 100 倍的超额认购。

按照制定的计划,阿里巴巴将通过 IPO 发行 8.59 亿股,占扩大后总股本的 17%;招股价定为 12~13.5 港元,最多募资 116 亿港元。其中,公开发售的 8.59 亿股份中,6.315 亿股为阿里巴巴集团所持旧股,占总发行股份的 73.5%,远远高于其他股票 IPO 时的比例。

马云和管理层之所以能进行这样的设计安排,本质上还是阿里巴巴已经具有的两大优势。

一是雅虎和阿里巴巴世纪联姻后,后者在国内外的知名度大幅提升,品牌效应为其国际贸易平台带来了战略优势;二是阿里巴巴不断精细完善的企业交易记录和信用数据库,日益强化着阿里巴巴"B2B"业务垄断性的竞争优势。

这两大优势也给了当时的卫哲相当底气。他公开宣称,阿里巴巴的核心竞争力在于,"比任何跨国公司更了解中国的中小企业,并且比本土公司国际化"。

卫哲的底气远不止于此。因为,阿里巴巴"B2B"成功上市,他便是最大受益者之一。

当时,众多媒体都如此描述过阿里巴巴"B2B"上市的盛景:阿里巴巴上市为资本带来一场盛大狂欢,相关主角都赚了个盆钵满盈,最应该狂欢庆祝的

无疑是阿里巴巴集团的股东们,尤其是软银董事长孙正义。

盛景之下,马云也曾欣慰地表示:"从第一天开始,我就没想过用控股的方式控制公司,也不想以自己一个人去控制别人,这个公司需要把股权分散。这样,其他股东和员工才更有信心和干劲。"

仅以前文所述,阿里巴巴工作满 3 年的员工,都会得到员工配股,创始人马云及其创业团队则拥有 28.2% 的股份。再结合阿里巴巴"B2B"的上市数据,舆论坊间便给出了惊艳的财富预测。

此番"B2B"上市,在阿里巴巴至少制造了 1000 名百万富翁,300 名千万富翁,刷新了中国互联网公司制造百万富翁的财富纪录。

再看那些风险投资客们,所获得的收益更是惊人,尤其是两大股东——美国雅虎和日本软银。

"B2B"板块上市时,阿里巴巴集团拥有阿里巴巴公司 72.8% 控股权,软银持有阿里巴巴集团 29.3% 股份。业内人士就此估算,软银间接持有阿里巴巴公司 21.33% 股份,若按招股中间价计算,市值约为 137 亿港元;再加上 2004 年软银已经成功套现的 1.8 亿美元,相比对阿里巴巴的投资额,其在阿里巴巴的投资回报率达到了惊人的 24 倍。

至于另一大股东雅虎,同样获利丰满。

阿里巴巴"B2B"板块上市的时候,雅虎进入阿里巴巴不过两年。但是,其在阿里巴巴获得的收益却令全球投资客羡红了眼球。

那个时候,雅虎不仅间接持有阿里巴巴上市公司 28.4% 股权,还凭借其基础投资者身份买进了 7.76 亿港元的阿里巴巴新股。若以 13.5 港元 / 股计算,雅虎约可增持 5748 万股,共计持股达 14.93 亿元港元。

据此以招股中间价换算,雅虎所持的阿里巴巴股票总市值高达 190 亿港元,相较于其两年前 10 亿美元的投入,回报也高达 2.4 倍。

于是,围绕阿里巴巴"B2B"成功上市引发的财富话题经久不息,人们也习惯性地两相对比。因为,百度、腾讯等率先上市的互联网企业,当时制造的富翁多以百万论身家,不少阿里人还一度只能用眼神去羡慕。

就连马云,那个时候也只能用独特的创业魅力勉励团队——阿里巴巴是穷人为穷人服务,马云就是丐帮帮主。

当忍耐过无数的创业寂寞后,2007 年 11 月 6 日,一夜便换了天颜。

阿里巴巴创业者们有理由得意欣慰,而最得意和欣慰的,当属马云。他不仅把自己丐帮帮主的帽子甩向了天际,还将创业之初被舆论称为忽悠式的承诺变成了真实——阿里巴巴一旦成为上市公司,我们每一个人所付出的所有代价都会得到回报!

至此,阿里巴巴的造富运动才刚刚开始。

3. 变天的"泰坦尼克号"

1997年12月,美国上映了一部电影,引起轰动。半年后,1998年4月3日,该部影片开始在中国内地上映,更是引发观者如潮。

影片的背景,就是1912年"泰坦尼克号"邮轮处女航行,不慎撞上冰山,进而造成一场世纪海难。正是在那场海难形成的过程中,两个不同阶层的青年男女,为了火热的爱情不顾世俗偏见,上演了一场感人至深的凄美故事。

被深深感动的,自然也包括当年的笔者。而在商界,"泰坦尼克号"则成为人们用来比喻某物或某组织庞大规模的最常见符号。

与阿里巴巴密切相关的美国雅虎公司,即被人们视为21世纪初期互联网业界的"泰坦尼克号"。

2012年2月21日,阿里巴巴集团向旗下港股上市公司阿里巴巴网络有限公司董事会提出私有化要约,以每股13.5港元的价格回购上市公司股票,总价值179亿港元。当年中旬,阿里巴巴"B2B"私有化计划获得股东通过。

随后,阿里巴巴宣布"B2B"将要退市,引发舆论一致猜测——阿里巴巴集团计划整体打包上市。马云和管理层,当时未置可否。

就在宣布"B2B"退市前两个月,泰坦尼克号雅虎刚好与阿里巴巴达成了出售20%股权的协议。在双方回购协议中,为激励马云管理层,雅虎甚至主动约定:如果在2015年前实现阿里巴巴上市,便可再回购10%雅虎持有的股权。

2012年6月8日,阿里巴巴正式停止了"B2B"在港交所的交易,并于6月20日正式撤出了港交所。

主动退出,必会有更得意的入。阿里巴巴"B2B"香港退市的背后,一盘马云设计的大棋,又隐约可见。

这盘大棋,自然也是后话。

话题先回到2008年,也就是阿里巴巴"B2B"在港上市后几个月。

如上文所述,作为阿里巴巴的重要投资者和股东,得益于阿里巴巴上市成功,美国雅虎同样获得了巨额收益。然而,综观这个互联网界的泰坦尼克号,

一个影响深远的重大变化,正在悄悄酝酿着。

终于,2008年11月,雅虎传出了一个令国际互联网业震动的消息——CEO杨致远即将辞职,全球最大的互联网业泰坦尼克号面临变天的可能。

不几日,杨致远正面回应了离职的消息。他在自己的博客中,将辞职的原因归于"目前是雅虎任命新CEO的最佳时机"。

自13年前与大卫·费罗创办雅虎以来,我一直对公司、品牌、员工以及全球无数把雅虎当作网络之家的用户充满热情。这也正是我在2007年6月接受董事会任命而重新担任CEO的主要原因……

尽管外部环境十分艰难,但我相信,在把战略构想付诸实施的行动中,我们取得了巨大进展。当前,我认为是雅虎任命新任CEO的最佳时机。对我而言,在继任者上任后,我将继续扮演"雅虎酋长"的角色……

英雄莫问出处,自古性情相惜。

杨致远的博客内容,不仅满腔真情实意,还显现出了如马云一般的创业情结。然而,此时的杨致远又与马云完全不同——杨致远一手创建的雅虎,正如同百年前首航大西洋的豪华游轮泰坦尼克号,前行危机重重;而马云亲手创建的阿里巴巴,则如同东方冉冉升起的那颗太阳。

时日不长,2009年1月,有着"硅谷女王"名号的卡罗尔·巴茨,在雅虎走马上任了。

在互联网业内,卡罗尔·巴茨可不简单,被人戏称为"女船长",有着"铁腕"和"强势"的职业名声。随着巴茨的就职,舆论即普遍认为,拯救雅虎这艘互联网的"泰坦尼克号"的重任,就看巴茨的了。

巴茨坚信,雅虎需要精简并且要定义自己。2009年10月初,在"《财富》最具权势女性峰会"的一次访问中,她告诉《财富》杂志的执行总编辑安迪·瑟威尔:"我们不是搜索引擎公司,我们不只做社交媒体,也不只是内容公司。我们是人们网络生活的中心。"

随后,巴茨还给《财富》写了一篇文章,字里行间便足可见已过60岁的她,骨子里的铁腕和强势。

我在接受新工作方面表现很差劲,之后又做了一次大手术。这些都是意料之外的。但我身边的人夸我能较快地重新融入工作中去，这让我感觉很好。自1月份以来我就加入了雅虎公司。在几个月前，我接受了手术，换掉了膝盖骨。当我的医生告诉我要动手术时，我就计划早早地接受手术。为什么要等到我感觉好的时候再做？我现在就感觉很好，不想要再等上10年。我想要立即解决问题，我想要重新活动起来。

热爱工作，我喜欢经营公司，帮助和我共事的人。我不会让任何事情阻挡我去做我热爱的事业……

巴茨上任伊始，便在雅虎展开了一系列动作，如精简业务，重新任命管理人员等。业内有人统计，担任雅虎CEO期间，巴茨通过强势裁员的比例达5%。

与此同时，巴茨还执意地压缩了雅虎业务范围。她遵循自己的那句名言，"如果你没弄死很多植物，你就学不会怎么做园艺"，在雅虎开展起了"园艺"式的改革，停掉了多个业务，如delicious（美味书签）、Geocities（提供个人主页服务的网站）等。即使面对很多不容错过的新业务合作及并购机会，巴茨也不屑一顾，如同Groupon（网友团购）的合作等。

尽管铁腕强势，但是巴茨的所有努力并没有得到华尔街投资人的认可，雅虎的整体表现依然不如人意。如雅虎的股价长时间低位徘徊，连续的财报表现差强人意，大量技术开发人员流失，创新步伐几乎陷入停滞等。

如果从整体上看巴茨在雅虎两年多的任职，就像华尔街的分析报告指出的那样，雅虎股价下跌逾30%，她的举措对股价没有产生任何积极贡献。这样的评价，与巴茨就职时的雄心表态，相去甚远。

2009年11月，针对雅虎6%的运营利润率，巴茨曾称"这样的运营利润率太糟糕，太可怜"。为此，巴茨为自己制定了目标：在未来2—3年内，将雅虎运营利润率从6%提升至15%~20%。

除了对雅虎"花园"式改革，巴茨本人在公开场合还管不住嘴巴，业内称其习惯"出口成脏"。尤其是面对竞争对手，她时常恶语相加。即使是后来被迫离开雅虎的时候，她也没忘习惯性地反咬一口曾经的东家。

更让众多业内人士不能理解的，巴茨担任雅虎CEO后，导致雅虎与其亚洲合作伙伴的关系全面恶化。这其中，就包括雅虎与阿里巴巴的"口水大战"。

路透社就此曾有评论，在巴茨两年多的任期中，雅虎停滞不前，无法统治网络广告和内容市场，以及把搜索业务交付给微软之后，雅虎已没有了任何选

择。并且,巴茨任上扩大了雅虎与中国合作伙伴阿里巴巴之间的嫌隙。

如果说马云当年将阿里巴巴几近40%的股权拱手出让,雅虎像是意外获得了一块肥肉,那么对于阿里巴巴,雅虎战略投资的实效开始变得非常有限。所以,当雅虎莫名恶化与阿里巴巴的世纪联姻时,《财富》才会说,阿里巴巴对雅虎,如同一只会下金蛋的鹅;而巴茨对待这只鹅,却傲慢得像一头驴子。

其间,也有雅虎中国高层公开宣称,双方因利益和控制权之争始终存在着罅隙,但2009年巴茨上台后,相互间的矛盾才被公开激化。

原来,马云与巴茨的首次见面,后者就当面给了他一个下马威。当杨致远介绍两人认识后,巴茨即当面指责马云,称他的中国管理是一种失败,玷污了雅虎声誉。

历经多年互联网风雨的马云,不仅有着高傲的先行者胸怀,更手握已然成形的大阿里巴巴。睡着了也能想象得出,当时的马云会让巴茨面临着怎样尴尬的场景。

2009年9月10日,阿里巴巴10周年的特别日子,也是马云本人的生日。与此同时,日益国际化的网商大会也紧锣密鼓地进行着。可就在大会后第二天,美国雅虎毫无预警地出售了其所持有的阿里巴巴1%股权,套现约1.5亿美元。当时虽被解释为雅虎需要缓解现金流,但时机的选择对于阿里巴巴很欠情面。

此事件后,马云便多次公开表示:雅虎去留对阿里巴巴都无影响,只是一个股东。

随后,又发生了留待后文详述的"支付宝股权腾挪"事件,雅虎股价和巴茨的能力及声望,再遭双重滑铁卢。

卡罗尔·巴茨最终没能拯救雅虎。

2011年9月的一天,巴茨突然向雅虎全体员工发出了邮件,称自己已被雅虎董事会解雇。接着,雅虎公司宣布暂时任命CFO蒂姆·莫尔斯担任临时CEO。巴茨随即退出了雅虎董事会,并对雅虎董事会进行公开指责。

连续性的高层人事地震,引得国际媒体纷纷聚焦雅虎这艘互联网界的"泰坦尼克号"。

《福布斯》杂志网络版甚至撰文称:昔日风光无限的雅虎处于困境,并有可能为出售做准备。

一些美国证券公司的分析师们也公开表示,另外找到一个职业经理人担任雅虎CEO十分困难,投资人也不愿意再等待雅虎的业务转型来临,雅虎在寻找新 CEO 之前应该将自己卖掉。

而雅虎高管布拉德·加林豪斯则通过微博称："ding dong the witch is dead。"译为中文，即是"巫婆死了"。显然，加林豪斯将巴茨比喻为"巫婆"了。

雅虎更大的动荡还在继续。

几个月后，2012 年初，雅虎再次突然宣布，公司创始人杨致远辞去董事会及公司内一切职务，并立即生效。内部消息同时披露，杨致远还辞去了雅虎日本、阿里巴巴董事会中的职务。

就连心系多年的"雅虎酋长"头衔，杨致远也一并放弃了。"在雅虎的时光，从始至终都令人激动和深具价值。但是，是时候离开雅虎去寻找其他兴趣了。"杨致远的辞职信，让所有人都读出了一份不舍和无奈。

杨致远的完全离去，再次引发国际舆论感慨——彻底脱身于自己一手创建的雅虎。同时，直接影响到了雅虎在阿里巴巴董事会的席位变化。

在阿里巴巴集团董事会中，以马云为首的团队拥有两个席位，雅虎两个席位，软银一个席位。而雅虎的首个席位，一直由杨致远担任，第二个席位人选一直未进行公布。

所以，杨致远彻底离去后，舆论便纷纷猜测：雅虎在阿里巴巴集团所拥有的两个董事人选变化，将会直接带给有心回购阿里股份的阿里巴巴更多变数。

或许是为了安抚越来越多的担心与顾虑，雅虎新任 CEO 斯哥特·汤普森很快表示："杨致远虽然离开，却留给了雅虎创新与关注客户的口碑。杨致远在过去 17 年里培养了雅虎创新文化的形成，我们要把这种精神继续发扬下去。杨致远对雅虎的未来充满信心，同样的，我也对雅虎充满巨大潜力的未来共享这份信心。"

话虽然说得冠冕堂皇，但汤普森在雅虎却没能坚守多久。

仅仅四个月之后，2012 年 5 月，雅虎即宣布，CEO 斯科特·汤普森因学历造假离职，公司已任命负责媒体网站的列文森担任临时 CEO。

雅虎每一次动荡，传给互联网世界的都是震撼性消息，且越来越不太光彩。5 年时间，仅 CEO 就换了 4 次，沦为全球笑柄。

接连不断的高层人事地震，也显示出了雅虎董事会斗争的激烈，进而直接影响到了雅虎的整体运营。

如 2012 年第二季度财报显示，雅虎实现营收 12.18 亿美元，较上年同期下滑了 1%；不计入流量成本营收为 10.81 亿美元，与上季度基本持平；净利润为

2.27亿美元，较上年同期下滑4%。

互联网"泰坦尼克号"的业绩表现，让《华尔街日报》等美国主流媒体禁不住发声：雅虎公司未来形势严峻！

4．变了味的"雅+巴"情恋

以杨致远离任CEO为标志，雅虎的连续化巨变，日渐深入地影响着雅虎与阿里巴巴的联姻关系。这也再次折射出，当初惊艳世界的"雅+巴"牵手，根本上的动力，还是马云与杨致远相互体恤的英雄般情怀。

2007年11月，阿里巴巴"B2B"板块在香港上市时，招股说明书中曾披露了雅虎入股阿里巴巴时主要约定。

其一，从2010年10月开始，持股阿里巴巴集团39%经济权益的雅虎，投票权将从约定的35%增加至39%，相应的马云等管理层投票权将从35.7%降为31.7%，软银则保持29.3%的经济权益及投票权不变。

这样约定，意味着自2010年10月开始，雅虎便成了阿里巴巴第一大股东。

其二，从2010年10月开始，雅虎在阿里巴巴董事会的席位将由原来的一位增加到两位，即雅虎和阿里巴巴管理层分别委任两位董事，软银委任一位董事。

如今来看，马云当时应该意识到了什么，换种说法是不希望阿里巴巴的未来任人摆布，所以条款同时有着如此规定：马云只要持有1股，就有权在董事会指派一个董事。正是这一安排，为阿里巴巴后来的发展壮大提供了某种额外的保障，也表现了马云高于杨致远的战略眼光。

其三，从2010年10月开始，雅虎、软银及阿里巴巴三方股东达成的"阿里巴巴集团首席执行官马云不会被辞退"的条款到期。届时，阿里巴巴集团第一大股东雅虎，将有机会按照董事会或公司章程辞退CEO马云。

如果这样的约定果真得以执行，对照一下2009年后的雅虎，马云极有可能会步杨致远的后尘，像他失去雅虎一样失去亲手创建的阿里巴巴控制权。假如真的那样，今天的阿里巴巴能否依然，还真是个未知数。

对于假如的那种可能，绝不是什么个人恋权那么简单，它不仅关系到一个团队无法撼动的创业梦想，更关系到现今一个世界级的中国符号。

既然关系如此深远，那么"雅+巴"世纪联姻时，马云团队为什么又会同意上述条款的安排呢？

理清马云当年的内心所想，话题还得回到 2005 年。

前文有述，2005 年的阿里巴巴，整体上呈现出节节上扬的发展态势，为国内外业界一致瞩目。

但是，受益于整体大环境的持续向好，国内其他互联网公司或同类企业也大多向好。特别是以百度、腾讯、三大门户及"eBay"等为代表的互联网公司，更是不约而同地对阿里巴巴形成包围态势。所以，马云团队才像前文讲述的那样，不敢稍有懈怠。

至于雅虎，在创始人杨致远用心经营下，虽然在中国大陆犯了一些水土不服的错误，但在全球范围内仍稳稳地霸占着行业龙头位置。

所以，当杨致远主动抛出 10 亿美元诱饵的时候，马云同时无法拒绝的，还有杨致远跨过太平洋送来的绝对信任。

这份信任，马云很是珍惜。就像知情人士披露的那样，马云很多时候显现强势，杨致远在业界则被公认为"作风平易近人，处世谦虚谨慎"。即使雅虎后来变身为阿里巴巴第一大股东，在职的杨致远也基本不插手阿里巴巴运营。他说的最多的话，即为"这是马云的事"。

自喻为"风清扬"的马云，显然也倾情杨致远这种信任与相惜，两人都得意的互联网英雄情怀，自然也冲淡了"2010 年 10 月"这个日子的不可预测性。

于是，当"雅+巴"联姻于 2005 年 8 月惊艳上演的时候，马云更愿意相信阿里巴巴和雅虎"百年好合"，而有意选择淡忘那个古训——没有永远的朋友，也没有永远的对手。

只不过，这个世界唯一不变的，就是一切都在变。

2009 年 1 月，当杨致远突然辞去雅虎 CEO 一职的时候，马云便即时意识到了一个地雷般的约定——"2010 年 10 月"。

随着继任者卡罗尔·巴茨的上任，雅虎很快被谷歌超越，昨天的风光进而被各种新问题淹没，"没落英雄"之势日益明显。正如一位长期研究雅虎的学者披露，其时雅虎的全球收入中，来自对阿里巴巴的控股及雅虎日本的收入，已接近总收入的 80%。

由于不具有杨致远开创者的辉煌经历和口碑，个性强势的巴茨，潜意识里渴望尽快证明自己。

最需要的时候，雅虎最大收益来源地的阿里巴巴，便成为巴茨最为关注的对象。与巴茨目光一同到来的，就是对阿里巴巴控股权的志在必得。

随后，便有了上文提及的马云与巴茨的首次见面。

两人的首次见面在是 2009 年 3 月，见面地点就在雅虎总部。杨致远介绍完两人后，随后便离开了会议室。接着，巴茨的强势个性便显现出来。

当着阿里巴巴整个高管团队，巴茨没容马云说话，抢先指责他不够称职，没有把雅虎中国做好。"我想直截了当地说，因为这关系到我的声誉，我希望你能从中国雅虎网站上把雅虎的名字去掉。"

巴茨的话，让久经沙场的马云也一时不知所措，他根本没有意料到变化会来得如此之快。

然而，被投资人要挟显然不是马云的性格。他的这种性格，早在阿里巴巴首次引入风险投资时，就清晰地展现过。包括软银的孙正义，也曾深切地体会过。

被马云硬怼后，巴茨更不愿善罢甘休了。3 个月后，2010 年 1 月，当谷歌以主观故意高调宣布退出中国内地市场之际，雅虎竟然高调附和："我们与谷歌站在同一边，作为网络企业的先锋，本公司强烈反对任何隐私权的侵犯。"

来而不往非礼也！

针对雅虎的表态，阿里巴巴第一时间发表声明："雅虎就谷歌事件做出的声明和支持谷歌立场的表态，是在缺乏事实为证据的情况下做出的草率行为。阿里巴巴对此并不同意。"

发表此一声明的同时，马云和管理层已经有了"雅+巴"合作风险的心理准备，并积极酝酿减少雅虎在阿里巴巴的股份，为可能发生的"2010 年 10 月"危机进行预案。

2010 年 5 月，阿里巴巴股东大会上，首席财务官蔡崇信首先表态："只要雅虎愿意，阿里巴巴愿意回收其所持有的阿里巴巴全部股份。"

对于这样的邀约，雅虎显然视为一个倡议而已。阿里巴巴因"B2B"上市掀起的财富劲风，依然在整个互联网界呼呼有声。巴茨明白，此时的阿里巴巴就是一座成熟起来的掘金池。

接下来，便是阿里巴巴与雅虎公开较劲的日子，双方喊话的分贝不断升高，公开的指责一天比一天多。由马云与杨致远背书的"世纪恋情"，日益貌合神离，走向了全面紧张。

2010 年 9 月，阿里巴巴主持的网商大会如期举行。就在此次活动期间，雅虎香港负责人公开表示，雅虎正在考虑吸引中国内地客户到雅虎香港网站投放广告。

阿里巴巴随即给出回应:"如果雅虎确实在中国客户上与阿里巴巴竞争,我们将根据该举动及其隐含的意图重新评估与雅虎的合作关系。"

终于,时任雅虎CEO的卡罗尔·巴茨站到了台前。她公开发出指责,正是马云试图推动"淘宝"上市,并意图"收回阿里巴巴股份",才使得两家关系变得日益紧张。

这一次,马云并没有及时回应,代之出面的,为时任阿里巴巴"B2B"业务的CEO卫哲。

卫哲的回应干脆而不留情面:不再拥有搜索引擎技术的雅虎,只是一个金融投资者,阿里巴巴已经不再需要雅虎,雅虎是一个面临破产的公司。

此语一出,巴茨深受刺激。她第一时间以"硅谷女王"的强势口吻高调表态,雅虎无意出售持有的阿里巴巴39%股份,而她本人将会在2010年晚些时候加入阿里巴巴董事会。

巴茨的直抒心意,瞬间让马云和管理层意识到,阿里巴巴最不愿设想的危险一幕,似乎正以令人不安的步骤上演。

随即,一场影响深远的互联网顶级控制权之争,成为国内外各路媒体竞相聚焦的话题。

巴茨则在第一时间接受了《华尔街日报》的采访。

令人十分意外,在谈到雅虎与阿里巴巴日益紧张的关系时,巴茨竟然表示,她自己与马云一直保持着良好的合作关系,并透露最近一次微软高峰会议上,她还整天与马云邻座。

巴茨甚至首次公开赞赏马云:"未来一定能将公司做得很好。"

巴茨态度的转变,也引起了其他预想的改变。她本人没有进入阿里巴巴董事会,雅虎也没有增加驻阿里巴巴董事会的人员。

如此情景,也让马云变得风趣起来。他紧随巴茨之后,充分挥洒着自己特有的语言诙谐:"我坚信不疑的事情是,资本家永远是舅舅,你是这个企业的父母,你要掌握这个企业的未来。股东永远是第三位,(资本)永远是舅舅,买奶粉的钱不够就借一点。"

两人如此先后表态,给了外界新的信号:外资虽然是阿里巴巴的大股东,但是外资不会控制阿里巴巴,马云自己也会继续掌控阿里巴巴的未来。

更有转折性的一幕,发生在2010年10月19日。

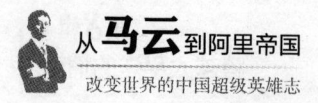

这一天,巴茨在雅虎财报会议上宣称,雅虎对阿里巴巴的投资,证明了雅虎创始人杨致远"具有远见之明"。

她还进一步坦承:"我对马云、阿里巴巴的团队,以及他们的成就非常尊重。我们知道在他们现在发展的业务中具有巨大的价值。这是一项重要的投资,我们将致力于建立一种良好的商务关系。除此之外,我现在或未来,都不会就雅虎向他们的投资进行评论。"

雅虎态度的转变,应该是战略性的安排。几个月后,时任雅虎CFO的蒂姆·莫尔斯进一步表态:由于整体情况不错,雅虎不会在阿里巴巴任命新董事,没有必要打破目前的平衡。

然而,当所有舆论纷纷猜测双方重修旧好之际,2011年5月,"雅+巴"的世纪联姻再次出现新的不和谐声音。

这一次,纵有浩瀚万里的太平洋相隔,双方彼此间的怒斥之声,依然震动了整个国际舆论。

第9辑

"风清扬"决战本命年

中国人常将本命年与"不顺"连在一起,甚至还有"坎儿年"之说。2011年是中国农历兔年,也是"风清扬"马云创建阿里巴巴第12个年份,即俗称的本命之年。这一年,马云果然有种"坎儿年"的迷惑——"我其实已经有预感,12年是一个本命年。本命年麻烦多,但我没想到会有这么多,从来没想过会这么痛,这么苦……"

一　大阿里惊现"欺诈门"

古老的中国，连人们的日常俗语也透着十足的智慧。2011年，当"雅+巴"之争暗潮汹涌，大阿里渐露帝国之相的时候，马云创建的阿里巴巴在第12个年头，也似乎开始应验"人怕出名猪怕壮"这一俗语了。除了前文讲述的"十月围城"之难，后文待述的世纪争夺大战、"淘宝网"被迫维权事件外，2011年年初便突降第一道大坎——"欺诈门"。

1. 马云发出新年礼物

2011年是中国农历兔年。兔既有温和、善良、纯洁友好的寓意，又有着"狡兔三窟"的天性，故人们喜欢以兔来喻示人生需要及时总结。

这一年，也是传说中的阿里巴巴本命之年。笔者并不相信什么"本命年"之说，但也不反对"信其有，不信则无"的人之常态。

2011年2月21日，中国农历兔年的正月十九。春节的喜庆尚未消退，阿里巴巴员工们便收到了马云发出的一份礼物。只不过，这份新年的礼物很是特别，它是一封电子邮件。

各位阿里人：

大家已经看到了公司的公告，董事会已经批准"B2B"公司CEO卫哲、COO李旭晖引咎辞职的请求，原"B2B"公司人事资深副总裁邓康明也引咎辞去集团CPO职务，降级另用。

几个月前，我们发现"B2B"公司的"中国供应商"签约客户中，部分客户有欺诈嫌疑。更令人震惊的是，有迹象表明，直销团队的一些员工默许，甚至参与协助这些骗子公司加入阿里巴巴平台！

为此，集团迅速成立了专门小组。经过近一个月的调查取证，查实2009年、2010年两年间，分别有1219家（占比1.1%）和1107家（占比

0.8%）的"中国供应商"客户涉嫌欺诈。骗子公司加入阿里巴巴平台的唯一原因，是利用我们12年来用心血建造的网络平台向国内外买家行骗。而我公司确有近百名为了追求高业绩高收入，明知是骗子客户，还仍与其签约的直销员工！

对于这样触犯商业诚信原则和公司价值观底线的行为，任何的容忍姑息都是对更多诚信客户、更多诚信阿里人的犯罪！我们必须采取措施捍卫阿里巴巴价值观！所有直接或间接参与的同事都将为此承担责任，"B2B"管理层更将承担主要责任！

目前，全部2326家涉嫌欺诈的"中国供应商"客户，已经全部做关闭处理，并已经提交司法机关参与调查。

阿里巴巴从成立第一天起，就从没以追逐利润为第一目标，我们绝不想把公司变成一家仅仅是赚钱的机器，我们一直坚守"让天下没有难做的生意"这一使命。"客户第一"的价值观，意味着我们宁愿没有增长，也决不能做损害客户利益的事，更不用提公然的欺骗。

过去的一个多月，我很痛苦，很纠结，很愤怒……

但这是我们成长中的痛苦，是我们发展中必须付出的代价，很痛！但是，我们别无选择！我们不是一家不会犯错误的公司，我们可能经常在未来判断上犯错误，但绝对不能犯原则妥协上的错误。

如果今天我们没有面对现实、勇于担当和刮骨疗伤的勇气，阿里将不再是阿里，坚持102年的梦想和使命就成了一句空话和笑话！

这个世界，不需要再多一家互联网公司，也不需要再多一家会挣钱的公司；

这个世界，需要的是一家更加开放、更加透明、更加分享、更加责任，也更为全球化的公司；

这个世界，需要的是一家来自社会，服务于社会，对未来社会敢于承担责任的公司；

这个世界，需要的是一种文化，一种精神，一种信念，一种担当。只有这些，才能让我们在艰苦的创业中走得更远，走得更好，走得更舒坦。

令人欣慰的是，这次调查中我们发现，绝大多数直销同事在面对诱惑时坚守住了原则，在这里向他们致敬！我们更要感谢在面对这类事件中勇于站出来抗争的同事们，在他们身上我们看到了坚持诚信和原则的勇气与

力量，我们看到了阿里的未来和希望！我们需要更多这样的阿里人！

成非凡之事者，必须有非凡之担当！

卫哲和李旭晖的辞职是公司巨大的损失，我非常难过和痛心。但我认为，作为阿里人，他们敢于担当，愿意承担责任的行为非常值得钦佩。我代表公司，衷心感谢他们对公司所做的贡献和付出的不懈努力。

各位阿里人，"B2B"董事会任命陆兆禧兼任阿里巴巴"B2B"公司CEO；集团任命彭蕾兼任集团CPO。希望大家全力配合他们两位的工作，相信我们可以让自己的公司更加与众不同！

这是一个好时代，这是一个谁都不愿错过的时代！坚持理想，坚持原则，能让我们成为这个时代中的时代！

If not now？When？！
If not me？Who？！
此时此刻　非我莫属

马云
2011.2.21

所有读到这封信的人都明白，马云在用他特立独行的方式，亲自传达了一个涉及阿里巴巴高层人事变动的重大决定，并自揭了一个在舆论坊间相传多日的惊人家丑。

2. 舆论疯传"欺诈门"

马云发出的新春邮件，在阿里巴巴内部传阅的同时，也以极具个性的方式"抄送给了全国人民"。信件相当程度地消除了阿里巴巴员工心存的顾虑与疑问，同时也等于向舆论揭开了阿里巴巴种下的内部丑闻。

马云在信中首次公开承认：在阿里巴巴"B2B"平台上，2009年、2010年间分别有1219家和1107家的"中国供应商"客户涉嫌向国外买家行骗；"B2B"公司直销团队的一些员工，故意或者疏忽导致一些涉嫌欺诈的公司进入阿里巴巴相关平台。

不出所料，围绕马云信件的各路舆论沸沸扬扬，激烈言辞不绝于耳。一些主流媒体干脆通栏大标题——"阿里惊现'欺诈门'""马云制造高层人事地震""阿里巴巴涉嫌欺诈""阿里巴巴陷入欺诈危机"……知名的国际媒体也紧随而至。就连观者人气最高的央视《新闻联播》，也在第一时间给予了关注。

曾亲手将《人民日报》搬上互联网的马云，已不可能坐等舆论的宣判。

2011年2月21日下午，阿里巴巴集团高级公关总监陶然率先发出微博："都知道阿里巴巴最讲价值观，但很多人都以为嘴上说说或弄成文化墙给别人看。这次0.8%欺诈账户的事，比例很小，可能有的公司就瞒下了，但我们毫不避讳，自己把胸膛扒开把伤口给人看，CEO都因此辞职了。这下知道价值观是动真格了吧！"

陶然还在微博中宣称："成功的人和公司，一个共同的特质就是坚持梦想。话很简单，真的做到却不容易。"

然而，这样的表白，又引来不少人"作秀"的质疑。舆论的风向大有横扫马云之势。

笔者清晰记得，舆论风头正劲的时候，还是央视新闻人，少有地深入阿里巴巴，再次进行了可视性地调查报道，调子客观公正。

与此同时，众多IT和商界精英开始发表看法。

第一个做出反应的商界精英，要数马云的"好基友"、巨人网络大佬史玉柱了。他在粉丝数百万计的微博中写道：

> 巨人企业文化里有句"敢于承担个人责任"，近年可能已流于形式。看到阿里巴巴CEO卫哲引咎辞职，深感阿里巴巴才是真正敢于承担个人责任的，阿里巴巴的成功绝非偶然。如此重大人事变动，设想下，如果换我坐在马云位置上，说不准会因缺乏魄力而破坏公司规则。

紧跟其后的代表人物，便是中国银泰投资有限公司董事长兼总裁沈国军。他对马云的做法直接表达了赞赏："为了企业诚信，为了弘扬正气，为了对客户负责，为了中国企业的国际形象……马云的壮士断腕，含泪斩将……都是为了让这个社会的商业更加文明。"

沈国军直言，对马云和阿里巴巴管理层的做法，"支持，学习，敬佩！"

前文提及过，曾经促成马云与杨致远高尔夫之约的中间人吴鹰，在马云发出公开信的当时，就干脆地表示："不必去计较真相如何，为这个理由发出

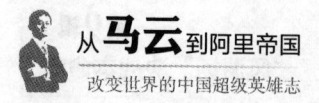

这个信号,就是一个有影响、有社会责任的公司应该做的事,应该为之叫好,鼓励!"

至于一些主流国际媒体,则罕见地表现出了不同于国内一些媒体的舆论心态。

如以美国《华尔街日报》为代表的欧美媒体,针对马云公开的信件发表评论认为,阿里巴巴CEO卫哲的辞职和马云关于增加透明度的表态,"仿佛一股清新的空气吹了进来,让那些遮遮掩掩的公司相形见绌。"

这样的评价,实属难得。如果再看看今天欧美一些主流媒体,它们针对已然崛起的华为心态,则是判若两人了。

支持马云和阿里巴巴的声音,并没能很快压过批评与质疑的声音。

综合起来,那个时期较为典型的批评与质疑说法有:

阿里巴巴涉嫌欺诈客户的事情,正被阿里公关成好事了,马云等人作秀的嫌疑颇重;

一年一度的"3·15"快到了,阿里巴巴想尽办法在向这个日子或相关机构示好;

阿里巴巴历史上从未有过如此调整的先例,官方公布的问题也不足以让高层辞职,而且这些问题也并不是现在才有的,两位高管此时的辞职难免让人联想多多。

再看互联网业内,同行相争也使得颇有代表性的权威人士发出了这样的声音:"不到1%的不诚信商家比例,卫哲就需要引咎辞职,还为此赌上了未来的职业声誉,这未免有点小题大做,令人遐想!"

另有高盛投行的分析师表示:"此次事件最大的成果,其实是陆兆禧完成了与卫哲的权力交接,为马云的'大淘宝'战略做好了下一步准备。"

至于国际舆论,批评声音也未曾停下,甚至开始进行舆论诱导。

如CNN就曾如此评论:"中国最大的电子商务网站阿里巴巴,一直是诸多西方公司青睐的电子交易市场,但其销售人员伙同商家欺诈客户的事件,已经给自己造成了巨大的破坏影响。阿里巴巴此次'欺诈门'事件,或许会导致该公司将本属于自己的大量商机轻易送给它的竞争对手。"

果然,随着负面舆论的一路高涨,身为国际资本市场的公共企业,阿里巴巴的市场表现开始受到直接影响。

当阿里巴巴在说明性公告中表示,涉及欺诈行为的"中国供应商"只是很小一部分，并未对公司财务构成任何重大影响的时候，国际知名的摩根士丹利仍将阿里巴巴的评级由增持下调至中性。

紧接着，连马云也未曾预料到的不安反应，开始接踵而至。

阿里巴巴主动公布所谓"欺诈"事件的第二天，其"B2B"股价大幅下挫8.63%，收报于15.24港元。其后周五收盘时，则报于15.12港元。

换句话说，自2011年2月21日起，不到一周的短短几日，阿里巴巴"B2B"市值便缩水了10亿美元左右。

企业的股票行情，就是生存发展的晴雨表。事情发展到这一步，连同马云在内的阿里巴巴高层，仿佛感觉到了山雨欲来。

3. 暴风骤雨8级地震

"阿里巴巴惊现'欺诈门'"劲吹舆论场的同时，马云掀起的高层人事地震也站在了风口浪尖。

马云自揭家丑的那封信中，提到了一份公告。这份公告是在马云内部邮件前发出的。其中，有如下主要内容：

> 阿里巴巴网络有限公司的董事会宣布以下由2011年2月21日起生效的董事会成员及管理人员变动：
> 卫哲申请辞任本公司执行董事和首席执行官，有关申请已获得董事会接受。陆兆禧获董事会委任为本公司新的首席执行官以代替卫先生。李旭晖申请辞任本公司执行董事和首席运营官，有关申请已获得董事会接受。

这份公告在补充内容中也坦承：2009年和2010年，分别有1219名及1107名阿里巴巴的会员涉及诈骗全球买家，导致公司的销售组织受损，公司的"诚信为本"和"客户第一"的价值观受到冲击，卫哲和李旭晖两人的辞职是主动为此担责。

公告发出两天后，接替卫哲的陆兆禧再次向阿里巴巴所有人发出公开信，重申阿里巴巴的使命、愿景与价值观。

陆兆禧向所有人强调："这个事情在中国公司里面从来没发生过，很多人不相信，有一家公司的CEO和COO会因为价值观问题引咎辞职。但这就是阿里巴巴。"他并称，阿里巴巴必须走出"短期利益的怪圈"。

为此,陆兆禧呼吁所有阿里巴巴人,不但要敢于挑战,更要敢于认错,因为改正错误并不丢脸。

可以显见,此时的阿里巴巴高层,包括马云在内,开始有意识地努力扭转不利舆论倾向。

今天来看,当年媒体舆论将"0.8%付费会员涉嫌诈骗行为"与"有着国际口碑的全球化企业高层引咎辞职"放在一起,不仅在阿里巴巴内部产生了人心骤紧的效应,也引发了一场关于企业诚信与价值观的广泛讨论。

笔者收集的资料文献中,便有当时众多网站就所谓"欺诈门"进行的民意调查,调查结果呈现出了一个大致的舆论走向。

事件发生时,公众曾一致指责阿里巴巴;媒体全面介入后,公众进而质疑马云和阿里巴巴;马云自揭家丑并挥泪斩马谡后,舆论风向开始转移,并集中于支持阿里巴巴的雷霆换将。

如某网站的投票结果显示,有85%的网民支持马云对阿里巴巴价值观的捍卫,仅有约10%的网民认为马云是在借机洗牌和进行另类公关炒作。

国际舆论间也有着相似的情况。

如瑞士信贷在事件披露后的第二个月,即发表了一则声明。声明中有这样的内容:

> CEO卫哲和COO李旭晖的辞职,不会给阿里巴巴带来重大影响,我们对陆兆禧出任CEO表示乐观,希望看到阿里巴巴和"淘宝网"之间进行更多的协同。我们预计,陆兆禧出任CEO将推动阿里巴巴股价上扬。但同时投资者可能要考虑到一个问题,即在跨平台交易时如何避免阿里巴巴和"淘宝网"之间的利益冲突。

终于,资本市场上的积极声音也多了起来。

如交银国际也跟在瑞士信贷后发表评论认为,阿里巴巴"欺诈门"及高层人事调整,对阿里巴巴整体运营不会有太大影响。

实际情况也的确如此。

从业内权威分析的角度看,虽然阿里巴巴不可避免地受到了整体事件的冲击,但综观阿里巴巴"B2B"上市公司便不难发现,马云明显地强化了对公司发展步调及战略运营的掌控,能够调用的资源是多方面的,公司整体成长态势也没有根本改变,资本市场对于阿里巴巴诸如增值服务、无名良品①及小额贷款等,依然看好。

整体态势的积极保持,也使得马云得以心无旁骛地深化"B2B"调整。

马云信奉"心中无敌,便无敌于天下"。他开始主动营造有利于阿里巴巴的舆论氛围。

> 这个世界不需要再多一家互联网公司,也不需要再多一家会挣钱的公司;这个世界需要的是一家更加开放、更加透明、更加分享、更加责任,也更为全球化的公司;这个世界需要的是一家来自社会,服务于社会,对未来社会敢于承担责任的公司;这个世界需要的是一种文化,一种精神,一种信念,一种担当。因为只有这些,才能让我们在艰苦的创业中走得更远,走得更好,走得更舒坦。

马云终究与众不同,他的公开表态不仅充满性情,更富有催人向前的力量。

通过自揭家丑,的确为阿里巴巴赢得了主动。但是,马云也不得不坦言,全球舆论对"欺诈门"事件高度关注,确也给迅猛成长的阿里巴巴制造了痛苦,让包括他在内所有阿里巴巴人付出了代价。

所以,当舆论风向发生转变后,马云要求员工们必须拿出"面对现实,勇于担当和刮骨疗伤的勇气"。其中,最让马云欣慰又心痛的,便是前文提及的"B2B"掌门人——卫哲。

就像阿里巴巴在公告中宣示的那样,"欺诈门"事件发生后,卫哲第一时间申请辞职,他的职业精神随即引起了广泛好评。

如时任长江商学院副院长的滕斌圣即表示,从对外披露的信息看,"似乎都能明白马云此举是丢车保帅。而卫哲能忍辱负重,接受'引咎辞职'的说法,显示出了他作为一个优秀职业经理人顾全大局的职业素养。"

另一位资深IT人方兴东,也在第一时间公开表示,卫哲是他认识的最好的职业经理人之一。

方兴东曾披露,卫哲离职前几天,他们还一起在杭州聊天,没看出任何迹

---

① 无名良品是阿里巴巴、"淘宝"在"淘宝网"联合开设的一家综合性购物商城,定位于把超值实惠的商品快速推荐给"淘宝"买家。同时,帮助商城卖家孕育自己的品牌。

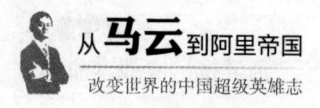

象。他本人对马云和卫哲都敬佩,"他们狠得有境界,有泰山崩于前而不变声色的大将风范!"

这样的赞誉,作为一个具有国际素养的职业经理人,卫哲受之有理。就像他在自己的辞职说明信中强调的那样,"难过的不是个人的得失和荣辱,而是难过没有更早地去和阿里的同事们一起,捍卫最重要的价值观体系,坚持客户第一。"

卫哲的辞职信,和马云的邮件在同一天发出。如同马云公开信一样,卫哲言语间充满了真人性情。他既谈到了个人辞职的原因,也以阿里巴巴"B2B"总裁的心境跟员工们互动。

各位"B2B"的同学:

今天"B2B"董事会批准了我的辞职申请。我申请辞职的原因,是我作为CEO没有起到阿里巴巴价值观捍卫者的最重要职责。反映在2009年和2010年,阿里巴巴10多万"中国供应商"中混入了近3000家欺诈分子,对海外买家造成了伤害。尽管已经清除并将其中首恶分子绳之以法,但我作为CEO的失察责任,我理应勇于担当!

我的辞职对公司内外一定震动很大,但我相信这样的震动甚至阵痛是必要的,健康的。没有这样的震动,不足以重新唤醒我们的使命感和价值观;没有这样的阵痛,不足以表明我们为"客户第一"愿意付出的代价!

我加入阿里巴巴四年多,已经是三年的阿里人,正在走向五年阿里陈!这四五年里,我刻骨铭心地体会到,以"客户第一"为首要的阿里巴巴价值观是公司存在的立命之本!尽管我们是一家上市公司,但我们不能被业绩所绑架,放弃做正确的事!阿里巴巴公司存在的第一天,就不在乎业绩多少,业绩是结果,不是目标!我学习到作为阿里人,要勇敢地面对并承担自己的责任。正是基于对"客户第一"的使命感,和阿里人为了组织的健康的责任感,我才提出辞职申请。

很难过给同学们写这封信。我难过的不是我个人的得失和荣辱,而是难过没有更早地去和同学们一起捍卫我们最重要的价值观体系,坚持"客户第一"!坚持诚信!难过的是现在不能和同学们一起去重树我们的价值观,和大家一起去为中小企业的生存和发展做点事了!

我看到了阿里巴巴事业的意义,看到了我们团队的文化,我深深爱着阿里巴巴的事业，深深爱着阿里巴巴的团队。

2009年十周年"B2B"的全体员工会议上，我向同学们承诺阿里巴巴是我此生中最后一份事业！我今天虽然辞去"B2B"CEO一职，但我继续祝福阿里巴巴的事业，祝福阿里巴巴的团队。我会用一段时间来反思和反省，也会用我的方式为阿里巴巴的事业和阿里巴巴的团队，一如既往的努力！

并期待着将来的某一天，能和阿里巴巴的同学们继续我们的事业！

David

2011年2月21日

这篇真性流露的辞职信，让笔者联想起了卫哲加入阿里巴巴时说过的那句话——"职业生涯在一个人的生命当中永远只是暂时的。我找不到离开百安居的理由，但我找到了加入阿里巴巴的理由。"

那么，阿里巴巴"欺诈门"究竟是怎么演变而成的呢？

二 "自揭家丑"转危为机

马云曾说："一生中总有那么一些时刻，我们需要鼓起勇气去作选择……因为我们相信自己的决定，我们做了最该做的事。今天在中国，做商人难，做诚信商人更难，建立商业信任体系难上难。但选择了就必须去做！这是希望所在！"

1. 特别主题的内部邮件

距离马云2011年新春发出公开信2个月，美国《福布斯》杂志封面再次刊登了马云的大幅照片，标题是"为企业诚信而战的人"。

这是阿里巴巴"欺诈门"事件发生后，马云首次接受国际媒体公开采访。不管这是不是阿里巴巴试图扭转舆论风向的继续努力，但正是此次访谈，马云向外界披露了一些不为人知的细节。

那是在2011年1月22日，马云接到了一封邮件。发邮件的人是蒋芳，同为阿里巴巴创建者之一，其时负责掌管着阿里巴巴"B2B"诚信体系。

打开邮件,马云瞬时被触动了。因为蒋芳在邮件中使用了我们中国人最常说的三个字——"他妈的"。

马云立即给蒋芳打去电话:"发生了什么事?"

而后,马云便第一次听到了"欺诈"之说,并得到了一些基本情况的汇报。

当天深夜,马云立即召集公司高层,在一个酒吧举行会议。"我们进行了长谈,然后我说,'我们要对这个事情引起重视。'"

于是,阿里巴巴启动了内部调查。

"我当时在想,如果这个是真的怎么办?"按照马云的回忆,那个时候,大阿里的发展也是麻烦最为集中的时期。

经过几天的内部调查,2011年2月18日,阿里巴巴的董事会成员召开了一个视频会议。会议上,阿里巴巴内部专项整治小组揭出了一个系统性的问题。

调查显示,2009年、2010年两年间,分别有1219家(占比1.1%)和1107家(占比0.8%)的"中国供应商"客户涉嫌欺诈。这些公司大都在阿里巴巴网站上发布热门消费电子产品,通过非常具有吸引力的价格、较低的购货量和相对不安全的付款方式进行交易。统计显示,这些欺诈交易的付款金额平均少于1200美元。

调查结果同时显示,这一系统性的问题对客户造成了200万美元左右的损失。虽然损失不算大,却涉及了2300个以上的卖家。

负责事件调查的主管人员强调:"公司正在滋生一种文化,那就是为了短期利益可以不择手段,这是非常危险的。"

这位主管的话,在当时整个互联网电子商务圈内,确实存在着相应的背景。

就在阿里巴巴内部调查结果出来之前,一些消费者就发现,购物网站上存在欺诈性供应商的情况。甚至一些卖家所售商品中,还掺杂着冒牌货,如价格不到60美元的顶级"路易斯威登"手袋,价格仅220美元的劳力士手表,等等。

同一时期,互联网上也出现了揭露相应商家的关联性信息。

当时,为了应对这类可能的欺诈商家,阿里巴巴还曾组建了一支400人的"反伪造侵权"团队。

然而,当传言越来越多的时候,迅猛成长的阿里巴巴还是被美国贸易代表办公室列入"声名狼藉的仿冒品市场"名单。

情形的如此转变,不能不引起阿里巴巴相应部门的重视,相关情况自然也及时上报到了马云那里。

那个时期，国际媒体间已有不少报道，阿里巴巴电子商务网站已经成为众多西方公司青睐的电子交易市场。而马云还曾经面对外国著名媒体表示，"中国需要的是一家全世界信任的公司，这家公司将人放在利润之前"。

同样还是马云，2010年后更是为阿里巴巴设下了10年目标——帮助1000万家小企业在网上开店，创造1亿个工作机会，为全球10亿消费者服务。

被触动的马云态度很明确："对于这样触犯商业诚信原则和公司价值观底线的行为，任何的容忍姑息都是对更多诚信客户、更多诚信阿里人的犯罪！"

第一时间，马云又召集了"B2B"CEO卫哲和COO李旭晖，认为"B2B"高管必须为这种局面负责。在马云意识中，卫哲和李旭晖等高管或许没有做错什么，但阿里巴巴必须及时向外界传达一个信息，以保护并重振自己的声誉和口碑。

接下来，也就有了前文讲述的马云那封公开信，以及阿里巴巴高层人事地震。

2. 隐藏的"欺诈供应商"

事物的发展，往往是内外因共同作用的结果。

马云自揭"欺诈门"事件后，阿里巴巴"B2B"公司便关闭了涉嫌欺诈的账号，并迅速启动了相应司法程序。

2011年3月，时任法务部总监的刘克向媒体透露，阿里巴巴成立了一个应急小组，正在加紧排查，配合公、检、法机关进行调查取证，相关结果会尽快向社会公布。

马云则直言："B2B"有100名员工明知道存在问题，居然还是签约，不管是处于业绩压力，还是利益诱惑，都是阿里巴巴不能容忍的。

当时，阿里巴巴在一份《关于阿里巴巴对一些客户涉嫌欺诈行为调查处理情况的汇报》中提到，多数涉嫌欺诈的供应商来自福建省莆田市，甚至形成了组织网络。如在阿里巴巴公开的欺诈客户表单中，开头的79个客户名称均含有"莆田市"字样。

马云也在内部会议上表示，这些"欺诈供应商"还在全国各地注册公司，逃避阿里巴巴的防控机制。

这些供应商为什么会有这样的行为呢？

原来，从2007年起，阿里巴巴调整规定，不准员工再办理莆田范围业务，

否则将被辞退。此后,来自莆田的"供应商"开始分散到全国各地注册公司,并利用他人身份证进行登记。

与此同时,阿里巴巴内部也明文列示了 15 条约束业务员的高压线。然而,业务员却很难进行一对一的约束和监管。

比如,在核实上线企业的过程中,业务员扮演着最为关键的角色。由其提供的反馈,成为"供应商"能否通过审核的重要依据;如果业务员提供了不真实的信息,除非遭到服务对象投诉,否则当时的阿里巴巴系统还很难自清自查。

比如在 2009 年,海外买家投诉"供应商"欺诈的案件就一度增长迅速,阿里巴巴随即成立了 30 多人的团队,专职处理和打击网络欺诈。当年,便清除了 249 家欺诈会员。

进行打击的同时,2009 年 12 月,阿里巴巴还出资建立赔付基金,对受骗遭受损失的海外买家予以经济赔付。这种主动赔偿的做法,相当程度上减轻了"欺诈供应商"对阿里巴巴海外买家造成的恶劣影响。

不过,就像马云曾经宣称的那样,在多次打击欺诈的过程中,阿里巴巴曾协助海外买家向各地公安机关报案,并提供翔实的报案依据,但大多无法及时受理。

为此,阿里巴巴在自己的调查报告中也曾无奈地指出:"尽管阿里巴巴投入巨大的技术力量研发反欺诈监控体系,但当前的技术和制度状态是买卖双方的交易情况不受平台监控。仅凭公司一己之力,只能将不法分子从平台中驱逐,却无法追究他们的经济责任,更无法将其绳之以法。"

这种情况,一直延续到"欺诈门"的完全曝光。

据当时媒体消息,杭州市公安局刑侦支队曾经披露,马云自揭"欺诈门"后,阿里巴巴在第一时间收集、整理了具有欺诈特征的客户资料,并向杭州警方报案。

2011 年 3 月上旬,杭州警方与阿里巴巴进行会商,杭州市公安局首先开始为期一个季度的打击涉网诈骗犯罪专项行动,同时组建专案组进驻阿里巴巴"B2B"公司办公。

经过大量数据分析,通过网络轨迹和资金落地判断,杭州警方将工作重点锁定在了福建省莆田地区。

同年 3 月下旬,杭州警方专案组赶到莆田,在龙岩、厦门、莆田等地抓获了 36 名犯罪嫌疑人。犯罪嫌疑人普遍年轻,其中大部分是大学生,具备一定的

2013年5月10日,杭州"淘宝"十周年庆典晚会上,马云客串歌手。(图片来源:视觉中国)

2013年6月13日,杭州师范大学阿里巴巴商学院2013届毕业典礼,马云挥毫泼墨,写下字体独特的"智信仁勇严"五个大字,赠送给母校。(图片来源:视觉中国)

2013年12月12日,中央电视台"2013中国十大经济年度人物"揭晓,颁奖嘉宾马云和获得2013年度经济人物的格力集团董事长董明珠公开谈论双方合作前景。右一为小米科技创始人、董事长雷军。(图片来源:视觉中国)

2014年4月21日,马云等人在广西南宁参加"2014中国绿公司年会",他们穿上广西少数民族服饰走秀,令在场嘉宾捧腹大笑。(图片来源:视觉中国)

当地时间2014年9月8日,美国纽约,阿里巴巴IPO路演启动,马云现身华尔道夫-阿斯托利亚酒店。(图片来源:视觉中国)

当地时间2014年9月19日,美国纽约,阿里巴巴集团在纽交所正式挂牌交易,马云携8位敲钟人亮相。(图片来源:视觉中国)

2015年9月16日,马云公益基金会公布"乡村教师"计划,每年为100名乡村教师提供总额1000万元的奖金资助和持续三年的专业发展支持。为了让乡村教师这一群体受到更多关注,马云甚至将微博签名改成"乡村教师代言人——马云"。图为"马云乡村教师计划暨首届马云乡村教师奖"颁奖会场,马云与部分获奖者用手机自拍合影。
(图片来源:视觉中国)

2015年5月20日,阿里巴巴集团筹办的"首届全球女性创业者大会"在杭州开幕,马云作为唯一男性嘉宾出席大会。(图片来源:视觉中国)

2015年"阿里日"集体婚礼上,证婚人马云与102对新人幸福合影。(图片来源:视觉中国)

2015年11月6日,"恒大淘宝"正式挂牌新三板上市。图为许家印(左)与马云合影。
(图片来源:视觉中国)

2016年3月19日,"中国发展高层论坛2016年会"间隙,马云与Facebook创始人马克·扎克伯格畅谈。
(图片来源:视觉中国)

当地时间2017年1月9日,马云在美国纽约特朗普大厦与美国候任总统特朗普会面,被国际舆论称为特朗普当选美国总统后的"首位中国客人"。(图片来源:视觉中国)

2017年1月5日,马云和宋小宝在海南三亚表演小品《乡村教师》。当晚,"若有光芒,必有远方——2016马云乡村教师奖年度颁奖典礼"在海南三亚举办。(图片来源:视觉中国)

2017年12月1日,阿里巴巴合伙人集体公开亮相,马云宣布:脱贫工作已成为阿里巴巴的战略性业务,这项业务的行动宗旨是乡村振兴计划。未来5年,阿里巴巴将投入100亿元到这项业务中,探索出"互联网+脱贫"的新模式。(图片来源:视觉中国)

2017年11月15日，基于太极推出的创新运动项目——功守道，首场赛事在北京开幕。图为马云、李连杰打太极。（图片来源：视觉中国）

2018年2月25日深夜，阿里巴巴集团董事局主席马云一行现身汉口卓尔书店。（图片来源：视觉中国）

2018年6月26日,马云(左一)与Thomas Sargent(左二,2011年获诺贝尔经济学奖)、Alvin E. Roth(左三,2012年获诺贝尔经济学奖)、Christopher A. Pissarides(左四,2010年获诺贝尔经济学奖)在杭州一起交流。(图片来源:视觉中国)

2018年11月5日,中国国际进口博览会在上海开幕,马云和比尔·盖茨相谈甚欢。(图片来源:视觉中国)

网络专业知识、贸易知识和英语专业水平。

警方披露，不法分子通过电子商务平台进行欺诈，已形成一个完整的黑色产业链。从买卖平台账号，到提供虚假身份证、虚假银行账户、通信账户等作案工具，再到最终实施欺诈、提款和转移赃款等行为，都有明确分工。

最早向马云呈报那封"他妈的"邮件的蒋芳，也曾总结过欺诈者常用的手段：通过非法购买或利用木马，盗取阿里巴巴商户账户，购买假身份证申办商业银行卡，在网上以收款不发货、发货不对版的方式，对境外的客商实施欺诈。

而最常见的欺诈流程，便是不法人员在阿里巴巴系统中发布热门产品信息，并挂出正常价格1/3的标签，以诱得订单。这些所谓的热门产品信息，大多是从"eBay"、亚马逊拷贝而来。一旦骗得货款，不法者就以各种理由拖延根本不存在的发货时间，以规避相应的投诉规则，同时尽可能多的实施诱骗。

杭州警方侦破工作取得重大突破后，阿里巴巴官方也向媒体及时公示了内部处理结果。被认定对"欺诈门"事件负有直接责任的近百名员工，全部按照公司制度接受了包括开除在内的多项处理。

随后，马云再次承诺，将对受害者给予充分赔偿，并使阿里巴巴2011年的欺诈投诉总数，降到上年水平的10%以下。

随着"欺诈门"事件真相日渐清晰，业内外舆论便将关注的重点转移到了所谓的"欺诈链条"上。换句话说，公众们普遍希望，阿里巴巴能够公开不法人员实施欺诈活动的完整过程。

事实上，所谓的"欺诈链条"并不复杂。"欺诈门"事件发生后不久，笔者也曾以其他作品形式还原了一个基本的不法交易过程。

第一步，阿里巴巴少部分员工违背企业精神提供协作，使得不法供应商得以进入"B2B"交易平台；

第二步，当平台上有客户急需某种商品时，进入这一平台的不法供应商，便及时回应能够提供相关商品；

第三步，过程期间，不法供应商以诱人的价格取得急需商品的客户信任；

第四步，不法供应商适时要求客户支付"押金"，并用看似合理的借口拒开票据；

第五步，收到客户支付的所谓"押金"后，上述不法供应商随即消失。

阿里巴巴调查小组还发现，不法人员在实施欺诈过程中，还有一个共同特点——被欺诈者都是国外客户。

阿里巴巴相关报告中即有这样的内容：绝大部分涉案的商户店铺，均为特意设立，以提供高需求产品，并以极具吸引力的价格、较低的最少购货量和相对不安全的付款方式，诈骗全球买家。

3. 被亵渎的阿里价值观

阿里巴巴"欺诈门"事件，从令人震惊，到沸沸扬扬，再到日趋理性，走过了一段令阿里人痛楚的日子。也让马云立下的做"全世界信任的公司"志向，一度被舆论坊间质疑。

假如从 2011 年倒退回去 10 年，马云发出要做"全世界信任的公司"誓言的话，估计会笑声一大片。然而，跨过 2010 年的阿里巴巴，正以令外界信服的整体表现，不断夯实着马云的上述誓言。

如此关键的转折时期，阿里巴巴迈入了自己的本命之年，并在新年伊始自爆了"欺诈门"事件。

经过上述一番梳理，相信绝大多数人能够看出，阿里巴巴此次危机事件背后透示出来的，正是"为短期利益可以不择手段"的不良文化倾向。

这种日益滋生的不良文化倾向，从根本上背离了历经辛苦才得以建立起来的阿里巴巴价值观体系，使得"欺诈门"危机成为某种必然。情形如此发展，自然让马云为首的阿里巴巴创业团队，从心底里感觉到了危险。

那么，"为短期利益可以不择手段"的不良文化，又是如何在阿里巴巴滋生的呢？

虽然业内与舆论间的解读多种多样，但是有一个指向几乎一致，即阿里巴巴"B2B"内部推行的考核机制。

任何事物的发展结果，必然有其主观意识的导向性。如前文所述，作为沟通全球买卖双方最大的"B2B"电子商务平台，阿里巴巴一直推行着会员制。

阿里巴巴的会员分为三种：第一种就是前文已详述的"中国供应商"，主要是为国内中小企业扩展海外市场服务；第二种是"中国诚信通"，主要是为国内中小企业扩展国内市场服务；第三种是"国际金牌供应商"，主要是为国外供应商服务。

按照阿里巴巴相关制度规定，以上三种会员都可以在阿里巴巴网站上开设商铺，并公开展示自己的产品。

而本书前文中有过讲述，创办阿里巴巴伊始，马云就明确提出了与其他网站不一样的市场竞争策略。其中,"不以盈利为第一"的服务理念,为阿里巴巴的良好口碑立下了汗马功劳。然而,阿里巴巴"B2B"的管理层却又经常强调,不盈利的企业是可耻的。

这种管理理念的核心,其实就是先要服务市场,再造企业利润。正是在这一战略思路的指引下,阿里巴巴打破了业已形成的互联网行业常规,开创了具有阿里巴巴色彩的竞争路子。

而所谓的阿里巴巴色彩,前文中也已有过详细解读。如:信息门户网站趋利的常规是"会员费",阿里巴巴从一开始就改变了这种游戏规则,推行几年内不收任何"会员费",实行任意注册;信息门户网站一般是先信用认证再进行网上交易,阿里巴巴则先进行网上交易而后再信用审查;支付工具的常规是抽取佣金,阿里巴巴旗下的"支付宝"则不收取任何佣金;常规的商品交易是上缴税金,阿里巴巴则不在网上收取任何税金,从而保证价格上的优势,如此等等。

毋庸置疑,阿里巴巴对行业规则的打破,既是电子商务模式的创新,为自身带来了较多收益,同时也埋下了一些发展中的隐患。尤其是在商户认证规则上的改变,使得想进入阿里巴巴平台者非常轻松,一些浑水摸鱼的自然也有机可乘。

既然有想浑水摸鱼的,也就会有浑水环境的制造者。少部分阿里巴巴销售人员在盈利思想的驱使下,开始协同外部恶意商家,为他们的欺诈交易提供方便。

所以,阿里巴巴在"欺诈门"事件调查报告中也写道:"公司发现从 2009 年底开始,平台客户的欺诈投诉有上升趋势。调查显示,部分销售人员为追求高业绩,故意纵容或疏忽,允许部分外部分子进入阿里巴巴会员体系,有组织地进行诈骗,共有 100 名销售人员牵涉其中。"

为何自 2009 年就已存在了呢?

这其实也是庞大的阿里巴巴客户群和消费者们最关注的——"我实在不明白,如果是骗人的公司,为什么还会大量出现在阿里巴巴网站上呢?"

所以,也就引出了阿里巴巴同样与众不同的内部考核机制。

我们把时间回放到 2006 年 11 月。这是被称为"空降兵"的卫哲正式加盟阿里巴巴的日子。

初来乍到,卫哲曾公开表示,自己不是阿里巴巴创业元老,也不是纯粹的职业经理人,而是阿里巴巴团队的一个合伙人。

卫哲的这一表态，一度让舆论无限遐想。其后自有详述。

2008年11月，阿里巴巴在"中国供应商"体系下推出了一款低价产品——"出口通"。

"出口通"刚推出时的价格为1.98万元，比"中国供应商"5万元的价格低了很多。或许正是受到这一刺激，阿里巴巴客户数量很快就呈现出加速增长趋势。其中，就包括了一些特意设立，以提供高需求产品为幌子的不法供应商。

配合这些不法供应商的，则是马云后来披露的那部分抛弃了阿里巴巴精神和价值观的一线人员。

根据阿里巴巴相关信息披露，"中国供应商"的收费主要分为如下几种方式：新客户加入"出口通"每年收费2.98万元（2011年1月1日之前是1.98万元）；老客户可以加入每年收费5万元的更高级别服务；如果要加入搜索排名，则要另外收费，如搜索排名第一的每年要另收10万元。

那个时候，在阿里巴巴上做外贸的会员价是4万~6万元不等，业务员有8%的提成。

当时，阿里巴巴共有5000名左右的直销员工服务于"出口通"。而一位在泉州的业务员曾透露，"出口通"的业务提成是根据上个月的销售点计算，提成额度最高可达销售额的25%，一单能达到4950元。

按照要求，泉州阿里巴巴几十名业务员，每人3个月内至少要发展一个公司成为阿里巴巴会员。如果6个月一个都没拉到，就得走人。

一般业务员月基本工资是1500元。如果没有业绩，每月扣除保险和公积金等，生存似乎也会成为问题。

当然，最多时，上面那位业务员一个月曾拿到35000元的薪水，但更多时候业绩惨淡。于是，迫于压力和业绩，这位业务员曾经目睹一些同事如何与不法供应商里外勾结，欺诈海外买家。

即使这样，这位业务员还是承认，身为阿里巴巴业务员，的确感受到了大集团带来的职业荣誉感。

"为什么同行都说阿里巴巴业务员是人才？就像红军过草地一样，有一种锲而不舍的精神。"

显然，一些员工非诚信行为长时间的存在，恰恰暴露了阿里巴巴相关制度的缺失或先天不足。当阿里巴巴"B2B"板块在香港上市后，这种缺失或先天不足又被人为地放大了。

如前所述，阿里巴巴"B2B"上演的冲天市值景象，在制造着一大批富翁的同时，也让阿里巴巴股东和公众股民心气高涨，趋利的欲望自然水涨船高。

虽然马云一再坚持"股东第三"的理念，但盛景之下的阿里巴巴团队已无法完全忽视不断积累的趋利压力。于是，实现营业额的递增，就在一个时期里取代了马云"不以盈利为第一"的发展理念。

当这些趋利的压力被层层下放后，身处一线的销售人员自然会成为上述压力的第一责任者。为了达成严格的业绩考评规则，这些销售人员不得不为提高销售业绩而想尽办法，"不以盈利为第一"的意识自然会日益淡化，人性中最基本的意识也就占据上风了。

尤其是那些业绩压力大、岗位竞争激烈的销售人员，有意或无意地违背阿里巴巴精神和企业价值观，也就不可避免了。

2011年2月24日，《时代周报》曾刊发了下面这篇报道：

> "中国五金城"浙江永康某外贸企业负责人王翔（化名），早就注意到了阿里巴巴一些销售人员为了追求业绩，默许甚至怂恿永康一些小企业和个人在阿里巴巴平台上发布虚假消息的情况。
>
> "'中国供应商'这个平台做得没什么意思了，大的、小的、个人的公司，都混在一起……这几年，阿里巴巴的一些销售人员更喜欢开展个人业务，给一些外贸业务员出谋划策，在阿里巴巴上发布虚假信息。比如，说自己是多么大的一家集团公司，一些外商看到信以为真，就会发订金过来，这些人收了订金，却不发货。阿里巴巴那些做得好的销售员，很多都是这么做的，因为他们的提成很高。"

2个月后，即2011年4月的一天，马云曾与柳传志等大佬友人，再次讨论起阿里巴巴"欺诈门"事件。

马云在讨论中披露，此次事件牵涉到的100多人中，有20多人为犯罪集团人员，主要是福建莆田的团伙，他们非常狡猾，动摇了阿里巴巴部分员工的价值观。

继而，马云用切身之悟的语调重复："价值观一松，防不胜防！"

刚辞职不久的卫哲也感慨道：加强员工价值观管理，不能单靠制度管理！

三 我心很软，提刀很快

所谓的危机，意即有危有机。"欺诈门"事件得以还原，卫哲等一众高管掀起的人事地震，给整个互联网业界留下了可以随意遐想的舆论空间。好在马云终究是马云，一个有着"风清扬"心骨的互联网教父。若干日子后，某重要论坛上，马云便豪情坦露："我们并不是高调，我就是这么个人。中国人可以高调和敢高调的太少，我们没有什么东西不可以分享的，没有什么东西需要掩掩藏藏，都在阳光底下。卫哲的离开，就是我承担的责任。"

1. 同道者义结"光明顶"

"卫哲的离开，就是我承担的责任。"马云的这句话，可谓意味深远。

如前文所述，作为阿里巴巴"B2B"的掌门人，卫哲却不在阿里巴巴最初创始人之列。马云是20世纪60年代生人，卫哲为"70后"。然而，卫哲又称得上是马云的同道者。

1970年，卫哲出生在上海，后于上海外国语大学毕业。走出大学校门后，卫哲第一份工作是翻译兼秘书。这个经历，让其与马云有了第一个共同点。

凭着一步一步地努力打拼，24岁的卫哲以出色的表现担任了万国证券资产管理总部副经理。4年后，他担任了东方证券投资银行总部董事总经理。

2002年，年仅31岁的卫哲，开始担任欧洲排名第一的零售业巨头——英国翠丰集团百安居中国区总裁，成为世界500强中最年轻的中国总裁。在此期间，卫哲凭借卓越的领导才能，为百安居在中国的跨越式发展做出了巨大贡献。

2004年4月27日，百安居中国公司兼并了另一家跨国公司欧倍德，一举成为中国建材零售业的巨无霸。

此次并购事件不仅轰动了业界，也让年轻总裁卫哲进入国际商界风云人物之列。随后，卫哲获评为"2004年度中国七大零售人物"之一，次年又被评为"中国零售业十大风云人物"之一。

著名财经杂志《福布斯》曾这样评价卫哲："在百安居的成功，证明了他的实力。他敏锐察觉到消费者的需求，将一个在中国举步维艰的跨国品牌变成一个盈利的零售商，成为一个质量和消费者服务都得到认可的全球品牌。"

2002年，担任百安居中国总裁的卫哲，作为中国第一代职业经理人的代表受到邀请，参与哈佛商学院组织的中国企业家演讲活动。正是此行，让卫哲得以巧合马云。因为，在被邀请的代表名单中，马云也赫然在列，他是以中国新兴网络力量的代表受到邀请的。

于是，卫哲与马云的首次趣缘，就此结下了。

与马云的能言善辩、言行高调相比，卫哲同样的自信、高调。这或许是他们两人的又一共同之处。但是，当马云在哈佛商学院演讲互联网的时候，卫哲还是被震住了。

对于当年的情景，卫哲曾有过一句名言："这个小个子为什么这么敢吹牛？互联网真有那么牛？"

卫哲回忆，马云在哈佛商学院演讲的时候，描绘了一个宏大无比的蓝图。而这个蓝图按正常的逻辑，根本不可能看到。所以他觉得马云不仅长得像外星人，说话更像外星人，太不靠谱了。

当然，这个时候的卫哲尚未真正接触互联网。

很快，卫哲发现了他与马云拥有的第三个共同点——迷恋金庸。共同话题的增多，使得两个人的了解愿望也瞬间增强。于是，在接下来的时间里，卫哲开始改变对马云"不靠谱"的认识了。

当哈佛之行结束的时候，卫哲已和马云成了一对要好的朋友。

从此后，卫哲与马云来往密切。在杭州，马云会亲自驾车迎接卫哲，并全程陪同；而在上海，卫哲则转身为东道主人，张罗马云喝茶聊天，一起高谈阔论，话题十分广泛。

在随后的6年里，当马云率领他的运营团队连续演绎出一个个互联网传奇，阿里巴巴迅速成长为中国最大互联网公司，并一跃成为全球最大、最活跃的网上市场和商人社区的时候，卫哲对马云已是心生敬佩了。

那么，马云对卫哲呢？

一次无意之间，马云主动伸出了掩藏已久的橄榄枝。之所以这么说，因为卫哲对他抛出的橄榄枝采取了"软抵抗"的策略。

"这符合我的风格。我职业选择比较谨慎，每次跳槽都是如此，我去百安居前也观察了4年。当时我在普华永道，百安居正是我的客户。"卫哲这样回忆当时的心态。

自然，马云也不是随便就抛橄榄枝的人，一切源于他对卫哲日益深入的了解和认识。"和卫哲的相识，改变了我对职业经理人的看法。尽管卫哲非常年

轻,但是我发现他敢于做出重大决定并承担责任。"

直到 2006 年,卫哲开始确信,马云曾经描述的那个"不太靠谱"的蓝图,一天比一天接近现实。然后,他"开始理解阿里巴巴、淘宝的赢利模式,还有马云的理想"了。

道不同不足与谋,道若同则相生相悦。

终于,2006 年底,卫哲做出了职业生涯中的又一个重大决定——改换门庭。

当年 11 月的一天,百安居中国区 CEO 易人,原 CEO 卫哲宣布转任阿里巴巴"B2B"业务部门总裁兼集团执行副总裁。

马云隆重对待卫哲的加盟。

卫哲去阿里巴巴上班的第一天,马云就召集了集团高管,在杭州总部"光明顶"开会,并向所有人隆重介绍了卫哲。

几天后,面对众多媒体,马云谈到卫哲的加盟,还不无得意地宣称:"这挖人就像拔牙,猛地一拔,被拔者与拔牙者都很痛苦,而且还会流血。我现在就不拔牙了,我天天去摇,摇松了,就来了。"

作为优秀的职业经理人,卫哲显然懂得,马云和阿里巴巴团队的盛情,对他意味着什么。

关于这个话题,马云和卫哲自然相互交流过心声。

马云希望卫哲加入阿里巴巴后,能够把他在传统行业中的管理经验带到阿里巴巴,帮助阿里巴巴成长为真正的国际化企业。而当时卫哲所面对的,正是一个成长迅猛、上市激情高昂的新兴阿里巴巴,他需要在最短的时间内融入阿里巴巴。

为此,卫哲的确表现出了职业经理人的主动努力。

本书多处提到,阿里巴巴团队深受马云侠义之气的影响,管理层每个人都像马云一样,抢得了一个自己心仪的侠者名号。同样,酷爱金庸武侠小说的卫哲,也将自己主动融入阿里巴巴文化的第一步,放在了为自己选择一个侠客名号上。

然而,当卫哲希望自己也能像其他高管一样,顺利找到一个响亮又心仪的侠客之名时,事实竟然跟他开了个不大不小的玩笑。

经过一番努力后,卫哲才发现,自己钟情的武侠人物早就被阿里人瓜分了。如人尽皆知的"风清扬"被马云占用,"铁木真"被陆兆禧捕获,而"郭靖"则落入了"支付宝"邵晓峰之手……

最终，卫哲不得不接受一个现实，武功高强或德行高尚的侠者名字已无一幸免。于是，卫哲或多或少地意识到，在众人眼中，自己已然被贴上了阿里巴巴"空降兵"的标签。

2. 职业习气的空降兵

在阿里巴巴高管中，并不属于创业者一员的卫哲，不得不接受自己"空降兵"的身份。然而，他又有着与"空降兵"身份不尽相符的特殊之处——高额股份。

卫哲正式加盟阿里巴巴后，虽然当时并没有官方公布的确切数字，但熟悉内情的人一致表示，他在阿里巴巴"B2B"中的股份，甚至超过了阿里巴巴部分创业元老。

这样的特殊安排，足可见马云对卫哲空降而来寄予的某种厚望。

而那个时候，卫哲也适时地利用公开场合，表达着自己的内心："阿里巴巴是我的最后一份专职工作。因为以前做过职业经理人，做职业经理人的时候我从来不作这样的承诺。作为创业伙伴之一，哪有人听说把公司扔掉，把自己的孩子扔掉？这个公司不是马云一个人的，是我们共同的。"

显然，卫哲并不满意自己"空降兵"的身份。他以阿里巴巴人创业伙伴自我定位，同时寄望于用新的辉煌来证明自己。

2007年2月，在阿里巴巴履职百日的卫哲，总结了自己所做的三件事情：一是参与阿里巴巴新三年、五年的发展规划；二是将买家体验提升到战略高度，重新推出买家发展和服务部门，增加海外买家服务；三是制定新产品开发与推广战略。

就是在此期间，卫哲的"SPPP理论"开始在业界传播开来。

"SPPP理论"中的"S"是战略（Strategy），之后三个"P"，分别是人（People）、流程（Process）和项目（Project）的首个英文字母。

所谓的"People"，是卫哲根据阿里巴巴客户增长的计划要扩编人员，同时提高质量；"Process"方面，卫哲和马云都认为阿里巴巴的流程是三年前制造的，已经"不合脚"了，要渐次改造；"Project"方面，阿里巴巴与日本雅虎和美国雅虎深入进行合作，并推出新的买家工具等。

卫哲和马云最为关键的蜜月时期，被认为是从阿里巴巴"B2B"板块上市

全面启动时起。

前文提到,早在2004年9月21日,马云就表示"阿里巴巴上市的按钮已经在我们手中"了。那个时候,卫哲凭借万国证券和普华永道的操盘手背景,即是马云希望摇过来的对象。

或许因为这样的背景关系,让卫哲空降阿里巴巴的人事行为,一度被解读为马云的"上市而为"。而事实上,卫哲的确很快成为阿里巴巴"B2B"公司谋求上市的直接组织者和操盘手。

所以,2007年6月,面对媒体不断追问的上市话题,马云便公开回应:有关阿里巴巴上市的问题,应该问卫哲。

直至2007年11月6日这一天,马云的"问卫哲"之说,终于演绎成为震惊国际互联网行业的那一幕——阿里巴巴"B2B"在香港成功上市。于是,也就有了前文呈现的造富传奇。

2007年11月26日,权威财经杂志《福布斯》这样评价卫哲:"富有远见,他的角色有点像Google的CEO埃瑞克,将帮助阿里巴巴'B2B'公司成为世界顶级企业。而卫哲本人也因阿里巴巴此次上市,获得了4800万股'B2B'上市公司的股份。"

与此同时,卫哲还以国际优秀职业经理人的手法,完成了阿里巴巴国外业务的调整布局。在那个期间,他甚至还完成了"B2B"公司高层换血的棘手使命。

看到蚂蚁果真成为大象,卫哲在阿里巴巴有理由春风得意。在多个场合,他更是不断表露要与马云和阿里巴巴共度的决心——7年之内不会离开互联网行业,阿里巴巴将是自己最后一个专职服务的公司。

直到因"欺诈门"离职时止,在众人眼里,卫哲基本上完成了马云交给他的使命,体现出了一个职业经理人的优秀素养。

同时,因为"欺诈门"事件的发生,卫哲与马云从"义结光明顶",到被"挥泪斩马谡"的历程,也留给了公众丰富的解读可能。

虽然都有包括武侠在内的三种共同爱好,但是,马云公认为更多的是侠义情结,卫哲则更甚于职业色彩。

马云的侠义情结往往自然流露:"赚钱只是一个结果,它永远不会成为一个目的。而我们真正的目的,是创办一家真正由中国人创办的、让全世界感到骄傲的、伟大的公司。这就是我的理想,也是我们这一代人的理想。"

至于卫哲，凭借的是国际投行与跨国公司高管的职业化经历，并在阿里巴巴蚂蚁转大象的过程中不可替代。正是这种不可替代，不经意间显现出了他与马云不尽一致的发展理念。

卫哲曾坦言，阿里巴巴几乎颠覆了自己作为一个职业经理人多年所坚持的价值观。因为在阿里巴巴，股东永远排在客户和员工之后的第三位；而即使享有"合伙人"的个人定位，卫哲却难以完全摆脱"局外人"的某种心理。

当阿里巴巴"B2B"上市大获成功之后，卫哲力主进行大手笔的收购与整合，放慢了研发新产品、打通与"淘宝"的联系。但是，这样主张的实际效果并不理想，以至于不少评论认为"几乎没什么成绩"。

也是在那个时期，在卫哲的力主下，阿里巴巴推出了大量增值服务产品。如相继收购了阿里软件、中国万网、美国软件公司Vendio和Auctiva，以及深圳一达通等；推出了黄金展位、Winport旺铺、网销宝、全球速卖通等。

然而，卫哲的上述努力，并没有给"B2B"业务成长起到明显作用，甚至大多无名而终。

特别是卫哲推行实施的"规模战"实践，似乎也与马云制定的阿里巴巴运营理念有着距离。这种理念产生的距离感，在2008年全球金融危机顶峰的时候，进一步显露了出来。

那个时候，阿里巴巴增加雇用了5000名员工，其中大部分属于"B2B"板块。而"诚信通"起步时依靠的地推销售力量，不久后即成为阿里巴巴一个庞大的包袱。马云在后来也曾确认，此举是造成阿里巴巴员工数量急剧扩张的一大原因。

全球金融危机的第二年，也就是2009年，阿里巴巴的净利润下滑了12.3%。与之相对的，则是卫哲从阿里巴巴获得的高额回报，开始成为一大争议性话题。如2009年度香港上市企业（内资）薪酬排行榜中，卫哲以6479万港元继续名列榜首，并没有因为阿里巴巴的业绩下滑受到什么影响。

就像当年不少舆论所说，"作为并不多，回报甚至超过了跟随马云征战多年的'十八罗汉'中的多数人。"一些业内人士，甚至将2007年年底阿里巴巴"八高管"集体离职，也与此挂起钩来。

经理人逐利的职业本性无可非议，有时还需要被尊重。不过在阿里巴巴的文化骨髓里，早已被植入进了马云色彩的"伟大之梦"。这种"伟大之梦"，已不局限于挣多少钱，存活多少年。

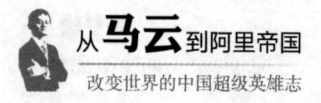

所以,当"欺诈门"被揭开之后,马云的自我反思也就不难理解了。

"自己就干了这么一件事。第一是坚守这个公司的使命感、价值观,自己就是个守门员,这事谁也别碰,其他事都可以讨论;第二是发现、培养优秀的领导者;第三就是把职业经理人赶出去,要让领导者有职业经理人的能力,但不能有职业经理人的习气。"

3.CEO 疲惫,马云提刀

阿里巴巴本命年里的那个特殊日子,卫哲还是离去了。

一位亲历者回忆:卫哲离职当天,在召开的阿里巴巴集团组织部会议上,马云强硬地要求"B2B"团队必须进行深刻检讨。而在此之前,一些人看见卫哲从马云的办公室里走了出来,神情是从未有过的疲惫。

随即,也就有了本章开头的那一幕——马云决定:同意卫哲辞去阿里巴巴"B2B"CEO 职务的请求。

这位亲历者如此描述当时的场面:"台下所有同事都表情愕然,但没有发出一点声音……让人感觉有一个世纪那么长。"

随后,马云便写下了这样一段感性很足、理性非常的文字:"过去的一个多月,我很痛苦,很纠结,很愤怒……但是,我们别无选择……如果今天我们没有面对现实、勇于担当和刮骨疗伤的勇气,阿里将不再是阿里,坚持 102 年的梦想和使命,就成了一句空话和笑话!"

卫哲辞职之后,马云曾连续召集高管们开会,每次都无一例外地谈到卫哲离职事件。而那句流行商界的名言,便适时地从马云口中传出:"我们的心很软,但我们的刀很快,刀是为理想服务的!"

然而,马云自己也曾说过,卫哲并没有犯什么错。他甚至这样评价过卫哲:"卫哲有着杰出的销售推广与零售管理经验,他把运营一家公司所需要的专业运营方法带入了阿里巴巴。卫哲是目前很罕见的专业人才,他既有很棒的传统管理经验,同时又具备了互联网精神。"

马云如此评价,也让公众和舆论从卫哲离职地震中,读出了一份职业悲情。

即使是在阿里巴巴内部,当时也有员工向媒体表示:"虽然从性质上说是'中国供应商'涉嫌欺诈国际买家,但无论是此事涉及的金额还是规模,与阿里巴巴'B2B'业务这一大盘子相比并不高。是不是应该让包括 CEO、COO、CPO 这样的高管受罚,受罚到什么程度,其实完全看马云的态度。"

2011年3月，马云接受了《中国企业家》访谈，继续回应公众们的关切。

马云表示，卫哲离职不是因为他犯了什么错，不是因为昨天出了什么错今天去弥补，而是为了防范未来再也不出这些事。如果开除一个人只能拯救一个人，如果开除只能是教育一个人，就别开除了。但是如果开除一个人能够拯救100个人，应该立刻开除掉。

不久，在接受其他媒体访谈时，马云进一步感言：有人觉得阿里巴巴价值观是虚的，"欺诈门"事件之所以如此处理，就是想告诉世人怎么坚守正确的价值观。

卫哲的离去，是与阿里巴巴另一高管的登场同时进行的。这位走上前台的高管，便是陆兆禧。他也是马云非常倚重的得意大将。

走上前台的陆兆禧，同时掌管着"淘宝网"和"B2B"公司。接替卫哲后，他首先要面对的，便是下足决心严格筛选阿里巴巴数量庞大的会员。

果然，不久后传出消息，阿里巴巴和国际认证机构"天祥集团"展开了一项合作，推出了基于第三方的深度认证服务，意在对"中国供应商"进行最大限度的资质认证，以杜绝诈骗、纠纷等事件发生的可能。

不过，鉴于电子商务认证仍是一个相对新生的领域，当时阿里巴巴和"天祥集团"核心人士也不得不坦言，筛选工程的确是一个巨大挑战。

当年，"天祥集团"为阿里巴巴提供的深度认证服务，其实分为"生产能力审核"及"贸易能力审核"两类。这两个项目的认证服务，不仅是对商家产品质量安全的测评，更是对供应商能力的全面评估，可以为阿里巴巴电子商务诚信体系的建设奠定相当的基础。

尽管任务艰巨，履新的陆兆禧还是表现出了相当的信心和希望。他在第一时间发出，"路走对了，就不怕远"的积极宣言。

很多业内人也纷纷认为，阿里巴巴此番人事地震，意外地给了陆兆禧一个更大的舞台，怎么唱好戏，他应该有着盘算。

2011年3月7日，时任国资委主任的李荣融参加全国两会时呼吁，企业家都应该向马云学习诚信。

一周后，在"2011中国诚信网络大会"上，众多人士更是纷纷称赞，马云为了诚信壮士断腕，堪称"挥泪斩马谡"。

同年两会后的"3·15"，阿里巴巴主动发出呼吁，欢迎更多买家通过合法手段追击阿里巴巴网站上的"幕后真凶"，将维权进行到底。阿里巴巴同时宣

布，设立 10 亿元诚信保障金，建立中国首个"小企业商业信用体系"。

众多媒体面前，马云宣誓："诚信是阿里巴巴最重要的价值观之一。这包括我们员工的诚信，以及我们为小企业客户提供一个诚信和安全的网上交易平台。任何违背我们文化和价值观的行为都不能接受。"

数年已然过去，如今再回望阿里巴巴本命之年，无论是被迫善后，还是公关作秀，2011 年的马云，都让人们刷新了一种感受，一种深藏于其心的梦想洗礼——阿里巴巴渴望成为全世界信任的伟大公司！

永远不欺骗别人；永远不羡慕别人的团队；永远不要怪别人！

这一年，马云倡导的"三不"理念，铿锵前行。

第10辑

打开的"雅+巴"死结

"马云,这个本世纪以来常操一口流利英文活跃于国际场合的中国企业风云人物,会偷天换日,把明明属于中外合资企业阿里巴巴集团的核心资产'支付宝',悄然转入自己控制的私人企业名下。"

2011年6月,阿里巴巴"欺诈门"风浪尚未完全平息,《马云为什么错了》一文犹如出其不意的重磅炸弹,紧跟着轰然出膛。人们发现,阿里巴巴的"本命年"之劫,还在路上……

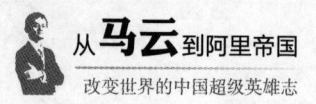

一 "支付宝"膘肥体壮

本命之年的阿里巴巴，虽然开年不利，成长的步子却没停下，马云精心构建的"大阿里"，体系依然在健全壮大。此时的马云，不再只属于阿里巴巴。他不仅是中国新经济的一大标杆，更已成为中国改革开放的一面旗帜。

尤其是他掌控下的"支付宝"，膘肥体壮。

1. 大洋彼岸惊传檄文

春，无限魅惑，种种温婉。

千年之前，大诗人贺知章用一首《咏柳》，便写尽了春——"碧玉妆成一树高，万条垂下绿丝绦。不知细叶谁裁出，二月春风似剪刀。"

只不过，前文有述，阿里巴巴"本命年"之劫，正是从2011年的春天开始的。而且，一波未平，一波又起。

这一劫，可不同于上文讲述的"欺诈门"，它源自傲慢的太平洋对岸，恶意更深、更猛。

2011年5月11日，也就是马云自揭"欺诈门"3个月后，身为阿里巴巴核心股东的美国雅虎，向美国证券交易委员会（SEC）提交了当年一季度财报。该财报披露，阿里巴巴集团已经将"支付宝"的所有权转让给了马云控股的另一家中国内资公司。

根据美国雅虎的报告，为尽快取得一个非常重要的牌照，阿里巴巴集团对在线支付业务"支付宝"的所有权进行了调整，将由马云控制的一家中国公司取得"支付宝"全部股权。

雅虎的这一声明，得到了"支付宝"的证实。

阿里巴巴集团新闻发言人当时回应，"支付宝"的重组工作早在2010年年底就已经完成，所有权已转至浙江阿里巴巴电子商务有限公司。这样调整的目的，就是为了遵守中国央行2010年9月1日颁布实施的《非金融机构支付服务管理办法》，该《办法》要求"非金融机构的绝对控股权必须由中资公司掌握"。①

然而，让马云和阿里巴巴创业团队没料到的，美国雅虎随后却向外界再发声明，称"支付宝"重组时并未获得阿里巴巴集团董事会和股东的批准，美国雅虎直到2011年3月31日才获悉有关事宜。

此声明一经发布，犹如春水起妖风，国际互联网业再次阵阵骚动。一些权威者第一时间便预言——雅虎开始公开表明对"支付宝"的觊觎之心。

按照美国雅虎发出的声明，2011年3月31日，雅虎和软银获悉阿里巴巴集团进行了两笔交易，但它们既未得到阿里巴巴集团董事会和股东们的批准，马云团队也未履行通知义务。

雅虎所说的两笔交易，第一笔就是2010年8月"支付宝"所有权的转移，第二笔则是2011年第一季度末对"支付宝"业务的实际分拆。

在公开发布觊觎"支付宝"声明的同时，美国雅虎还有着耐人寻味的动作。它同时表示，将继续与阿里巴巴合作，以保护好利益相关方的经济利益，并相信各方能够达成对所有股东都有利的协议。

如前所述，主导美国雅虎发出这一声明的，正是时任CEO、女强人卡罗尔·巴茨。

而刚刚经历"欺诈门"之劫的马云，被彻底激怒了。

第一时间，马云便亲自公开斥责雅虎："如果说董事会不知道这个事情，我们悄悄就给办出去了，这种事情有人信吗？"

随后，2011年5月13日，阿里巴巴集团发表正式说明：

在过去的3年中，就国家对第三方支付相关规定的细化和调整，及其对第三方支付行业的影响，包括所有权结构方面的影响，阿里巴巴集团董事会一直有着持续的讨论和沟通。事实上，在2009年7月召开的董事会上，阿里巴巴集团董事会讨论并确认了"支付宝"70%股权已转入一家独立的中国公司。

美国雅虎不甘示弱，强势的巴茨索性公开开战，而且习惯性地站在了道德制高点上。

就这样，双方隔着太平洋的喊话，不仅让"雅+巴"世纪联姻的嫌隙浮到

---

① "支付宝"此前接近70%的股权由美国雅虎和日本软银公司控制。后来中国央行在关于非金融机构的支付管理办法中规定，要想拿到第三方支付牌照，外资绝对控股的情况应当相应做出规范和要求。

台面之上,也聚焦起国际舆论敏感的神经,甚至惊动了中美两国政府高层。

那么,美国雅虎为什么要接二连三地向马云管理团队挑战呢?

话题还得接着前文所述。

一个就是巴茨掌控的美国雅虎正在危险的方向上走下坡路,这在前文已经详细讲过。

另一个便是今不如昔的雅虎从阿里巴巴尝到的甜头很多,越来越视阿里巴巴股份为摇钱树,贪心越来越大,索取的欲望一天比一天强烈。而阿里巴巴旗下的"支付宝",就像马云曾经喻言的那样,虽然只是老三,却正在长成能够输血养家的参天大树。

不妨观察一下2010年的"支付宝"。

2010年,仍处于发展初期阶段的中国第三方支付市场,交易规模首次突破了万亿元大关,达到11395亿元。数据一经公布,即引起整个国际互联网领域高度关注。美国雅虎自然最为心动。

其中,"支付宝"高居市场首位。截至2010年12月,"支付宝"注册用户数突破5.5亿,日交易额达26亿元人民币,日交易笔数达到1100万笔。业内权威人士由此预计,两年内"支付宝"将达到每年约1万亿元的交易量水平。

易观智库当年的数据分析也印证了上述情形。

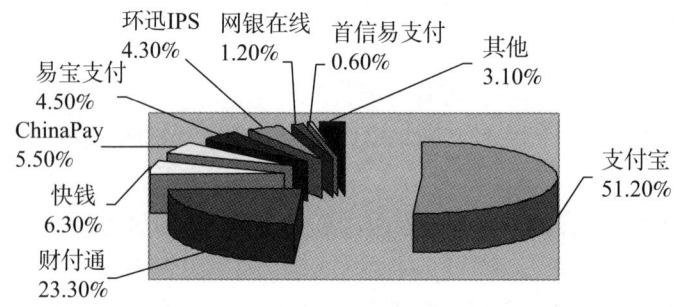

2010年中国互联网在线支付市场厂商交易份额

数据来源:根据易观国际/易观智库相关数据整理制作。

2010年,在蓬勃发展的中国互联网在线支付市场,"支付宝"以51.2%的份额稳占半壁江山。依托自身庞大的用户规模,"支付宝"除在网购市场上占据较大优势外,还相继推出了生活服务类开放平台,通过产业链资源整合的方式进行业务扩展。如航空、游戏、基金、保险等市场领域，"支付宝"相继加大了创新和开发的力度。

仅仅7年后，本书出版前的2019年1月9日，"支付宝"正式对外宣布，其全球用户数已经超过10亿。其中，国内活跃用户中，70%的用户使用3项及以上"支付宝"的服务。

2019年2月2日，"支付宝"成为首批获得国家认证的企业。用权威人士的话说，"支付宝"针对用户个人信息安全和隐私保护的体系已达到国家最严格的标准。

当前的"支付宝"，已发展成为融合了支付、生活服务、政务服务、社交、理财、保险、公益等多个场景与行业的开放性平台。除提供便捷的支付、转账、收款等基础功能外，"支付宝"还能快速完成信用卡还款、充话费、缴水电燃气费等多项密切国人生活的强大功能。

至于"支付宝"的使用人群，更是覆盖了除中国大陆以外的40多个国家和地区，如中国香港、中国澳门、中国台湾、日本、韩国、新加坡、马来西亚、泰国、柬埔寨、越南、老挝、菲律宾、印度尼西亚、澳大利亚、新西兰、爱尔兰、英国、法国、德国、意大利、瑞士、奥地利、比利时、荷兰、摩纳哥、西班牙、希腊、瑞典、丹麦、挪威、芬兰、俄罗斯、捷克、南非、美国、加拿大、以色列、阿联酋等。

正是"支付宝"展现出来的如此成长诱惑，驱动着以巴茨为首的美国雅虎管理层。

就这样，全球互联网人都惊愕地注视着这场席卷太平洋的巨大风浪。而有着"中国互联网之父""创业教父"美誉的马云，不得不再次站在舆论旋涡的中心——"违背契约精神""爱国流氓""毫无诚信""大骗子"……讨伐之声不绝于耳。

对于那些喜欢或在意马云团队的人们来说，如此接二连三般的不利，似乎有些回不过神来了。

2. 互联网再掀大地震

像"欺诈门"事件一样，陷入"支付宝"旋涡的马云，显然不是孤立无援

的。他在第一时间就获得了不少风云人物的公开支持。

还是马云的好基友,时任巨人网络公司董事长的史玉柱第一时间建议,马云要做"爱国流氓"。

史玉柱在自己的微博中,公开力挺马云,并恭喜"支付宝"回归中国。他呼吁,当阿里巴巴集团年流水达到2万亿元后,集团控股权如果仍在美国人和日本人手里,就涉及国家安全的问题了。所以,正确的做法就是美国雅虎和日本软银卖出部分股权,否则,就可以流氓点,所有新增业务不再放入雅虎和软银控股的集团公司。

史玉柱的"爱国流氓"倡议,点燃了连他自己都未料到的纷争,马云也不得不透过私下管道表达"停下"。

不久,笔者便读到了史玉柱的另一篇神笔,他称呼自己和马云等时下的代表性企业家都是"坏人"。至于为什么是"坏人",史玉柱整篇文字流露的,都是像他自称"屌丝"一般的创业人可爱之情。

与史玉柱"爱国流氓"论相对应的,便是《马云为什么错了》一文。这篇檄文的作者,正是《财经》原主编、著名媒体评论人胡舒立。①

《马云为什么错了》开始便写道:

> 事前恐怕没有人能够想象,马云,这个本世纪以来常操一口流利英文活跃于国际场合的中国企业风云人物,会偷天换日,把明明属于中外合资企业阿里巴巴集团的核心资产"支付宝",悄然转入自己控制的私人企业名下。

文章进而强调,"契约"与"产权"一道,构成了市场经济的基石,而马云未经股东授权即转移"支付宝"所有权,违背了契约精神。马云的这一错误,后果不可小觑。

---

① 胡舒立,1998年创办《财经》杂志。2009年12月创办财新传媒,旗下包括财新网、《新世纪》周刊、《中国改革》、《比较》等产品。2011年1月,获评中国传媒年会"2001—2010中国传媒贡献人物"。2011年4月,《舒立观察:中国十年之真问题》入选"中国图书势力榜"。2013年,入选"福布斯亚洲商界权势女性榜"。现任财新传媒CEO及社长,兼任中山大学传播与设计学院教授,中国人民大学新闻学院兼职教授;同时担任路透社采编顾问委员会委员、世界经济论坛国际媒体委员会委员等。

胡舒立认为，马云向来是很受尊重的中国企业家，阿里巴巴也是中国最大的互联网企业之一。马云此次错误的代价，不仅是积累多年的个人国际声誉，还包括阿里巴巴潜在的长远发展机遇。

在《马云为什么错了》一文中，胡舒立同时对中国央行在政策开放上的分寸表示了失望和遗憾，认为这是马云出此下策的外因。

胡舒立在中外媒界有着独特的影响能力，使得《马云为什么错了》犹如火上浇油，加剧了"支付宝"纷争的舆论烈度。

态势的变化，让马云团队面临的舆论环境看起来更加不利。

一位颇有代表性的西方学者就在评论中写道："未来投资者对雅虎的估值必须要去除'支付宝'部分……让我感到迷惑的是，重组在相应条款尚未确定的情况下就进行了。雅虎管理层与阿里巴巴集团的矛盾曾经被广泛报道，最糟糕的情形可能是'支付宝'的交易量上涨，而'淘宝'的则下降，利润从阿里巴巴集团转向新公司。"

这种调子的批评声音，在欧美舆论间颇有市场。

批评者纷纷认为，在"支付宝"未被转移出阿里巴巴集团之前，雅虎和软银作为集团层面合计持股70%的股东，理当拥有"支付宝"等比例的股东权益。而原本在集团持股份额为"个位数"的马云，却因为持有"支付宝"当下全资控股公司——浙江阿里巴巴电子商务有限公司80%的股权，顺理成章地分走了"支付宝"50%的股东权益。如此这种操作，实质上就是马云"实现了一次非典型意义的MBO"。

于是，"支付宝被马云私有"的舆论风潮，劲刮欧美舆论场，进而影响着国内部分媒体。

针对这种倾向性非常明显的舆论，马云的好基友史玉柱再次迎风而上："'支付宝'涉及国家金融安全，法规不许外资持有，外资股东却迷信绕开中国法规，马云遵守契约精神提出依法转回国内获得牌照，给外资股东合理补偿。"

史玉柱更是直击纷争的核心，直言道："卖国砖家却精心设计：先制造3.3亿的'支付宝'超低补偿谎言，再批判马云侵占外资神圣利益，上升到道德层面。帮外国逼马云交百亿天价补偿后，卖国砖家举杯愤青欢呼。"

史玉柱的直言站台，给了风头正劲的雅虎支持者们迎头一击。

随着"支付宝"纷争舆论效应的全面国际化，一个在中国互联网业内长期心照不宣，甚至有人恐慌的模式被彻底曝光了，这就是"协议控制模式"。

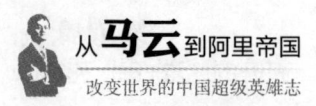

"协议控制模式"的曝光,进一步加剧了因"支付宝"纷争而起的互联网大地震。

所谓"协议控制模式",业内也称"VIE模式",其英文全称是Variable Interest Entities。这一模式的产生,同样与中国的改革开放背景密不可分。

20世纪末期,随着互联网在全球的兴起,中国国内互联网公司为了自身的成长,大多接受了境外融资,从而成为形式不一的"外资公司",但各种"牌照"必须由内资公司持有。

10余年间,中国最优秀的互联网公司,就是通过这种"协议控制模式",竞相登陆海外资本市场的。

产业发展实践表明,这种形式对于中国新经济的整体发展,十分有效。于是,业内称之为"国内变通式开放的标志性产物"。

在"支付宝"纷争未起前,这种"协议控制模式"没有遭遇过什么严重挑战,更没有全面公开化。然而,当"支付宝"引起的纷争日益扩大之际,以"协议控制模式"涉及的资产猛然进入了国人视线,并理所当然地引起中国高层关注。

当时,国内相关机构有过统计,中国互联网业以"协议控制模式"涉及的资产,已经高达数万亿美元。

真是不算不知道,一算吓一跳。稍有经济安全常识的人,都不难想到事物发展存在的另一面——风险。所以,随着"支付宝"纷争的全面升级,"VIE模式"也就成为中国高度关注的重要话题了。

知名财经评论员叶檀认为,如果所有的互联网企业都实行"VIE模式",必然说明在当时的社会条件下该模式存在一定的合理性,在境内外资金之间取得了微妙的平衡。

叶檀为此撰文写道:"现在马云成为大声疾呼打破平衡的人,但他的替代产品难以得到同行的普遍认同。"

各路舆论的高度关注,也让中国央行官员有了正式回应——中国央行开始研究协议控制问题。

至此,中国互联网行业长期存在的灰色地带被完全揭开了。

那个时期,若是按照支付牌照的标准要求,国内众多互联网公司都会面临着非法经营的尴尬情形。而事实上,所谓的"VIE"结构里的海外公司,本质上也就是个靓丽的壳,只是因为与内资公司拥有一份长期协议,便具有了价值。

所以，如果简单认定"VIE"结构不符合相关法规要求，那么对于中国互联网业的投资者来说，必然是灾难性的。而对于那些已经或即将奔赴海外上市的互联网企业而言，无疑更会雪上加霜。

改革中出现的问题，必须要用改革思维去对待。

不久，中国央行给多家已获得第三方支付牌照的企业发出了官方函，要求各家企业对于是否存在外资直接或间接控股，做出明确说明。

改革者是不会让人为灾难轻易发生的。就像投资界某位大佬大声宣示的那样——谁也不能"低估中国决策者改革开放的决心和智慧"！

3."支付宝"被迫独立

2011年5月14日，身陷"支付宝"舆论旋涡里的马云，出现在香港股东大会上。

面对台下300多名股东，马云毫不忌讳地表示："我觉得这个世界有一样东西是重要的，就是讲真话，错就错了，对了就是对了。今天很乐意探讨很多股东们感兴趣的问题。"

出席股东大会前，有人曾向马云建议，不要参加此次股东大会，因为前有"欺诈门"事件，现有"支付宝"风波，都可能会让马云"不好受"。不过，凭着天性而就的侠客精神，马云还是准时赴会了。

掌声过后，马云首先面对的，便是众股东关于"支付宝"的强烈质疑——如何会沦为"马云私人财产"？

马云没有怒气冲冲，他如此回应道：

> 一是百分之百合法，所有事情肯定在董事会上讲得很清楚，这么大的事情任何偷鸡摸狗的举动都会招来麻烦；二是百分之百的透明，不可能悄悄地把事情办了，从央行的2号令发布到现在，董事会每一次都参与讨论；三是必须保障公司安全、健康、可持久的发展。"支付宝"对我们集团、股东最大的利益是，假如"支付宝"不合法，假如"支付宝"没有拿到牌照，"淘宝"就会瘫痪。"淘宝"瘫痪阿里巴巴如何改革、如何成长？对集团管理层来讲，只有一个办法、只有一条路，做正确的决定。吻合国家法令，吻合透明原则，吻合让集团持续发展。

阿里巴巴CFO蔡崇信则进行了补充："我们一直和他们有交流，但没有新的进展。不过这个事情不会影响到上市公司和集团其他业务的运作。"

马云继续透露，2010年和美国雅虎洽谈股权回购问题时，本来谈得非常好，雅虎已经同意，但拿出具体方案的关键时刻他们又终止了谈判。

马云的解释和说服努力，在股东会上似乎产生了正面效果。

2011年6月初，马云应邀赴美参加《华尔街日报》第九届数字大会。

在大会上，马云再次主动就"支付宝"股权转让事宜发声，确定雅虎所说的"不知情"是完全不可能的。

马云进一步表示，虽然针对中国市场的监管制度，包括美国雅虎和日本软银在内的阿里巴巴集团股东，存在着不同的意见，但是对于"支付宝"必须，而且要第一批获得支付牌照，却是大家共同确认的前提。

这表明，不管"支付宝"的股权如何重组，阿里巴巴董事会早就确认了两点共识：一是"支付宝"必须获得中国央行牌照；二是"支付宝"必须要健康、安全和可持续地发展。

查阅相关工商资料可以发现，2009年6月和2010年8月，通过两次转让性操作，"支付宝"的全资控股股东由阿里巴巴集团全资子公司变成了浙江阿里巴巴商务有限公司，两次交易对价总额约为3.3亿元人民币。这便成为马云广受国内外舆论攻击的"私人行为"。

此间的2010年6月21日，中国央行发布了《非金融机构支付服务管理办法》，正式宣布开始对"支付宝"这一类不是金融机构、却又做了好多年支付业务的企业，核发牌照和进行监管。

也就是在这一年的12月，"支付宝"注册用户一举突破了5亿，日交易额超过25亿元人民币，日交易笔数达到850万笔。

这样惊人的发展势头，既让马云有底气宣布——"阿里巴巴集团旗下的'淘宝网'和'支付宝'都将进军国际市场，在全世界树立起崭新的里程碑"，又让马云和管理层不得不越来越小心翼翼了。

万般无奈之下，随着央行相关规定日期越来越近，2011年年初，马云做出了"非常艰难但唯一负责任"的决定——董事会未通过的情况下，单方面断掉了"支付宝"与阿里巴巴集团之间的控制协议，以获取央行发放的支付牌照。

于是，2011年5月26日，"支付宝"顺理成章地成为国内首家拥有第三方支付牌照的企业。

二 做情人 or 做敌人

没有永远的敌人，也没有永远的朋友。国家间政治如此，中外商场往来也莫能外。当事实已经铸定，由"支付宝"股权转移而引发的国际大争端相关各方，便把目光转向了"如何实现自身利益最大化"的关键层面上。

至于马云，因为从未有过的踏实，便可以名正言顺地大施拳脚了。

1."国家安全"心生敬重

前文有过详叙，2005 年，当雅虎决定与阿里巴巴牵手的时候，"雅+巴"联姻成为当年互联网世界的一场风月佳话。

这样的佳话，就连侠者马云也在性情中感慨："一个 CEO 最主要的是对机会说 No，如果对与雅虎合作这样的机会说 No，那就太愚蠢了。我觉得这是一个非常难得的机会，不仅在中国少见，在全世界也是独一无二的。如果不抓住这样的机会，我会终身遗憾，更何况这样的机会我等了 7 年。"

然而，也如同前文所述，随着雅虎酋长杨致远的离去，当年惊艳互联网世界的"雅+巴"佳话，很快演变出别样的味道，直至"支付宝"事件的全面爆发。

当所有的内情都不得不暴露在众人面前时，这场震动太平洋的"支付宝"纷争，也就不再可能是"雅+巴"的家务事了。

时间回到 2011 年 6 月。

这个月 14 日，马云刚从美国飞回，便在杭州召开了媒体见面会。原来，马云此次亲赴美国，就是围绕"支付宝"纷争与雅虎再次进行面对面谈判。

媒体见面会延续了两个半小时。马云从头站到尾，保持着他那特有的谈话语调，逐一公示了"支付宝"纷争事件的三个重要结点。

结点一：早在 2009 年 6 月，阿里巴巴董事会已经口头同意了"支付宝"股权转移一事；同年 7 月 24 日的董事会纪要中，也明确说明了董事会同意阿里巴巴管理层关于"支付宝"的股权转移事宜。

结点二：同是 2009 年 6 月，浙江阿里巴巴以 1.67 亿元收购了"支付宝"70% 股权。但是在 2010 年 6 月，央行发布的《非金融机构支付服务管理办法》强调，外资的支付业务范围，境外出资人的资格条件和出资比例，由中国人民银行另行规定,并报国务院批准。于是,2010 年 8 月,浙江阿里巴巴又以 1.65 亿元收购了"支付宝"剩下的 30% 股权。

由于"支付宝"原有全资母公司又是阿里巴巴集团的全资子公司,故两次转移属于阿里集团内资产划转。所以 3.3 亿元并不代表卖方将来得到的价值补偿,补偿谈判仍在继续进行中。

结点三:两次关于"支付宝"的股权转移,都处于协议控制下。但在 2011 年一季度,央行发函要求"支付宝"做出关于"协议控制"的书面声明。"支付宝"便在书面声明中称,浙江阿里巴巴电子商务有限公司作为"支付宝网络技术有限公司"的唯一实际控制权人,无境外投入通过持股控制"支付宝"。不过,基于对形势的判断,马云决定终止协议控制,停止合并报表,并把此事通知了雅虎、软银等股东。

然而,雅虎却在拖了两个月后,直到 5 月份才向股东通报此事。于是,一场批驳马云违背契约精神的舆论攻击,也就相继而出了。

这场媒体见面会后,一些业内人士认为,马云的爆料为美国雅虎、软银提供了更多有利的谈判空间,或许是马云在隐藏着其他什么猫腻。

当时,一位舆论界的领军人物便在微博中写下了这样的话:"今天我问马云,在整个'支付宝事件'中为什么杨致远和孙正义不站出来指出你违约,而是局外人在说你呢?他也奇怪。他说昨天还与杨致远一起吃饭,而且他被软银再次选为董事,将出席董事会。"

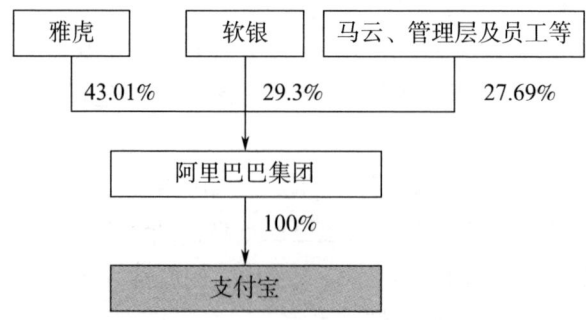

"支付宝"业务转移之前的状态

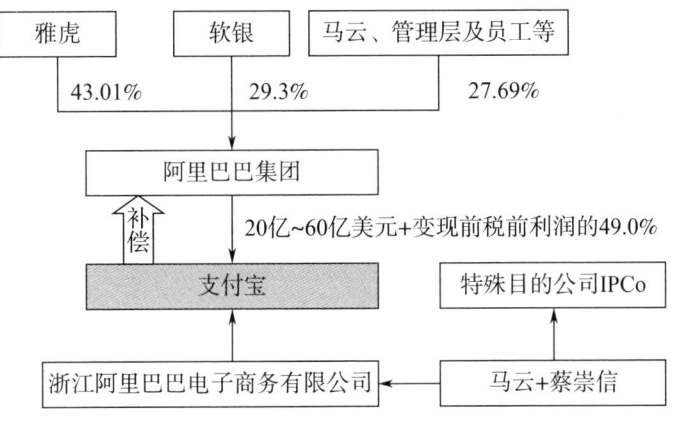

"支付宝"业务转移之后的状态

就是在这种情形之下,马云与前文提到的媒体人胡舒立就《马云为什么错了》一文,进行了如下一番长长的对话。①

马云:评论者注重的是评论本身,而当事人必须关心正确的方向和用正确的方法把事做完了,才考虑参与评论。我们做的任何事都会让世人分析和评论,这是我们这代人的职责。但在尘埃未落地前就下定论,是评论者的不客观和不科学态度。

胡舒立:你有此远见让我高兴。来路很长。我们如果说错了会改。不过央行政策还是要批评。

马云:是的。央行我没有办法,那是他们的考虑,我努力过并尝试过。但企业家要做的是大法发布前努力,但发布后遵法是我们的职责。批评是你们评论者的工作,我们当事人很难作为。

但另一方面,我理解的支付数据的安全,是任何国家不会轻易放弃的,是安全问题而不是民族问题。我的开放主义并不亚于任何人,但我理解未来时代是数据的竞争。我们拥有了国家的经济数据。在美国,我们会碰上同样的问题。

…………

胡舒立:我建议,还是应当争取国务院批。这样全解决了。

---

① 资料来源于财新网,2011年6月14日。

马云：是的，我完全同意开放。但今天让美国的Google和PayPal完全让中国人占有大股东，也不可能。

胡舒立：你掌握控制权，可以谈呀？支付系统开放很正常，比如万事达。

马云：不行的……"支付宝"不仅仅是支付系统，那也是为什么美国政府这次给我们的压力那么大。为什么万事达怕我们？为什么银联担心我们？为什么PayPal天天封杀我们？

…………

马云：（央行）我估计是因为安全考虑。我第一次对国家央行有对未来国家安全考虑而敬重。现代支付是跨越了银行和信用卡支付的新一次金融洗牌，我们集团做得比欧美各国都先进。

…………

呵呵，千万别政治化，这是我们市场经济的原则。但假如我把"支付宝"弄瘫痪了，大姐，我不仅仅是公司倒闭，而是进监狱。

胡舒立：有这么严重？你控制公司呀！

…………

果然，还是在2011年6月，中国央行出台了相关规定，对有外资的支付企业要走国务院通道另行审批。

马云随后强调，在央行决定出来之前，"支付宝"已多次与央行努力沟通；而在央行决定出来以后，"支付宝"只有去配合。

马云的态度明确而坚定："央行明确规定，外资不能协议控制，必须上报。如果还坚持协议控制，就是知法犯法。"

至此，所有的评论和指责，都已显得多余。相信众人会跟笔者一样，此一刻的马云，又向他追求的"伟大"前进了一大步。

2. 马云抛出"狂人日记"

"支付宝"引发的纷争，是一场围绕着马云团队的真正危机。

这一危机，虽然时间上在阿里巴巴"欺诈门"之后，但很多国人都视其为马云12年来最为生死攸关的一次考验。

后来披露的事实表明，早在"支付宝"危机爆发3年前，阿里巴巴董事会四名成员杨致远、孙正义、蔡崇信和马云本人,就有过关于"支付宝"控制权的讨论。

2008年,杨致远要求"支付宝"的问题要早点处理,甚至表示如果"淘宝"不需要就关掉它,并全力支持"支付宝"获得牌照。

至于软银的孙正义,用马云的话说,似乎对"支付宝"不怎么感兴趣。

2009年7月24日,阿里巴巴董事会形成了一个纪要,核心内容就是"授权管理层采取措施获取支付牌照"。

虽然并没有正式的董事会决议,但是知情者披露,5年来阿里巴巴董事会的讨论决定,基本上是以纪要的形式进行。

那么在具体转移过程中是否得到董事会许可,马云曾经这样解释:做出"支付宝"控制权转让的决定,雅虎董事和软银董事都知道,只是没有达成协议。在没有达成协议的情况下,第二天还要递交支付牌照申请报告,也只能由自己决定了。

马云的解释有相当的合理性。

只要稍加留意雅虎的声明,不难发现,2011年3月31日,雅虎就已经知道了有关"支付宝"股权重组一事。那么,雅虎为什么又要选择在一个月以后用摊牌的方式公开呢?而且是冒着股价连续下跌、资产大幅缩水的风险?

显然,个中真实缘由,雅虎的决策者要了然于胸。如此情形之下,本着"大阿里"的整体发展,马云选择摊牌也就是不得已而为之了。

当各路舆论纷至沓来,舆论旋涡日益凶险后,性情之中的马云也曾坦承:自己肯定有错误。但是在当时那样一个局面下做出的决定,应该引起全世界的企业家思考,并且学习。一条路是你作假,一条路是你拿不到牌照就死掉,还有一条路就是继续承担责任。

所以,在马云看来,做出"支付宝"股权转移的最终决定,尽管算不上完美,甚至可以说"是一个艰难的决定",但它是"正确的"。

当《马云为什么错了》一文掀起指责马云违背契约精神的舆论狂潮后,马云反而多出了一份定力:如果国外有家企业这么做,一定会成为中国企业家学习的案例;但在中国恰恰被倒过来看了,一些年轻人会受到"伪评论者"的影响。

于是,2011年6月16日晨,为了回应《马云为什么错了》,马云发表了自己的"狂人日记":

  黑漆漆的不知是日是夜。赵家的狗又叫起来了。狮子似的凶心，兔子的怯弱，狐狸的狡猾，今天全没月光，我知道不妙。早上小心出门，赵贵翁的眼色便怪，似乎怕我，似乎想害我。还有七八个人，交头接耳的议论我，张着嘴，对我笑了一笑。我便从头直冷到脚跟，晓得他们布置都已妥当了。我可不怕，仍旧走我的路。

  那个时候，正是读到了马云这条微博，笔者才下定决心，无论如何也要完成《马云帝国内幕》一书的撰稿。

  好在马云毕竟是马云，一个富有侠肠义胆的"外星人"，不屈不挠之间，他赢得了绝大多数国人的理解和信任，并逐渐掌控了"支付宝"危机的发展。直到 2011 年 7 月 29 日这一天。

  这一天的晚上，"支付宝"三大利益攸关方——阿里巴巴集团、雅虎和软银一致宣布，已就"支付宝"股权转让事件正式签署协议。

  协议内容包括："支付宝"将继续为阿里巴巴集团及其相关公司提供服务；阿里巴巴集团也将获得"支付宝"的控股公司给予的合理经济回报；"支付宝"的控股公司承诺在上市时给予阿里巴巴集团一次性现金回报，回报额为"支付宝"上市时总市值的 37.5%（以 IPO 价为准），回报额将不低于 20 亿美元且不超过 60 亿美元。

  这份协议里同时约定，阿里巴巴集团将许可"支付宝"公司及其子公司使用所需要的知识产权，提供有关软件技术服务；"支付宝"公司将会支付知识产权许可费用和软件技术服务费给阿里巴巴集团，该项费用为"支付宝"及其子公司税前利润的 49.9%。当"支付宝"或者其控股公司上市或发生其他变现事宜后，将不再需要支付上述费用。

  三方最终协议还明确指出，阿里巴巴集团董事会批准浙江阿里巴巴重组"支付宝"的股权结构、终止有关控制协议的行动。经过这些行动后，阿里巴巴集团将不再合并"支付宝"报表。

  这样的协议表明，美国雅虎和软银已主动放弃对马云单方面取消"VIE"这一争议行动进行任何法律追诉的可能。

  事已至此，集创始人、最高管理者和小股东三重身份于一身的马云，算是成功"抢"回了"支付宝"，显现出了他对自己团队呕心沥血创建的阿里巴巴实际掌控能力。

今天来看，马云当年对阿里巴巴实际掌控能力的体现，既宣告了阿里巴巴本命年第二场危机的落幕，又成功避免了重蹈雅虎创始人杨致远悲壮结局的可能，可谓意义非常深远。

"和雅虎的事情我们比较失望。说话不算数，我对他们没信心，以后他们再要讨论什么，写清楚再和我们谈。"马云发出这样感慨后一个月，个性强势的雅虎CEO卡罗尔·巴茨，便被雅虎董事会电话通知予以解雇。

3."支付宝"的三赢迷局

"平常心乃平凡正常之心，欣喜时犹如顽童，愤怒时大声骂'靠'！今日中国有多少人带着大'假'风度？又有多少人真以为自己是'大家'！"这话是马云说的。

说这话时，马云正深陷"支付宝"纷争的困扰，在舆论的漩涡里饱受攻击。沸沸扬扬3个月后，当"支付宝"危机看似落下了帷幕，曾经创造过历史而相恋的"雅+巴"，争议却并未就此彻底结束。

一些研究者在看到三方补偿协议后，评论说"没有输家的三赢结局"。主要理由就是，美国雅虎和软银已在阿里巴巴这个大掘金池中赚得盆满钵满，各方早已有数亿美元进账，且仍在源源不断。

然而，市场的各种反应，并不像看起来那样美。

就在三方补偿协议公布后，花旗、瑞信、摩根大通等公司的主流分析师便一致认为，协议的积极在于消除了一部分不确定性，但对于雅虎的评级却是"中性"或"持股观望"。

对于马云来说，最具杀伤力的便是"违背契约精神"的指责，甚至一度给他"创业教父"的时代形象蒙上了厚重的阴影。

不少媒体据此提出，"支付宝"危机给了当下所有创业者反思的机会——价值观修炼是创业成功的原点，也是创业失败的原点。

数年后的今天，如果再回味当年的"支付宝"危机，隐隐约约之间，似乎显现着某种迷局。

不妨再梳理一下当年这场危机的几个关键节点。

首先，美国雅虎、软银默许以马云为代表的阿里巴巴管理层，用本土方式确保拿到第三方支付牌照。如同马云指出的那样，在支付牌照发放之前，软银

对于"支付宝"一直扮演"不表态"的角色;而获得牌照后,孙正义唯一的回应就是——在马云坚持不采取协议控制前,其不会参与有关"支付宝"补偿问题的谈判。

关于这个细节,曾有媒体披露,"支付宝"危机期间,马云暗示过——每次谈到"支付宝"问题时,不到一分钟孙正义就会走。

有业内人士甚至明言,杨致远与马云在大的方向上看法基本一致,而孙正义则是个善于谈判的商人,他习惯在"骨头里挑刺"。

其次,马云实际操作之后,本已心生嫌隙的雅虎,再将"支付宝"股权转移问题拿到台面公开,将巨大的道德风险、甚至法律风险扔给了马云。当这种风险不断加重时,雅虎、软银就越有可能在公众的掩护下拿到更多的利益筹码。

美国雅虎可以如此随意,但马云却不能陪它游戏。如同马云曾经坦承的那样,当没有人愿意在关键时刻承担阿里巴巴发展责任的时候,舍马云又能其谁呢?

既然要承担责任,马云的单独决定,受到"违背契约精神"的疯狂指责,也就在所难免。可以想象,若当年的马云不去承担责任,今天的"支付宝"会是什么样子,估计怎么想象都不为过。

所以,就连杨致远都不得不承认,只有"支付宝"转为中国公民所有时,才能继续产生价值。

杨致远的这一认识,与马云如出一辙。

由前文可知,第三方支付服务是资金转移的金融服务业务。21世纪初其发端之时,虽然国家尚无明文规定,采取了开放察看的态度,但"协议控制"方式并不被相关部门认可。一个非常重要的原因,就是涉及了国家金融安全这一重要领域。

正是出于这方面的考虑,在与媒体人胡舒立对话时,马云才不断强调,作为"支付宝"这样的龙头支付企业,由国内企业全资控股,关乎国家金融信息安全的战略性需要。

再次,不知是巧合,还是某种人为安排,美国雅虎拖延数月突然公开"支付宝"争议的时间,适逢当年第三轮中美战略与经济对话举行。

中美战略与经济对话,是中美双方就事关两国关系发展的战略性、长期性、全局性问题而进行的战略对话。

2009年4月1日,时任中国国家主席胡锦涛与美国时任总统奥巴马在伦敦参加20国集团金融峰会期间举行首次会晤，双方一致同意建立中美战略与经济对话机制，并确定首轮中美战略与经济对话于2009年夏季在华盛顿举行。

2010年5月24日至5月25日，第二轮中美战略与经济对话在北京举行。2011年5月9日，第三轮中美战略与经济对话举行，中美军方代表首次参加对话。

在此次两国间的战略对话中，中方要求美方放宽中国企业在美国的投资限制，允许华为等中国企业在美国的收购和投资；而美方则以"中方应该进一步放松金融管制"作为回应。此前，美国商务部甚至直接要求，希望进一步了解"支付宝"的股权结构。

如果由此联想，美方多年来对中国华为实施的不择手段打压，以及习惯性的贸易保护思维，似乎可以得出一个结论——美国雅虎关于"支付宝"的公开争夺，经过了一番精心谋划。

这样的分析，也符合不少业内专业者的想法。

他们有一种公认的观点，雅虎在承认"支付宝"必须拿牌的前提下，希望通过激怒华尔街、激怒美国媒体和民众，进而施压美国白宫，从而给阿里巴巴集团和中国政府施加压力，企图获取更高的谈判筹码，以弥补"支付宝"被转让的补偿。

于是乎，我们可以呼吁，国人应该佩服并提防欧美跨国公司在商场上表现出来的帝国性质。与它们相比，我们中国的跨国公司还处在成长的青少年时期。

三 大阿里剑指美利坚

"我承认这决定不是最完美的，但这是唯一正确的答案。我不说我就是对的，我只是觉得我做了我认为是对的事情。你批评我可以，但是别给我添加色彩！"这段话，来自《中国企业家》的一篇访谈；这篇访谈，出自性情之中的"风清扬"马云。

其后，"风清扬"心中立剑，剑尖所指，太平洋东岸——美利坚。

1. 马云心中"唯一的痛"

尽管不算完美，围绕"支付宝"产生的"三方补偿协议"，终归算是个结局。众人在感叹马云不可撼动的阿里巴巴掌控能力时，马云却一天比一天地警

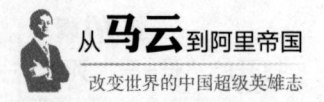

醒起来——回购雅虎手中的股份是始终应该关注的大事。

马云的警醒源于他对客观实际的切身感受。就像业内众人都能看得出，"雅+巴"之争的起点就是杨致远被迫离开雅虎之后，马云有种预感则是双方心中结下的那个结。

虽然"支付宝"成功独立，打开了"雅+巴"死结的一个口子，但是，马云心里也明白，何时兑现协议中的那张巨额支票，将会成为"雅+巴"双方的又一块心病。

对于未来的可能，有研究学者给出了这样的设想：

"支付宝"脱离之后，雅虎的议价能力也将会越来越弱。同时，对于雅虎而言，保证阿里集团系下所有企业利益的最大化，才能保证自己的股权利益最大化。由此可以预期，随着已经独立的"支付宝"业务逐渐做大，马云回购雅虎握有的股权能量必然会越来越大。

研究者的分析，马云并没有过多的心情去探究。在他的心底深处，缘于"支付宝"危机而留下了"唯一的痛"。

马云自信高调，且侠义气质厚重，既有过数次创业失败的彻悟，又有着远未达成的伟大心梦。在他心中，除了那支挖不走的"梦之队"，不常外现的亲情，便是一再自诩、难以复制的"价值观"了。

然而，让马云深感痛楚的，"支付宝"危机紧接着"欺诈门"事件爆发，还有再往前的"十月围城"事件等，已经接二连三地冲击了他自诩得意的阿里巴巴"价值观"，无情中也深深地触动了整个互联网及电子商务行业。

心情低潮时，马云面对《中国企业家》专访曾直言，"央行经过慎重考虑也非常痛苦，我也理解央行不能站出来说什么。国家有国家的原则，我觉得央行也很智慧，也很聪明。但结果就是我被支在这儿，这头是央行，那头是两个'混蛋'，两边把我给挤出来了，变成我是坏人。"

真可谓"圣人全体极致，没那不间不界底事"。马云的无奈和坚守，自此可见。

马云不愧是当下中国为数不多的商界思想家。

多年的创业心悟，使得马云深谙资本的双面性，并形成了他独特的一套商业理论。马云还善于抓准时机，拿捏分寸，明白什么时候应该刹车，什么时候应该长驱直入。与此同时，马云得意并不盲目，而是步步为营；失落时苦心励志，顽强不屈，活灵活现地展现出了时代英雄的胆识和运营谋略。

所以，当央行下达了第三方支付的相关文件后，手握令牌的马云对雅虎的鸡肋之感只能忍无可忍，凭借"我是谁"的创业胆识，义无反顾，坚决做自己，不愿装给别人看。

而当业内众人恭维"创业者如若马云者，这世上恐怕再难有第二人"时，那个自称"风清扬"的侠客，仿佛又在"创业教父"的英名下，被添上了一道有用的时代真经。

即便身心俱疲，面对媒体的马云还是偶尔抱怨，自信高调："卫哲离职事件，我可以用一百种方法不让人知道，但是我要让人家知道。我希望阿里巴巴做的事，不管世人评判对和错，都可以成为榜样，经得起考验。我们每次内部会议都有电视录像，留给后来人看。"

2. 英雄要为未来做事

读过成功学的人，大多会记得这样的内容：成功者都会超前谋划，做未来的事情；而不成功者大多习惯于墨守成规，做着现在的事情；至于失败者，是因为他们大多都沉浸在过去，一直在做着过时的事情。

如果就此对照，马云显然属于前者，但绝不是全部。

当下中国个性化的成功企业家，已经形成了一个宝贵的群体。马云虽然贵为"中国互联网教父"和"创业教父"，却未能像马化腾、王石和任正非那样，也让"阿里教父"实至名归。马云似乎难以忘记，美国雅虎巴茨等人找借口怠慢自己团队的样子。

再加上那个"唯一的痛"，走过多劫多难的 2011 年后，淡定之间，马云不忘提醒自己和身边的人：阿里巴巴走到今天，还只能算是有个好的开始，距离描绘中"伟大企业"的蓝图，依然长路漫漫。

然而，有一点却是肯定的，无论是自身业务的成长，还是拥有者身份的改变，"支付宝"都不能再简单地等同于以前的"支付宝"了。侠者马云，更是注定要为未来做事的马云。

就在"支付宝"死结打开几个月后，马云便有了新的收获，甚至可以说圆了一大心愿。

2012 年 5 月，阿里巴巴集团正式确认了一个消息，以马云为首的管理层重新掌握了阿里巴巴集团的控制权。

原来，经过新一轮的艰难谈判，阿里巴巴集团与美国雅虎达成了回购股份

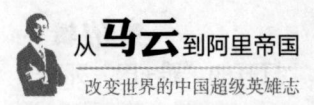

协议。协议内容约定，阿里巴巴集团公司以76亿美元价格回购雅虎所持有的20%股份。同时作为交易的一部分，美国雅虎放弃委任第二名阿里巴巴董事会成员的权力，也放弃一系列对阿里巴巴集团战略和经营决策相关的否决权。

此番交易过后，阿里巴巴集团董事会再次回归马云管理层2个、雅虎和软银各1个席位的结构形式，马云团队拥有了董事会一半的席位。

这样的结果似乎来得有些晚，却犹如一个里程碑。

其实，在双方新的协议之中还约定，未来阿里巴巴集团上市时，有权以首次公开招股价回购雅虎剩余股份的1/2，或允许雅虎在IPO①时出售；而在IPO禁售期后，阿里巴巴集团须向雅虎提供登记权，并在雅虎认为适当的时机协助其处置所持有的剩余股权。

当然，那个时候的阿里巴巴管理层，对约定中上市的说法予以了否认。但是，中外多个投资机构却竞相表态："这是一份对双方都有益的协议。雅虎将部分股份回售给阿里巴巴，将有助于阿里巴巴集团更快上市，从而实现自己当年对阿里投资的惊人回报。"

4个月后，2012年9月，阿里巴巴宣布对雅虎76亿美元的股份回购计划全部完成。

马云第一时间表态："股份回购计划的完成，让公司的股份结构更加健康，也意味着阿里巴巴集团进入了一个新的发展阶段。"

随着"支付宝"和阿里巴巴股权结构的死结被彻底打开，"雅+巴"再次向全球看客呈现了惊艳一幕——当初那个雅虎酋长送到阿里巴巴"风清扬"手上的10亿美元，已然变成为140亿美元的回报。

换句话说，雅虎2005年10亿美元的投入，7年后便获得高达14倍的巨额回报。140亿美元的数字，不仅惊讶了无数国人，更吸引了美国华尔街的高度关注。

分析师们纷纷猜测，7年前，雅虎CEO杨致远宣布投资阿里巴巴10亿美元的时候，他或许更多考虑的是借力；而当阿里巴巴果真实现加速成长的时候，不管是杨致远还是雅虎管理层，都或多或少地开始了更为广泛的盘算。即使是刚过不久的"支付宝"争夺战，就像是广泛盘算中的一环。

---

① 首次公开募股（Initial Public Offerings，简称IPO）：是指企业透过证券交易所首次公开向投资者发行股票，以期募集用于企业发展资金的过程。

3. 真假上市"大阿里"

如果说 140 亿美元的回报,只是美国雅虎广泛盘算的一环,那么实至名归的阿里巴巴教父马云,则实实在在地开始了更广泛的"大阿里"盘算。

"过去 7 年,非常感谢雅虎对我们的支持,我们也非常高兴能为包括雅虎在内的阿里巴巴集团股东创造丰厚的回报。我期待与雅虎在未来有更多的合作。"2012 年 9 月,连同令人眼红的 140 亿美元,马云用他特有的告一段落式的总结,一并送给了美国雅虎。

随后的马云,既高调地隐退,又快速地复出。个中详情,有待后文。

2014 年,春末夏初的一天,盘算近两年之后,终于传出消息——阿里巴巴决定启动在美国的上市事宜,以使公司更加透明、国际化,进一步实现马云团队的长期愿景和梦想。

当年 5 月 7 日,阿里巴巴向美国证券交易委员会提交了招股说明书,拟在纽约证券交易所或纳斯达克全球市场挂牌。

阿里巴巴决定赴美上市的消息,既令国人兴奋,也让不少人扼腕叹息。

兴奋者纷纷预测,阿里巴巴或将成为史上最大规模的 IPO,马云团队必将真正打开童话王国的财富宝库。而扼腕叹息者,则多了一份本质上的理性质疑——国内互联网企业纷纷赴国外上市,中国 A 股投资者何时才能有缘本土创新企业的高成长收益?

放眼望去,阿里巴巴启动美国上市时,国内互联网传统的三大门户——新浪、搜狐、网易,阿里巴巴、腾讯、百度,以及人称的未来三小巨头——京东、小米、奇虎 360 等,竟然都没有在国内上市,它们大多在美或者计划在美上市。

其中成长惊人的腾讯,虽然没有登陆美股,但也早已委身香港股市。难怪不少业内权威人时常感叹,中国互联网业高度全球化发展的同时,却不得不尴尬着"国内金融体系的短板"。

一位资深的互联网金融者更是直言:"目前,国内无论是主板、创业板,上市标准还都比较传统。净利润、净资产等指标都是按照传统产业设定的。新兴产业在创业成长阶段,净资产往往达不到传统标准,连续盈利要求也较难满足。这是我们上市标准中的缺陷,对待高新产业缺乏包容性。"

就连中国舆论的重要喉舌——新华网,也在一篇文章中直指:"国内 IPO 需要排队,还不一定排得到!"

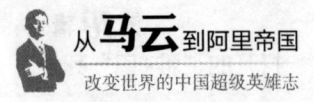

同上述叹息者一样,笔者也一直为此种尴尬,每每忍受着煎熬。

坦白地讲,在马云团队的带领下,阿里巴巴用自己10多年的成长,已经向国内外资本市场宣示了自己好公司的强大基因。所以,无论是内地、香港,还是欧美资本市场,阿里巴巴这样公司的到来,都会成为当地资本市场的莫大盛事。

可惜的是,在中国的资本场上,阿里巴巴等公司却不能得意。

果然,无数国人或兴奋或叹息的时候,太平洋那边的两大交易所——纽交所和纳斯达克,却已经掀起了争夺阿里巴巴上市的一场大战。

其实,早在2013年10月,当阿里巴巴香港上市计划遇阻的消息传出后,时任纳斯达克首席执行官鲍勃·格雷菲尔德就曾表态,"我们尊敬阿里巴巴,如果他们能够在纳斯达克市场上市,很显然是我们的荣幸。"

据《纽约时报》披露,2013年10月下旬,美国两大交易所都已经向阿里巴巴确认,将接受阿里巴巴的"合伙人制度"。

阿里巴巴的合伙人制度,是指在章程中设置的提名董事人选的特殊条款:即由一批被称作"合伙人"的人提名董事会中的大多数董事人选,而不是按照持有股份比例分配董事提名权。"合伙人"并不能直接任命董事,所提名的董事仍须经过股东会投票通过才获任命。

阿里巴巴的大股东软银和雅虎,其实都不在合伙人里面。但即使股东们否决了提名的董事,"合伙人"仍可以继续提名,直到董事会主要由"合伙人"提名的人选构成。阿里巴巴的"合伙人"并不像合伙企业中的合伙人一样,需要对企业的债务承担连带责任,而是指高度认同公司文化、加入公司至少5年的特定人士。

然而,在互联网业内和资本市场,正是所谓的合伙人制度,被认为是阿里巴巴香港上市计划遇阻的根本原因。

亲手创建并锻造了阿里巴巴的马云,对"合伙人制度"投入了独特的情结,其他人往往很难真正理解。其间蕴含的特殊而又深远的意义,只有用心读完本书,或许才能用心懂得。

2013年11月19日,日本东京,马云接受了当地媒体的专访。

当谈到舆论关注的阿里巴巴因合伙人制度在香港上市受阻时,马云少有地拿出了教父的腔调:

"我选择证券市场的标准和条件是,首先要认同阿里巴巴这个文化,第二必须对未来经济有把握，第三是满足阿里巴巴最基本的条件，就是要认同阿里巴巴的 CEO。阿里巴巴的 CEO 必须是在阿里巴巴工作 5 年以上的合伙人。合伙人制度是我们去任何地方都不能改变的。这一条就像美国总统必须是美国人一样，这是不能讨论的。"

这个时候，马云展现出来的底气，已经少有人再去质疑。

从阿里巴巴"B2B"香港上市，再到撤市，再到 2013 年开始的阿里巴巴整体赴港上市计划，马云和阿里巴巴都经过了两年的潜心积累和调整。当香港上市计划出现被动后，马云反倒觉得有了足够的时间，静下心来认认真真地思考盘算了。

为此，马云经常强调："对于阿里巴巴来讲，我们不是一个两三年的公司，我们还要做 100 年，所以在哪里上市对我们来说非常重要。我们希望去的地方，原则有一条，当地要欢迎我们，我们也要以当地为骄傲。"

再来看看阿里巴巴赴美上市的准备情况。

在向美相关机构提交的 IPO 文件中，阿里巴巴宣布将融资 10 亿美元。而在所有业内人士看来，这只是用于承销商计算承销费的一个暂定数字。真实发行股份，预计阿里巴巴要等到实际上市前才会公布。

同一时间，美国相关机构披露的数据显示，阿里巴巴的市值估计已达 1680 亿美元，高于标准普尔 500 指数中 95% 的公司，将成为继谷歌之后最具价值的互联网公司。

同时，阿里巴巴计划在 IPO 中出售 12% 的股份。这意味着阿里巴巴的 IPO 融资总额将会达到 200 亿美元左右，高于 2008 年 Visa 196.5 亿美元的 IPO 融资规模。

可能的巨大融资规模，预示着阿里巴巴的 IPO 承销费用亦相当可观。所以消息刚一公布，华尔街众多著名投行立即闻风而动，纷纷表示了加入阿里巴巴上市团队的愿望。

据此，一些好事者又开始了新的预测。

根据阿里巴巴招股书披露，阿里巴巴对自己的估值约为 1090 亿美元，如果将一些股权薪酬和部分优先股转换计算在内，估值将达到 1160 亿美元。

华尔街的不少分析则认为，阿里巴巴的估值预期在 1360 亿美元至 2450 亿美元不等。其中，马云占有阿里巴巴 8.9% 的股份。

所以，如果按照 1360 亿美元计算，马云的身家可望达到 121 亿美元，与当

时国内首富王健林相差无几；而如果按照 2450 亿美元计算，马云身价则会高达 218 亿美元，必将登顶中国首富。

对于这样的预测，2013 年 11 月，马云接受国际媒体专访时，似乎有意回应："关于上市要募集多少资金的问题，我不太清楚，因为我不是负责财务的。我们现在思考的并不是阿里巴巴需要从证券市场募集多少资金，而是我们希望更多的人参与到阿里巴巴的未来。肯定是一个大数目，但是具体多少钱，我本人不太关注。你最好去问财务方面的人。"

这样的表态，让笔者不禁又想起了央视 2013 年度"中国年度经济人物"颁奖现场的那一幕。

马云笑对首富王健林，调侃道："我这一辈子估计成不了首富，你是中国拥有财富最多的人，但我是中国拥有消费者最多的人！"

这一次，马云失言了。因为不久之后，他便成了中国首富！

四　跪地告别"CEO"

"这是一个变化的时代。还有人没搞清楚 PC，移动互联网来了；还没搞清楚移动互联网，大数据来了。而变化的时代是年轻人的时代……今晚上 12 点以后，我将不再是 CEO。从明天开始，商业就是我的票友，我为自己从商 14 年深感骄傲！"

唱完《我爱你中国》和《朋友》两首歌曲，马云便将阿里巴巴的接力棒转交给了陆兆禧。而他的此次演讲，则以互联网的速度流传开来。

1. 今晚过后请忘了我

2013 年 5 月 10 日晚，阿里巴巴本部杭州。

虽然天空下着雨，但在杭州黄龙体育场，还是聚集了数万中外人士。原来，这里正在举行阿里巴巴"淘宝"10 周年盛大晚会。

一个其貌不扬的小个子，黑色圆边帽，大黑框眼镜，银色上衣，一副很是夸张的潮流造型。只见他载歌载舞，不时还闪过几许嬉皮。

在全场 4 万人的目光和电视直播镜头中，这位小个子敞开了不算优美却极富感染特色的嗓子，深情地唱起《我爱你中国》，尔后是《朋友》。

两曲唱罢，小个子突然宣布："今夜 12 点后，我将不是 CEO。我为自己从商14年感到骄傲!"

激情四溢的现场瞬时安静下来。数秒后,众人则齐声喊:"马儿啊,你慢些走啊,慢些走……"

这一幕,便是上文提到的马云高调隐退。

马云当晚自诩的骄傲,从一段媒体人说的话中即能感受出来:"一个太极、禅宗、佛理、武侠爱好者,国内最赚钱的互联网淘金英雄,一言一行,都被媒体和公众反复揣摩、放大。三次创业、上市退市、与股东争夺股权,跌宕起伏的经历,混合着各种道听途说和添油加醋的语录,马云成了'神'。"

跌宕起伏的创业历程,本书随处可见详述。而媒体人眼里的那个"神",亦非故弄玄虚。

翻阅当期各路媒体消息,"淘宝"10周年活动当晚,杭州城的酒店几乎爆满。更有爆料人说,阿里巴巴包下了杭州30多家酒店的6000个房间,用1个亿的花费筹办马云的退休及接任者大典。

某位地产大佬也在自己的微博中感叹:全中国的企业家都跑杭州去了,把酒店都住满了!

视线再回到现场。

原央视主持人王利芬这样报道:"一个不到一米七的小个子,就因为比一般人早看到了互联网的前景,就把中国商业生态的版图掀动,并本质性地改变了。"

演讲中的马云,则鼓励现场4万左右的合作伙伴和阿里年轻人说:"10年以前,看到无数伟大的公司,我们也曾迷茫,我们还会有机会吗?坚持、执着、面对变化,我们走到了今天。我们无法改变昨天,30年后的今天,是我们今天这帮人决定的!"

是的,有着"外星人"仪表的马云,改变的不仅是自己,也不仅是一个团队,他改变的是当下商业生态,还有世界上无数的人们。

正是过山车式的创业人生,让马云不仅坐实了侠者"风清扬"的霸气,更赢得了一代创业教父的美名。中外无数网友则敬称——有着拿破仑的身材,更有拿破仑的志向。

于是,坊间舆论公认"马云正在被神化",但不是一个虚神。

马云的高调隐退,除了现场人的不舍,更唤起了各路人士的感叹。紧跟马云之后,也主动退休的史玉柱,就第一时间公告申明:"若不是董事会一直压着

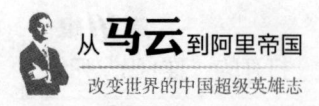

我的退休申请,第一个真正主动退休的人应该是我。"

史玉柱披露,他早在马云宣布离任 CEO 半年前,就向董事会递交了退休申请。但是董事会却没能立即批准,以至于他"起了个大早赶了个晚集"。

那么,当棘手的"雅+巴"之争才尘埃落定,"大阿里"的盘算也刚刚提起,马云为什么要选择离任 CEO 呢?

晚会的现场,马云这样回应:"不是变化的时代,年轻人,轮不到你们。"

马云想要强调的,阿里巴巴并非不能没有马云,阿里的成功亦非他一人之功。只是他已经觉得,自己对于互联网而言太老了,"我总在变老,不想明天变成负能量。"

面对媒体的追问,马云还曾这样表示:在脑子最冷静、身体状况最好的时候,生儿子是最重要的。找接班人也一样,脑子很冷静时,你知道谁将来比你厉害。人到五六十岁后,不安全感就出来了。因此,自己选择在 50 岁之前急流勇退。

那么,离任 CEO 之后呢?

那会儿的马云,曾这样表示:他将打打太极、做做环保,不会再"出山",希望回到平凡的自己。

而阿里官方的信息则显示,马云辞去 CEO 职务后,将专职担任阿里巴巴集团董事局主席,主要负责董事局的战略决策、协助 CEO 做好组织文化和人才培养。

于是,当马云说出"告别以后忘了我"后,无数网友齐祝愿——马儿呀,你慢慢地跑!要活得潇洒!

2. 携"菜鸟"马教父复出

2013 年 5 月 28 日,所有主流媒体都披露了这样的一条消息:由阿里巴巴集团牵头组建的中国智能物流骨干网(CSN)项目在深圳启动,阿里巴巴和银泰集团、复星集团、富春集团、顺丰速运等物流企业组建了一家新公司,阿里巴巴董事局主席马云担任公司董事长,并给公司命名为"菜鸟"。

消息同时披露,马云担任董事长的"菜鸟"为新公司,所有注册程序已经完成,业务同时启动的城市已有十几个。

这个消息,有人暗自不语,也有人淡定围观,更多的人一时不明就里。因为,这一天距离马云高调宣布"退休"的 5 月 10 日,还不满 20 个日夜。

面对媒体的不断追问，马云当时给出如下解释："我本来以为当了董事长以后就不需要再出来，但是没想到当董事长最主要职责就是出台和走秀。不过今天这个走秀是我期待了很多年的，这是一个我们阿里巴巴集团思考了四五年，一直希望建立的事，筹划了很久。但是很遗憾，在我不当 CEO 后，才正式把这么大一个项目落地。"

按照阿里巴巴的解释，所谓的 CSN 由阿里巴巴集团牵头，一期投资额为 1000 亿元，第二期投入 2000 亿元。该项目计划在全国范围内建设物流仓储基地网络，并向制造商、电商、快递物流公司、第三方服务公司开放，设想能支撑日均 300 亿元的网络零售额配送，订单做到 24 小时必达。

一时间，各种舆论纷纷跟进，"马云要做物流"的声音，便成为当时最为热门的一个财经话题。

"我们做不好物流，也不会去做。"马云回应时，还特别强调，这是一个理想主义色彩的项目，需要 10 年左右的时间才能完成，自己很感谢物流伙伴们的信任。

笔者不禁想起了 16 年前的马云——身处默默无闻间，却因为"淘宝网"而气定神闲！

何况，马云还有更得意的名言——我既要扔鞭炮，又要扔炸弹。不过，我可不会告诉你我什么时候扔鞭炮，什么时候扔炸弹。

如今蛰伏后又复出，马云会不会意欲重演 16 年前那幕端庄大戏呢？

2009 年的一天，马云曾公开谈及自己的梦想：在未来 10 年当中，阿里的生态系统要孕育出 1000 万个小企业，提供 1 亿个就业岗位，面向 10 亿级消费者，交易额要达到 10 万亿元。

舆论在当时称之为"一个惊人的梦想"，同时又认为马云不会真的视为目标去实现。因为，这个梦想果真得以实现，便意味着阿里巴巴将在人口和 GDP 上能够敌国了。

不妨看一看 2012 年的阿里巴巴数据。仅旗下"淘宝"和"天猫"，当年的交易额便突破了 1 万亿元，超过"eBay"和亚马逊两家公司的交易总额。有国际权威研究机构据此认为，1 万亿元的交易额代表着中国零售业业态、流通业及制造业态正发生着根本性变化。

所以，阿里巴巴管理层才有底气表示，马云畅想的"1000 万家依网而生的小企业""10 亿级消费者"的目标，正在日渐清晰。

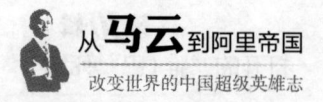

当新的"菜鸟"公司及其长期设想又摆在面前时,马云特别高兴。他很是性情地表示:"这是一个理想主义项目。这个项目我们不是一年两年做出来,而是准备花 10 年时间。'淘宝'花了 10 年,'支付宝'花了 9 年,阿里巴巴花了 14 年,任何一个有理想色彩的公司,必须花 10 年才能做下来。"

回到 2013 年 5 月,马云离任 CEO 时曾有过关于"生态"的一番阐述。联系瞬间新生的"菜鸟",一幅看似无因果关联,却脉络清晰,且野心勃勃的大生态蓝图,已然被马云握在了手中。

退休 CEO 时,马云还淡定表示,生活将是自己未来的工作,打打太极、做做环保。

虽然马云的太极之舞在行家李连杰看来,动作离 10 分还有不少的差距。这一评价,似乎吻合了互联网业内绝大多数人对马云的看法。不过,马云的太极虚实意念,已经高出了相当多的太极爱好者。

"在太极里,我最欣赏的三个字是定、随、舍。定,即是看清自己和将来的趋势,不管发生任何事情,都要镇定面对;随,只有自己有实力的时候,才能懂得怎么去跟随别人;舍,能让人看清自己,只有知道自己要什么,才能知道要放弃什么。"这便是马云来自太极的感悟。

再看看马云所说的环保。

马云有个微博,但名字不是"马云",也不是"阿里马云",而是"大自然保护协会马云"。此微博并不是马云离任 CEO 后才使用,而是使用了多时。笔者自然也粉了它。

叱咤互联网风云的马云,为什么要用一个明显过长,又看似与阿里无关的微博名字呢?

与马云接触过的人,并不怀疑他对环保的热忱。在"大自然保护协会马云"已发的几十条微博中,关于环保的话题占了相当比例。至于马云日常涉及环保的内容,就更多了。

其中,这样的一段话就颇能代表马云关于环保的心态:"地球是有灵性的,树木好比毛发,水就是血液,石油就是脂肪,山脉是骨骼。现在,毛发被剔除,血液被污染,脂肪快被抽完,骨骼在被寸寸打断。我要是地球也要愤怒!"

至于马云微博名字中的"大自然保护协会",有公开资料显示,这是一个从事生态环境保护的国际非营利非政府组织。

这一组织成立于 1951 年,由几名生态学家倡议成立,总部设在美国华盛顿，英文缩写为"TNC"。这个组织有着公开的使命——通过保护代表地球生物多样性的动物、植物和自然群落赖以生存的陆地和水域，来实现对这些动物、植物和自然群落的保护。

当下，TNC已经发展成为全球最大的环保组织之一，在中国开展环保项目也有16年之久。其全球资产超过37亿美元，年收入达到8亿美元，会员数量已由1990年的50万，发展到目前的100万以上。

马云与TNC的渊源，可追溯到2009年。在这一年，马云加入了TNC中国理事会。

就是那个时候，恰逢笔者投身于地产大佬王石倡导的"绿色地产"专题调研，至今仍清楚记得当时马云说的一番话："可持续发展是全球面临的一个严峻挑战，为了减缓自然世界面临的种种威胁，我们要采取一系列的行动。我很荣幸加入大自然保护协会的工作，参加他们的努力，我们共同的努力将实现保护地球的目标。"

2010年3月29日，TNC中国理事会发布信息称，阿里巴巴集团董事会主席兼CEO马云将于4月16日加入大自然保护协会（TNC）全球董事会。这意味着，马云成为该董事会中的第一位中国人。

2013年5月，在公开宣布离任阿里巴巴CEO几天前，马云还以阿里巴巴集团CEO的头衔出席了在美国加州圣莫尼卡举行的公益活动。当时，他还代表中国企业家向TNC理事们建立的"中国全球保护基金（CGCF）"捐赠了500万美元。

一番梳理后，足可见马云对环保理念的衷情，更能追溯出他致力于"商业生态系统"的伟大用心。

所以，当马云高唱"阿里的生态系统要孕育出1000万个小企业，提供1亿个就业岗位，面向10亿级消费者"的时候，既是执着于"商业生态系统"的努力，也是对舆论所称"一个惊人的梦想"最好诠释。

这个时候，如果再去品味马云离任CEO时说的这句话——"对于互联网行业，我已经有点老了；对于新事物，我还年轻"，相信绝大多数人不会一味惊奇他携"菜鸟"的复出，而是会兴奋或紧张地注视着——马云下一步是放鞭炮，还是会扔出炸弹？

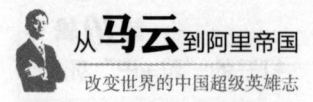

3. 大阿里流淌的精神

暂且不管，马云何时放鞭炮，还是扔炸弹。有必要回放一下，"淘宝"10周年晚会现场，马云曾单膝跪地。

马云是面向现场数万人单膝跪地的，惹得一片沸腾。跪地那一瞬间，还有马云这句话——"以后让水更绿，让天更蓝。"

如今重温，马云当时喊出的这句话，透示出两重意味：一是阿里巴巴将执着于商业生态体系，另一个便是马云对"菜鸟"身份的暗喻。

而马云那篇极富个性色彩的离任演讲，很多话已随着互联网，传成为名言佳句。其中，便有本节开头时的那一句——"告别之后忘了我！"

个性化的语言，来自个性的人。但是，当它流传于公众，便被赋予了某种精神。

亿万网友在祝福"马儿慢些跑，好好享受生活"的时候，互联网业内也有了公认——马云将退而不休，阿里巴巴血液里更流淌着"马云精神"。

至于什么是马云精神，可谓是仁智互见，莫能概焉。

笔者也不想在此概括几个条文，因为与读者朋友最好的共鸣，还是需要那些看似不起眼的生活瞬间。马云精神，亦然如此。

有这么一则小笑话，不仅开心了所有阿里人，在互联网业内也颇负盛名。

一次，马云对秘书说，我想要个新浪微博。一段时间后，秘书回来向马云报告：微博买回来了，花了5.8亿美元。

这则笑话，实际上指的就是马云宣布退休CEO前，主导完成的一笔巨额商业交易。

2013年4月底，新浪子公司微博公司与阿里巴巴达成入股协议，阿里巴巴以5.86亿美元购入新浪微博发行的优先股和普通股，约占微博公司全稀释摊薄后总股份的18%。同时，阿里巴巴还获得增持新浪微博股份至30%的许可。

消息公布后，评论者几乎一致惊呼：新浪微博被马云如愿纳入阿里巴巴的生态体系。由此产生的蝴蝶效应，将使其有可能成为中国互联网界最受瞩目的商业交易之一。

被以笑话方式演绎的此次商业交易，无疑是业界对马云举重若轻、四两拨千斤的非凡魅力赞誉。

本书前述可知，此时的阿里巴巴，业务范畴从C2C到B2C，从第三方支付再到金融体系服务。不过，潜力巨大的移动互联网领域，马云团队却一直没有及时打下可靠的战略支点。

这种缺憾，对于意图打造经久不衰商业生态系统的马云来说，已经到了不可漠视的关键时候，也自然是他离任CEO前必须落地的一个举措。所以，在香港的一个会议上，马云提出了要求——阿里巴巴在移动互联网领域的首个战略举措，就是要尽快进行并购。

于是，"5.8亿美元"的笑话，便在不久之后成为一项战略性的实际行动。自此，马云一直追求的那个"大阿里"之梦，又增添了一枚移动互联网的战略性棋子。

"这笔交易将会是阿里巴巴无线战略部署中较为关键的一环，对中国互联网界来说，这或将意味着互联网主体从PC端往移动端融合的全面开始。"主流财经声音，则如此评论。

当时的马云，在自己微博上留下了这样的话语："此次战略合作，相信微博将更微博，社交媒体生命力将更健康、更活跃。"

这就是马云精神，一种看似无形却处处流动的理想主义精神。而本书前文讲述的点点滴滴，也都是马云精神的细微诠释。

在美国华尔街，随着马云说出"今晚过后请忘了我"，投资家们也给出了评论：马云对于阿里巴巴就如同乔布斯对于苹果，他们都是企业的旗帜和精神支柱。和乔布斯的突然离世不同，马云的离去是一种平稳过渡，"他只是交出了CEO职务，对阿里巴巴未来的战略决策仍将起着领袖般的作用。"

权威者的分析符合实际。

除了在离任CEO前密集进行的多个商业安排外，马云还对阿里巴巴的内部架构进行了重新调整。按照平台、数据、金融三大方向，阿里巴巴被调整为25个事业部，整合金融业务，筹建阿里小微金融服务集团。

如此用心布局，马云留给继任者陆兆禧的，便不再是个简单的商业组织。因为，此时的阿里巴巴除了拥有构架清晰的商业规模，还被注入了一种帝国式的发展霸气，以及为梦想不愿停歇的"马云精神"。

即便是离任CEO后的马云自己，也以"菜鸟"般的退休方式，放飞着"马云精神"，继续着"大阿里"。

那一刻，马云再出金句：

"刚做互联网的时候，很多人说我是一只'菜鸟'，但是正因为像我一样

的'菜鸟'们——马化腾、李彦宏等,成就了今天中国互联网业内不一样的鸟。'菜鸟'这个名字会不断地提醒我们,要对社会有敬畏之心,对未来有敬畏之心,我们希望自己成为一只勤奋、努力、不断学习、对未来有敬畏、对昨天有感恩的鸟。"

第11辑

"敢死者"与数字帝国

"如果有一款产品能发挥推动历史的作用,即便它的生命周期再短暂,也必将非常光荣。即便'余额宝'的使命真的终止了,它已经发挥了很好的作用。"2014年3月,得意心中无敌的马云,在舆论萧瑟中被迫发出了壮士般的感言。

然而,一个新兴的网商帝国正不可抑制地生长,一个最有分量的时代英雄开始兑现……

一 教父的生态互联网

或许像前文所说，互联网的诞生，原本是几十年前的美国人对未来战争的一种猜想和需要。直至20世纪90年代，也没有几个人能够预料到，互联网竟然可以如此真实地改变人们生活，甚至整个世界。

而本书的主人公马云，便是那几个人物之一。

1. 浪漫时代"光棍节"

本书前文在讲述"大淘宝"计划时，曾提及过马云预言的"网商时代"。马云的这一预言，是基于"大淘宝"计划的全面实施。至于"光棍节"，则形同如点燃"淘宝+支付宝"的那根引子。

"光棍节"顾名思义，是单身者的特定节日。其起源说法多样，此处只讲述最为公认的一种。

20世纪90年代，中国高校盛行一股校园趣味文化。

南京大学有四个男生，一次"卧谈"。其间不知是谁，说了一句打趣的玩笑话，"我们就把11月11日叫'光棍节'吧！"

说者无意，传者有心。就是这么一句玩笑似的说法，竟然在校园里迅速流行开来，还从这个校园传到了另一个校园，直至走向了社会大众。它从最初青年学生的玩笑，到校园内细细碎碎的自嘲活动，再到孤独的上班族借此小聚。

终于有一天，从校园传出的"光棍节"，开始赢得众人心。

其实，中国人传统意识里的光棍，原本只指单身男性。随着经济社会的发展，尤其是改革开放后，人们工作生活的节奏日益加快，越来越多的年轻人忙于事业和工作，无暇顾及社交和恋爱，中国光棍青年的队伍逐渐壮大。其中，即有为数不少的女光棍。

近些年来，这个光棍者的人群越来越呈现出一个鲜明的特点——收入水平较高，消费能力较强，对生活品质有着较高的要求。当"光棍节"日渐得以公认的时候，这个人群便奉献出了可观的即时消费，进而成为商家们普遍关注的新兴消费群体。

于是，在越来越多商家的助推之下，围绕"光棍节"形成的单身经济，也开始以几何倍数不断扩张。而利用"光棍节"展开的各种促销活动、广告宣传，更是将这个本属于小众的娱乐性节日，迅速推广至整个中国社会。

显然，"光棍节"有着很浓的娱乐成分，与传统的中国节日有着本质不同。

但是，自"光棍节"正式诞生之日起，受益于庞大的市场诱惑，这个节日便成为众多商家眼中的吸金日。而随着越来越多中外人士的加入和推广加码，这个所谓的新锐节日竟然脱颖而出，迅速迈上了与西方"圣诞节""情人节"可以比肩的娱乐境地，成为中国市场最具代表性的三大消费节日之一。

近几年，"光棍节"的市场效应进一步迅猛放大，本不属于光棍群体的人们，早已抛弃了光棍与否的身份，纷纷主动参与其中，使得"光棍节"的经济和社会效应扩展至整个中国社会，并开始向全球蔓延。

每逢这一天，街边的酒吧、K歌房、各类聚会购物场所，都会成为青年人群最愿意去的地方。在他们中间，也已经不分单身与否了。

如此局面下，"光棍节"还衍生出了若干个小节日，成为罕见的"节日系"。

如"1月1日"，被称为"小光棍节"；"1月11日"和"11月1日"被称为"中光棍节"；而"11月11日"由于有四个"1"，而被称为"大光棍节"。时下人们通常所说的"光棍节"，便是指"11月11日"的"大光棍节"。

不仅如此，若是遇到以"11"为年份尾数的，当年的"11月11日"还被称为"超级光棍节"。如"2011年11月11日"，便被公认为是21世纪百年一遇的"超级光棍节"。

随着"光棍节"在中国社会的普遍流行，越来越多的中国年轻人、特别是都市年轻人，都视其为一个特别的日子。因"光棍节"而生的经济社会影响，或新兴事物，开始向海外波及。更有甚者，有的年轻人还特意选这一天为自己结婚的日子，让"光棍节"竟多出了几分温情。

2011年11月11日，英国广播公司（BBC）网站这样写道：

> 上海有超过3300对新人预约在当天注册结婚，南京也有超过3000对情侣踏上了红地毯。一位香港作家如此表示，"这是一个被视为很吉利的日子，数字的组合代表着永恒的爱。"

同日,美国《华尔街日报》则有着这样的文字:"2011年11月11日,被中国媒体称为'光棍节'的这一天,不仅是关于结婚,同样也关乎那些未能找到伴侣的人的烦恼。"

2011年11月某日,新华网也刊发了这样的文字:半个多月前,北京女孩小刘就开始盘算起了"光棍节"的详细计划。早餐要吃"光棍节"特定的吉祥食品——四根油条和一个鸡蛋,乘坐一次11路公交车,下班以后去电影院看《失恋33天》,争取通过庆祝"世纪光棍节"早日告别单身。

另一篇媒体文章则有着这样的描述:临近11月11日,中国多个城市和地区的婚姻登记处咨询人数日益增多,各大酒店的婚宴酒席早已预订一空。

一些社会学家及时给出了理性分析。

"光棍节"从校园走向社会,从小众活动变成公众活动,正是中国社会开放度、包容度提升的正面表现。当下的中国青年群体中,不想结束单身生活的人似乎越来越多。特别是一些知识层次较高、又有着较好工作的年轻人,日益注重自我感受,注重个性化的追求,对于他们来说,单身也不失为一种人生的选择。

一位真正的女性光棍,还用可爱动人的心声文字,道出了"光棍节"的五味:"光棍苦,已是二十五,衣服破了没人补;光棍难,工作好几年,主食还是方便面……今年谁愿意陪姐过光棍节,姐让他明年过父亲节。"

2."淘宝"设计"双11"

如上文所述,人们最常说的"光棍节",即是每年的"11月11日",也就是所谓的"大光棍节"。

2009年前,"光棍节"虽然得到了迅速推广,公众们参与的热情日益提高,但就其市场影响力来说还相对较弱。围绕这一节日促销的商家们,真实的经营收益还无法与春节、五一和十一的市场获益相媲美。绝大多数传统商家和后起的互联网商家,在新生的"光棍节"期间整体经营表现风光有限。即便是"淘宝网"的节日销售额,也仅为5000万元,远不能同今天的规模相提并论。

好在市场经济有它内在的必然规律。消费潜力不仅可以被刺激,消费者也是可以被引导的。

改革开放的时代,与物质生活极大改善相同步,追求个性释放的中国人越来越多,中产群体规模数以亿计,抓住特定群体和特定时间实施"造节"营销,开始成为精明商家用心看的经营模式。这也是近些年来,诸如"圣诞节消费""情人节消费""五一黄金周""十一黄金周"和"春节黄金周"等得以快速形成并不断扩张的内在原因。

2009年,决意加速"大淘宝"计划实施的马云团队,也自然地打起了"节日营销"的主意。不过与一般商家不同,"淘宝"团队没有采取跟风的形式,他们决意另辟蹊径。

这一年,"淘宝"系下的商城为了提高市场知名度,进一步让公众记住自己,开始设计一个属于"淘宝商城"的促销节日。随后,他们选择了不同的时间点进行促销尝试。比如"8月8日""10月10日""11月11日""12月12日"等,都搞过"全民疯抢"式的促销活动。

经过不断的后台数据测试和统计,并历经多次试错后,"淘宝"设计团队经过精心比较,最终决定选择"11月11日",也就是上文所说的"大光棍节"。

一位亲身参与淘宝"11月11日"营销策划的阿里高管这样回忆:"最初的动机是看到普通商场都有'十一黄金周'之类的促销时段,我们就想在网上搞一个。考虑到相对于传统节日,'光棍节'显然更富有草根娱乐精神和互联网时代特色。因为'光棍节'一个人逛商场太无趣,再加上喜欢'光棍节'话题的群体跟网购族的重合度很高,当时的判断就是追捧者应该较多。"

另有知情者也披露,"11月11日"临近年底,很多商家要赶在这段时间完成销售额,而且一年中积压在仓库的商品要赶着清仓,如能在一天内解决问题,即使少赚点钱也大多会乐意。

除此外,经过几次试错,"淘宝"营销团队还发现,有相当多的单位是在每个月的10号发放工资,11号正好是大家腰包最鼓的时候。此时,若是面对"淘宝"半价购物承诺的诱惑,估计那些本来没有购物需求的人群也可能被煽动起来。

而在月份的比较上,"淘宝"团队注意到,10月是国庆销售的黄金时期,12月又是圣诞销售的旺期,处于两个月间的11月正好是一个淡期。"淘宝商城"若要避开12月圣诞的商战期,最好的大促销时间段就是12月以前了。

"淘宝"团队还考虑到了甚为关键的物流问题。多次试错的经历表明,物流也决定了"淘宝"的大促销时间应放在11月进行。因为每年的11月是物流尤其是航空客运的低迷点,"淘宝"大促销若安排在11月,便可以很好地利用这

段难得的物流黄金期。

"淘宝"营销团队甚至考虑到了线上商户销售的内容。根据"淘宝"的统计，每年的10月—12月，冬装销售会占到商户全年服装销售的一半左右，而服装鞋帽又是购物节交易量的绝对主力。所以，选择在11月进行大促销也是最为有利的。"淘宝商城"的一些大品牌商户对此也给予了正面反馈，每年的11月基本上是他们签下一年合同的时候，在这个时期安排促销，也可以充分发挥"淘宝"品牌营销的优势。

所有的节点都模拟推算后，该是最后方案拍板的时候了。

这里有必要先介绍一下张勇。

张勇比马云小，他是"70后"，毕业于上海财经大学金融学专业，阿里巴巴合伙人创始成员。加入阿里巴巴集团前，张勇于2005年至2007年期间担任在线游戏开发和运营商盛大互动娱乐有限公司的首席财务官。

2007年8月，张勇加入阿里巴巴集团，担任"淘宝网"首席财务官，参与设计"淘宝"商业模式，帮助"淘宝"在2009年年底实现了盈利。

2008年，张勇兼任"淘宝网"首席运营官兼"淘宝商城"总经理。正是在张勇带领下，B2C业务"淘宝商城"开始高速发展，并很快成为阿里巴巴最重要的业务之一，赢得了消费者和全球品牌商的高度认可。

2011年，"天猫"独立业务后，张勇出任总裁，又在不太长的时间内将"天猫"打造成为全球最大的B2C平台之一。

2013年9月，张勇担任阿里巴巴集团首席运营官，全面负责阿里巴巴国内和国际业务的运营。正是在他的精心配合下，阿里巴巴成功向移动转型，推出了让中国消费者购买全球品牌商品的平台——天猫国际。而前文所讲的马云复出"菜鸟"，也成长为全球物流网络平台。

2015年5月，张勇兼任银泰商业集团董事局主席；当年9月，兼任阿里体育集团董事长。

2017年1月13日，阿里巴巴集团CEO张勇发布全员公开信，宣布多项组织结构调整。

2018年9月10日，马云发出了那封震动全球的《教师节快乐》公开信，宣布自己2019年9月10日将不再担任阿里巴巴董事局主席，接任者正是张勇。

2009年，张勇即亲身参与并领导设计了"淘宝商城"的"11月11日"大促销方案。

"团队跟我说，很不幸，11月份没有节日。那我说国外有什么节日？最后说到有一个'光棍节'，我说'光棍节'是什么？2009年的逍遥子（张勇的武侠名号）还不知道有个'光棍节'。同事就跟我说了是11月11日。我一听，就说这个好，重要的不是'光棍节'，而是'1111'比较好记。而且我个人跟1比较有缘分，它是我的幸运数字！"回忆起当年的细节，张勇还是记忆清晰。

最终，"淘宝"选择了"11月11日"这一天，作为自己的促销日子。而这个看似不经意的日子，也因为谋划精心、内涵丰富，自此不可抑制地走向了成功。

时间和数据的梳理，往往是最好的说明。

2009年11月11日，"淘宝商城"首次启动"光棍节"营销，有27个品牌执行了五折促销计划。

从结果看，当天的营业额明显大过了平时，收获算得上丰厚，销售额达到5200万元。由于还只是试水，许多"淘宝"商家都是从懵懵懂懂开始，又是在懵懵懂懂状态下结束的，但大多数商品还是卖断了货。其中的主力就是"淘宝品牌"。如当年"淘宝"披露，一家名为"杰克·琼斯"的店，当日销售额便超过了500万元，效果比"淘宝商城"预想的还要好。

良好的开局，坚定了"淘宝"营销团队继续完善"双11"大营销的决心。

2010年，"双11"尚未到来前的3个月，"淘宝商城"便砸下了2亿元用于"光棍节"的营销推广。

那段时间里，网络、电视、报纸、手机、户外广告上都能看到"淘宝双11"大促销的宣传。用张勇的话说，"2009年效果好，到2010年我们就更有信心了。另外，互联网上的口碑传播，让大家对电商的理解和重视程度开始提升。前一年参加的二十几家都出现了缺货情况，于是2010年商家们都提前为'双11'特别备了一些货，为此还出现了'批条子'现象。"

为什么会出现张勇所说的"批条子"现象？

原来，当时电商部门在很多公司里尚未形成规模，只是个小部门，它们准备的货一旦卖完了，就需要老板临时通过"批条子"的方式，把线下的货物拉到线上销售。据"淘宝"后来的统计数据，2010年"双11"就出现了大量线下货品拉回线上售卖的情况。而最终的销售额是惊人的，由上一年的5000多万元猛增到9.36亿元。

有人无意间比较发现，这一年"淘宝双11"大促销总额，居然超过了有着

购物天堂之称的香港一整天的市场零售总额。

张勇掩饰不住自己的兴奋。他回忆:"我开始还不相信,让同事仔细查查,同事告诉我的确是,当时香港一天好像是8亿多的销售额。我们就很高兴,我们一个网站搞一下居然就比香港还大。"

惊人的消息瞬时传遍了舆论坊间。

3."全民网购狂欢节"

2010年"光棍节"创造的惊人市场奇迹,震动了国内无数商家,也让位居全球首位的中国网民,开始从自我意识的角度认可阿里巴巴营造起来的"双11"。

接下来的2011年,也是"双11"营销方案实施的第三年。

这一年,电子商务受到越来越多商家的青睐,众多国内品牌、甚至是国际品牌,开始竞相进入电商行列。受此推动,网络专供款、差异化的新品上市时间,不同商品的组合装等多种消费服务体验,纷纷出现。这一切新颖高效的变化,又进一步推动了更多的网民参与到"双11"消费节日中来。

随着参与商家和网民越来越多,物流问题开始摆在马云和张勇等人的面前。之所以会出现这种问题,主要原因还在于,当时众多行业对电商的认识仍然停留在互联网供需界面的状态,没有真正意识到基于互联网的电商所具有的极强聚合能力。这种能力随后即被证明,所有线下零售都无法做到。

鉴于有了上一年的相关教训,马云管理团队积极协调各物流公司,开始专门为"双11"进行部署,对包裹进行流量控制,力争为渠道做好物流保障。

翻阅当年8月后的媒体,可以很容易看到类似消息:

许多企业非常重要的一件事情,就是开始进行总动员——"为了'双11'"。因为"双11"是非常可怕的脉冲,平时一天卖1000单,"双11"或许就能卖1.5万单,所以仓库、发货的人就都得提前准备,有的甚至把财务科、行政科、人事等部门的人员,全部调到仓库帮助发货干活。

围绕2011年的"双11",还有一个更为重要的变化——商家货源的准备开始朝一个专业化方向发展。

如在货品的规划上,越来越多的企业在年度生产计划中即着手进行"双11"排期,以保证"双11"充足的货源供应。这一变化意味着电商已经进入众多企业的预算和大体系之内,不再是预算外的组成部分。其中"淘品牌"已成为一群非常有实力的实体,他们的供应链设计完全围绕着互联网进行,用多批量、小批次、深库存的方式来排布供应链模式。

"淘宝商城"方面,则将2011年的"双11"主题定为"全民网购狂欢节",保障品质、提升消费体验成为首要保证目标。为此,"淘宝商城"与众多商家及物流商提早进行沟通准备,并拟定了有效的解决方案。

如"淘宝商城"对参加"双11"的商家在服务上有更高要求,指定时间内必须发货;为避免上一年的"爆仓"情况,"淘宝商城"提前与几大物流公司达成协议,让所有的"双11"商家能优先发货;首次将汽车类的大金额商品列入了五折大促销之列,开创了线下4S门店无法做到的新模式等等。

在当年"双11"前的9月19日,"淘宝商城"还宣布开放平台战略,让38家B2C企业集体进驻"淘宝商城",意图为整个互联网购物狂欢节的孕育提前进行战略布局。

于是,2011年"双11"当天,"淘宝商城"零点上线,一场"全民网购狂欢节"开始上演了。

第8分钟,线上销售额突破1亿元;第21分钟,突破2个亿;1小时结束,销售额达到5个亿;10小时之际,销售额变成10亿元……

当一天结束时,"淘宝商城"线上的销售数字显示——33.6亿元。而阿里巴巴全网实现的销售额为52亿元。

又一个惊人的纪录产生了,既惊喜了马云和整个阿里巴巴,也让所有参与的商家大呼过瘾,更是惊呆了那些还在旁观的人们。

各路敏锐的媒体,第一时间便介入到了这场"全民网购狂欢节"中来。他们纷纷发出感慨和深度报道,如"这一年的'双11',很多商家和仓库的打印机因为过度使用而自燃,出现了单个商家日销售额过4000万元的惊人场景。"

与此同时,此次"双11"开始暴露出另一个重大问题——银行支付。

对此,张勇有着这样的回忆:"那一年我们很幸运,主要几家银行网银没在同一个时间挂掉。今天我们可以用非常轻松的心情当段子来讲,但在当时基本上是满头大汗,真的是满头大汗呀!"

笔者有意联想,或许正是张勇当年流汗的一幕,成为马云随后着力打造阿里金融体系的一个重要推力吧!

紧接着,2012年"双11",几乎所有商业形态都出现了全民总动员,连一些线下的百货商场、购物中心,也开始参与阿里"双11"的大营销活动。

这样的一幕，再清晰不过地表明，由阿里巴巴"淘宝"设计营造的"双11"，开始跨过电子商务的范畴，由线上消费者的购物活动演变成为超越链条的全商业消费节日。

商业形态的变化，也让阿里巴巴营销团队适时尝试了一些新的消费者互动和销售模式，诸如"天猫预售"式的C2B模式初现亮点。

最终，所有参与者都没有失望。2012年"双11"的数据结果显示，更名为天猫的"淘宝商城"当天销售额再次呈几何级扩张，达到了191亿元，刷新了全球网购节日的纪录，震惊了中外商界。

4．大阿里肆意互联网

再来看看有着转折意义的2013年"双11"。

如前文所述，这一年5月，马云辞去了阿里巴巴CEO，并在20日不到，携"菜鸟"物流网络复出。尽管当时的解读各种各样，但有一个观点却是相通的——马云携"菜鸟"复出，主要意图指向互联网式的大物流。

这一年，"双11"尚未临近，张勇就在一次公开演讲中表态："在我兜里藏着我们今年'双11'当天的节目单，搞得像春晚一样。跟大家透露一下，这个节目单我们是以半小时为计来排的，重要时段是以分钟来排的。我们必须在这个24小时里面，能够充分地、重复地、反复地满足消费者的好奇心和需求，充分地利用口碑传播，各种各样的方式来进行传播。"

张勇的宣言，暗示着这一年的"双11"将会有新变化——移动终端角色的全面介入。

根据设计团队的判断，2013年将是互联网全面转向移动互联网的开端之年，单一终端向包括线下门店在内的多终端转变之年。马云管理团队更是希望，借用已经形成气候的"光棍节"大促销活动，挺进并尽可能多地占领移动互联网之地。

"每个手机终端就是直达用户的通道，所以怎样用好移动互联网，自然成为非常重要的方式。"当年的张勇即曾如此表示。

阿里巴巴团队的上述判断，来自他们对一线实际的熟悉和掌控。

特别是近4年来的"双11"大促销活动，越来越凸显众多企业的电商部门不再是普通的部门。它们变得非常专业化，不仅分工明晰，还敢于创新，有的已经成为独立的电商公司。

与此同时，随着越来越多的企业把电商作为企业商务电子化的首要工具，消费者将会在第一、第二、第三空间（即PC端、无线端、线下门店）随时切换。而中国移动互联网的加速发展，必然使得消费者们愿意随时随地的享用移动互联网终端。

再看阿里巴巴的掌门人马云，则在距离当年"双11"还有多日之际，用他那极富诱惑的语言亲口预测：2013年的"双11"，阿里巴巴的销售额将继续增长，估计会超过300亿元。

语不惊人死不休！马云此番预测，不仅令所有人面露惊愕，更引起了中外主流媒体的一番论争。

或许是为了给论争降降温，2013年10月15日，"天猫"宣布启动"双11"购物狂欢节当日，面对众多媒体，时任副总裁王煜磊表示，由于上一年"双11"单日交易额达到了191亿元，此次要想超越很难。

尽管做了降温的铺垫，当年"双11"活动正式开动之前，阿里巴巴营销团队还是进行了一系列新的动作。

一是基于好友关系的互动。"双11"当天，"天猫"计划派送2亿元红包，"支付宝"也将派送1亿元红包。这些红包主要采用社交化的方式派送。

二是全新的"O2O模式"。所谓"O2O"，就是消费者在线下体验和选择产品，然后回到线上下单支付，再由线下负责送货、安装、调试的新消费模式。这就是现今很多商家都在采用的"店里看货，网上交钱"的模式。

三是"千人千面"方式。数据反映，2013年参加"双11"的品牌商达到了2万余个，为上一年的2倍。阿里巴巴营销团队基于大数据分析，采用了"千人千面"的展示方式，内容主场更加个性化，每个人登录"天猫"时，看到的内容都不尽相同。

为了让上述系列新动作效果最为理想，阿里巴巴营销团队还提前进行了相应准备。

首先，在技术上更重视移动端，着力提升海外消费者的购物速度。

一位阿里巴巴核心技术高管这样回忆：往年PC端是重点，2013年在技术方面更加重视无线。"双11"准备的网站承载量级是上年的一倍多，而"天猫""淘宝"等手机无线客户端的承载能力更是达到了上年的25倍，可支撑全国数亿网民同一时刻涌入。

为了解决往年"双11"活动中海外消费者访问"天猫"较慢的局面，阿里

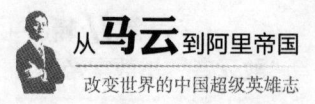

巴巴团队在中国香港、中国台湾、新加坡、美国、英国、德国等9个地区和国家建立了节点，并采用第三方加速技术，以保证海外消费者"双11"的购物体验和国内一样。

不仅如此，阿里巴巴的技术团队还准备了2000多套应急预案，包括应对黑客攻击的预案、服务器机房故障预案，等等。

其次，便是困扰着"双11"的物流运转。

鉴于2012年"爆仓"情况，2013年阿里巴巴团队和国家气象局数据中心合作，运用大数据引导快速物流的运转。相关数据也披露，当时全国已有超过100万快递人员在备战"双11"，十三大快递公司新增的分拨中心超过了150个，新增的操作场地超过了200万平方米。

第三，就是在线金融服务。

为了尽可能改善往年的被动局面，阿里巴巴除了全面完善"支付宝"服务外，还利用微信支付、退货保险、小额贷款等方式，竭力为"双11"的到来创造较好的金融服务环境。

做完如上庞杂系统的准备工作后，所有阿里巴巴人都在忐忑不安中期待这一年的"双11"。

这一天终于到了。

在阿里巴巴新大楼内，设置了"双11"实时发布现场，大型电子屏幕实时显现"双11"的成交额、成交笔数、物流网络运行压力等多方数据。

当日零时前10分钟，马云突然出现在发布现场，立刻引发了各路记者围堵，现场一度陷入骚乱。

当大屏幕显示"2013年11月11日00时00分00秒"时，现场所有人的目光都放在了大屏幕上。

第一分钟，交易额即破亿元，交易笔数近34万笔；

第一小时，成交总额突破67亿元，交易笔数超过2500万笔；

早上5时42分，百亿元大关被突破，比上年"双11"的100亿元规模提前了8个小时；

上午8时42分，"支付宝"成交额突破121亿元，超过2012年美国最大网上购物节"网络星期一"120.8亿元的销售额；

当天13时04分，完成了上年全天的总交易额191亿元。

此时，连业界、媒体在内，人们开始议论马云不久前"300亿元"的预期能否实现了。

或许是感觉到了人们的复杂心情，马云携同接班不久的陆兆禧等人，适时亲临发布会现场，跟随他们的还有众多媒体人。

笔者也清晰地记得，那一天从早上开始，微博、微信及QQ里不时传出来的，都是关于"双11"的消息。

显然，马云想亲眼验证一下，自己惊呆众人的那个"300亿元"预测！

当时，央视财经频道的王小丫没有放过马云，她问得很直接："前一阵马总和李克强总理有一次会见。看热闹的人说马云已经夸下海口了，说今年'双11'会有300亿元，去年大家都知道是191亿元。但是，看门道的人说这当中要提升100多个亿的空间，将是巨大的挑战。您自己怎么看？"

马云没有忘记自己夸下的海口："我们去年开始制定，把'双11'变成整个中国消费者和厂家的感恩节，真正把它变成一个消费者日。'3·15'做得很好，但是'3·15'基本上曝出了很多企业的问题，这个不能吃，那个不能喝，最终把消费者的热情降低了。中国还是有很多好的产品、好的服务，这些东西应该让消费者享受。同时，消费者和厂家之间不应该是对立矛盾的，我们有一个大胆的想法，应该变成厂家感恩消费者一年的支持，拿出最好的商品，拿出最便宜的价格去感恩消费者。所以我们寄希望于变成全民消费的节日，事实证明去年的试点不错。"

接着，马云重复了"300亿元并不是一个很大的数字"。同时又预言，"我们可以看得到'双11'有1000个亿的日子，我们去年就提出'双11'不仅仅是'淘宝'、'天猫'参与，而是希望所有电子商务公司参与，希望所有线下商场参与。"

在马云的意识里，当时他最担心的不是能不能实现300亿元的销售额，而是能不能稳健地释放出市场需求。

马云认为，"'双11'的背后还有大量物流，还有金融机构的整个金融体系的建设，物流体系、售后服务，等等。"

大屏幕上的时间，定格在了2013年11月12日零点，阿里巴巴"双11"狂欢节终于落下帷幕，最终的数据还是惊艳了所有人。

2013年阿里巴巴的"双11"，共完成交易1.71亿笔，平均每分钟完成79万笔。而最终的销售额不仅达到了马云夸下的300亿元海口，还超过了50亿元，高达350.18亿元。

马云和他的阿里巴巴延续了互联网的新神话。

欧美多个主流媒体发出了感叹：中国"双 11"一天的销售规模，已经赶超美国两大网上购物日，成为全球最大型的电子商务活动。"淘宝网""支付宝"单天交易总额高达 350 亿元人民币，这在世界上都是独一无二的。

最有代表性的美国《纽约时报》则写道："中国最大的电子零售商阿里巴巴集团是这次网购热潮的出色赢家。它旗下的'淘宝网'专注于消费者对消费者的电子商务，'天猫商城'则将大、小企业与品牌和消费者连接了起来。"

二　阿里巴巴帝国之相

事物的成败原因不同，但成功者大多有迹可循。

马云多次声言，自己并不喜欢阿里巴巴与"帝国"连在一起。然而，若干年前，当他感叹"亚马逊是世界上最长的河，8848 是世界上最高的山，阿里巴巴是世界上最富有宝藏"的时候，阿里巴巴就已经被马云注入了"帝国"式的基因。随着阿里巴巴果真执电商之牛耳，马云却意味深长地感慨，"不知道阿里巴巴到底有什么"。

1. 与首富的亿元赌约

世纪之初，在原国家行政学院，笔者很是追捧一位许姓导师的讲座。他有一句话至今还在耳畔震动——学会尊重有钱人！当然，这里所说的有钱人，特指亲手创造财富的人。

改革开放以来的 40 年，既是中国综合国力突飞猛进的 40 年，更是中国富豪竞相涌现的 40 年。其中，亲手创建了万达集团的王健林，就是这个时代孕育成长的商业巨子，还一度身居全国首富。

2013 年，当马云和他的阿里巴巴引领着新商业形态之际，众多媒体也称王健林为 2013 年"收获最多的中国人"。原来，这一年的王健林，几乎拿到了一个公民个体所能企及的所有荣誉和褒奖。

2013 年初，王健林荣获第八届中华慈善奖"最具爱心捐赠个人"奖；

2013 年 6 月，王健林登上了美国《财富》杂志封面，成为少数中国企业家之一；

2013 年 7 月，王健林受邀出任央视"中国创业榜样"导师；

2013年8月，王健林以142亿美元的身家成为彭博富豪榜中国新科首富；

2013年9月，王健林以1350亿元的财富首次成为胡润富豪榜中国首富，同月以860亿元净资产问鼎福布斯富豪榜榜首；

2013年11月，《福布斯》杂志将亚洲年度商业人物的桂冠颁给了王健林；

2013年12月，《福布斯》中文版将"2013年中国年度商业人物"授予王健林；凤凰财经将"2013年最具改革动力企业家"的荣誉颁给了王健林；

2013年最后一天，国际知名的《外交政策》评选出2013年"全球百名思想家"，王健林作为商界领袖成为8位入选的中国人之一。

可见王健林在中国商界非同一般的影响力。

那么，有着"中国互联网教父"之名的马云，又是如何对赌有着首富头衔的王健林的呢？

这事发生在2012年末，也就是马云主导上演阿里巴巴"双11"大戏一个月后。

当年12月12日，第十三届"中国经济年度人物"获奖名单公布，并举行隆重的颁奖典礼。

"中国经济年度人物"紧扣实体经济的主题，涉及传统制造业、现代服务业、战略新兴产业以及互联网、金融等行业，充分体现了当年度中国企业在跨国并购、国企改革创新、互联网产业变局等多方面的努力亮点，获奖者实际上具有世界级商界领袖的能力。

2012年度"中国经济年度人物"榜单中，在虚拟世界纵横捭阖的马云，与在实体经济领域开疆扩土的王健林，再次双双入选。

央视现场短片中是这样描述马云的：

> 2012年11月11日零点，一场大战拉开帷幕。进账191亿，"淘宝"狂欢节独占鳌头。1999年，怀揣着建立最伟大世界互联网公司的梦想，马云创立了阿里巴巴，提出要把全世界的商人联合起来的惊人口号。2001年互联网撼动，2003年"非典"的挑战，2008年的金融危机，都没能阻挡马云前进的步伐。2003年"淘宝"交易额还不到1个亿，而今年"淘宝"交易额将突破万亿大关。如今"淘宝"创造了1000万个创业机会，每天有超过1亿人登录消费。而马云正在率领"淘宝"向10万亿的目标进发。

短片放完的那一刻,马云是这样回应的:"到那一天,我们不仅改变了自己,我们影响了这个时代。"

再看央视现场短片是怎么描述王健林的:

2010年万达收购了美国第二大院线AMC,一举成为全球最大的电影院线运营商。两年前,五家全球著名经纪管理人坐在王健林对面,开口要价15亿美元,一分都不能少。在8年时间里,这个美国老牌电影院线已经迎来了100多位买家。9月4日,在AMC总部,王健林度过了2010年最难忘的一天。问题是此时的AMC已连续亏损3年。王健林用事实证明,中国的企业不仅买得起,也可以经营好国外的文化企业。

随后,现场主持人以"电商"为话题,安排马云和王健林做一个小型的辩论,因为他们俩正好来自两个领域。

一番谦让后,王健林调侃道:"既然说电商能不能取代,先听马云忽悠,然后我再来挑毛病。"

马云则简单直接:"我一定说电商会胜。"

王健林则回应:"我觉得不是胜负,我觉得双方都能活。"

不过,王健林的回应没能让现场的人们满意,大家纷纷要求王健林给出一个明确的立场。显然,首富的心中自有基本的判断,这也让王健林不能随意地站到马云观点的对立面上去。

现场一位经济学者不失时机地追问王健林:"一个'双11'节,马云先生收到了191亿,面对这样惊人数字,请问在传统零售业当中坚守的王健林先生,是羡慕,是嫉妒,是恨,还是什么表情?"

王健林几乎没有犹豫:"震撼。马云先生很厉害,但是我不认为电商出来传统零售渠道就一定会死。基于三个理由:第一,现在电商再厉害,但占的份额依然比较小,将来能不能占一半以上份额还有待时间检验;第二,现在消费有一个观点叫炫耀性消费,是为别人活的,所以零售的东西还是要在公众场合展示,要走入人多的场所,也就会去零售渠道;第三,在马云的冲击下,一些不思进取或者标准化的零售渠道,如果没有应对之策,可能就会死掉。但是如果零售商加以发扬,或者线上线下相结合,就一定会很好。所以零售商不会等死,如美国前十大电商都是零售渠道的案例。"

现场的气氛渐入高潮，两人的辩论进程也开始加快。

马云："我先告诉所有像王总这样的传统零售一个好消息，电商不可能完全取代零售行业。同时告诉你们，是基本取代你们。重要的是电子商务今天已不是模式的创新，是生活方式的变革。很多人看成是商业模式，事实上它在影响一代一代人。"

现场的气氛开始有些紧张，马云却没有停下来的意思。

"电子商务今天一万亿只是刚刚开始，现在所做的只是对传统零售渠道的变革，未来三年五年，将进入生产制造的变革，直到影响生活方式的变革。另外，今天电子商务不是想取代谁，不是想消灭谁，而是想建设更加新颖的、透明的、开放、公正、公平的商业环境，去支持那些未来成为中国最佳的、像王健林这样的企业家。"

当掌声响起来的时候，马云开始抛出结论。

"未来成功主导中国经济的，不是马云，不是王健林，而是今天没有听见、没有见到、甚至没有听说过的，或者很多人看不见、看不起、跟不上、看不懂的年轻人。他们将取代我们，他们将成为中国经济的未来。因为他们今天正在用互联网的思想和互联网技术，改变着今天的商业环境。"

这一次，掌声顿然响起一片。

今天再回顾当年马云现场的话，人们更多了些共鸣。

在马云的意识里，当年创造阿里巴巴1万亿元规模的，是那些店小二、小年轻人，是人们在街上遇见都不会点头的快递小哥，他们正在共同改变中国经济，他们才是未来经济的希望。

所以央视现场的马云才强调，"我不是取代你，而是帮助他们取代你。"

马云话音刚落，首富王健林便及时回应，柔中显刚。

"大家如果把零售仅仅理解为买东西，那就大错特错了。大的概念包括吃穿用很多东西，电商再厉害，仍有相当多的东西取代不了。当然，所有新的商业模式出来，必然对传统形成冲击。但是2000多年历史将证明，传统产业生命是最强的，不然的话，商业不会存在2000多年。所以我一定要坚守传统产业，但是在传统产业基础上尽可能去创新，也包括向马云学习。"

没等马云接上话，王健林用一个看似无意地小爆料惊吓了全场。

"我跟马云先生早就对这个问题，既是讨论学习，也是争论，我们有一赌：2020年，也就是10年后，如果电商在中国整个大零售市场份额占50%，我给他

一个亿,如果没到他还我一个亿!"

于是,"马云与中国首富的亿元赌约"开始成为所有舆论聚焦的热门话题。而两位商界巨子看似玩笑般的对赌,却引出了传统与创新、老商业与新经济的深层博弈与变革。

本书出版适逢 2019 年新春,一年后便是马云与王健林对赌结果见分晓之时。说者纵然无意,听者已然有心!

2. 古老艺术,新颖文明

诺贝尔经济学奖获得者萨米尔申给商业有着这样的定义:商业是最古老的艺术,最新颖的文明。

如果说,2012 年阿里巴巴"双 11"给了马云对赌中国首富的底气,那么 2013 年"双 11"的完美落幕,则是马云对商业艺术精髓的继续演绎,对互联网新文明的又一次发展。

就在那一时刻,阿里巴巴不仅坐实了全球电商的首把交椅,马云也离他梦寐以求的生态互联网迈进了真实的一步。

曾任国家统计局总经济师兼新闻发言人的著名学者姚景源,当时就在央视公开表态,电商确确实实有一个广阔的前景,因为它不仅仅改变了商业营销模式,更重要的是改变了生活方式。

姚景源认为,马云就是把最古老的艺术和最新颖的文明网络结合在了一起,这种创新影响了当代中国,也影响了当代经济。

这样的评价,绝无仅有,也是对马云与阿里巴巴在中国新经济格局中非凡地位的确认。

不需要再重复阿里巴巴的一路走来,单就"双 11"来说,它不仅像个真实的神话故事,也成为当前中国商业发展的一面镜子,折射出了新经济的时代变迁。借用一位学者的话说,如果讲到未来,某种意义上不用多久我们就可以忘掉电子商务,因为没有一个企业的商务会不做电子化,没有一个企业会不利用大数据来进行商务活动。

2013 年转折过后,"双 11"已经成为中国数 6 亿网民最为期待的年度盛事之一。在国际商界惊诧的眼神中,"双 11"不仅形同中国的全民狂欢节,其影响正在向国际商圈蔓延。

新景象的繁华,必然是旧物者的隐忧。

近年来，有一个声音也日渐响亮起来——"淘宝网的诞生，对实体商场是个不小的挑战。"这种声音没有夸张，也有一定的代表性，却也印证了阿里巴巴在中国新经济领域的开创性和统领者地位。

2010年的数据显示，当年底仅"淘宝网"就拥有3.7亿注册用户，单日最高交易额为19.5亿元，在线商品数超过8亿件，占据着中国网购年交易额的80%以上。

仅过3年，2013年的情况又如何呢？不妨先比较一下当年国内几大电商"双11"期间的有效数据。

易迅网公布，8天的促销下单金额突破10亿元；京东11日半天订单量为平日全天水平，网站流量是平日的2.5倍；苏宁方面，移动客户端销售同比增长了10倍。

惠惠网当时提供的数据显示，2013年"双11"0点—12点，流量排名前三的电商网站分别为"天猫""京东""易迅"，流量占整体电商流量的比例分别为64.9%、15.9%、2.2%。

与之相对应，中国商业协会当时也公开了一组数据。2013年第三季度，在中国B2C市场，阿里巴巴"天猫"市场份额为49.2%，"京东"市场份额18.3%，"腾讯电商"市场份额为5.5%，"苏宁易购"市场份额4.7%。其余排名依次为"亚马逊中国""当当网""唯品会""国美在线""1号店""凡客诚品"等。

而经过前文的详细讲述，有心人都能发现，阿里巴巴在市场的绝对统治地位，与马云团队不间断的系统创新密不可分。

同样无须重复前文中的点点过往，此处只围绕2013年"双11"的"O2O模式"创新。

所谓的"O2O模式"，还是出自马云团队，上文也略有提及。在笔者看来，它正是马云团队应对新局面和新形势能力的有力体现。因为"O2O模式"的设计，本质上就是阿里巴巴为了化解2012年"双11"生出的各种"堵"的问题。

"O2O"全称为"on line to off line"，意思是"线上与线下相结合"的互联网商务模式。

2013年"双11"正式启动前，阿里巴巴与银泰商业集团、银泰网宣布，将携手开启中国线上线下零售巨头的"O2O"破冰之路。

根据双方合作安排，银泰商业集团投入线下35个实体店相关资源，用来支持阿里巴巴"天猫"开展"双11"活动，消费者可在银泰扫描二维码预购"天

猫"银泰店商品,扫码后加入"天猫"购物车,"双11"零点起可在"天猫"完成交易。

如果观察当时公开的合作内容,阿里巴巴与银泰商业集团的"O2O模式"显然还处于较浅层次。随着2013年"双11"的惊人成长,阿里巴巴必将领头展开与更多实体巨头的深层次合作,尤其是线上线下的管理系统、商品库存、物流、会员权益、支付和服务环节等多个层面。

正是看到了上述深层趋势,一些权威声音当即发出预言——马云畅想并已经投身而为的互联网生态体系,或将为期不远。

当然,一种新力量的登场,必然会遭遇旧有力量的抵制。"O2O模式"的成长也并非一帆风顺,甚至让线上与线下的新旧模式博弈,提前展现在整个商界面前。

就在阿里巴巴与银泰商业达成"O2O"协议的同时,以居然之家、吉盛伟邦、欧亚达等为代表的国内老牌家居卖场,联合发起了对阿里巴巴"O2O模式"的抵制。

如2013年10月30日,居然之家的商户收到正式通知,通知明令禁止商户与居然之家无关的电商进行合作,禁止在场内开展线下体验活动,不许使用电商的移动POS机,等等。

与此同时,中国家具协会也发布了《关于规范电子商务工作的意见》,声讨的目标同样被指是阿里巴巴"天猫"的"O2O模式"。

该"意见"直接明示:"不能变相让卖场成为电商的线下体验场所,不能让经销商成为电商的线下搬运工;厂家和商户在线上开展低价促销时,要向卖场等主要合作伙伴进行通报并将卖场的价格调至与线上一致;不许通过电商移动POS将卖场的业务转至他处进行交易。"

此种情形之下,2013年11月4日,阿里巴巴"天猫"向商家群发了"家装O2O业务终止协议通知书"。"通知书"中称,根据"天猫"平台运营所面临的实际情况,为避免商户及消费者更大损失,原有《天猫服务协议O2O业务补充协议》自2013年11月20日起效力终止。

消息一出,各种议论纷纷。有舆论索性直言:阿里巴巴"O2O模式"遭遇重大挫折!

事实上,自"淘宝"2009年启动"双11"活动以来,家居品牌与卖场也越来越多地参与争夺电商大蛋糕中来。如2012年"天猫"132亿元的销售额中,全友家居官方旗舰店就以超过1亿元的订单纪录，夺得了当年"双11"家居销售冠军。

这种局面的出现，引起商业主管部门和众多学者的关注。

众所周知，与其他商品不同，家居商品更加注重线下体验。所以为了尽可能减少无效交易的产生，最大化地服务消费者，2013年"双11"期间，阿里巴巴"淘宝"和"天猫"才主动实行"O2O"融合的模式。只不过，这种简便、高效的新模式，很快触及了线下大卖场的固有利益。

无论是从市场的角度，还是经济学的角度，表面上看都是市场不同主体维护自身利益的一种博弈。然而，当新经济模式已然成为方向，以阿里巴巴为代表的中国新型公司，也就具有了引导市场的某种能力。

3. 互联网的帝国家族

2013年5月30日，马云手握不离不弃的"打狗棒"，在杭州接受了香港《南华早报》的独家专访。其间，有着这样的对话。

专访记者：舆论会觉得阿里巴巴现在是一个庞大的商业帝国了，您觉得接下来它的"爆发点"会在哪里？

马云：我并没有觉得它是一个"帝国"。我很多年来，一直坚信：我们不能做"帝国"，我们要做的是"生态系统"。任何一个"帝国"都有倒台的时候，但"生态系统"基本上是可以生生不息的，如果我们不破坏这个"生态系统"的话。

说到我们这个生态系统的"爆发点"，我觉得不如这样理解：重要的不是我们能从这个"生态系统"里赚多少钱，而是在这个"生态系统"里面的企业能在这里挣多少钱，因为只有他们挣得越多，我们才有机会挣钱。

专访记者：您的意思是阿里巴巴做的是一个系统工程，至于走进来的企业要怎么生存，那是他们的事情，你只是尽量地去创造一个好的条件？

马云：是的。我们只是要把这个生态系统建设得更加健康，更加透明，更加开放，更加有责任感。这个生态系统里附着了开放、分享、透明和责任价值体系，进入到这个生态系统的企业，只要认可和坚持这些价值体系，他们就一定会更好。

同众人一样，笔者享受阿里巴巴致力的商业生态已有时日。虽然马云不觉得阿里巴巴是"帝国"，可本书还是愿意把"帝国"与阿里放在一起。这并不是有意与"风清扬"较劲，而是同绝大多数国人一样，我们都在内心深处存放着帝国式中国企业的情结。

功成名就后的马云，拥有数以亿计的马粉迷，甚至遍及全球的崇拜者。吸引众人的，除了马云独特激扬的人生经历，更在于他极富时代创造性的商业思想，以及对个人财富淡定从容的心境。

2007年4月，身居全球首富的微软董事长比尔·盖茨赴海南出席博鳌亚洲论坛。他在发言中即公开表示，马云将会成为下一个比尔·盖茨。

马云则回应称："我已经不可能成为世界首富了，也不想成为世界首富，从未想过。"

此前的2006年6月，美国著名财经杂志《Business 2.0》公布了全球最具影响力的50商界人士排行榜，马云即作为唯一的中国大陆地区企业家入选，排名第15位，甚至高出了比尔·盖茨6位。

2007年9月初，马云作为澳大利亚时任总理霍华德的特邀嘉宾出席APEC会议。马云得到的评价是："世界公认的中国最成功的商人，他创立的阿里巴巴不仅是世界最有影响力的中国本土B2B商业网站，还改变了人们的交易模式。"

马云遵循着自己的经营哲学和人生哲学。"天下没有难做的生意，我就是要协助中小企发展业务。""先帮助别人创富，再从别人那里赚钱。"

生意人脑子里只想着赚钱，商人是有所为有所不为，企业思想家看重的是如何改变世界。

马云显然正在践行后者。这或许也是马云受到国际尊重的根本原因。

要想改变这个世界，除了思想还必须有能力。从1999年50万元的沉默修炼，到2013年过去，马云的每一次迈步，都意味着大阿里巴巴内容一天比一天丰富。

2014年的某个时间，马云曾经表态，"阿里巴巴将继续保持7个分公司的架构"，舆论随之称为阿里"七大剑客"。

此时的阿里巴巴，事实上已经成为一个商务王国，不仅有着自己的支付工具、游戏规则、运行体系，且门户、通信、搜索乃至网络服务无一不备，使得一度只能各自为政的B2B、B2C及C2C，在大阿里王国的平台上融合到了极致。

在阿里巴巴七大剑客中，除了前文详述的"B2B""淘宝网""支付宝"和

"中国雅虎"外,"阿里软件""阿里妈妈"和"口碑网"也都可以单独拿出来展示。

"阿里软件"成立于2007年1月8日,全称是阿里巴巴(中国)软件公司,是马云历经3年谋划之后在上海正式成立的,为阿里巴巴正式成立的第五个子公司。

成立时,马云曾表示:"阿里巴巴的使命是让天下没有难做的生意,而阿里软件的目标是要让天下没有难管的生意,阿里巴巴的发展方向是'达摩五指',包括诚信体系、市场、搜索、软件和支付五个发展方向,软件是重要一环。"

按照马云当时的设计,"当电子商务领域一定要建立诚信体系时,我们就开始销售的'诚信通'服务;要有交易市场,我们就建立了阿里巴巴和'淘宝网';要能安全支付,我们就推出了'支付宝';要能方便地找到信息,我们就收购了雅虎中国。"

至于"阿里软件",则是因为"市场有这个缺口,很多中小型企业生意越做越大,需要软件来管理自己的企业。"

2007年4月,"阿里软件"正式发布首款产品"阿里软件外贸版"。该软件提供基于SaaS模式(在线软件服务)的企业管理、营销平台,并融入一些电子商务的功能。

2007年11月,在易观国际发布的《2007年第3季度中国SaaS市场数据监测》中,"阿里软件"以63.7%的绝对优势稳居行业第一,排名第二的厂商仅占据6.3%的市场份额。创造如此奇迹般的增长速度,"阿里软件"用了仅仅10个月的时间。

2008年7月,"阿里软件"首次公开了自己的五年规划——"123计划"。

其中,第一个计划就是联手20家VC完成10亿元投资;第二个计划是基于软件互联平台创造200亿元的软件服务收入;第三个计划是5年内在平台上招募3000~5000家ISV,扶持近30家优秀ISV具备上市资格。

当时的舆论一致认为,"阿里软件"惊天动地,"将给国内许多困境中的ISV带来了希望。"

2009年8月,阿里巴巴发布公告,阿里巴巴集团与其拥有多数控股权的子公司阿里巴巴网络有限公司达成协议,将阿里巴巴集团全资拥有的子公司"阿里软件"旗下的业务管理软件分部注入阿里巴巴网络。

此次调整,在业内称为"马云大阿里战略"的一部分。

至于"阿里妈妈",实为阿里巴巴旗下一个全新的互联网广告交易平台,主要针对网站广告的发布和购买。它首次引入"广告是商品"的概念,让广告第一次作为商品呈现在交易市场里,让买家和卖家都能清清楚楚地看到。

2007年8月12日,"阿里妈妈"开始上线运营。

上线当天,"阿里妈妈"便宣示自己的发展使命——"让天下没有难做的广告"。同时承诺,"再少的钱也能结算""再小的网站也能卖广告"。

2007年12月初,在出席互联网年会时,马云首次公开自己创办网上广告交易平台"阿里妈妈"的初衷——为了感恩当年支持"淘宝"与阿里巴巴的中小网站。

马云表示,"淘宝"的成长和无数的小网站支持分不开。

就像前文详述的那样,"淘宝网"刚开始起来的时候,"eBay"企图扼杀于摇篮之中,通过排他性协议阻止"淘宝"在门户网站投放广告。为了生存下去,突破围剿,"淘宝"只能另想他法。其中一个方法,就是在"互联网的农村"——中小网站上投放广告。

所以马云才说,"淘宝"有今天,"不能忘记当年在井冈山和延安帮助我们的老乡。"

2007年12月2日,由《计算机世界》报社、计世网主办的"2007中国IT两会"之计算机世界互联网年会在北京召开。

此次大会上,"阿里妈妈"以状元身份,意外地摘下了当日评选的重量级大奖——"中国互联网最具价值项目奖"。此时,它才刚刚走完3个多月的成长历程。

进入2008年,"阿里妈妈"已成为阿里巴巴集团发展最为迅速的公司之一,汇聚了40万家网站每日30亿优质流量,日覆盖人群超过8000万,日平均覆盖网民比例近80%,成为中国最大的网络广告交易平台。

2008年9月,阿里巴巴集团宣布,正式启动"大淘宝战略"第一步——"淘宝网"和"阿里妈妈"合并发展,为打造全球最大电子商务生态体系创造了条件。

2010年3月,阿里巴巴宣布成立"大淘宝战略执行委员会"。其成员分别是来自"淘宝""支付宝""阿里云计算"和"中国雅虎"的高管,以确保"大淘宝"战略的成功执行。

2011年6月,阿里巴巴将"淘宝网"分拆为前文所述的三个独立公司——

"淘宝网"（taobao）、"淘宝商城"（tmall，即后来的"天猫"）和"一淘网"（etao）。"大淘宝"战略和"大阿里"架构风生水起。

2011年10月，阿里巴巴将团购业务"聚划算"从"淘宝"中剥离出来，设立为一家独立运营的子公司。

2012年1月，阿里巴巴改"淘宝商城"为"天猫"，以实现对"淘宝"平台的进一步有效定位。

2012年7月，阿里巴巴发布公告称，将旗下六大子公司调整为七大事业群，旨在加速推动"One Company（一个公司）"的目标，加快电子商务业务生态的整合。

根据新的调整安排，阿里巴巴七大事业群分别是"淘宝""一淘""天猫""聚划算""阿里国际业务""阿里小企业业务"和"阿里云"。其中，原来作为子公司之一存在的"B2B"业务，被拆分为国内和国际两大部分。

在解释这一调整的意图时，马云当时表示："要加速推进'One Company'的目标，把阿里巴巴的中小企业和'淘宝'市场体系有效结合，实现真正的开放、协同和分享机制。进一步完善阿里集团大市场的内部生态系统，建立合理的组织机制保障，以全面提升集团对企业用户和消费者的服务能力，并最终促进一个开放、协同、繁荣的电子商务生态系统。"

马云不忘的，还是他日渐成形的生态互联网。

2013年初，身兼阿里巴巴CEO的马云宣布：阿里巴巴将调整组织结构，阿里的业务拆分成25个事业部，交由战略决策委员会和战略管理执行委员会负责。其中，集团战略管理执行委员会成员中的姜鹏、张勇、张宇、吴泳铭、张建锋、陆兆禧、王坚、叶朋、吴敏芝代表集团层面，分别分管相关联的业务事业部。

马云当时的意图更加显现：为了确保以电子商务为驱动的新商业生态系统全面形成，以及适应互联网快速变革所带来的机遇和挑战，从战略到运营层面为阿里巴巴集团的健康、稳定和可持续发展提供保障。

面对国际商界一波高过一波的关注，那时候的马云依然不忘强调，阿里巴巴想要做的不是帝国形态，而是生态系统。"把大公司拆成小公司运营，我们给市场、给竞争者更多挑战我们的机会，同样是给我们自己机会。"

不过，一些深谙业内发展情势的权威者还是指出，有着终极梦想的马云，将阿里巴巴现有的业务从"七剑"拆分成多家公司，仅仅是第一步。

这里不妨把马云调整后的阿里巴巴组织架构简要列举：

姜鹏（三丰）分管：共享业务事业部
　　　　　　　　　商家业务事业部
　　　　　　　　　阿里妈妈事业部（展示广告、P4P、淘客联盟）
　　　　　　　　　一淘及搜索事业部
张勇（逍遥子）分管：天猫事业部
　　　　　　　　　　物流事业部（天网）
　　　　　　　　　　良无限事业部
　　　　　　　　　　航旅事业部
张宇（语嫣）分管：类目运营事业部
　　　　　　　　　数字业务事业部
　　　　　　　　　综合业务事业部
　　　　　　　　　消费者门户事业部
　　　　　　　　　互动业务事业部
吴泳铭（东邪）分管：无线事业部
　　　　　　　　　　旺旺与客户端事业部
　　　　　　　　　　音乐事业部
张建锋（行癫）分管：聚划算事业部
　　　　　　　　　　本地生活事业部
陆兆禧（铁木真）分管：数据平台事业部
　　　　　　　　　　　信息平台事业部
　　　　　　　　　　　云 OS 事业部
王坚分管：阿里云事业部
叶朋（傲天）分管：B2B 中国事业部（CBU）
吴敏芝分管：B2B 国际事业部
　　　　　　B2C 国际事业部

细心者会发现，此次大幅度调整阿里巴巴组织架构，马云并未将"支付宝"和"阿里金融"包含在内。

这又是为什么呢？

三 创新者"虽死犹荣"

2013年，阿里巴巴进行架构大调整的时候，没有纳入"支付宝"和"阿里金融"。马云如此用意，在当时引发一些观察者的猜想。一年后的3月，中国最重要的政治活动月里，围绕阿里巴巴和"支付宝"掀起了阵阵波澜，以至于多次献策中南海的马云，也发出了"虽死犹荣"的壮士感言。

1. 来自中南海的夸赞

2013年3月，中国一年一度的两会时间。当月15日上午，在一场最重要的政治议程中，李克强当选为新一届国务院总理。

当年10月最后一天，李克强总理在中南海主持召开了就任总理以来第三次经济形势座谈会。参加此次座谈会的有专家学者和企业家代表。

时近年末，分析国内经济走势、谋划来年经济工作，无疑是此次座谈会的主题。受邀发言的有10人，除了宏观经济、金融、房地产、对外经济领域的6名专家外，另外4位则是时下中国最受关注的企业界人物。

其中，两位民营企业家代表颇受瞩目：一位是吉利集团的李书福，另一位便是阿里巴巴的马云。

座谈会上，李克强总理对马云说："马云同志，你办的公司我还真有意去浏览了一下，那些公司小业主的留言挺感人的。半夜接到一个单子，马上就送出去，送出后告诉购物方，能不能给赞一个，说我们创业不容易呀！然后，我看到，对方回应说你的物品有点儿问题，有点瑕疵。他马上就说，我立刻给你换。最后又说，我们确实不容易，我们是尽了最大的努力，一定给你换，意思是说你千万别毁了我的名声。"

看到马云频频点头回应，总理又说道："真不容易呀！这也从另一方面反映出中国的年轻人，实际上这些多数都是'80后''90后'的创业者，真是勤劳呀！"

在此之前，李克强总理已经在另一个全国性的会议上脱稿讲了这么一段话：

> 像电子商务，比如"淘宝网"，带动了很多人就业。有很多人加入了这个网，自己就等于开了个小店，而且成本很低，不用租商铺，网上就开了。

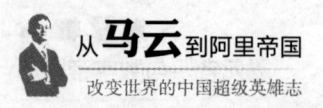

当然,我们也要求要讲诚信,他们也很注意。创业确实是不容易的,但是你可以看见,大家通过这样推动是可以提供创业的机会。

当时,李克强总理还强调,要创造条件,挖掘和发挥当代年轻人的创业精神。他自己乐见"淘宝网"为年轻人创业提供机会,让更多的年轻人实现了就业。

通过不长的讲话,人们在感受到中央政府对就业问题高度重视的同时,也看到了高层对马云和阿里巴巴团队创新精神的高度赞赏。

而在中南海的座谈会上,李克强总理也对马云说:"坦率地讲,马云同志,你的那些公司,要是按照规定实际上都不合法,就到你网站注册一下就成公司了?现在合法了,我们已经规定,取消门槛了。当然,也有人说,可能没有实质性意义,其实有很大实质性意义。就是让这些创业的人,原来会觉得自己绕弯走,现在有法律保障,法律规定是允许的。"

马云及时回应:"其实我们只有 2.5 万名员工,围绕我们公司直接或间接的就业机会,却有 1200 万人。"

马云的回应让总理的兴致更高:"那公司数有多少?"

马云:"我就讲'淘宝网',开店公司数是 900 万家,比较活跃的是 300 万家店。我只算 300 万活跃的卖家,带动的有 1000 多万人就业。这里面就业来自哪里?第一是 900 万的店主、客服。第二是物流。我们认为如果解决今天和未来 3 万亿到 10 万亿的销售额,中国大概每天要有 3 亿只包裹,还将增加 850 万人进入物流行业就业。第三是 IT 人才。所以,我们觉得在这里就业会解决。"

马云的讲话,李克强总理很是欣赏。"你发言的内容很重要,实际上是我们首要考虑的。一个公司带动了上千万人就业,这是非常重要的。"

接下来,马云讲述了阿里巴巴创造出来的"双 11"节日,总理听得颇有兴致。

"去年 11 月 11 日早上凌晨的第一分钟,网上冲进了 1000 万人。所以,当天卖了 191 亿元。今年,我们预计在 300 亿元,11 月 11 日当天将有 2 亿只包裹。预计今年全年的销售额占中国整体社会消费品零售总额的比重会超过 10%。"

马云没能忍住自己的兴奋,他带着自豪的心情说:"总理,这是传统商业模式想都不敢想的场面。现在走在大街上,擦肩而过的姑娘、小伙子,也许看上去极为普通，但没准他就是在淘宝上销售额过 5000 万元甚至过亿元的店主呢！"

马云滔滔不绝、如数家珍般的数据，让总理的评价随即成为媒体的新闻标题——"你们实际上创造了一个消费时点"。

座谈会快要结束的时候，李克强总理用温暖贴心的话语对马云等人说道："中国经济的信心，很大程度上来自企业家的信心。而企业家特别是民营企业家希望得到政府更多的信任……今天把你们请来座谈，就代表着我们的信任。对民营企业家，政府不仅信任，还要依靠！"

2019 年 1 月 15 日，同样的场合，还是马云，更是用"刺耳"和"不太好听"的发言，赢得了李克强总理的肯定。

一个是 14 亿人口大国的总理，一个是联络着亿万民众的民营企业家，这般话语，怎一个贴心了得？

如果再往前梳理，马云受到国家总理的好评已经不是第一次。用媒体的话说，可谓是"三任总理的夸赞"。

早在 2010 年 6 月 25 日，时任国务院总理温家宝就到过阿里巴巴网络有限公司考察，他与马云进行了长时间交流。

当马云请温家宝说几句的时候，温家宝注视着马云，说道："电子商务要提供一个公平便捷的网上交流平台，一个真实可信的物流仓储信息平台，一个有信用的支付平台。电子商务有着无限的发展潜力。"

温家宝甚至笑言，自己是"马云的学生"！

考察结束时，温家宝留给了马云和阿里巴巴一段意味深长的话：

"一个有理想的人和一个有理想的企业，都有一个不屈的灵魂。'阿里巴巴'为青年人开了一扇门，这扇门可能很小，但穿过这扇门，前面就是光明的坦途，要坚定不移地走过去。"

3 年后，2013 年 1 月，同样是在中南海，时任总理温家宝主持召开座谈会，听取各界人士对《政府工作报告（征求意见稿）》的意见和建议。与其他各界参与讨论人士有所不同，马云是被温家宝点名请来的。

消息被披露后，当时的媒体舆论即纷纷表示：马云被总理点名，显然是由于阿里巴巴在国内电商行业的龙头地位。无论是 B2B、B2C，抑或 C2C，甚至还有第三方支付，阿里系的龙头地位还无法替代。

那次座谈会上，马云给出了自己的建议：把互联网和电子商务上升到国家战略；培养企业家精神；对民企不能开而不放。

"信息化不仅改变生产方式，而且改变生活方式，将会带来一场深刻的技术革命。我们要尊重企业家、尊重创业者，为不同类型企业创造平等的竞争环境，这关系着未来。"针对马云的建议，时任总理温家宝及时给予了回应。

除了现任总理和前任总理，马云还享受了有着"铁腕总理"之称的朱镕基当面夸赞。

那一幕，也发生在2013年10月的一天，时值清华大学经济管理学院顾问委员会年度会议召开。

当天下午，清华大学经济管理学院首任院长、学院顾问委员会名誉主席、国务院原总理朱镕基，时任中共中央政治局常委、中央纪委书记、清华经管学院顾问委员会名誉委员王岐山等，与担任委员会委员的马云等人，进行了一个半小时的会谈。

清华经管学院顾问委员会，有着"影子智囊团"的称谓。在外界看来，当年那是一个阵容豪华却行事低调的智囊团，不仅有中国国务院原总理朱镕基担任名誉主席，其成员还包括有国际影响力的跨国公司董事长、总裁或首席执行官，世界知名商学院院长，国内标志性企业家和财经高级官员等，共计60余人。

最让国内外媒体遐想的，在2013年高级智囊团中，时任中财办主任刘鹤，与阿里巴巴集团执行主席马云、哈佛大学校董会董事吉姆·布雷耶、苹果公司首席执行官蒂姆·库克一道，成为最新加入的主要成员。

再看朱镕基，面对着马云等人，曾风趣地说："委员们越来越年轻！"

2. 金融颠覆者"余额宝"

年轻意味着创新，创新才意味着未来。

对于马云团队来说，能否保持年轻与创新，关乎着阿里巴巴能否不断壮大。然而，如同"淘宝""支付宝"一样，阿里巴巴的每一次创新，又往往免不了要遭受一番波折。

就在2013年10月中南海座谈会前4个月，也就是马云宣布退休CEO一个月后，由阿里巴巴创新推出的又一个新产品问世了。它便是名噪一时的"余额宝"。

"余额宝"是在2013年6月13日正式上线的。上线当天，其官方网站上有着这样的文字：

> 余额宝：支付宝打造的余额增值服务。把钱转入余额宝即购买了由天弘基金提供的增利宝货币基金，可获得收益。余额宝内的资金还能随时用于网购支付，灵活提取。

换用更通俗的语言表述，"余额宝"就是"支付宝"基于互联网运营开发的一种网络金融产品，是为个人用户推出的通过余额进行基金支付的服务。

通过"余额宝"，用户不仅能够得到收益，还能随时消费支付和转出，像使用"支付宝"余额一样方便。用户在"支付宝"网站内，就可以直接购买基金等理财产品，同时"余额宝"内的资金还能随时用于网上购物、"支付宝"转账等支付功能。用户转入"余额宝"的资金，在第二个工作日便由基金公司进行份额确认，并对已确认的份额进行计算收益。

"余额宝"首期支持天弘基金"增利宝"货币基金，主要用于投资国债、银行存款等安全性高、收益稳定的有价证券，7日年化收益率一度平均为3.8%。

理论上讲，货币基金作为基金产品的一种，自然存在亏损的可能。但是，若从历史数据来看，货币基金的收益又相对稳定，风险很小。

而"余额宝"的收益，又是按如下方式进行计算的。

当时，"余额宝"官方网站公布有一个计算公式：当日收益＝（"余额宝"已确认份额的资金/10000）×每万份收益。

假设消费者已确认份额的资金为9000元，当天的每万份收益为1.25元，代入计算公式中，其当日的收益则为1.13元。

仅从表面上比较，"余额宝"比银行存款具有不小的吸引力。"余额宝"不仅支持"支付宝"账户余额支付、储蓄卡快捷支付（含卡通）的资金转入，还不收取任何费用；同时，通过"余额宝"，用户存留在"支付宝"的资金还能获得比银行活期存款利息更高的利息收益。

市场经济一个重要特征，就是让市场去调配市场。

"余额宝"一经推出，短短半个月，累计用户数便达到251.56万，累计转入资金规模66.01亿元。

在紧接着的2013年第三季度，与"余额宝"对接的天弘增利宝货币基金规模进一步扩大到556.53亿元，比第二季度末的42.44亿元猛增了1211.33%，成为当时市场上规模最大的基金。

接下来的日子里,"余额宝"新的数据仍在不断刷新。

上线5个月,与"余额宝"对应的天弘增利宝规模便突破了1000亿元,用户数近3000万,一举成为国内基金史上首只规模突破千亿元关口的基金,位居全球货币基金第51位。

阿里巴巴的金融创新"余额宝",同"支付宝"一样,也创造了中国金融史上新的奇迹。

到了当年底,即2013年12月31日,"余额宝"的客户数进一步高达4303万人,规模攀升至1853亿元;而自成立以来,其已经累计给用户带来了17.9亿元的收益,日每万份收益一直保持在1.15元以上,在所有货币基金中万份收益最为稳定,总收益水平稳居同类货币基金第2位。

奇迹远未就此止步。

2014年1月15日,"余额宝"规模超过了2500亿元。按当期1∶6.10的汇率计算,2500亿元人民币相当于409.84亿美元。根据这一新数据,天弘增利宝基金的规模在全球货币基金中的排名迅速升至第14位。

2014年2月8日,"余额宝用户专享权益2期"产品上线并开放预约。此次只针对"余额宝"用户,购买产品的资金只能来自"余额宝"。业内人士披露,该产品对接保险产品,预期年化收益率可达到7%,并承诺保本保底。

这一产品的推出,业内一致认为,这是马云团队推出的"余额宝"二代产品雏形。更有专业者,还进行了一番比较。

2014年一季度,以1万元投资金额计算,"余额宝"为投资者创造的收益高达145.58元。同一时间段,若用户选择银行3个月到期的定期存款,只能获得71.25元的收益;若选择活期存款,则收益仅为8.75元。

于是,媒体舆论发出了惊呼——"余额宝"收益约相当于银行活期存款收益的17倍。

有心者还进行了比较计算。在7日年化收益率方面,截止到2014年3月31日,"余额宝"等主要互联网理财产品均保持5%以上,相当于同期银行活期存款基准利率(0.35%)的14倍,甚至比5年期定期存款(4.75%)还要高。

不仅于此,与当时银行存款相比,以"余额宝"为代表的互联网金融产品还可以当天或隔天赎回,其实践中的流动性也明显优于银行定期存款。

或许因为上述多个方面的强力优势,诞生不到一年的"余额宝",便呈现出人们所说的"大批储户'用脚投票',纷纷拥抱"的壮观景象。

查阅当期央行公布的相应数据，似乎也有着合理的印证。

如 2014 年 1 月，人民币存款大幅减少了 9400 亿元，幅度创 6 年同期新高。即有央行核心人士指出，互联网理财产品的强力吸金，便是主要原因之一。

眼见马云"余额宝"的颠覆之举，不少追随者也纷至沓来。

包括腾讯、京东、中国平安等众多科技和金融巨头，都没能抵挡住互联网金融的诱惑，于 2014 年第一季度竞相加入进来。阿里巴巴一枝独秀的局面，才得以被打破。

2004 年 1 月，腾讯借道微信推出理财通，对接华夏基金旗下的一款货币基金；

京东互联网理财平台"小金库"，在经历两次跳票后，最终于当年 3 月底亮相，首批对接嘉实和鹏华旗下的两只货币基金；

同期，传统金融巨头平安集团也随即宣布，推出一款名叫"壹钱包"的手机应用，整合支付、消费、理财和社交服务；

如此等等。

即便这样，2013 年 6 月上线的"余额宝"，还是被人们视为中国互联网理财的标志性产品。

3."寄生虫"与"吸血鬼"

因为创新，"余额宝"成为新型金融服务产品的代表；因为引领，"余额宝"被人们视为市场标志。

随着马云团队以"技术穿越了制度限制"的方式，实现"余额宝"的崛起，由其衍生而来的冲击也远远超出了业内不少人的心理承受能力。

2013 年 6 月，当"余额宝"刚刚诞生的时候，几乎所有的银行高管都不屑一顾，均认为此物难成气候。即使到了 2013 年末，银行业虽然开始关注马云引领的"余额宝"现象，甚至还举办了专门的网络金融研讨会，但绝大多数银行高管仍然认为，"余额宝"不会对传统银行构成威胁。

得出这样的结论，主要原因就是银行业一致认为，网络金融在西方发达国家都没有形成气候，在中国也就更难形成气候。

然而，情势很快发生根本性变化。

到了 2014 年两会召开之际，在传统银行业的眼里，"余额宝"已经变得像狼一样，形同金融"野蛮人"。它不仅实现了自身名副其实的野蛮生长，还将传

统银行冲击得"手忙脚乱,自顾不暇"。

眼看形势日益不利,习惯了霸王模式生存的国内各大银行,开始联合采取行动了。

2014年伊始,工行便推出了与"余额宝"类似的"现金宝",中行推出了差不多的"活期宝",交行则推出了"快溢通"……这些产品的利率纷纷向"余额宝"看齐,都在5%以上,远高于传统形式的活期存款模式。

敏锐的财经媒体首先感受到了变化。

如当时的《经济日报》《国际商报》等主流媒体曾刊文:倒逼银行改革,推动利率市场化,带来普惠金融,作为互联网金融代表的"余额宝"可谓"搅活了一池死水"。

而一位颇有分量的资深金融学者,在谈起"余额宝"们掀起的市场新竞争时,索性引用了那几年颇为火热的一个词——"货币战争"。

随着所谓的"货币战争"愈演愈烈,2014年2月21日,一篇名为《取缔余额宝》的博文开始在网上公开。其文的撰写者,即是时任"央视证券资讯频道执行总编辑兼首席新闻评论员"钮文新。

钮文新博文中写道:

> 当老百姓沾沾自喜于手机账户中又多了几块钱利润的时候,我们是不是想过,自己所在的企业融资成本正在面临大幅上涨的风险。这事跟你没关系吗?我想,至少你的加薪机会已经被吞噬了,而你的工作机会恐怕也会更加风雨飘摇。
>
> 我不是危言耸听,更非号召谁退出"余额宝",只想告诉人们一个重要的经济事实:"余额宝"哪里只是冲击银行?它所冲击的是中国全社会的融资成本,冲击的是整个中国的经济安全。因为,当"余额宝"和其前端的货币基金将2%的收益放入自己兜里,而将4%~6%的收益分给成千上万的"余额宝"客户的时候,整个中国实体经济、也就是最终的贷款客户,将成为这一成本的最终买单人。

随后,钮文新得出结论称,"余额宝"是趴在银行身上的"吸血鬼",典型的"金融寄生虫"。他并强调指出,"余额宝"们并未创造价值,而是通过拉高全社会的经济成本并从中渔利。

《取缔余额宝》文中还用具体的数据进行了计算演示：假定"余额宝"4000亿元规模平均收益6%，利润240亿元，"余额宝"和货币基金大约要吞掉80亿元（4000亿元的2%），其他"余额宝"客户分享160亿元。

于是，钮文新博文总结道："对任何一个市场经济体，对于任何一个还有些智商的金融监管者而言，都应当旗帜鲜明地抑制'余额宝'。因为它严重干扰了利率市场，严重干扰银行流动性，严重拉高实业企业融资成本，从而加剧金融和实业之间的恶性循环，严重威胁中国的金融安全和经济安全。"

作者甚至带着愤青的情绪表示："中国金融监管当局基本属于脑残。"

《取缔余额宝》一文公开后的第二天，"支付宝"用特别的一篇微博进行了正面回应，取名为《记一个难忘的周末》。

好不容易周末晚上，准备忙里偷闲去看期待已久的《霍比特人2》。但正当我蹦蹦跳跳来到电影院楼下打开"支付宝"钱包准备买票的时候，老板给我来电话了……

老板：你知道吗？央视好像今天说"余额宝"冲击中国经济让你涨不了薪，买不了房，你赶紧看看怎么回事！

我：老板，我今天准备看电影啊！我这个月好不容易攒了80块收益，准备看场电影啊！你不能这么残忍啊！

老板：哦，这样啊！那你看完电影随便写两句回应下吧，人家正号召取缔"余额宝"呢！

…………

这位老师的文章我看了半天没太看明白，文化不高是我除了身高以外这辈子最大的遗憾……但看到"吸血鬼"和"寄生虫"这样形象的比喻，还是让我明白了，老师的意思是"余额宝"让银行少赚钱了，银行很辛苦，活滴不容易……

我查了下，2013年上半年，16家国内上市银行净利润总额达到6191.7亿元人民币，全年起码翻一番，12000亿元吧？这还不是全部。中国总共有几百家银行吧？看到这里我抚摸着胸前的红领巾，放心了。

老师您还提到了"余额宝"的利润是2%。可"余额宝"加上增利宝，一年的管理费是0.3%、托管费是0.08%、销售服务费是0.25%，除此之外再无费用。我知道自己数学就比"天猫"好那么一丢丢，所以特意用计算

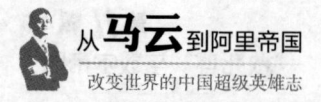

器加了好几遍,算出来的结果每次是0.63%。不知道老师的2%是咋算出来的呢?

好了,老板我不写了,困了,睡觉!

这篇极富阿里人特色的长微博,在网络上迅速疯传,短时间即赢得众多支持的声音,并被网友们戏称为"最萌的回应"。

前者战斗式的檄文,后者卖萌般的笑贫,同是网络文字,阿里人用所有网民都会笑着读完的生活话语,完败了高举齐家治国平天下大旗的训令,不能不令人更加好奇马云统领下的阿里文化。

其实,当年笔者读《记一个难忘的周末》时,也屡次忍俊不禁!

4. "余额宝"死了也光荣

众多网友为"支付宝"《记一个难忘的周末》点赞时,钮文新《取缔余额宝》的倡议,也自然有一些附和的声音。

一位坚决支持《取缔余额宝》一文的网友如此写道:

> 建议任何银行和证券金融机构,不得保管存放借用"余额宝"之类资金,隔断"余额宝"的资金使用去向及其固定收益来源;任何银行业、证券业金融机构,不得为"余额宝""现金宝"等宝宝们的金融活动提供任何金融服务。没有银行、证券等正规金融机构的合作,皮之不存,那些宝宝们的毛将焉附?

不过,与支持"余额宝"的声音相比,赞同《取缔余额宝》的声音明显处于弱势。不少声音甚至直接指称,《取缔余额宝》完全就是代言传统银行业的檄文。

批驳《取缔余额宝》的一位网友这样写道:

> 钮文新错在高估了"余额宝"的破坏力,低估了银行体系的适应能力,"余额宝"只是一条金融系统中的鲶鱼而已。尽管由于第三方支付做个人金融业务处于三不管地界,仍然只是短期的监管套利,并没有在总量上影响到国家金融体系安全。更何况从近来腾讯微信给予"支付宝"的压力看,

互联网公司同样不能免于被互联网颠覆的风险,没有必要急于对这些尚未深入金融市场的创新做出严格限制。

另一位年轻女孩打出的比喻,既透着可爱和直观,也很能代表一类人群:

> 好比一个男孩追女孩,"余额宝"说:我爱你,做我女朋友吧!我会对你好!女孩点头了,两人在一起,男孩确实对女孩很不错……而银行理财产品说:你好漂亮,我觉得你像我高中校花,你住哪儿?你手机壳好别致……说半天说不到重点上,最后两人好不容易在一起了,男孩一天到晚还神神秘秘的,女孩都不知道他在想什么。

这类可爱的比喻,似乎得到了真实地印证。

一位媒体人实地采访后,借用不愿透露姓名的某银行负责人的话写道:

> 为什么银行业在面对新生竞争对手时不反省自己的问题,却拼命找碴儿呢?互联网金融的各种宝们,有远高于银行活期利率和个别理财产品的收益率、便捷的操作模式、亲民的投资门槛、低廉的运作费用。反观银行——冗长的业务办理时间,不合理的霸王条款,名目繁多的服务收费……如此观之,与其说是"余额宝"在侵袭传统银行业务的领地,不如说是公众自己做出的选择。所以,银行如果继续故步自封,继续高高在上,恐怕会丢失更多的阵地和人心。

尽管是媒体人借用,但这位银行负责人的话,还是自揭了银行系统之所以会对"余额宝"等新型金融产品心存忌惮的一个深层原因。

在笔者身边,当时也有不少朋友钟情于"余额宝"。一位同龄的教师友人,甚至用自己"余额宝"的亲身得意,一度嘲笑我理财意识不够强。

为了真实反映公众对"余额宝"的态度,2014年2月—3月间,许多媒体都进行了专题调查。某著名网站就开通了"论战'余额宝'"的调查,短时间便吸引了数万人参与。

一个月的调查结果显示,有近9成的网友认为不应该取缔"余额宝"。他们还表达了共同的态度,如果自己有闲散资金,会选择将其放在"余额宝"等类

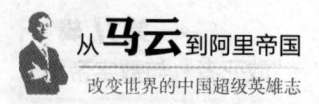

似的互联网金融理财产品中。这些网友中,又以"80后""90后"的年轻投资者居多。

"'余额宝'简单明了,银行复杂而神秘!"持这种观点的民众,似乎成为当时的主流。

对于绝大多数普通老百姓来说,能获得实实在在的收益自然是第一位的。而"余额宝"等互联网金融产品,就如同一个诱人的蛋糕,带给了公众们最实在的甜头。

把自己辛苦攒下来的钱投入到"余额宝"里,尽管时间不长,收益却明显多出不少,而且没有购买门槛,提取更是十分方便。如此十足的人性化感受,有什么理由不欢迎呢?

反观银行多年的服务,在公众们的眼里就是别样感受了。特别是2010年后,银行存款的利息更是赶不上物价上涨的速度。每一个在银行里有存款的老百姓,都切身感受到了货币的贬值之痛。

如此正反有别的切身比较,自然会真实地反映在媒体进行的多种舆论调查中。于是,"央视评论员一通棒子打下来,不仅吓人,而且还引起了人们的反感",也就成为2014年初最为主流的民意。

面对公众一波高过一波的批驳压力,《取缔余额宝》一文发布两天后,2014年2月23日下午,钮文新接受了媒体专访。

他在访谈中表示:"我不是质疑'余额宝',而是类似'余额宝'的这样一种商业模式。"

钮文新认为,在判断对错之前,首先应该具备一个正义的、全社会的立场,而不是所谓狭义的"提高了老百姓收益"的问题。

钮文新进一步补充表示,现在商业银行也在做类似的事,"但这都是被逼无奈的。银行不这样做是'等死',做了可能是'找死'。银行才是'钱'的最终经营者,因为有贷款在经营链条上,各种风险都包含其中。所以可以说,'余额宝'这样的模式是一种'金融寄生虫'。"

让钮文新没有料到的,他在访谈中对"余额宝"的再次负面定性,引来了更大的反击声音。其中,一些权威金融学家也参与了进来,他们表达了颇具改革色彩的观点——"倒逼金融创新,银行不能怪'余额宝'。"

如中央财经大学的郭田勇教授就公开表示,国内银行存款中,除了协议存款利率是放开的,其他利率都是被管制的。在这种情形之下,"余额宝"对接的天弘增利宝货币基金能有6%~7%的高收益，也是银行在议价过程中愿意给的协议存款利率。所以"余额宝"的收益与市场利率没有因果关系，"说'余额宝'推高市场利率，从而转嫁到老百姓贷款利率上是偏颇的。"

郭田勇教授的观点，得到不少业内权威人士的认同。他们一致认为，"银行融资成本升高了，但不能责怪'余额宝'。"

在制度上，管制利率和协议存款利率之间存在无风险套利空间。如果充分市场化，老百姓本来就应该得到更高的利率。只是现在用"余额宝"这种方式，使老百姓得到了本来就应该得到的利益而已。

学者们的解读表明，"余额宝"之所以迅速热火起来，商业银行和中央银行都应该反思。因为"余额宝"对利率市场化起到了良好的促进作用，对未来中国整个金融业的创新发展形成了很强的倒逼之势。

笔者不禁想起，"余额宝"诞生之时马云那句诤言——"如果银行不改变，我们就改变银行。"

显然，在越来越多改革者的眼里，"余额宝"的鲶鱼效应正在形成。

就这样，从普通的一般民众，到政府高层及学界精英，各路声音相继涌出，一场围绕"余额宝"的社会性大讨论火热形成了。其后，这场交锋更是延烧到了全国最重要的政治活动场——2014年全国两会。

2014年3月5日，全国两会各项议程开始展开。"余额宝"引发的辩论交锋，第一时间成为众多媒体包围中国金融业监管高层的重要话题。

时任中国人民银行副行长的易纲，面对媒体连续性的"余额宝"发问，开始有了正面回应。"要支持和容忍'余额宝'等金融产品的创新行为，同时也将适当采取措施对可能产生的市场风险加以引导和防范。"

同为央行副行长的潘功胜也认为，互联网金融可以扩大对小微企业的供给，拓宽老百姓投资渠道，提高交易效率，降低交易成本。"对互联网金融这个新品种，第一要鼓励创新和发展，第二要推动金融市场改革，第三要规范监管，跨部门交叉性产品，需要协调监管。"

很有号召力的企业大佬、全国政协委员郭广昌，则在两会间隙直面媒体，表达了颇具代表性的意见："现在中国企业利息成本高，美国制造业回潮，中国中小企业可能会面临巨大挑战，这是最令人担忧的事情。与此同时，中国经济最乐观的因素是因为移动互联网，它带来了中国经济的总体提升。现在的'余额宝'很多有意见，但不应该站在道德角度进行批评和封杀。"

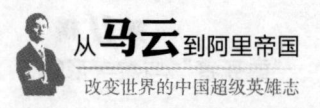

当然，两会代表委员中存在着不尽相同的声音。

如全国政协委员、中国工商银行前行长杨凯生认为，"余额宝"的大头投向了银行的协议存款，协议存款的利率水平按照目前的监管要求是可以协商确定的，它的利率比银行现在还没有完全放开的活期利率水平要高。要是真的利率市场化了，银行真的可以对自己活期存款的利率完全有了决定的能力了，"'余额宝'还存在的话，那它不会享受现在这种特殊的高利率。"

另一位颇有代表性的权威学者、全国政协委员李稻葵则呼吁："像'余额宝'等互联网金融业务，一定要有准备金，以防不测。建议尽快建立包括存款准备金制度等在内的一系列保护制度。"

…………

到了需要最高监管层一把手表态的时候了。

还是在 2014 年 3 月，时任中国央行行长的周小川，面对各路媒体直接表态："不会取缔'余额宝'，对'余额宝'等金融业务的监管政策会更加完善。"

随着这一表态的迅速传开，很多人都替马云和"支付宝""余额宝"长出一口气。

就在公众以为马云已躲过此劫的时候，质疑"余额宝"的声音还是从央行内部发出来。

2014 年 3 月 13 日，时任央行调查统计司司长的盛松成接受央视财经访谈时表示，"余额宝"这些互联网金融，实际上是在打金融监管的擦边球，它和银行是处于一个不公平竞争状态。银行是需要受严格监管的，互联网金融既不受资本金管理，也不受贷存比管理，几乎不需要什么成本，对金融体系的影响非常大。

一语再次激起强烈震荡。

"央行官员指责'余额宝'打擦边球"的新闻标题，随即出现在各大媒体。而本以为"余额宝"之争可以告一段落的公众们，此时也有些不知所措了。

这一次，马云不愿意再沉默了。

盛松成发表讲话的当天，作为阿里巴巴董事局主席的马云，便第一时间正面回应了"擦边球"的指责。"如果有一天'余额宝'的利率和银行的存款利率并轨了，即便'余额宝'的使命真的终止了，它已经发挥了很好的作用。"

面对新华社记者的追问，马云的侠义性情不可抑制："世界上没有一个产品的生命周期是永久的。在改革开放的进程中，如果有一款产品能发挥推动历史的作用,即便它的生命周期再短暂,也必将非常光荣。"

几个月后,从阿里巴巴传出了令人欣慰的消息:阿里小微金服集团已经申请银行牌照,成为国内首批5家试点的民营银行之一。而这个"小微金服",则又与"支付宝"和"余额宝"相生相续。

据此,因"支付宝"而诞生的"余额宝",已然在中国金融改革发展史上写下了属于自己的浓重一笔。

四 华尔街呼唤中国阿里

"今天很残酷,明天更残酷,后天很美好。但绝大多数人都死在明天晚上,只有真正的英雄才能见到后天的太阳。"渴望做时代英雄的马云,已不再满足于看到"后天的太阳",而阿里巴巴升起的太阳也不止一个。

1. 阿里巨人"蚂蚁金服"

这里所说的"蚂蚁金服",也就是上文提及的"小微金服"。而说起"小微金服",就不得不再次说到"支付宝"。

自2004年诞生,到2013年完全独立,"支付宝"已经从服务电商交易的支付工具,发展成为服务各行业的强大支付平台。当阿里巴巴全面介入移动互联网的时候,"支付宝"更是进入人们日常生活的衣食住行各个领域,不仅为亿万用户提供了极大便利,还成为移动生活方式的重要标志。

正是"支付宝"的强大生长能力,为日后"蚂蚁金服"的成立奠定了基础。2013年3月,"支付宝"的母公司——浙江阿里巴巴电子商务有限公司宣布,将以其为主体筹建"小微金融服务集团",其服务人群锁定为小微企业和个人消费者。

于是,2013年6月,便有了上文讲述的"余额宝"。"余额宝"初始为"小微金服"与天弘基金合作的一款货币基金产品,因门槛低、操作方便,被定义为"小微金服"旗下的现金管理工具。

2014年5月,经历全民大讨论后,拥有"余额宝"的"小微金服"提出了"稳妥创新、拥抱监管、激活金融、服务实体"的十六字方针。8月,"小微金服"再推理财新平台——"招财宝"。

2014年10月16日,"小微金融服务集团"以蚂蚁金融服务集团的名义

正式成立,旗下业务包括"支付宝""余额宝""招财宝""蚂蚁小贷"和网商银行等。

关于"蚂蚁"名称的由来,马云曾有过这样的解释:阿里巴巴是从小微做起的,很多时候只对小微的世界感兴趣。就像蚂蚁一样,虽然个体渺小,但齐心协力就能焕发出惊人的力量,为达目的永不放弃。

公开资料显示,"蚂蚁金服"的注册资本高达12.29亿元,股东为两家合伙制企业,马云、陆兆禧、彭蕾等阿里资深高管合伙持有相关股份。而首任CEO,即由彭蕾出任。

"蚂蚁金服"的使命,也延续了阿里巴巴色彩,定位为无数小企业和消费者提供资金、支付、担保等多种服务,以支持他们的生存和发展。

2015年4月9日,"蚂蚁金服"正式宣布,开放内部代号"维他命"的金融信息服务平台,并联合博时基金、恒生聚源及中证指数发布首个指数产品——"淘金100"。这也是国内首个由电商行业数据推出的金融指数。

2015年7月,"蚂蚁金服"完成A轮融资,引入了包括全国社保基金、国开金融、国内大型保险公司等在内的8家战略投资者。如果按照融资额及占股比例倒推计算,"蚂蚁金服"当时的市场估值便超过了450亿美元。

当年9月,"蚂蚁金服"启动了"互联网推进器计划"。该计划在渠道、技术、数据、征信乃至资本层面,推进"蚂蚁金服"与金融机构深入合作,目的是在5年内助力1000家以上的金融机构向新金融转型升级。

2015年10月16日,"蚂蚁金服"推出专门面向金融行业的云计算服务——蚂蚁金融云。此举标志着"蚂蚁金服"正式向金融机构开放了云计算能力和技术组件。

同样还是2015年,"蚂蚁金服"旗下的"支付宝""口碑网"推出了"双12"线下购物狂欢节。数据显示,当年12月12日,全国共有2800万人参与了"双12",而"80后""90后"人群依然是主力。仅当日一天,"支付宝"与"口碑网"就为线下商户带去了1951万的新增会员量。

自此,"双12"便成为"双11"的姊妹购物节。

2016年1月,央视与"蚂蚁金服"旗下的"支付宝"在北京联合发布2016年春晚的互动新玩法——"咻红包、传福气"。当年2月7日除夕夜,"支付宝咻一咻"互动平台的总参与次数达到惊人的3245亿次,有791405位用户集齐了五福,平分了2.15亿元的大奖,笔者和数位家人也成为其中的幸运者。

多年不变的春晚大戏,自此被注入了全新的欢庆内容,引得其他互联网公司纷纷效仿。

2016年3月25日,由中国人民银行牵头,会同银监会、证监会、保监会等有关部门组建的中国互联网金融协会在沪正式挂牌。原中国人民银行党委委员、副行长李东荣当选为首届协会会长,蚂蚁金融服务集团董事长彭蕾成为首届副会长之一。

2016年4月,"蚂蚁金服"又完成了B轮融资,融资额高达45亿美元,创造了全球互联网行业当时最大的单笔私募融资。B轮融资新增的战略投资者,包括中投海外和建信信托(中国建设银行下属子公司)分别领衔的投资团。包括中国人寿在内的多家保险公司、中邮集团、国开金融以及春华资本等在内的A轮战略投资者,则继续进行了投资。

消息一经公布,业内纷纷给出预测,"蚂蚁金服"的整体估值将超过600亿美元。

2016年10月16日,在"蚂蚁金服"成立两周年的年会上,井贤栋正式接替彭蕾出任CEO一职,"蚂蚁金服"完成了当家人的正式交替。

3个月后,即2017年1月26日,"蚂蚁金服"再出大动作,以约8.8亿美元向美汇款服务公司Money Gram(速汇金)[①]提出并购。

然而,"蚂蚁金服"的并购要求,却在2018年1月被美国外资投资委员会否决,理由便是国人并不陌生的"国家安全"。

2018年2月1日,阿里巴巴公布一个消息,同意收购"蚂蚁金服"33%的股权。不久,"蚂蚁金服"和易联众签署了战略合作协议,双方在全国范围内展开"支付宝"移动支付业务,共同优化提升人社、医疗等行业的支付体验。

这样的行动意味着,国人吃饭、购物等消费,甚至医保支付等,以后只需带个手机即可。而本书出版之际,上述设想大都已经成为我们生活中的基本现实了。

2018年6月8日,"蚂蚁金融"对外宣布新一轮融资,融资总金额攀高至140亿美元,引发了全球震动。

随着此轮融资的完成,国际财经界也流传着这样的感叹——无须广泛约见

[①] 所谓"速汇金",指的是一种个人间的环球快速汇款业务,特点是能在10余分钟内完成由汇款人到收款人的汇款过程。在国内,"速汇金"的合作伙伴有中国银行、工商银行、交通银行、中信银行等。

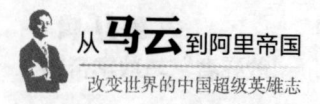

投资人,就轻易拿下140亿美元融资,一举成为全球最大独角兽,这家公司叫作"蚂蚁金服"。

《21世纪经济报道》即在第一时间披露,"蚂蚁金服"在决定启动融资时,只向10多名精选的目标投资机构发出了邀请,邀请名单是"蚂蚁金服"精挑细选出来的,而被邀请的机构几乎全部投了"蚂蚁金服"。

按照正常步骤,一个想要融资的公司,首先需要写出周密的融资计划书,然后尽可能多地邀约投资人见面,经过讨价还价,签署投资意向书、SA(融资约束)后,才能获得相应资金,很多时候还无法完成希望的融资额。

然而,"蚂蚁金服"打破了这个惯例。

这一次融资,除原有股东继续跟投外,包括新加坡政府投资公司、马来西亚国库控股、华平投资、加拿大养老基金投资公司、银湖投资、淡马锡、泛大西洋资本集团、T.Rowe Price旗下基金、凯雷投资集团、Janchor Partners、Discovery Capital Management,以及Baillie Gifford等全球顶尖资本,都成为新增的战略投资者。

借用了解内情人士的话说,很多投资者甚至认为,如果不能够投"蚂蚁金服",都不好意思称自己是全球知名投资机构。

联想起马云创建阿里巴巴时的融资历程,笔者突然想起了中国那句有名的市井俗言——无钱闹市没人问,有钱深山有远亲!

2018年8月,英国《金融时报》、彭博社等披露了一组数据:

"蚂蚁金服"用户量已超过6亿,达到6.5亿,其中有5.2亿用户来自支付宝;管理资产规模达2.2万亿元,其中"余额宝"管理着1.5万亿元(合3450亿美元)资产;消费贷规模超过6000亿元,消费者贷款额度是中国建设银行的近3.7倍。

而成功完成巨额融资后,市场也开始了对"蚂蚁金服"竞相估值。

当年10月,业内权威人士给出了更为惊人的数字:"蚂蚁金服"的估值将在1500亿~1600亿美元之间,折合人民币达万亿元。

果真如此,"蚂蚁金服"这家尚未上市公司的估值,已经超越了百度,成为国内排在阿里巴巴、腾讯之后的第三大互联网公司,也必将成为全球最牛的独角兽企业。

2．一箭三雕的"私有化"

话题回到2013年，如前文说的那样，这一年的确是阿里巴巴转折性的一年。

距离马云辞任CEO已经两个月了。其间，除了马云携"菜鸟"复出引发舆论关注，接下来便是当年7月23日传出的轰动性消息——阿里巴巴有意赴港上市。

书中前文已有过详细讲述，阿里巴巴曾于2007年在香港成功上市，并一度创造了中国互联网公司最大的IPO。只不过，那时的上市只是阿里巴巴旗下的"B2B"板块。

阿里巴巴"B2B"业务成功登陆港交所后，虽然接连创造了多个中国互联网业内的奇迹，但是一段时间后，"B2B"的股价开始跌破发行价，并在一个时期内低位徘徊。

看着股价下跌、市值下降，马云和管理层从战略高度盘算后，决心将阿里巴巴流通在外的小股份买回来，也就是业内所称的私有化和退市。

2012年2月21日，阿里巴巴的股东阿里巴巴集团及阿里巴巴联合宣布，阿里巴巴集团(要约人)已向阿里巴巴董事会提出了私有化要约。

此一消息公开后，在互联网业内和国际资本市场都引起了震动。人们纷纷猜测，马云将意欲何为？毕竟，一个公司在成熟资本市场能够上市，其历程非常不易。从本书前文的详述中，其不易程度也已了然。

此时，阿里巴巴"B2B"发行股本为5002039375股普通股。阿里巴巴集团持有阿里巴巴2611760638股股份，占阿里巴巴已发行股本约52.21%；一致行动人持有1062224676股股份，占阿里巴巴已发行股本约21.24%。两者合计持有73.45%的股份。

阿里巴巴集团提出，以每股13.5港元的价格回购阿里巴巴剩余的13.28亿股股份(占总股本的26.55%)，预计耗资约180亿港元。

2012年5月25日，阿里巴巴的私有化建议获足够多数独立股东批准通过，投票赞成私有化建议的股票数量占独立股东所持股票总数的95%。

2012年6月15日，阿里巴巴公司注册地开曼群岛大法院批准了阿里巴巴的私有化计划。据此，港交所也批准撤销阿里巴巴的上市地位。

2012年6月20日，阿里巴巴"B2B"正式从港交所退市。一时间，舆论坊

间各种说法都有。

马云曾经说过,"商人的最大理想就是将自己的公司上市。"那么,马云又是如何解释阿里巴巴"B2B"退市的呢?

当时,面对媒体追问,马云这样解释退市的原因:"将阿里巴巴私有化,可以让我们免于承受拥有上市公司所需面临的压力,能够制定对客户最有利的长远规划。私有化要约也可以为我们的股东提供一次具吸引力的套现机会,而不必无限期等候公司完成转型。"

马云的解释随即引起了多样解读。不过,"为股东提供一次具吸引力的套现机会"倒是符合客观实情。

因为,阿里巴巴当时每股13.5港元现金的回购价,较最近60个交易日的平均收市价溢价了60.4%,比最近10个交易日的平均收市价溢价了55.3%。

然而,熟悉并深入分析阿里巴巴战略转型的人更相信,马云主导的阿里巴巴此番私有化,可谓是一箭三雕。

其一即是人们可以看到的"B2B"业务转型,其二是"去雅虎化",其三才是马云的最终目标——打造"大阿里巴巴"帝国。

关于"去雅虎化",本书前文已多有讲述,此处无须重复。关于"大阿里巴巴",实际上从前文讲述"25个事业部"拆分时,就已经开始布局了。

就在香港退市4个月后,由阿里巴巴主导的2012年"双11"传奇,便轰动式地上演了。紧接着,在马云的主导下,阿里巴巴又进行了一系列的大手笔并购。

除了前文详细讲述的"天弘基金"、"银泰"、"菜鸟"、新浪微博等重大事件外,阿里巴巴在短短的两年内还掀起了系列并购潮,涉及互联网、传统商务、金融、IT、传媒、体育等多个领域。

如美团网、虾米网、快的打车、高德地图、穷游网、百程旅行网、中信21世纪、友盟、Tango、银泰百货、恒生电子、华数传媒、中国文化传播、优酷土豆、广州恒大俱乐部、新加坡邮政、UC浏览器、海尔电器等。

当这些并购动作完成后,阿里巴巴的触角已深入娱乐、金融、生活服务、医疗、文化体育、影视传媒等多个与公众消费息息相关的领域,阿里巴巴的业务得以突飞猛进。截止到2014年3月31日的财年,阿里巴巴的营业收入达到525.04亿元人民币,净利润为234.03亿元人民币。

至此,阿里巴巴拥有了富可敌国的财务基础,一个以数据为核心的多元化大生态帝国开始形成。

于是，有业内专业人调侃马云和阿里巴巴：常人看来上市是很难的，退市是不敢想象的，但在马云的眼中，退市与上市仅仅是其战略中的执行一环罢了。

此类说法换言之，因为"心中无敌"，所以在马云这样的非常人眼中，上市与退市都是平常事。

财经界有一种说法，上市是初级战术，退市是高级战术，退市后再上市则是最高级的战术。何况，马云自己也认可这样的使命——上市是企业的宿命。

2013年7月，市场开始有传闻，称阿里巴巴已经聘请高盛作为上市保荐人，准备并向港交所递交上市申请。

当月23日，发言人给予回应，阿里巴巴还没有作出聘请投资银行的决定，上市时间和上市地点均未确定。

一个月后的9月2日，香港《南华早报》网站披露，香港证监会已召开董事局会议，开始商讨阿里巴巴上市的问题。

2013年9月10日，马云以内部邮件形式正式公布了阿里巴巴集团的"合伙人制度"。

紧接着，《香港经济日报》又披露，"合伙人制度"就是阿里巴巴向港交所提出的上市建议。依据该制度，包括马云在内的合伙人在阿里巴巴整体上市后可以提名半数以上的董事，从而保证对公司的控制权。

这个时候的阿里巴巴，旗下已形成10多家各具分量的公司，包括阿里巴巴"B2B""淘宝网""天猫""支付宝""口碑网""阿里云""中国雅虎""一淘网""中国万网""聚划算""CNZZ""一达通"等。而最具潜力的业务板块如"支付宝"等阿里金融业务被剥离，前文所述的阿里巴巴与"银泰""复星""富春""顺丰"等集团成立的"菜鸟网络"，也不在上市资产之中。

即便如此，当时的阿里巴巴也是中国最赚钱的互联网公司。

2013年第一季度，阿里巴巴净利润为6.69亿美元，较上处同期的2.2亿美元增长了两倍。同期，腾讯盈利40.711亿元人民币，约合6.494亿美元。另一互联网巨头百度，同期净利润约为3.3亿美元。

不仅如此，阿里巴巴的利润率也远高于其美国同行。如亚马逊和"eBay"当年同期的净利润率仅分别为0.51%和18.1%，苹果公司同期利润率也只是阿里巴巴的1/2。

然而，准备重新赴港上市的阿里巴巴，这一次却因为马云坚持的"合伙人

制度"未能如愿。

3. 大阿里长袖善舞

马云坚持的"合伙人制度",本书在前文已有过详述。

阿里巴巴的"合伙人"并不像合伙企业中的合伙人一样,需要对企业的债务承担连带责任,而是指高度认同公司文化、加入公司至少5年的特定人士。

当阿里巴巴准备重新上市,马云再次公开提起这一制度时,外界则将其解读为"双重股权结构"(Dual Class),也称 AB 股权。然而,当时港交所规则却不认可这样的制度安排。因为,港交所坚持"所有股东应得到平等对待"。

按照阿里巴巴希望采取的方案,在章程中设置了提名董事人选的特殊条款:即由阿里巴巴"合伙人"提名董事会中的大多数董事人选,而不是按照持有股份比例分配董事提名权。

当时,《华尔街日报》则提前披露称:阿里巴巴的大股东软银和雅虎不在合伙人里面,但是这两家公司已经批准了马云拟定的相关计划。

于是,2013年9月开始,阿里巴巴和港交所便有了一段时间的密集喊话。但是,双方均未妥协,最终未果。

在这种情形之下,香港证券交易所行政总裁李小加发表了一篇题为《梦谈之后路在何方——股权结构八问八答》的文章。

在文中,李小加指出创新型公司创始人控制权与保护公共股东利益之间的矛盾可以通过制度调和。他以 Facebook、谷歌、苹果等公司举例,说明创始人对于"创新型"科技公司的重要性。

李小加同时提及了"合伙人制度"。

他表示,"合伙人制度"是人治,而公司制下股东之间的关系是依靠"标准契约"来规范,是法治。前者不应与公司的股权制度混为一谈,上市公司只能是采用以股权为基础的公司治理机制。

李小加在文章最后表示,发表文章的目的,正是为了香港的公众利益,这一公众利益远远超出了某一家公司是否来香港上市。

2013年10月10日,阿里 CEO 陆兆禧对外表示,"我们决定不选择在香港上市。"这是阿里巴巴集团首次就 IPO 相关事宜作出公开表态。

几乎就在同一时间,美国交易所开始频频向马云抛出橄榄枝。纳斯达克首席执行官鲍勃·格雷菲尔德公开喊话:"我们尊敬阿里巴巴,如果他们能够在纳斯达克市场上市，很显然是我们的荣幸。"

就在国内外公众还在纷纷猜测的时候，2014年3月16日，阿里巴巴集团宣布，已经启动了赴美上市进程。

北京时间2014年5月7日凌晨，阿里巴巴集团向美国证券交易委员会提交了IPO招股书。而在阿里巴巴集团内部，则将此次IPO的代号定为"阿凡达"。

2014年6月16日，阿里巴巴向美国证券交易委员会更新了招股说明书，首次公开"阿里巴巴合伙人"名单，以及2014财年整体业绩。合伙人团队由马云、蔡崇信、陆兆禧、彭蕾等27人组成。

半个月后，阿里巴巴集团向美国证监会递交了招股书增补文件。文件中显示，阿里巴巴决定在纽约证券交易所挂牌上市，股票代码为"BABA"。

2014年9月6日，阿里巴巴集团向美国证券交易委员会提交了更新后的招股文件。文件显示，阿里巴巴将以每股美国存托凭证60美元到66美元的价格挂牌上市。

此一披露，瞬时受到国际媒体关注。

10日后，阿里巴巴又将其IPO价格确定为每股68美元，也就是此前定价区间的上限。这一次，就连国际资本市场也开始震动。

根据数据提供商Dealogic当时的统计，阿里巴巴此次IPO计划，将使其成为按估值计算的最大规模交易，创下全球范围内规模最大的IPO交易之一，令维萨、通用汽车、Facebook以及多家大型中国上市公司相形见绌。

一位在华尔街工作多年的专业人士就这样写道：

> 阿里巴巴这次IPO聚集了全世界的目光。美国各大财经媒体，都在不留余力地全方位报道这个即将成为美国史上最大的IPO。除了创纪录的发行金额外，阿里巴巴独一无二的中国背景和短短15年的成长历史，特别是马云极富传奇和争议性的个人魅力，加上囊括了华尔街6家顶尖投行的豪华发行阵容，让这次IPO成为史无前例的互联网和金融界的盛事。这是华尔街第一次为一家外国公司来美国上市如此着迷和兴奋，让我不得不佩服阿里巴巴强大的影响力。

这位专业作者甚至惊叹道：美国的投资者虽然不如中国投资者了解阿里巴巴，却和中国的投资者一样，不管是普通人，还是专业人士，大都非常看好阿

里巴巴此次上市。有些投资者已经达到非理性的状态，仿佛没搭上阿里巴巴这波 IPO 就落伍了。

文章最后，作者写下了这样一句话：因为中国，阿里巴巴才这么成功！

时间前行至美国东部时间 9 月 19 日。

这一天早晨 6 点，纽约的天还没有亮，华尔街上空穿梭的风还有些冷。但是在纽交所门口，早已围满了各路记者、交易所工作人员，就连李连杰、史玉柱等大腕们也现身在人群之中。

橙色的阿里巴巴条幅垂挂在纽交所主题建筑上。马云一到，现场如同开了锅，气氛更是热烈，一些记者的摄像机甚至被挤掉在地。

纽交所交易大厅里，也是久未出现的场面，交易员们早早赶到，很多人就是为一睹马云的风采。有美国摄影记者甚至扛来了一架三角梯，就支在为阿里巴巴做市的巴克莱银行交易柜台前，为的是登到梯子顶端记录交易员们的报价情景。

北京时间 9 月 19 晚上 9 点 30 分，见证历史的一刻到了。美国纽交所阿里巴巴展台前一阵躁动，8 名年轻人整齐地站成一排。

这 8 名年轻人都不是阿里巴巴高管，他们是阿里巴巴特意请来的 8 名客户。今晚，他们将代表马云和整个阿里巴巴高层，敲响阿里巴巴上市的钟声。

他们是：奥运冠军、淘宝店主 @劳丽诗；云客服 "90 后" 大学生黄碧姬；淘女郎、自闭症儿童教师何宁宁；农民店主王志强；海归创业者王淑娟；"淘宝博物馆" 主乔丽；建立了两座乡村图书馆的快递员窦立国；通过天猫将车厘子卖到中国的美国农场主皮特·维尔布鲁格。

这样别出心裁的安排，在中国上市公司历史上绝无仅有，估计也只有马云能出此心境。

时任阿里巴巴首席执行官的陆兆禧，在现场显得很激动。而一向以稳健著称的阿里巴巴集团董事局副主席蔡崇信，也忍不住兴奋地表示，"今天是非常不寻常的一天，我们在纽约把这个时间腾出来贡献给投资人和股东。我们大家一起努力，为未来再打造一个新的未来！"

再看阿里巴巴集团董事局主席马云，他在现场发表的一番话，至今仍在各路媒体间流传。

大家好！我觉得今天是一个非常里程碑的日子，其实要想说的话非常多，但是今天也不知道该从哪里说起。心里充满着感恩、感谢，谢谢所有的人，所有参与过阿里巴巴、今天还在阿里巴巴努力的同事们，感谢所有的客户，感谢所有的股东。

我相信，今天所发生的事情，对大家一生都有很大的意义。我希望大家一会儿在敲钟仪式的时候，每个人关注一下我们敲钟的八个客户。我们努力15年的目的，是让他们站在台上，我们努力15年的目的，是希望他们成功。因为我们相信，只有他们成功了，我们才有可能成功。

今天阿里是一家很有运气的公司，我们这家公司的运气来自客户，运气来自互联网，运气来自中国，运气来自我们每个人的努力。所以未来的15年，未来的87年，我们坚持要感恩这个时代、感恩互联网、感恩中国、感恩中小企业。

…………

今天大家说纽交所就像我们的"双11"，无数人为此付出巨大的代价和努力。从明天开始，我们的路程会更加艰难，全世界在关注我们是不是坚守我们的信诺。今天我们融到的不是钱，我们融到的是信任，是所有人对我们的信任、客户的信任、时代的信任、投资者的信任。所以，我希望大家能够对得起这份信任，对得起我们自己心里面从第一天就有的梦想。

…………

随着一阵悦耳的钟声响起，人群中响起了积蓄已久的掌声。国际舆论高度关注的阿里巴巴，正式登上了纽约证券交易所这个全球标志性的资本大舞台。

在交易大厅里，美国CNBC电视台第一时间对马云进行了专访。自信的马云表示，希望阿里巴巴集团能在未来15年内超越零售巨头沃尔玛。

阿里巴巴IPO过程中最有趣的一环在其价格发现机制上。美国东部时间9月19日上午11点28分，开出最后一轮指导价区间。不过，长达25分钟后才产生最终开盘价。CNBC随后披露，因为那些有购买意向的买家都在紧盯着交易，不到最后一分钟不出手，这"最后一分钟出价"延长了开盘进程。

接下来的时间里，阿里巴巴股票表现稳定，并于美国当地时间当日下午4点报收于93.89美元，较发行价68美元上涨了38.07%。

至此，阿里巴巴市值突破了2000亿美元，达到2314亿美元，一举超越Facebook，成为继苹果、谷歌、微软之后的全球第四大市值科技公司，更是仅次

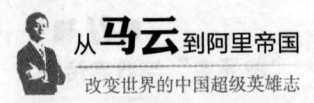

于谷歌的全球第二大市值互联网公司。

这样的一幕,如同《纽约时报》当日报道所称,"中国互联网巨头周五的IPO没有让大家失望,这场众人期待已久的盛事使今年上市的所有企业都相形见绌。"

彭博社则援引 Clough Capital Partners 公司权威专家的话说,阿里巴巴有着非常可持续性的商业模式,那种高增长企业突然崩塌滑落的现象不会出现在阿里巴巴身上。

而国内的新华社,也罕见地表发评论:"阿里巴巴上市,是投资者对中国这家本土企业及其创建人赋予的信任,是一个中国奇迹。"

4. 数字经济的引领者

创造了纽交所资本神话的阿里巴巴,从 2014 年 9 月开始,便开启了一个新的快速扩张通道。

2016 年年底,历时 4 年而成的《电商法》终于进入了立法流程,舆论纷纷发声,以阿里巴巴为代表的互联网商务公司,即将迎来全面监管。而在此前的两年时间里,国内金融、跨境电商、数据信息、互联网医疗以及电子商务行业的监管,已经日趋严格。一些法规监管空白的领域,也正在加快相应制度的建设。

如央行出台了数项规定,包括限制网上转账的限额、笔数以及手续费,限制支付、金融服务机构的牌照,而在交易过程中交到支付机构的备付金也不能被用来开展金融业务了。

占有中国第三方支付市场份额 50% 以上,每天备付金都是个巨大资金池的"支付宝",显然是类似政策收紧影响最大的。

2016 年 4 月,跨境电商零售进口商品和个人购买国外商品开始实施新的税率。母婴、日用品、百元以下化妆品等品类,都需要缴纳更多的关税,而这些正是跨境电商平台最火爆的品类。阿里巴巴的天猫国际,不得不因为政策的调整而主动调整。

监管不是为了限制发展,而是为了更健康的持久发展。

换句话说,阿里巴巴部分业务受到日益全面的规范限制影响时,同时也在享受政策带来的新便利。

亚马逊常被国际资本拿来与阿里巴巴对标。而在诸如云计算业务领域,国内相关政策法规的逐步落实，使得全球排名第一和第二的云计算公司亚马逊AWS、微软Azure等，无法直接在中国运营。阿里云因此获得的本土优势，极为难得，两年内的实际增长都达到了3位数的百分比。

2016年8月，摩根士丹利、Raymond James、高盛等全国顶端的13家投行，都一致地调高了阿里巴巴的评级。2016年11月，惠誉评级公司还将阿里巴巴评为A+级。

到了2017年年初，阿里巴巴成为投资机构最看好的股票之一。投行Evercore ISI甚至干脆在研究报告中称，"阿里巴巴有4.4亿活跃买家，他们总不会错。"

2017年和2018年，中国宏观经济的深层次变化呈现稳定状态，两年GDP增速分别保持在6.7%和6.6%。阿里巴巴在这样的宏观背景下，营收和利润的增长都维持在30%以上，最好的季度甚至超过了50%。

而在2017年，马云在写给股东们的信里曾这样说道："两年过去了，全球经济步履艰难，悲观与希望并行。阿里巴巴也经历了前所未有的磨砺和挑战。"

所以，阿里巴巴如此增长态势，在全球范围都是可圈可点的。

为了保持高速增长，马云和阿里巴巴团队做了许多事，付出了很多努力。

如努力推广"蚂蚁金服"旗下的消费信贷产品"花呗"，即为其中之一。2016年"双11"前一个月，"蚂蚁金服"就宣布用户可以获得"双11"专属的额度提升，最高能达到5.5万元。

天猫"双11"晚会上，马云表演节目时，愣是从未有过地念了一分钟的"星期一上淘宝、星期二上淘宝、星期三上淘宝……"

2015年3月，"淘宝""天猫"和"聚划算"被合并在了一起。2016年12月，"天猫"和"聚划算"也被合并到了一起，"天猫市场部""聚划算"整合为营销平台事业部。

阿里巴巴这一调整，被业内称为"意在新零售"。

与此同时，随着移动端零售收入和手机客户端活跃用户数在阿里巴巴的财报中越来越被强调，原本分开的"淘宝团队"和"手机淘宝团队"也被合并了。阿里巴巴与电商有关的组织架构更加集中，重头戏转向了移动，手机"淘宝"的页面被重新设计了。

阿里巴巴CEO张勇的说法是："淘宝"要"内容化、社区化、本地生活化"，未来更多的广告资源会向以内容为中心的方式倾斜。张勇希望，用户能在"淘宝"上找到"发现的乐趣",并把"淘宝"真正变成一个"消磨时间"的工具。

核心电商之外,"阿里妈妈""阿里云""菜鸟网络"和"B2B"四大块业务,发展继续相对独立,单独融资,实行总裁负责制。

2016年,阿里巴巴在国内最重要的交易就是完成了对"优酷土豆"和"银泰百货"的并购。这显示出,阿里巴巴投资并购的方向与实际业务的相关性变高了。

2016年4月,"合一集团"宣布正式完成私有化,从纽交所退市,成为阿里巴巴旗下全资子公司。阿里巴巴和"合一集团"的结合,又给了市场新的想象空间——电商和娱乐内容的结合。

同时,阿里巴巴在海外的投资和并购,着力点也放在了切合未来发展的方向上。比如,连续两轮投资"Uber"的竞争对手"Lyft"、韩国娱乐公司SM、增强现实硬件公司Magic Leap、东南亚电商Lazada、印度支付公司Paytm-One,以及战略入股新加坡、韩国、日本的物流公司等。

2017年1月10日,阿里巴巴董事局主席马云走进了纽约特朗普大厦,会见了美国候任总统特朗普。这次会见,如同美国CNBC所说,正值中国和即将上任的特朗普政府之间贸易关系趋向紧张之际。会面后的记者会上,特朗普告诉媒体,他与马云进行了"不错的会面","Jack(马云)和我要做一些大事情。"

马云则这样回应:"我们谈了小企业、年轻人以及把美国的农产品卖到中国……我们会支持100万小企业,尤其是美国中西部的那些,将美国的农产品和服务通过我们的平台卖到中国乃至整个亚洲。"

国际舆论发出最多的声音则是,阿里巴巴已经从中国公司变为名副其实的国际化公司。

2018年9月,在备受全球投资者关注的阿里巴巴"2018全球投资者大会"上,阿里巴巴首席技术官张建锋表示,阿里巴巴正面临许多独特的商业挑战,而正是这些挑战推动着阿里巴巴不断孵化出世界级的技术,推动阿里巴巴业务模式的持续创新。

张建锋说这话时,阿里巴巴已经构建了覆盖全球49个国家和地区的IT基础设施,为阿里巴巴全球电商生态打下了坚实基础。

业内知名的阿里巴巴达摩院,用人工智能创新,帮助阿里巴巴实现了对几十种语言方向的机器翻译,使得100万中小企业可以在没有语言障碍的情况下进行全球贸易。

同时，阿里巴巴拥有全世界最好的交易性数据库，在此基础上发展了一套非常成熟的知识图谱技术。这也就意味着，阿里巴巴不仅仅做大数据计算分析，还能进一步提供专门工具，让知识图谱可以自学习，形成新的发现。

这被公认为是"全球没有第二个地方能够做到的"。

所以，张建锋显得十分自信。"今天的阿里巴巴已经不单纯是一家电子商务公司。阿里巴巴将会打造一个全新的横跨线上、线下的零售操作系统，将线上、线下的消费体验连接成一体。"

2018年10月30日晚，阿里巴巴集团董事局主席马云发表致股东的公开信，袒露了在全球经济不确定性增强的背景下，阿里巴巴未来将要继续的作为。

马云表示，生意难做之时，正是阿里巴巴兑现"让天下没有难做的生意"的使命之时。阿里巴巴会用新技术、新制造、新型全球化，为中小企业创造新的价值和机遇。

面对股东们所关心的外部环境和外部挑战，马云直言："阿里巴巴从来不为看得见的机会布局，永远只为未来投入。正是因为这样，眼前暂时的风浪和波折，难以伤害我们，因为我们相信，只要为了解决问题而创新，只要创造了真正的价值，一定不缺市场、不缺利润。"

马云的底气并不虚拟。

2017年，阿里巴巴股价实现了翻番，并于2018年触到了股价历史新高——200美元，市值突破5000亿美元，一度排名全球第六，稳居全球十大上市公司之列。

而在发出此次股东公开信前的2018年5月4日晚，阿里巴巴集团公布了2018财年第四季度财报及2018财年业绩。①

该财年第四季度，阿里巴巴收入达619.32亿元，同比增长61%。其中，核心电商收入达512.87亿元，同比增长62%。

而2018财年，阿里巴巴集团收入为2502.66亿元，同比增长58%，创下IPO以来最高增速。核心电商业务收入2140.20亿元，同比增长60%，同样创下IPO以来年度最高增幅。

---

① 阿里巴巴财年与自然年不同步，2018财年计算方式从2017年4月1日至2018年3月31日。2018财年第四季度指的是2018年1月1日—3月31日。

如果把视角再放大一些，人们便看到了一个更大的惊奇。2018年财年全年，阿里巴巴集团平台成交额突破了4万亿元，达到4.82万亿元人民币，其规模已不亚于欧美主要发达国家全年的GDP总额。与此同步的，便是阿里巴巴平台6.17亿的月活跃用户。

阿里巴巴成为全球最大的移动经济实体。

这一次，包括主要国际媒体在内，几乎发出了一致的感叹：阿里巴巴的业绩，体现的不仅仅是阿里巴巴的伟大，更彰显出了整个中国互联网在全球地位的快速崛起！

或如此，当国家隆重纪念改革开放40周年的时候，马云便不出所料地成为100位"改革先锋人物"之一。捧在他手中的那份沉沉地国家级证书上，赫然写着"数字经济的引领者"！

祝福阿里巴巴吧！
祝福我们这个时代！
祝福全面复兴的大中国！

附录

马云内部经典讲话

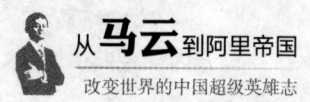

一 10 年前的诺言

（2009 年 9 月 8 日）

各位阿里人：

在阿里巴巴 10 周年庆的前几天，在阿里巴巴 B2B 发展越来越健康、未来战略越来越清晰，在阿里巴巴第一个创业阶段即将结束而另一个激动人心的新时代即将启动的时候，我决定卖一些阿里巴巴上市公司的股票，给自己、给家人一点小小的阶段性的成就感！

10 年前，当我决定借钱、卖房子创业的时候，我向太太描绘了一个未来的"大饼"："10 年后我们会有钱，会有好房子，会有车，会有更多的能力和实力帮助别人……会有属于自己的可以支配的财富和自由！"

今天我特别高兴，经过 10 年的努力，我们的很多梦想已经逐渐得以实现，但有些理想还刚刚起步……我更高兴的是，终于能有机会来证实一下年轻时对财富的很多看法和观念。感谢全体阿里人的努力使我拥有这次实践的机会，也特别想借这个机会，和大家分享关于财富和幸福的看法。

10 年的艰苦创业让我粗略明白了钱和财富的意义。如果你有几百万元，那你算是有钱了；如果你有上亿元，你算是有资本了；但如果你有几亿甚至数十亿元以上钱的时候，其实那些钱已经不是你自己的钱，而是属于整个社会的资源，它不属于你。你有权利但更有责任替社会用好这些资源！钱和财富是两个概念。有钱绝不等于拥有财富。在我看来，财富更是一种经历，一种体验。如果你有钱，但没能把钱提升转化成经历、体验来提升自己和他人的幸福感，你很可能只是拥有了很多符号和一堆花花绿绿的纸张。

我们常说，"有钱可使鬼推磨"，但这世界上有太多人在为鬼推磨！钱是用来给我们解决问题的，是为我们服务的，是给我们和别人创造更多的快乐、幸福和机会的！钱不是用来炫耀的，不是用来崇拜的，更不是用来浪费的。不用或滥用都是对钱的不尊重。也许很多人会说，你讲的全是大道理，全是说教，是有钱人在说给没有钱的人听的，等我有钱了，我自然也会这么说（我以前也这么认为、这么看，呵呵）。当然，如果一点钱也没有肯定啥也没法谈，但我也看到，我有很多有钱的朋友其实活得一点都不幸福，而很多出自普通家庭的人其幸福感远远超过富人们！原因是幸福的人懂得并拥有财富以外的追求。我一直相信只有能并会花好钱的人才有可能创造更多的钱、更多的财富、更多幸福的机会！我想趁自己还年轻，有很多事要学会去做，很多人要感谢，很多事要感恩，现在就要去做！

阿里巴巴经历了10年的风风雨雨，特别是这次金融风暴的洗礼，我从来没有像今天这样对公司的未来充满信心！当初B2B上市的时候，董事会通过了让所有员工持有20%~50%的股票，可以根据工龄等要素转化成上市公司的股票的决议，以便大家需要钱的时候可以有钱用。但我和蔡崇信是公司董事长和副董事长，基于对B2B未来的信心和对集团其他业务的支持，选择仅把极少数的股票放到了上市公司。今天，就像我们当年设想的一样，B2B开始进入了10年来的最佳状态，我坚信它会越来越成功，大家会有越来越多的财富！我不希望等我年老的时候，我能做的仅仅只是捐钱！我需要从现在开始学会如何花钱做事，体验拥有财富的意义和责任。很多事不应该等到年龄大了才去做……让我们一起学会尊重我们凭勤劳和智慧创造的财富，学会花钱，为自己、为家人、为社会，为一切关心我们、热爱我们的亲人和朋友！

PS：

选择在这个时候甚至也许在任何时候卖股票，都会引来很多的非议甚至会影响阿里巴巴股价。记得一年前，我们一位高管由于急需钱卖了一些自己的股票，恰好当时股市下滑，很多人对这位高管有了非议……

那种非议是不公平的。因为股票、期权投资是公司给每个员工的权利，每个阿里人都有权处理属于自己的资产，包括我本人。而且我们一定要学会适应因为任何原因而导致的股市的起起落落！短期内股价的高低会因为一些买卖行为或者市场大势而受到影响，但放眼未来，我坚信股价只会与我们的努力与投入成正比，与我们自己对这家公司的信心成正比！

二 为理想而生存

（2010年9月5日）

各位阿里人：

几天前，有朋友问我今生最相信什么，我说："我相信相信！"最近我发现很多阿里人非常郁闷和难过，大批网络报道指责淘宝网调整搜索结果，甚至还惹来了某些卖家来淘宝网门口抗议示威……我看到那么多同事很委屈，甚至流下了眼泪，也发现不少年轻的淘宝人在不断自问："我们到底做错了什么？为了鼓励大家在淘宝上创业，坚持7年不向会员强制收取开店费和交易费，坚持扶持发展创业者和中小卖家，7年多的日日夜夜的奋斗，结果却换来各种各样的指责，我们这样做值得吗？我们选择的路对吗？我们是否应该放弃自己促进新商业文明的使命而回到仅仅做一家普普通通的赚钱公司……"

本来应该早点和大家做一个交流，谈谈我的看法，但最近一系列的问题……呵呵，我觉得阿里人必须有这么一个经历，阿里人需要接受各种各样的挑战。"男人的胸怀是由冤枉撑大的"，我觉得阿里人需要有在纷乱的外部环境中学会用自己的脑袋思考问题和判断问题的能力。

选择今天和大家交流是因为快到阿里巴巴11周年庆了，到了我们重温去年这时候提出的：阿里巴巴要促进开放、透明、分享、责任的新商业文明，为全世界1000万家中小企业提供一个生存和发展的平台，为全世界解决1个亿的就业机会，为全球10亿人提供一个消费的平台的时候。从提出这么一个伟大的使命和目标起，我就觉得我们从此以后会走上一条艰难的发展之路，我们会碰见各种不同类型的阻力和困难。今天的麻烦还仅仅是个开头，我们会碰上越来越多的挫折……

坚持做正确的事，坚持自己的理想和使命是一定要付出巨大代价的，这在任何时代都一样。尤其在今天中国的商业环境里，促进开放、透明、分享、责任的商业文明一定会破坏大批既得利益群体，我们要抗争的不仅仅是这些既得利益群体，还有20世纪的商业习惯。

前段时间，淘宝人作出的基于捍卫消费者用户的利益，同时支持提供优质服务和诚信卖家的搜索调整决策,我认为是正确的!我深以为豪的是,我们的同事能放弃自己今天的利益而去追求创建更加有利于用户可持续健康发展的公平方法。但遗憾的是,大家的好意被曲解了,支持诚信卖家被说成是放弃中小卖家,保护消费者利益的措施被指责成获取自己的商业利益。我们毕竟不是生活在真空的世界里,互联网是一个大世界,淘宝网也是个大社会……我们也同样必须面对在电子商务世界里欺诈、假货横行等一切社会现象。今天的社会上出现了很多消极、浮躁的情绪,很多人怀疑一切、打击一切、否定一切,总把自己对世界的片面认识强加给别人……还有不少媒体过度地使用"惩恶"的手段,而不是"扶正祛邪",使得人们不相信还有人会做好事,还会有人会为理想和原则而工作……

坚持还是放弃?放弃,从此以后我们就会成为一家平庸的公司,因为利益而活着,我们可能会在一段时间里很轻松,很赚钱;如果坚持理想,我们也许每天会碰上今天这样的状况,我们要和各种势力作斗争,包括巨大的黑色产业链中的恶势力。但坚持也会让我们的生存和工作变得更有意义,坚持会让我们在21世纪成为一家真正对人类社会有贡献的公司,让我们今天付出的一切努力有独特的回报。我想阿里人应该,也只有选择坚持原则、坚持理想、坚持使命的发展之路!对那些相信新商业文明和支持阿里巴巴成为理想主义公司的社会各界朋友们说,我们的上帝只有一个,就是用户。我们会在平时的工作中更加完善自己的服务和功能,我们会加强倾听客户,坚持以保护消费者权益、维护卖家利益为原则。我们坚信在未来的商业社会里,将没有大企业和小企业的区别,没有外资和内资的区别,没有国企和民企的区别,只有诚信与不诚信的区别、开放和不开放的区别、承担责任和不承担责任的区别。我们将全力支持那些诚信、开放和承担责任的企业。我们为自己工作中的不当、不成熟、不完善而道歉,我们保证将不断的努力、不断创新……我们不追求最具影响力,我们追求对人类、对社会、家庭和自己最有贡献力!

对那些辛苦的创业者们,我想说今天是创业最好的时候。一切梦想的成功一定和眼泪和汗水有关,和坚持诚信努力有关!走商业之路就不该害怕竞争,害怕竞争就不该做商业。我们害怕的是不透明的竞争,不诚信的竞争,不公平的竞争!怨天尤人的人永远会输给拥抱变化、改变自己的人!

对于我们阿里人,我想说的是,我们坚持了11年的理想很不容易,但我们还将坚持91年的理想!我们从第一天起就坚持"赚钱不是我们的目的",而仅仅是我们的结果。我们这家由"80后""90后"组成的公司,我们必须有别于昨天的企业。我们感恩自己的公司诞生于这个社会,我们会因为今天的社会环境而成长,我们更应该为这个商业社会的完善而存在!这也是我们每天认真工作的意义所在。

阿里人,我们的未来一定是由今天乐观积极的态度和努力决定的!对那些躲在背后的网络黑色产业链和希望我们放弃原则的人们,我想说,我们从来不会因为利益而改变自己,我们更不会因为压力而放弃自己的原则!我们将会面对任何挑战,我们宁可关掉自己的公司也不会放弃自己的原则!

今后,我们希望全社会来监督我们的商务政策调整,假如我们的调整政策违背了开放、透明、分享、责任的原则,我们一定会认真倾听并做出修改。否则我们将会犹如捍卫生命那样捍卫我们的使命!请那些想通过闹事和传播谎言获益的人注意,你们的举动不仅仅在伤害2万多名优秀年轻人的理想,也在破坏和打击数千万以网络为生存的小企业以及几亿消费者的利益。阿里人感谢真诚的建议和批评,但是别有用心的意见、无理取闹和片面的东西,我们不会接受,即使你们付之于游行示威甚至更过激的手段,试图借此让我们让步屈服,数亿消费者也不会答应的。我们坚信并会积极地参与到社会积极进步的力量中去……

阿里人,为理想而战吧!此时此刻,非我莫属!

三 新时代属于年轻人

(2013年5月10日晚 杭州)

大家晚上好!谢谢各位,谢谢大家从全国各地,我知道也有从美国、英国和印度来的同事,感谢大家来到杭州,感谢大家参加淘宝的10周年!

今天是一个非常特别的日子,当然对我来讲,我期待这一天很多年了,最近一直在想,在这个会上,跟所有的同事、朋友、网商,所有的合作伙伴,我应该说些什么?大家很奇怪,就像姑娘盼着结婚,新娘子到了结婚这一天，除了会傻笑，真的不知道该干什么。

我们是非常幸运的人，我其实在想10年前的今天，是非典在中国最危险的时候，所有人都没有信心，大家不看好未来，阿里人10几个年轻人一起我们相信10年以后的中国会更好，10年以后，电子商务会在中国受更多人的关注，很多人会用。

但我真没想到，10年以后，我们变成了今天这个样子。这10年无数的人为此付出了巨大的代价，为了一个理想，为了一个坚持，走了10年。我一直在想，即使把今年阿里巴巴集团99%的东西拿掉，我们还是值得的，今生无悔，更何况我们今天有了那么多的朋友，那么多相信的人，那么多坚持的人。

其实自己在想是什么东西让我们有了今天，是什么让马云有了今天，我是没有理由成功的，阿里也没有理由成功，淘宝更没有理由成功，但我们今天居然走了这么多年，依旧对未来充满理想。其实我在想是一种信任，在所有人不相信这个世界，所有人不相信未来，所有人不相信别人的时候，我们选择了相信，我们选择了信任，我们选择10年以后的中国会更好，我们选择相信我的同事会做得比我更好，我相信中国的年轻人会做得比我们更好。

20年以前也好，10年以前也好，我从没想过，我连自己都不一定相信自己，我特别感谢我的同事信任了我，当CEO很难，但是当CEO的员工更难。我从没想过在中国，大家都认为这是一个缺乏信任的时代，它居然会从一个你都没有听见过的名字，闻香识女人这样人的身上，付钱给他，买一个你可能从来没见过的东西，经过上千上百公里，通过一个你不认识的人，到了你手上，今天的中国，拥有信任，拥有相信，每天2400万笔淘宝的交易，意味着在中国有2400万个信任在流转着。

在座所有的阿里人，淘宝，小微金融的人，我特别为大家骄傲，今生跟大家做同事，下辈子我们还是同事！因为是你们，让这个时代看到了希望，在座的你们就像中国所有的"80后""90后"那样，你们在建立一种新的信任，这种信任就让世界更开放，更透明，更懂得分享，更承担责任，我为你们感到骄傲。

今天的世界，是一个变化的世界。30年以前，我们谁都没想到今天会这样，谁都没想到中国会成为制造业大国，谁都没想到电脑会深入人心，

谁都没想到互联网在中国会发展得那么好。谁都没有想到，淘宝会起来，谁都没想到雅虎会有今天。这是一个变化的世界，我们谁都没想到，我们今天可以聚在这里，继续畅想未来。

我们大家都认为电脑够快，互联网还要快，我们很多人还没搞清楚什么是 PC 互联网、移动互联来了；我们在没搞清楚移动互联的时候，大数据时代又来了。变化的时代，是年轻人的时代，今天还有不少年轻人觉得无数的像谷歌、百度、腾讯、阿里这样的公司拿掉了所有的机会。

10 年以前，当我们看到无数的伟大的公司，我们也曾经迷惘过，我们还有机会吗？但是 10 年坚持、执着，我们走到了今天，假如不是一个变化的时代，在座所有的年轻人轮不到你们，工业时代是论资排辈，永远需要有一个 rich father，但是今天我们没有，我们拥有的就是坚持和理想。很多人讨厌变化，但是正因为我们把握住了所有的变化，我们才看到了未来，未来 30 年，这个世界，这个中国，将会有更多的变化，这种变化对每一个人是一个机会，抓住这次机会。我们很多人埋怨昨天，30 年以前的问题，中国发展到今天，谁都没有经验，世界发展到今天，谁都没有经验，我们没有办法改变昨天，但是 30 年以后的今天，是我们今天这帮人决定的，改变自己，从点滴做起。坚持 10 年，这是每一个人的梦想。

我感谢这个变化的时代，我感谢无数人的抱怨，因为在别人抱怨的时候，才是你的机会，只有变化的时代，才是每一个人看清自己有什么、要什么、该放弃什么的时候。

参与阿里巴巴的建设 14 年，我荣幸我是一个商人，今天人类已经进入了商业社会，但是很遗憾，这个世界商人没有得到他们应该得到的尊重，商人在这个时代已经不是唯利是图的时代，我想我们跟任何一个职业，任何一个艺术家、教育家、政治家一样，我们在尽自己最大的努力，去完善这个社会。14 年的从商，让我懂得了人生，让我懂得了什么是艰苦，什么是坚持，什么是责任，什么是别人成功了才是自己的成功。我们最期待的是员工的微笑。

从今天晚上 12 点以后，我将不是 CEO。（掌声）从明天开始，商业就是我的票友，我为自己从商 14 年深感骄傲！

看到你们，看到中国的年轻人，我不希望有一天我们这些人再来一个致我们逝去的中年。这世界谁也没把握你能红 5 年，谁也没有可能说你会不败，你会不老，你会不糊涂。解决你不败、不老、不糊涂的唯一办法，相信年轻人！因为相信他们，就是相信未来。所以我将不会回到阿里巴巴做 CEO。

要我回也不会回来，因为回来也没有用，你们会做得更好！

做公司，到这个规模，小小的自尊，我很骄傲，但是对社会的贡献，我们这个公司才刚刚开始，所有的阿里人，我们都很兴奋，很勤奋，很努力，但我们很平凡，认真生活，快乐工作。我们今天得到的远远超过了我们的付出，这个社会在这个世纪希望这家公司走远走久，那就是去解决社会的问题，今天社会上有那么多问题，这些问题就是在座的机会。如果没有问题，就不需要在座的各位。

阿里人坚持为小企业服务，因为小企业是中国梦想最多的地方。这里，14 年前，我们提出了"让天下没有难做的生意，帮助小企业成长"。今天这个使命落到了你们身上，我还想再为小企业讲，人们说电子商务、互联网制造了不公平，但是我的理解，互联网制造了真正的公平。请问，全国各省、各市、各地区，有哪个地方为小企业、初创企业提供税收优惠，互联网给了小企业这个机会。有些企业三五年内享受了五六个亿用户，他们呼唤跟小企业共同追求平等，小企业需要的就是 500 块钱的税收优惠，请所有阿里人支持他们，他们一定会成为中国将来最大的纳税者。

感谢各位，我将会从事一些自己感兴趣的事儿，教育、环保，刚才那首歌"Heal the world"，这世界很多事，我们做不了，这世界奥巴马就一个，但是太多的人把自己当奥巴马看。这世界每个人做好自己那份工作，做好自己感兴趣的那份工作，已经很了不起，我们一起努力除了工作以外，完善中国的环境，让水清澈，让天空湛蓝，让粮食安全，我拜托大家！（马云单膝下跪）

我特别荣幸介绍阿里未来的团队，他们和我一起工作了很多年，他们比我更了解自己。陆兆禧工作了 13 年，在阿里巴巴内部，经历了很多岗位，经历了很多磨难，应该讲 13 年眼泪和欢笑是一样的多。接马云这个位置是非常难的，我能走到今天，是大家的信任，因为信任，所以简单！

我相信，我也恳请所有的人像支持我一样，支持新的团队，支持陆兆禧，像信任我一样信任新团队、信任陆兆禧，谢谢大家。明天开始，我将有我自己新的生活。我是幸运的，在我 48 岁时就可以离开我的工作。在座

每个人，你们也会48岁之前工作是生活。明天开始，生活将是我的工作。欢迎陆兆禧。

四 教师节快乐

（2018年9月10日）

各位阿里巴巴的客户、阿里人、阿里巴巴的股东们：

今天是阿里巴巴19周年。我怀着激动的心情向大家宣布：经董事会批准，一年后的今天，也就是2019年9月10日，阿里巴巴20周年，我将不再担任阿里巴巴集团董事局主席，现任阿里巴巴集团CEO张勇（逍遥子）将接任董事局主席一职。我从今日起会全面配合张勇，为我们的组织过渡做好准备。在2019年9月10日之后，我将继续担任阿里巴巴集团董事会成员，直至2020年阿里巴巴年度股东大会。

这是我深思熟虑、认真准备了10年的计划，今天得以实现，要感谢阿里巴巴合伙人的认同，感谢阿里巴巴董事局的批准，也要感谢所有阿里巴巴的同事们以及他们的家人，正因为过去19年大家对我的信任、支持和共同努力，让我们有足够的自信和能力迎接这一天。这标志着阿里巴巴完成了从依靠个人特质变成依靠组织机制、依靠人才文化的企业制度升级。

1999年，和大家一起创办阿里巴巴的时候，我们矢志建立一家让中国和世界骄傲的公司，让公司能够持久发展102年。我们知道谁都不可能陪伴公司102年，公司持久发展靠的是治理制度、文化体系和源源不断的人才梯队，公司不可能只靠几个创始人，更何况我深知从能力、精力和体力的角度，任何人都不可能永远担任公司的CEO和董事长工作。10年前我们就问自己这个问题，如何保证马云离开公司以后，阿里巴巴依然健康发展？我们相信只有建立一套制度，形成一套独特的文化，培养和锻炼出一大批人才的接班人体系，才能解开企业传承发展的难题。为此，这10年来，我们从未停止过努力和实践。

我受的教育让我成为一名教师，能够走到今天我非常幸运。为公司未来负责也为自己负责，应该让公司里更年轻、更有能力和才华的人来担任领导工作，继续传承"让天下没有难做的生意"这个伟大的使命。我们帮助全世界的中小企业、年轻人、妇女发展的使命和愿景让我们激动不已，这是我们的初心，也是我们的福报和责任，真正相信并实现这样的使命就需要更多马云、数代阿里人去为之奋斗。

今天的阿里巴巴最了不起的不是它的业务、规模和已经取得的成绩，最了不起的是我们已经变成了一家真正使命愿景驱动的企业。我们创建的新型合伙人机制，我们独特的文化和良将如潮的人才梯队，为公司传承打下坚实的制度基础。事实上，自2013年我交棒CEO开始，我们已经靠这样的机制顺利运转了5年。

我们创建的合伙人机制创造性地解决了规模公司的创新力问题、领导人传承问题、未来担当力问题和文化传承问题。这几年来，我们不断研究和完善我们的制度和人才文化体系，单纯靠人或制度都不能解决问题，只有制度和人、文化完美结合在一起，才能让公司健康持久发展。我深信，今天阿里巴巴合伙人制度和阿里巴巴所捍卫的文化，假以时日，将会越来越赢得客户、员工和股东的支持和拥护。

1999年创始之日起，我们就提出未来的阿里巴巴必须要有"良将如潮"的人才团队和迭代发展的接班人体系。经过19年的努力，今天的阿里巴巴无论是人才的质量和数量都堪称世界一流。作为教师出身的我，看到我们今天的团队、领导群体、以使命价值观驱动的独特文化，以及不断涌现出的一大批以张勇为代表的杰出商业领袖和专业人才，我深感自豪！

张勇加入阿里巴巴已经11年，自担任阿里巴巴集团CEO以来，展现出了卓越的商业才华和坚定沉着的领导力，连续13个季度实现阿里巴巴业绩健康持续增长。他具有超级计算机般的逻辑和思考能力，坚信使命愿景，勇于担当，全情投入，敢于站在未来创新设计新型商业模式和业态。他被评为中国2018年最佳CEO排名第一，这份荣誉当之无愧！他和他的团队已经赢得了客户、员工和股东们的信任和支持。阿里巴巴的接力火炬交给他和他领导的团队，我认为这是我现在最应该做的最正确决定。这几年我和张勇的合作配合经历，让我对他和他领导的新一代阿里巴巴领导团队充满信心！

关于我自己未来的发展，我还有很多美好的梦想。大家知道我是闲不住的人，除了继续担任阿里巴巴合伙人和为合伙人组织机制做努力和贡献外，我想回归教育，做我热爱的事情会让我无比兴奋和幸福。再说了，世界那么大，趁我还年轻，很多事想试试，万一实现了呢?！我可以向大家承诺的是，阿里从来不只属于马云，但马云会永远属于阿里。

马云与阿里巴巴大事记

1964年9月10日,马云出生于中国杭州。

上世纪70年代末,12岁的马云对英语兴趣浓厚,开始免费为外国游客导游,主动练习英语。

1982年,马云首次参加高考,数学成绩1分,落榜;1983年,马云第二次高考,数学成绩19分,再次落榜;1984年,马云不顾家人极力反对,第三次参加高考,数学成绩跃升至79分,被破格录入杭州师范学院外语专业学习。

1988年,马云大学毕业,被分配至杭州电子工业学院(现为杭州电子科技大学)任英文及国际贸易讲师。其间因发起西湖畔首个英语角,在杭州翻译界开始扬名。

1992年,马云成立海博翻译社,3年后实现盈利。

1995年年初,马云在美国西雅图第一次接触互联网。同年4月,马云辞职,成立中国首家互联网商业公司——杭州海博电脑服务有限公司。两个月后,马云推出中国最早的互联网指南之一——"中国黄页"。此时,距离Internet在中国正式上线还有3个月。

1997年,马云放弃"中国黄页"进京,就任原外经贸部EDI(中国国际电子商务)中心主任。其后两年,马云团队相继开发了原外经贸部官方网站、网上中国商品交易市场、网上中国技术出口交易会、中国招商、网上广交会和中国外经贸等一系列重量级网站。

1999年3月,马云再次离职,带领扬名业界的"十八罗汉"返回杭州,拼凑50万元人民币,开启新一轮创业。

1999年4月,阿里巴巴网站正式上线,很快引来知名的Invest AB副总裁蔡崇信加盟。

1999年10月—2000年1月,阿里巴巴两次从软银等国际投资机构实现融资2500万美元。

2000年7月10日,马云被国际知名的《福布斯》杂志选为封面人物。

2001年,马云获得世界经济论坛"全球青年领袖"称号。

2003年5月10日,马云创建"淘宝网",开始进军C2C(个人与个人间电子商务)市场。

2004年12月,马云创立国内首个第三方网上支付平台"支付宝",并获选当年中国中央电视台"年度十大经济人物"。

2005年8月11日,国际互联网巨头雅虎公司以10亿美元现金和"雅虎中国"全部资产为代价,换取阿里巴巴40%的股份和35%的投票权。

2005年,马云获选《财富》杂志"亚洲最具影响力的25位商业人物"。

2007年11月,阿里巴巴网络有限公司在香港联交所主板成功上市,并创造了中国互联网首个市值过200亿美元公司的奇迹。

2007年,马云获《商业周刊》"年度风云商业人物"称号。

2008年10月31日,阿里巴巴有限公司和杭州师范大学共建杭州师范大学阿里巴巴商学院,马云出任董事长。

2008年,马云获《巴隆氏》杂志"全球最佳CEO"称号。

2009年5月5日,亚太经济合作组织(APEC)工商咨询委员会任命马云为2010年"ABAC行动计划"和"APEC资源工作委员会"主席。

2009年11月11日,淘宝商城举办网络促销活动,共27个品牌参与,销售额0.5亿元,引起舆论关注。

2009年,马云获选《时代》周刊"全球百名最具影响力人物"称号,中国中央电视台"中国经济十年商业领袖奖"。

2010年4月16日,马云加入大自然保护协会(TNC)全球董事会。

2010年11月11日,淘宝商城继续举办网络促销活动,共711家店铺参与,销售额猛增至9.36亿元。此次促销活动,产生了中国网商第一个"100万元店"和第一个"500万元店"。自此,"双11"购物节为全民关注。

2010年,马云获《亚洲福布斯》杂志"亚洲慈善英雄"称号。

2012年,马云入选"CCTV中国经济年度人物"、《财富》"中国最具影响力50位商界领袖榜"、"中国企业十大新闻人物"。

2013年5月10日,马云正式卸任阿里巴巴集团CEO,其职位由陆兆禧接任。

2013年5月11日,马云出任TNC(大自然保护协会)中国理事会主席,宣布为中国全球保护基金筹集1500万美元。

2013年5月28日，阿里巴巴集团联合银泰、复星、富春、顺丰、中通、圆通、申通、韵达等多家快递企业，成立菜鸟网络科技有限公司，同时启动中国智能骨干网（CSN）项目建设，马云亲任董事长。

2013年11月8日，马云获颁香港科技大学工商管理学荣誉博士学位；同年，又荣获"对民族产业贡献卓著民营功勋企业家"称号。

2014年3月，马云入选"全球50位最伟大领袖"；同年4月，马云入选《时代周刊》"2014全球百大人物"榜。

2014年4月，马云向母校杭州师范大学捐赠1亿元人民币，设立"杭州师范大学马云教育基金"。

2014年9月19日，阿里巴巴集团于纽约证券交易所正式挂牌上市，融资高达218亿美元，成为当时美国市场市值最高的公司之一，被国际舆论喻为"中国互联网时代的到来"。

2014年11月11日，阿里巴巴全天创造交易额达571亿元。

2014年，马云位列联合国首届"创变者"名单榜首、《财富》"全球50位最伟大领袖"榜。

2015年1月，马云作为亚洲和大洋洲地区唯一私营部门代表，当选全球互联网治理联盟委员会成员。

2015年4月，马云获第12届"中国首善"称号，捐赠额高达124亿元人民币。

2015年6月30日，全球互联网治理联盟在巴西圣保罗召开全体理事会，马云当选为三名联合主席之一。

2015年9月16日，马云公益基金会在北京启动"马云乡村教师计划暨首届马云乡村教师奖"活动。自此，马云公益基金会每年拿出1000万元人民币奖金，用于支持当年入选的100名乡村教师持续三年的专业发展。

2015年9月28日，全球妇女峰会在纽约联合国总部召开，马云作为全球唯一的企业家代表发言并汇报妇女工作。

2015年10月23日，51岁马云及其家族以1350亿元资产蝉联中国IT业首富，创造了财富13年增长540倍的奇迹。

2015年10月24日，浙商总会成立大会暨第一次会员代表大会在杭州举行，阿里巴巴集团董事局主席马云当选会长。

2015年10月26日，马云以218亿美元财富位列"福布斯中国富豪榜"第2名。

2015年11月4日，马云名列《福布斯》"全球最有权力人物排行榜"第22位。

2015年11月11日，阿里巴巴旗下"天猫""淘宝"实现交易额912.17亿元，继续创造传奇。

2015年11月30日，全球顶尖27位商业领袖联手投入巨资，发起史无前例的"清洁能源研究计划"，马云成为该项目中最受关注的中国企业家。

2015年12月18日，在第二届世界互联网大会上，马云当选为全球互联网治理联盟联合主席。

2016年5月8日，马云就任中国企业家俱乐部主席。

2016年9月21日，马云受邀出任联合国贸易和发展会议青年创业和小企业特别顾问，成为联合国高层官员和全球公民，时任联合国秘书长潘基文亲自签发了任命书。

2016年10月27日，马云以282亿美元财富排名"2016福布斯中国富豪榜"第2位。

 2016年11月11日，阿里巴巴旗下"天猫""淘宝"交易额首次超过千亿规模，高达1207亿元，引发全球瞩目。

2017年1月9日，美国候选总统特朗普视马云为"首位中国客人"，与马云进行了一场"Great Meeting"，并称"马云是一个伟大的企业家"。

2017年7月17日，马云以354亿美元身家，排名"福布斯富豪榜"第18位，并取代王健林成为华人首富。

2017年11月11日，阿里巴巴旗下"天猫""淘宝"总成交额继续攀升，高达1682亿元。

2017年，马云获美国财富杂志"2017年度全球领袖人物"称号。

2018年5月，马云位列"福布斯十大最具影响力CEO"第6名。

2018年5月9日，马云当选中国网络社会组织联合会副会长。

2018年7月13日，联合国推出"数字合作高级别小组"，任命马云为联合主席。9月24日，马云以联席主席身份主持"联合国数字合作高级别小组首次线下会议"。

2018年7月31日，马云排名"2018福布斯中国慈善榜"第14位。

2018年9月10日，马云发出《教师节快乐》公开信，宣布将于2019年9月10日辞去阿里巴巴集团董事局主席一职，由现任集团CEO张勇接任。

2018年10月，英国民意调查机构You Gov将马云列为"世界最受尊敬男士排名"第5位。

2018年11月，全球化智库将马云列为"世界最具影响力十大华商人物"之一。

2018年11月11日，阿里巴巴旗下"天猫""淘宝"交易额再创奇迹，首次跨越2000亿元，高达2135亿元，成为名副其实的全球购物狂欢节。

2018年12月18日，马云以"数字经济的创新者"被选入"改革先锋100人"，受到国家最高表彰。

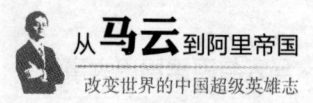

主要参考文献

1. 魏昕:《马云帝国内幕》,新世界出版社2013年版。
2. 张慧宇:《不为人知的政治体系及内幕冲突》,《理财周报》2011年5月16日。
3. 魏昕:《中国企业跨国发展研究报告》,中国社会科学出版社2006年版。
4. 董军:《雅虎与阿里合作始末:七年前投资缘于"人情"》,《中国经营报》2012年5月27日。
5. 陈伟:《这才是马云》,浙江出版联合集团、浙江人民出版社2011年版。
6. 金错刀:《马云的创业逻辑》,中信出版社2012年版。
7. 刘世英:《谁认识马云2》,中国友谊出版公司2012年版。
8. 蒋云清:《马云谈商录》,北京联合出版公司2011年版。
9. 〔美〕陈彼得、魏昕:《谁来拯救美国》,九州出版社2009年版。
10. 张刚:《马云十年(1999-2009)》,中信出版社2009年版。
11. 阿里巴巴集团编:《马云内部讲话》,红旗出版社2010年版。
12. 中央电视台财经频道编:《创业:我们的故事》,北京出版社2010年版。
13. 赵文锴:《马云创业真经》,中国经济出版社2011年版。
14. 马云、周鸿祎、冯仑等:《CEO来信》,上海财经大学出版社有限公司2011年版。
15. 刘晓航、赵文编:《马云:我的团队永不言败》,华中科技大学出版社2010年版。
16. 魏昕:《马云的真实世界》,人民日报出版社2014年版。
17. 《赢在中国》项目组编:《马云点评创业——CCTV〈赢在中国〉现场精彩点评实录》,中国民主法制出版社2007年版。
18. 马云腾讯微博:http://t.qq.com/tncmayun。
19. 张永生编:《马云全传》,中国商业出版社2009年版。

20. 主要报刊：

《中国企业家》，《经理人》，《世界商业评论》，《证券时报》，《当代经理人》，《中国经营报》，《中国商界》，《新世纪周刊》，《牛津管理评论》，《欧洲金融时报》，《商业周刊》，《国际商报》，《福布斯》，《哈佛商业评论》，《经济观察报》，《经济导报》，《第一财经日报》，《公关世界》，《商学院》，《中国证券报》，《国际财经时报》，《经济学人》，《财富》，《领导学与决策学》，《图书情报与数字图书馆》，《互联网》，《中国商业评论》，《商业时代》，《商业经济研究》，《现代商业》，《国际商业研究》，《第一财经周刊》，《财经》，《新周刊》，《国际商务研究》，《联合国贸易和发展会议公报》，《贸易和发展》，《贸易和发展报告》，《贸易和发展评论》，《国际贸易和发展统计手册》，《商品价格公报月报》等。

21. 主要网站：

http://www.sohu.com（搜狐网）

http://www.sina.com（新浪网）

http://www.qq.com/（腾讯网）

http://www.163.com（网易网）

http://www.ifeng.com（凤凰网）

http://www.taobao.com（淘宝网）

http://www.eastmoney.com（东方财富网）

http://www.people.com.cn（人民网）

http://www.xinhuanet.com（新华网）

http://www.cctv.cn（央视网）

http://www.chinanews.com（中国新闻网）

http://www.100ec.cn（中国电子商务研究中心网）

http://www.cnbm.net.cn（中华品牌管理网）

http://www.caixin.com（财新网）

http://www.cnstock.com（中国证券网）

http://cn.wsj.com（华尔街日报网）

http://cn.reuters.com（路透网）

http://www.asiafinance.cn（亚洲财经网）

https://www.alibaba.com（阿里巴巴国际网站）

后 记

那是在5年前,2013年5月10日,"淘宝网"纪念自己的10周岁生日。

马云用一句话,让激情四溢的活动现场瞬时安静下来:"我正式辞去阿里集团CEO一职!"

数秒后,众人齐声喊:"马儿啊,你慢些走啊,慢些走……"

第二天,"马儿,你慢些走"成为网络热词。我则循着10余年的习惯,第一时间更新了一篇3000字的博文,主题自然是关于马云的。

日子不长,人民日报出版社的编辑老师打来电话,希望能结集整理我所有的"马云及阿里巴巴"小文,出版一部不一样的图书。

那个时候,以马云或阿里巴巴为主题的出版物已经不少,有的著作者还是名家。出于对文字的敬畏,我一时有些犹豫。出版社的编辑老师极为敬业,且热情十足,最终我未能拗得过,做出了撰稿的承诺。

好在职业养成了习惯,外加个人喜好,10余年来,马云和阿里巴巴几乎未曾离开过我的视线。再加上那些特别场合下的零距离接触,我其实已经积累下了数十万字的一手资料。这些跨越经年的翔实资料,给了我撰写马云书稿的关键底气。

已经记不清熬过了多少个午夜,赶在2013年年底,我终于把《马云的真实世界》书稿交到了出版社袁老师手里。袁老师不仅专业,效率也着实令人敬佩,两个月后,该书便成功出版并发行。

几个月后,在我的读者信箱里,便积压了相当数量的邮件。一一打开,或表扬,或指正批评,还有的则直言不讳:《马云的真实世界》在内容上并没有做到'最完整''时效性最强'",强烈建议进行修订。

我一一记下了热心读者的批评和建议,不敢落下只言片语。

2018年12月19日,北京建国门那座辉煌的大厅里,"改革开放40年中国传记文学研讨会暨第五届中国传记文学优秀作品展示会"如期举行。原本不太

后 记

满意的《马云的真实世界》一书,却得到了广大读者和专家学者的厚爱,被授予五年一届的"中国传记文学优秀作品"殊荣。

"为时代写作,为杰出人物立传;结构宏大,文字真情细腻;人物间故事丰富,故事中多重鲜活人物……"当大会主持人吟诵出评委会赋予该书的颁奖词时,我一时受宠若惊,内心忐忑又有些惭愧。

当然,我也自有欣慰之处。

经过近4年的不懈努力,我一直倾心的"内容最完整,可读性最强"的马云及阿里巴巴新作,已经在2018年年底付梓,并有望于2019年春天出版发行。这部新作,就是本书——《从马云到阿里帝国》。

2018年和2019年,是两个有着特殊意义的年份。这两个年份,分别代表着中国改革开放40周年和新中国成立70周年,历史印记厚重,时代记忆终生难忘。

不久前的2018年12月18日,雄伟庄严的人民大会堂里,"改革开放40周年"纪念大会隆重举行。"100位改革先锋人物"受到党和国家领导人集体表彰,马云亦然在列。

《从马云到阿里帝国》的出版,能适逢这样的时间节点,或许是某种巧合,抑或是我个人原本就这么期待。但有一点可以确定,我愿用这部新作向广大读者进一步履行承诺——为时代写作,为改革英雄立传!

2019年1月10日,北京中国国际展览中心,一年一度的图书会隆重举行。在现场,我有幸聆听吴敬琏、吴晓波、梁晓声、张抗抗等前辈大咖精彩心得之余,也再次深切领略了马云魅力的无处不在。

一面30平方米的宽大屏幕上,"外星人"马云一身武衫装扮。只见他气沉丹田,左手五指并拢,慢慢扬起,右手舒展平移,左脚用力扎地,右脚绷直画圈,神情一派坚毅……

放眼大屏幕的周围,已被众人围得水泄不通。观者有的神情讶异、张大嘴巴,有的面呈惊喜,更多的还是感慨和着迷。

那一刻,我突然明白了,无论出版了多少文字,想用一本书就把马云和阿里巴巴解读得最完整,好难也不切实际。因为此时此刻,最新鲜的"马云"和"阿里巴巴"故事,一定正在中国或世界的某个舞台上演绎。

我陡然轻松起来。

当下最应该做的,还是继续保持探究阿里巴巴的初心,不间断记录下那个

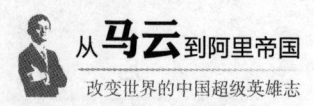

不知疲倦、金句不断,着力于中国新经济,志在重塑全球商业格局的马儿,并竭尽所能地让《从马云到阿里帝国》不负读者,不负这个激情洋溢的时代吧!

与所有喜欢或不喜欢马云的人一样,我早就习惯了生活中有他,有阿里巴巴。

写字人的心路历程,只有写字人自己最能体会。

每一次成功出版的背后,都浸透着多个老师与同仁们的热心。己亥年春节将至,祝愿为本书出版辛勤工作的每一个人,祝愿用心打开本书的每一位读者:猪年事业丰满,生活快乐吉祥!

壹刀
2019年1月30日于北京奥运村寓所
读者信箱:weixinyy75@sina.com